Otthinrich Müller Ramelsloh

DER AUFBRUCH DER ÄONEN

Otthinrich Müller-Ramelsloh

Der Aufbruch der Äonen

Universalistische Denkdimensionen

Gedanken
zu einer Metaphysik der Gegenwart

J. G. Bläschke Verlag A — 9143 St. Michael

CIP-Kurztitelaufnahme der Deutschen Bibliothek

Müller-Ramelsloh, Otthinrich:
Der Aufbruch der Äonen : universalist. Denkdimensionen ; Gedanken zu e. Metaphysik d. Gegenwart / Otthinrich Müller-Ramelsloh.
— S(ank)t Michael : **Bläschke, 1980.**

Druck: J. G. Bläschke Presse, St. Michael
Printed in Austria

ISBN 3—7053—1228—6

I. Ausgangslage.

Metaphysik ist das Bestreben, Sinn und Sein von Leben und Welt zu erkennen, das Verhalten des Menschen nach bestmöglicher Erkenntnis auszurichten und dem Lebensprozeß im Ganzen zu dienen.
Der Sinn des Seins ist ein außerweltlicher. Nicht vom Menschen und seinem Seinsverständnis her ist das Sein zu erfassen, sondern vom Sein ausgehend in Richtung auf den Menschen.
Metaphysik ist in erster Linie das Fragen nach möglichen Zugängen zur Erkenntnis.
Der Sinn des Seins und sein Geheimnis führt auf den Urgrund der Dinge, des Geschehens, auf die Perspektive der Ewigkeit, beständiger Dauer, auf den vollkommenen Äon, auf die Äonengeister.[1]
Anfang und Ende der Welt sind vom Kontinum, vom endlosen Geschehensfluß (nach Leibniz) umschlossen.
Nur das erschlossene Universum ist endlich. Niemand jedoch wagt zu sagen, daß es dahinter nichts mehr gibt.
Die Heraushebung einer geschichtlichen Phase aus dem Kontinuum in die Menschenwelt erfordert Übergangsdenken.[2]
Nur anhebendes, sittliches Denken führt in menschliche Bewußtseinsbereiche. Diskursives Denken ist als Anfangsdenken absurd (Camus), es ist nur die eine Denkkoordinate; die andere bestimmt das Gemüt.
Anstelle des verstandeslogischen Denkens setzen Kant und Heidegger die Logik und die Kausalität der Sittlichkeit, Kant mit dem Denken aus der Sollensnorm, Heidegger (wie auch Russel) findet als Denkansatz die Einsicht, die Sorge, die Vorsorge.

1) Im Sinne des Gnostikers Valentinos (15o n. Chr.) und des französischen Physikers Jean E. Charon (1979)
2) Die Stufe Null als Ausgang ist kein fester, sondern ein fließender Wert, ein fiktiver Koordinatenumschlagspunkt, nur konzeptiv, matritzial, erschließbar.

Wir nehmen nicht nur wahr, was ist, sondern auch, wie es sein soll, was sein kann und wie es werden könnte.[3)]
Übergangsdenken ist dynamisches, virtuelles (vitalistisches) Denken. Es ist gewissermaßen die Soll- und Werdenskoordinate gegenüber der Ist-Koordinate.
Erkenntnis fließt aus anhebendem Denken und Denkhandeln.
Es erwächst aber auch spontan aus existentieller Öffnung, so z.B. in der gedanklichen Leerstufe (der Meditation), aus gesammelter Glaubenskraft (im Gebet) und in der geduldigen Erwartung (als Offenbarung der Äonen), also aus überdimensionalem Zugriff von Außen her.
Das Universum ist ein den Menschen ergreifender phasengeschichtlicher Prozeß mit Gedächtniswertspeicherungen in der Mikro- und in der Makrowelt.
Gedächtniswerte sind in den Elementarteilchen (den Elektronen),[3a)] in den Atomen, den Molekülen, den Zellen (insbesondere den Gehirnzellen), den Genen, den Muskeln und den Organen gespeicherte Information. (Steuerwerte)
Sie konstituieren sich auch als Seele der Landschaft und ihrer Formationen. (Klages)
Erdkern, Erdschichten, Erdhülle, Luft- und Gassäulen, ionisierte und elektromagnetische Schichten der oberen Atmosphäre, Sonnen- und kosmische Strahlen, nehmen — in Primär- und Sekundärwellen — am Gesamtgeschehen teil und tauschen Informationswerte aus. Die Planeten, die Sonnen, die Galaxiensterne und die entferntesten Galxiensysteme kommunizieren miteinander.
Ihre Entfernungen sind relativ nicht größer als diejenigen in der Mikrowelt. (von Atomkern zur Hülle)
Es gibt eindimensionales und vieldimensionales Denken, Zeitphasen (Plateau-) — Denken und universalistisches Denken sowie viele andere denkerische Perspektiven. (s. weiter unten XIV)
Der Mensch kann sich denkerisch begeistern und ernüchtern, er kann sich profanieren und sich heiligen.
Da es die Metaphysik vornehmlich mit grenzüberschreitendem

3) Letzteres ist das rein konzeptive Denken.
3a) Otto Mennerich, Zeitenwende, S 188: Im Mittelpunkt steht das Autonome-Urphänomen des Seins, das autonom energetische Wissen.

Denken zu tun hat, bedient sie sich durchweg der induktiven Methode, der Verallgemeinerung von Erfahrungen aus Beispielen.
Mit einseitig formalisiertem Denken ist das metaphysische Problem nicht erfaßbar.
Dialektisches Denken führt ohne Bezug auf anhebendes Denken automatisch in die Negation und bleibt auch darin stecken. Alles Systemdenken hält im Teufelskreis des Systems gefangen.
Die Menschen sind allerdings Systemdenker. Haben sie soeben ein System entlarvt, sind sie auch schon wieder in einem anderen gefangen.
Fortschrittliches Denken verlangt stete Anhebung der erschlossenen Denksysteme.
Letztlich beruht aber ‚die Ankunft des Seins im Geschick des Äons.' (Heidegger) Nur aus ihm ist es möglich, daß die Nacht der Gottesferne, in der die Gegenwart lebt, überwunden wird.
Heidegger meint, das intellektuelle Denken sei nicht mehr Philosophie. Es sei im Abstieg in die Armut befindlich. Für den Menschen komme es jetzt nur darauf an, daß er Geduld lerne, um im Namenlosen zu existieren. Unsere Zeit sei Seinsvergessen- und -verlassenheit.
Erst, wenn sich das Sein in seiner Urkraft dem Menschen zuwende, sodaß eine neue Erfahrung des Seins möglich werde, bestehe für die Zukunft des Menschen wieder Hoffnung.
Etwas positiver äußert sich der Skeptiker Russell. Nach ihm ist unser Zeitalter zwar düster, aber vielleicht werden gerade die Ängste, die es uns einflößt, zum neuen Quell der Weisheit.
Der Franzose Charon und der Deutsche Otto Mennerich weisen auf das in den kleinsten Elementarteilchen, den Elektronen, gespeicherte Urwissen hin. Ein Reifen im Denken und Verstehen kann es nach Otto Mennerich erst aus der Bindung zwischen dem Phänomen Energie und dem Urphänomen Autonomie geben.

Das Notwendigste, was die Welt braucht, ist Einsicht.
Ohne Beachtung der kritischen Grundsätze des selbstüberschreitenden Denkens, wie sie von Kant in KrV entwickelt worden sind, wird man aber schwerlich zu brauchbaren Ergebnissen gelangen.
An dieser Stelle öffnet Kant die Perspektive eines wuchshaften

Denkens, eines gnoseologischen Dynamismus, aus moralischer Glaubenskraft.
Seine Überlegungen nähern sich dem von Einstein herausgestellten Identitätsstandpunkt, der Geist und Materie als die zwei Seiten einer Wirklichkeit erkennt.
An die Stelle der sinnlichen Erfahrung tritt hier diejenige aus der Glaubenskraft. Allein sie erschließt anhebende Information. In der hellen Nacht des Nichts, der Angst, ersteht erst ,die ursprüngliche Offenbarkeit des Seins' (Heidegger). Die Möglichkeit, dem Sein näher zu kommen, erwächst aus der Erfahrung der Grundphänomene des Lebens. An dieser Stelle setzt das ein, was Nicolai Hartmann ,als Selbstprinzipiation des Geistes' bezeichnet.
Charon nennt es die Mobilisierung der elektronischen Äonenwelten, Mennerich: die autonom dynamische Geistenergie.
Die aus der Vorprogrammierung von eh bis je gespeicherten Gedächtniswerte stehen dem Menschen aber nicht bereits ,unmittelbar' zur Verfügung, sondern sie müssen in die sinnliche Anschauung heraufgehoben und individuell verarbeitet, in die Denkdimension des Erkennenden (transformiert) überführt werden.
Diese Individualisierungsgrenze übersehen Charon und Mennerich.
Kant reiht die Glaubenskraft als individualisierenden Transformator in die Vernunftgesetzlichkeit ein.
Er berichtigt damit einen Fehler von Spinoza, der, um sich vor der Inquisition zu schützen, die Glaubensfunktion aus der philosophischen Betrachtung ausgeschieden hatte. Auch Schelling und Heidegger halten den Glauben für die Überwindung des Nihil für unentbehrlich.
Für Kant, Schelling und für Heidegger wird das Glaubenserlebnis zum individuellen Erfahrungswert und damit bewußtseinsgestaltend.
Kant, Schelling und Heidegger haben eine gedankliche Öffnung zu kontinuierlichem Verstehensnachfluß über die Glaubensfunktion erschlossen.
Oppermann[4)] und Charon erweiterten diese Öffnung. Soweit sie diese nicht nur für das empirische, sondern auch für das konzep-

4) Oppermann, S 63 ff

tionelle Denken verlangen, übersehen sie, daß es einen Denksinn gibt. Er ist sogar einer der stärksten menschlichen Sinne. Hierzu verweise ich auf mein Buch ,Der Neue Mensch' (Bläschke Verlag 1977), S 23 ff.
(Durch den Denksinn individualisiert der Mensch die aufgenommene Information.)
Kant beginnt seinen gnoseologischen Dynamismus mit der ideellen Aufschließung regulativer Perspektiven, denen er zunächst noch keine strukturgestaltende Wirkkraft zuerkennt, sie also nur für ,Ad-hoc-Orientierungen' zuläßt.
Erst als Verallgemeinerungswert, über sie hinausgehend, führt nachhaltig gefestigte Glaubensüberzeugung zu Strukturgestaltungen in der Vernunft, kybernetisch übersetzt also zu langfristiger Gedächtniswertspeicherung.
Irgendwie steht alles im Glauben und in der hierdurch bewirkten Kommunikation.
Dabei handelt es sich nicht um dogmatischen sondern um moralischen Glauben. Es geht also um die sittliche Glaubenskraft. Kant entdeckt sie als Naturkraft und baut seine Gedanken über die Logik und die Kausalität der Sittlichkeit hierauf auf.
Diese Kraft gestaltet das Übergangswissen aus dem Kontinuum in die Menschenwelt.[5)]
Sie erschließt die kreatürliche Vorprogrammierung von eh bis je, das, was Charon den Geist der Materie nennt.
Zukunftsgestaltung ist erweitertes Selbstbewußtsein, glaubensmäßig aus ihm gewonnenes Wissen.
Metaphysik soll denkmethodisch Zukunft erschließen, unvordenkliche Vorprogrammierung im Wege der Selbstdifferenzierung aus Gedächtniswertspeicherung anheben.
Das ist der Ausgangspunkt der nachfolgenden Untersuchungen.
Sie setzten da ein, wo Kant vom selbstüberschreitenden Denken spricht.
Bei seinem Bestreben, sich die Tiefen des Seins zu erschließen, bedarf der Mensch nicht nur ,irgendwelcher' Konzeptionen (Meurer, Metaphysik und Naturwissenschaft, 1976) sondern geistener-

5) Russell: Auch vor Absurditäten keine Furcht!

getischer Führungsgrößen. Denn das vor uns liegende Dunkel des Seins ‚liegt unter Verschluß' (Schelling).
Alles positiv gestaltende Denken ist ein Anwendungsfall der Kybernetik, der Wissenschaft vom selbststeuernden Prinzip.
Dabei spielt der Glaube als anhebende Bewußtseinsfunktion eine große Rolle.
Die häufig vertretene Meinung, daß die Kybernetik als Gottersatz fungiere, wird allerdings nicht geteilt.
Wenn die Kybernetik auch eine Fortentwicklung des denkenden Menschen ermöglicht, in vieler Hinsicht dafür sogar die entscheidenden Voraussetzungen schafft, bleibt alles Denken aber dennoch diskontinuierlich, das heißt raumzeitlich mehr oder weniger gebunden, die Raumzeit jedenfalls nur in Grenzsituationen überschreitend.
Kontinuierliches Denken, also ein Denken, das über das bereits erschlossene bzw. noch erschließbare Universum hinausführt, kann sich nur als Offenbarung im religiös-mystischen Raum ereignen, entzieht sich aber jeder wissenschaftlichen Erfassung und Bestimmung.
Die Ewigkeit und die Unendlichkeit liegen (um mit Schelling zu sprechen) unabänderbar in unerschließbarem Abstraktraum.
Gottes Sein ist und bleibt unergründlich.
Der Glaube an Gott ist der machtvollste Lichtgedanke des Menschen, zugleich aber auch die verschlossenste Dunkelheit des Gemütes.
Gott ist das kompakte gegenwärtige und das ätherisch jenseitige Leben. Er ist der Weg vom Allen — über das Nichts — zum immer wieder Allen, und die über diesen Weg wirkende große Liebe selbst!
‚Wenn der Mensch in die Nähe vom Sein gelangt, kommt er dahin, wo sich die auch für ihn wesentlichen Entscheidungen vollziehen: ob die Nacht der Menschenwelt fortdauert oder ob das Volk der Äonen aufbricht, und ein neues Offenbarwerden des Seins im Aufgang der Heiligen und des Gottes beginnen kann'. (Heidegger)

II. Methodisches Vorgehen.

Es geht zunächst vornehmlich darum, welche Rolle die Gemütswerte für die Erkenntnis spielen, welche Funktion sie ansprechen, wie aus Empfindung Erfahrung wird, welche Denkdimensionen sich aus dem Gemüt öffnen, ob und inwieweit sie über die Glaubenskraft erschließbar sind.
Wenn man Kurzwortbücher der Psychologie zur Hand nimmt und in ihnen nach dem Stichwort Glauben sucht, wird man enttäuscht: Es fehlt seltsamerweise, z.B. bei James Drever/WD Fröhlich 1968. Den Psychologen ist der Glaube verdächtig. Zu lange und zu sehr hat die Kirche die Glaubenskraft überfordert, jedenfalls fehlgeleitet.[6)]
Systemglauben verlangte sie, Glauben als formalisiertes Abstraktum, nicht als Naturkraft, nicht die Funktion Glauben zur Anhebung und Ausweitung des Bewußtseinshorizontes. Religion wurde zum Gefangenhalten in einem System.
Im Kirchenglauben sind echter Glaube und Illusion miteinander verstrickt. Echter Glaube gedeiht nur auf dem Boden unumstößlicher Wahrhaftigkeit. Dogmenkult verträgt sich nicht mit ihr.
Allein um diesen Glauben geht es hier. Kant nennt ihn — im Gegensatz zum dogmatischen — den moralischen Glauben.
Im philosophischen Wörterbuch wird auf Hume, Kant und auf die sogenannten Gemütsphilosophen verwiesen.
Hume sieht im Glauben die Überzeugung vom Dasein einer Außenwelt und von der Gesetzmäßigkeit des Geschehens in ihr. Für ihn ist der Glaube für die Erkenntnis von entscheidender Bedeutung. (Er vermeidet also den Fehler von Spinoza)
Kant verhält sich zurückhaltend. Er spricht zunächst von einem Fürwahrhalten und gliedert es in drei Stufen: in Meinen, Glauben und in Wissen.

6) Nur auf ihre Lehren bezogen und beschränkt.

Nur das Wissen ist ihm subjektiv und objektiv zureichendes Fürwahrhalten.

Kants Gliederung ist rationalistisch: Ihn interessiert der Glaube als Grundlage für die wissenschaftliche Erkenntnis.

Darum meint er, im Bereich der ratio bleiben zu müssen.

Nun wirkt aber die Glaubenskraft Gedächtniswert aufschließend nur in Gemütsbereichen und auf diese.

Kant erkennt den Gemütsbereich noch nicht als notwendiges Korrektiv gegenüber dem Verstandesbereich. Er bemüht sich, Glaubenserfahrung als Strukturgestaltung der Vernunft einzusetzen, für sie bewußt zu machen, obwohl ja der Glaube nur auf sie ausstrahlen kann.

Die Gemütsphilosophen, u.a. Jacobi, Hamann, Lavater, Joh. -A. Jung, Matthias Claudius und Friedrich Graf Stolberg bekämpften die rationale Aufklärung, die zu ihrer Zeit von Kant, Fichte, Hegel, Herder und Schelling betrieben wurde.

Sie meinten, daß das philosophische Denken der Erkenntnis mehr Steine als Brot zuführe.

Sie schütteten das Kind mit dem Bade aus.

Sie übersahen, daß das Denken ein komplexes Geschehen ist und sich keinesfalls auf den Verstandes- und begriffsmäßigen Bereich beschränkt, daß es auch aus anderen Quellen gespeist wird.

Tatsächlich vermittelt das Denken Erfahrung aus vielerlei dem Bewußtsein zugängigen Ebenen, nicht allein aus den summarischen artistotelischen Denkdimensionen (Verfasser, Der Neue Mensch, S. 27 ff) des Wahren und des Falschen.

Die Gemütsphilosophen stellen der rein gedanklichen Erkenntnis den Offenbarungsglauben gegenüber. Dabei gilt ihnen die Offenbarung allerdings nicht nur als eine mit den ersten christlichen Zeiten abgeschlossene, sondern als allzeit fließende Erkenntnisquelle aus natürlicher Glaubensüberzeugung.

Sie haben noch nicht erkannt, daß es auch um die Heraufhebung von Gedächtniswertspeicherungen, von Vorprogrammierungen von eh bis je, also um die Aktivierung des Unbewußten als waches Bewußtsein geht, letzten Endes also um die Erweitungerung sinnlicher Erfahrung.

Die Gemütsphilosophen beschränken den Glauben auf das religiöse Erlebnis.
Jacobi nannte Matthias Claudius ‚den Boten Gottes'.
Friedrich Graf Stolberg (geboren 1750 in Bramstedt in Holstein) und der gesamte Holsteinische Adel waren gläubig tief bewegt.
Die Gemütsphilosophen stellten die (polare) Gegenbewegung zur Aufklärung dar. Sie kam aus der Tiefe des norddeutschen Raumes, aus der Landschaft mit dem heroischen Himmel, wie sie die Bilder der aus der Tiefebene stammenden Maler auszeichnet.
Maler Müller verspottet die Gemütsphilosophen in seinem Faust als die ‚Spürhunde Gottes' und Goethe schreibt am 6. April 1782 an die Frau v. Stein, daß sich in seinem Freund Lavater der höchste Menschenverstand und der krasseste Aberglaube durch das feinste und unauflöslichste Band ‚zusammenknüpfen'.
Die Gemütsphilosophen, obgleich z.B. mit Jacobi und mit Lavater gute Köpfe, scheiterten, weil sie keinen Zugang zur anhebenden Denkleistung fanden. Sie schlossen sich von ihr sogar bewußt ab und waren bemüht, jedenfalls die Geister der ratio moralisch ins Unrecht zu setzen, sodaß Schelling dem Jacobi böse zurief, mit seinem eintönigen und einförmigen Gezeter werde er allmählich langweilig.
Es ist zu zeigen, daß der Gemütsbereich auch für die Vernunftbildung von entscheidender Bedeutung ist, daß Erkenntnisse aus den beiden Sphären, aus Verstand und aus Gemüt, sich wechselseitig kontrollieren und korrigieren aber auch ergänzen.
Auch das Gemüt vermittelt Information, die Grundlage aller Erkenntnis. Leid und Freude, Angst, Hoffnung und Glauben beherrschen die Seele und die aus ihr hervorstrahlenden Gedanken.
Der Bereich gefühlsmäßiger Rückbindungen ist ständig bewegt. Fortlaufend führt er informatorische Ausdifferenzierungen durch und löst komplexe Reaktionen aus.
Dabei handelt es sich nicht nur um abstrakte Phantasieausgeburten, die Lust und Unlust erzeugen, zu Affekthandlungen, u.U. zur völligen Abschaltung der Vernunft drängen, also um störende Fehlleistungen, sondern auch um echte denksinnliche Empfindungen, wie sie Bewußtsein gestalten, zu kühnen Entschlüssen und zu heroischen Taten beflügeln.

Gefühl und Sinnlichkeit reichen sich im Denksinn ständig die Hand.
Auch wenn die Gemütserregungen überstark werden, zeitweise sogar alle verstandesmäßige Kontrolle und Beherrschung unmöglich machen, also alle Hemmungsmechanismen ausschalten, sind sie informativ immer noch bedeutsam.
Alle Gemütskräfte schlagen sich körperlich als Gedächtniswerte nieder und führen auch physiologische Veränderungen herbei, z.B. durch ihre Einwirkung auf die Drüsen, als Hormonausschüttung mit nachfolgenden Veränderungen im Kreislauf u.s.w. Derartige Übersteigerungen können zu unvernünftigen Reaktionen führen. Sie sind dem Irrtum im Verstandesbereich vergleichlich.
Aber auch von unsern Irrtümern leben wir ja, wenn auch für uns nicht immer auf idealem Wege.
Die Irrtümer sind die Testversuche der Natur, sodaß man von Fehlern in der Natur überhaupt nicht sprechen sollte.

III. Der Gemütsbereich und seine erkenntnismäßige Bedeutung.

Gemüt, was ist das? Die Kraft der Seele, mit Innigkeit zu fühlen und zu begehren, wobei als Seele die Komplexität der Verinnerlichungswerte eines Organismus anzusprechen wäre, mit andern Worten, die Vorprogrammierung des Zoon Mensch, jedenfalls alles das, was vor dem diskontinuierlichen Denken, dem Unterscheidbaren, liegt, was also für die Welt der sinnlichen Wahrnehmung als Einzelding noch nicht klar identifiziert ist, noch nicht der Erscheinungswelt angehört, der Wirkung nach noch nicht aus der Wertung entlassen ist? Der große Elektronenverband Mensch?
Der Organismus vollzieht sich nach Adolf Portmann[7] im Zwielicht funktionaler und ästhetischer Prüfung und Entfaltung: Schon die erste Vorstufe der Ding- und der Lebenswelt hat ihre eigenen Gesetze, wertet individuell.
Eine wichtige Rolle spielt hier das Gestaltproblem in seiner komplexen Schau.
Der Verstand erfaßt die Gestalt schneller, dabei auch schärfer. Man nennt auffällige Formen die semantischen, weil sie wie Fahnen, wie Wahrzeichen, flattern und farblich ins Auge stechen. Die Schutzfarben der Tiere hingegen nennt man kryptische, weil sie ‚auf ein Verbergen hin' gewählt worden sind. Noch ganz in den Gemütsbereich fällt die Gestalt- und die Farbwerdung.
In unserm psychischen Urteil über Lebensform und -erscheinung mischen sich ästhetische Gefühlswertungen — wir haben an bestimmten Formen, Farben und Gestaltungen mehr Freude als an anderen — und Zweckvorstellungen. Letztere sind auf Wirkungen ausgerichtet.

7) Adolf Portmann, Neue Wege zur Biologie, München 1963. Die Natur vollzieht sich nach dem Angebot der unendlichen Möglichkeiten und wählt stets die beste aus!

Der Verstand sucht die jeweilige Wahl des Gemüts zu rechtfertigen und spricht die Formen und Gestaltungen als Ziele der Natur an. Auch aus rationaler Sicht hat höchten Rang dabei die vollkommenste Schönheit. Sie steht unauflöslich im Verbund mit der bestmöglichen Zweckverwirklichung.
Das Urteil erhebt beide Betrachtungsebenen zur Synthese und betreibt so die Konkretisierung der Erscheinung.
Überall erstrebt die Natur als Harmonieangleichung den Zustand der Vollkommenheit. Es vollzieht sich stetig ein Ausdifferenzieren (Selektieren) von Programmierungswerten, von genetischen und von biologischen Codes.
Was ist nun Natur?
Hier nichts anderes als der Organismus in seiner Individualität, also der jeweilige Lebensträger selbst. Es ist der Elektronenverband: die Pflanze, das Tier, der Mensch, die Erde, der Mond, die Sonne, die Galaxie, das Universum.
Die Wertschätzung des Vollkommenen, des zweckmäßig Schönen, ist eine bei allen Organismen durchgängige Eigenschaft.
Geradezu charakteristisch ist sie für alle Gestaltung.
Sie ist der Ausdruck des komplexen Zusammenwirkens von Programm-, von Gefühlswerten und von mehr oder weniger aus ihnen erwachsenden rationalen Werdevorstellungen.
Kybernetisch gesehen wird das Gestaltungsproblem für jeden Organismus selbststeuernd gelöst.
Die Kybernetik ist also seelisch wirk- und bedeutsam.
Man kann mannigfache Beobachtungen darüber anstellen:
Schon eine Katzenmutter hat ihr bevorzugtes Jungtier, z.B. das auffällig gezeichnete. Unter Umständen vernachläßigt sie dieses aber auch, hindert es am Säugen. Die gute Gestalt, die besondere Zeichnung, erwecken Aufmerksamkeit. Kybernetisch gesehen sind sie informativ.
Bei dem Muttertier wird ein nachhaltiger Eindruck ausgelöst. Er wirkt sich als Erfahrung bildendes Erlebnis aus. Dies wird zur gefühlsausbildenden Führungsgröße, erweckt also Bewußtsein.
Das Stichlingsweibchen sucht sich unter mehreren männlichen Stichlingen einen bevorzugten Bewerber aus, wobei nur eine Art ästhetisches Urteil die entscheidende Rolle zu spielen scheint.

Menschen besonderer Gestalt empfinden wir als edel. andere als abstoßend. Wir erleben eine ästhetische Rangfolge der Formen. Ein jeder hat auch seine bevorzugte Farbe.
Durch besondere rhytmische Schwingungen wird unser Gefühlsleben angesprochen. Es wird rhythmisch differenziert.
Zweckgebunden, angleichend, harmonisierend oder auch nur rein ästhetisch sind unsere Gefühle strukturiert. Jedenfalls spielen Rhythmen in Bezug auf unser Verhalten überall eine wichtige Rolle.
Bei der Gattenwahl wirkt sich die Frage der Lebenstüchtigkeit bestimmend aus:
Der Mann muß — mindestens geistig — stark, die Frau soll schön sein.
Bei den Pflanzen muß die Blüte das Insekt anlocken, damit die Befruchtung geschieht.
In der Natur wird in den niederen Formen nur der Empfindungsbereich angesprochen.
Bei allen derartigen Beeinflußungen wird aber auch rein Rationales mitwirkend oder sogar bestimmend.
Die Lebensbewährung, also das Zweckhafte, beherrscht das Bezugs- bzw. das Zuordnungsverhältnis zwischen molekularer Teilchenwelt, genetischem Code, Organismus (Gestalt) und Bedürfnis.
Dabei gibt es Stufen der Wirksamkeit, das Bestreben, Anreicherungen bestimmter Art zu erzielen, Variationen aller denkbaren Schattierungen hervorzurufen.
Bei alledem zögern höhere Organismen nicht, radikal gegen als niedere erkannte vorzugehen, insbesondere, wenn sie sich behindert oder gefährdet erkennen.[8)]

8) Adolf Hitler hat seine Politik nach diesem Grundsatz ausgeformt. Auf den gleichen Überlegungen beruht der Aktionismus von J.P.Sartre und von Walter Schulz. s. auch seine ‚Philosophie in der veränderten Welt', S. 880 ff. Das Urteil, als höherer Organismus auftreten zu können, ist natürlich sehr subjektiv. Auf der gleichen Ebene liegt es, wenn sich das jüdische Volk als das auserwählte betrachtet, wenn es diesen Gedanken auch als gleichzeitige Eerufung zum Leid in die sittliche Sphäre erhebt. (s. Hermann Cohen, Religion der Vernunft aus den Quellen des Judentums.)

In der Biologie spricht man vom stärkeren Lebensrecht der höheren Form. (A. Portmann, Neue Wege der Biologie)
Die menschliche Kultur zwingt uns jedoch, das Lebensrecht des Schwächeren zu achten und zu schützen.
Diktatoren haben sich zu allen Zeiten über Rücksichtnahmen dieser Art hinweggesetzt. (Die Israelis z.B. gegenüber den Palästinensern, die Russen gegenüber den Ungarn, den Tschechen, den Wolgadeutschen, den Polen, den Biafranen, den Mongolen und den Afghanen.) Alle Vertriebenen und Minderheitenfragen gehören in diese Rubrik. Vorstellungs- und Ausrichtungsmuster führen überall im Humanbereich zu Verhaltensbestimmungen und zu Wertungen.
Stets sind diese auch der kritischen Beurteilung ausgesetzt.
Konkret entscheiden die Grundsätze der Menschlichkeit aber auch die gesamten Lebensumstände, letzten Endes die Machtfrage. Jedenfalls ist das oberste Richtmaß stets eine Frage der Weltbeziehungen, die wir aus festliegenden Innerlichkeiten, den eigenen Informationswertspeicherungen, spontan erkennen, ohne daß wir lange darüber nachzudenken haben.
Adolf Portmann zeigt auf, wie die Natur verfährt:
Ein Zugvogel, der Lappland verläßt, nach Südafrika zieht und im nächsten Frühling sein Nest im hohen Norden wiederfindet, hat einen relativ höheren Grad von Selbständigkeit, als eine Schnecke, die auf einen Weinberg als Lebenszone beschränkt ist.
Im arktischen Winter brüten Kaiserpinguine bei durchgehend 40 bis 60° C unter Null. Ihr einziges Ei halten sie, auf dem Eis stehend, auf den Füßen und sichern ihm durch eine Bauchfalte die Bruttemperatur von 36 bis 38° Wärme.
Die Kaiserpinguine können ihre Körpertemperatur weit besser bestimmen als der Mensch.[9)]
Alle diese Regulierungen geschehen ausschließlich im Gefühlsbereich: Organismen, die unter widrigen Lebensumständen zu leben gezwungen sind, bezeugen im Regelfalle besonders hoch entwickelte Möglichkeiten der Lebensentfaltung.
Wesen, die nur kurze Zeit in einer bestimmten Form leben können, programmieren sich zu Metamorphosen: Schmetterlinge und Kä-

9) Sie überbrücken etwa 100° Celsius!

fer verpuppen sich, um als Raupen oder Würmer wieder aufzuleben.
Entfaltung zu gesteigertem Rang folgt in der Regel stärkerer Bedrohung und setzt von da aus neue Wertmaßstäbe.
Die verschiedenen Arten der Gemütsbeeinflussung aus harten Lebensnotwendigkeiten schlagen sich überall als kybernetische Werte nieder.
Sie sind das Ergebnis von Verinnerlichungen, von selbstgesteuerten Formungen, Vorformungen und Ausgestaltungen.
Kant hat also recht, wenn er die Bedeutung der Innerlichkeiten für die Vernunftentfaltung betont herausstellt.
In diesen Bereichen spielt der Glaube als existentiell gerechtfertigte Selbstbestimmung seine wichtige Rolle.
Was ist das nun, was wir in dieser Welt der Empfindungen beobachten?
Ist es der Wirkeffekt von Aktion und Reaktion, im Wiederholungsfalle ein Gewöhnungsgefälle, gewissermaßen als Lernwert bildend, vergleichlich dem Rinnsal, der zum Bach anschwillt, zum Fluß und schließlich zum Strom wird, um sich im Meer wieder zu verlieren?
Gibt es ein kosmisch-geschichtlichs Gefälle? als geistenergetisch wirksames, im Bewußtsein evolutiv aufspringend? ein universalgeschichtliches als unvordenkliche Vorprogrammierung? (Charon)
Aus Aktion und Reaktion erwächst, jedenfalls zunächst, Aufmerken, Gewöhnung, Information, alles in komplexer Einheit, auf diese Weise Verhalten ausbildend, Angleichungszwang ausübend und zur Gesetzesnormierung führend.
Funktionswerte, die in der Miniwelt der Energiequanten aufstrahlen, entfalten Wirkvermögen und betreiben zielgerade Aufbau.
In einem ungeheuer diffizilen und umfassenden Gestaltungsprozeß ballt sich zusammen, was sich in der Menschenwelt nach den Gesetzen der klassischen Mechanik bewegt.
Erst auf dieser Unterwelt aufbauend, entfaltet sich die Makrowelt als diskursiver Ausschnitt im gesamten Geschehen des Universums, soweit es unserer Erkenntnis erschlossen ist.
Unterhalb unserer Erscheinungswelt wirken die geheimnisvollen Zwerge in ihrer nur funktionalen Existenz, mit Überzeit- und

Überraumwert, Geistenergieexistenzen, die H. Driesch Entelechien nennt. (Biol. Probl. 1941)
Als Stimmungs-, Gefühls- und Glaubenselemente werden sie uns bewußt. Sie blitzen auf und verschwinden ebenso schnell wieder, begründen meistens kein nachhaltiges Dasein, das ja erst durch eine bestimmte Dauer gekennzeichnet ist. Hier ist die Nahtstelle zwischen Materie, Geist und Zeit (die sich als eine Funktion der Materie erweist, also keine eigene Existenz hat).
Inwieweit sind diese Elemente mit den ersten Existenzen, mit denen das Abenteuer Universum begonnen hat, den Elektronen, Protonen und Neutronen identisch; stellen sie fortlaufend bis in alle Ewigkeit durch Selbstdifferenzierung abhebbares Bewußtsein? In seinem Buch ‚Der Geist der Materie' beschreibt sie Jean E. Charon.
Die gleichen Elemente bewegen strukturell den Wirkbereich, von dem Kant in seinen Abhandlungen über das selbstüberschreitende Denken spricht. Es ist die Zone der Transzendenz, des Transportierens von Wirkeffekten aus der Quantendimension in den Vernunftbereich der sinnlichen Erfahrung.
Unpräzise in Ort, Zeit und Gestalt verbleibt die transzendente Welt im Halbdunkel, unterhalb dessen, was wir objektives, ein für allemale Gestaltetes, das sich fest in Raum und Zeit angesiedelt hat und nach den Gesetzen der Mechanik bewegt, also Dasein, nennen.
Wenn man die scharfe, häufig ins bloße Gebell abfallende, Kritik von Walter Schulz an Kant, Fichte, Heisenberg und Weizsäcker liest, erwartet man von seinem eigenen Philosophem eine lückenlose und überzeugende Begründung für seine von der Wunderwaffe Dialektik allein beherrschte Welt.
Leider wird man hierin sehr enttäuscht. Schulz bietet mit der Dialektik, die ja nur abstrakten Wesens ist, ein fast simples Gedankengebäude, eigentlich nur eine kümmerliche Baracke.[10)]
Was sie darstellt und wie sie funktioniert, wieso sie Reales werden läßt, überhaupt aufbauen und zusammenhalten könnte, wieso sie den Erkenntnisprozeß in seinen Phasenschritten bewirkt, das allerdings bleibt das Geheimnis dieses Schriftstellers.

10) Walter Schulz, Philosophie in der veränderten Welt, S. 262 ff, S. 136 ff.

Folgerichtig verlangt er vom kritischen Leser, er solle die Unklarheit des vermeintlichen Begriffes — es ist nicht einmal einer (weil ihm die bestimmte Abgrenzung zu anderen Vorstellungen fehlt) — hinnehmen!
Ein solcher Schriftsteller muß Kants Forderung nach Belegung aller Denkergebnisse durch gesicherte sinnliche Erfahrungsdaten schon aus diesem Grunde ablehnen.
Die als innere Bewegung der Materie gedachte Dialektik verläuft, jedenfalls richtungsmäßig, nur auf ein Modelldenken, aber auf ein Abstraktes, dem die kosmische (universelle) Ableitbarkeit fehlt, hinaus.
Alles Abstraktdenken ist am Ende rein subjektiv. Schulz lehnt aber inkonsequenterweise alles Subjektive im Geschehensverlauf ab. Getreu der marxistischen Gundeinstellung will er nur die objektive Welt anerkennen, setzt sich aber zu diesem Vorhaben mit seinen eigenen Ausführungen in Widerspruch.
Heisenberg läßt die klassische Physik für die Größenordnung des Außeratomaren — bis an die Grenzen der Menschenwelt (nach oben und nach unten) Reichenden — als objektiv gelten.[11) Er verweist jedoch mit aller Bestimmtheit auf den schwankenden Untergrund dieses Objektivbereiches, nämlich darauf, daß seine Gesetze im Atomaren, jedenfalls uneingeschränkt, nicht mehr gelten. Hier konstatiert Heisenberg denn auch die Grenze der objektiven Welt und läßt sie in eine subjektive übergehen.
Daß die Beobachtungen der Kernphysiker — es handelt sich um eine Reihe bedeutender Männer (Heisenberg, Weizsäcker, Jordan u.a.) — mit Recht eine veränderte Betrachtungsweise auch für das philosophische Denken verlangen, kann nicht übersehen werden. Das Neutron, das die erste Materie darstellt, ist aus einem Elektronenpaar entstanden.
Im Atomaren gehen Materie und Energie ineinander über.[12) Da, wo Materie nicht mehr nachweisbar ist, bleiben Energiefunktionen erkennbar.
Und auch diese noch lassen sich immerfort — so scheint es fast — in feinere und zunehmend-unstabilere-Formen von Wirkelementen

11) Heisenberg, Wandlungen i.d. Grundlagen der Naturwissenschaft, 1973
12) Heisenberg, a.a.O., S. 151.

zerlegen: Der leibnizsche Begriff des Kontinuums — nach oben und nach unten — leuchtet auf. Das aber ist der Bereich der Transzendenz!
Was sind das für eigenartige Energiequanten, die sich nach Planck zum Teil noch exakt berechnen lassen? Es sind mit Selbstlenkungsqualität ausgestattete Werte. Sie erscheinen — jedenfalls bislang — immer noch als Komplexitäten. Oder ist das Elektron als Träger der Geistenergie imstande, sie nach Bedarf zu gestalten?
Oft nur unstabil, senden sie Wirkeffekte aus. Theoretisch dürften sie zum Teil auch eigentlich garnicht existieren. Mit Logik und mit mechanistischen Kausalitätsvorstellungen ist ihnen nur sehr bedingt beizukommen. Und dennoch, meint Schulz, es seien objektive Gegenstände.
Obwohl Charon schon das Elektron als selbstständiges Geistwesen ansieht und ihm eigene Entscheidungsfähigkeit zuspricht, ordnet er es dennoch der objektiven Erscheinungswelt zu. Er kann sich mit der ‚berühmten' Psi Welle der Quantentheoretiker nicht befreunden. Er hält das Elektron für den einzigen Geistträger und fragt (S 228): Ist nicht dort, wo gewählt wird, stets Psychismus? Die Fähigkeit, Reize von außen mit Antworten aus dem Innerlichkeitsbereich zu verkoppeln, also die natürliche Angleichungsfähigkeit, kann als subjektives Denken noch nicht angesprochen werden. Sie ist eine Folge der Gehirnschaltungen, wobei auch der Gesamtkörper eine Rolle spielt.[13)]
Alle nervösen Strukturen sind der Aktivierung durch Hormone zugängig. Sie vermitteln sowohl sogenanntes unbewußtes Arbeiten (Werten) als auch bewußtes Erleben, werden jedenfalls spontan, also im Wege der automatischen Selbststeuerung, in der Regel ohne vorausgehende rationale Entscheidung, in Funktion gesetzt. Darüber hinaus kann auch die sinnfällige Wirkung der Organe in bestimmter Weise — ausgerichtet nach den jeweiligen Bedürfnissen — bedeutungsvoll werden:
Es gibt Funktionen, die Sendungen an einen Empfänger richten. Man spricht insoweit von Sende- und Empfangsstrukturen.

13) Heisenberg, a.a.O., S. 94, ähnlich VL Parsegian, Herder, Freiburg 1972, S. 77 f: Seele ist der gesamte kybernetische Lenkungsapparat.

So ist der Harn vielen Tieren, z.B. dem Hund, ein Sozialinstrument. Bei anderen Tieren ist es der Kot, wobei der Darm die Sozialbestimmung übernimmt.
Vom Taubenschlag ausgehende Wellen haben für Brieftauben radarartigen Orientierungscharakter. (Wahrscheinl. auch e. Kotwirkung)
Goethe empfand Licht und Farbe als adressierte Sendungen.
Die genetische Forschung erfaßt die Zuordnung von Sinnesfunktionen und von ‚sinnfälligen', auf sie reagierenden Erscheinungen. Sie sucht nach dem Erhaltungsgrad und nach den Veränderungswerten, die Mutierungen auslösen, z.B. nach den Wirkkräften der Selektion. Alle diese Dinge fallen in den sogenannten seelischen, den Gemütsbereich.
Bei der Frage nach der Vererbung erworbener Fähigkeiten mußte das Darwinsche Gesetz einer Korrektur unterzogen werden: Die neuere Genetik erkennt auch erworbene Werte bei nachhaltiger Übung als vererbbar, also als Mutanten an. Auch die Morphologie gesteht ihnen besondere Bedeutung zu.
Überall hat die Kybernetik hier aufklärend gewirkt.
Der menschliche Organismus ist in jeder Hinsicht als ein Selbststeuerungswesen erkannt. Unvordenkliche Programmierungswerte haben ihn aufgebaut und ausgerüstet. Neue Wege zur Erkenntnis dessen, was bislang als die verborgene und geheimnisvolle Psyche angesprochen worden ist, führten auf die körperlich gespeicherten Gedächtniswerte, die automatisch Gefühls- und Gemüts-Reaktionen auslösen.
Der menschliche Leib ist eine Komplexität von organisch zusammengeschalteten Einzelwesen, ausgestattet mit einer einheitlichen Selbststeuerung. Dennoch müssen alle diese Einzelwesen jeweils informationsmäßig aufgeschlossen und gleichgeschaltet werden.
Gedächtniswertspeicherung geschieht im Elektronenverband am ganzen Körper und an allen organismischen Funktionsgliedern.
Die Naturwissenschaft muß also — entgegen der Meinung von Walter Schulz — von den organismischen Verinnerlichungswerten der Organträger ausgehen: Sie stellen das dar, was Kant — noch sehr abstrakt — als die ‚intelligible' Welt anspricht. Kant unterscheidet hier auch mit Recht regulierende und bestimmende Funk-

tionen. Was einige, so auch Walter Schulz (a.a.O. S. 274), sehr abstrakt als ‚die dialektische Selbstbewegung der Materie', als gegenläufige Selbstkontrolle im Materiebereich, ansprechen, ist tatsächlich einer Verarbeitung aufgenommener Informationswerte in den organismischen Teilchenwertbereichen gleichbedeutend und sehr differenziert.

Es tritt die Wertordnung der Programmierungsergebnisse in Erscheinung. Sie sind z.T.. identisch mit den kantischen Aprioriwerten. Zustrom, Aufnahme und Verarbeitung zusätzlicher Information, wie sie laufend anfällt, erweisen sich z. T. auch als Faktoren konkreter Mutierungen und Evolutionsgeschehnisse schon im Elektronen- und Molekularbereich.

Der Verfasser hat sich über diese Erscheinungen unter dem Abschnitt

Die Selbststeuerung, ein psychisches und zugleich auch ein körperliches Phänomen (auch Psychotherapie)

in seiner, 1979 im Bläschke Verlag erschienenen Schrift

Lichtinseln im Weltengrund

eingehend auseinandergesetzt.

Auf diese Schrift wird verwiesen.

A. Portmann hält eine scharfe Trennung des unbewußten Anteils der Innerlichkeiten von dem bewußten für erforderlich: Die Brücke zwischen beiden schließt der Anpassungszwang der kybernetischen Regelkreise (Regelspiralen mit Polausrichtung).

Das Problem wird weiter unten nochmals aufgegriffen werden.[14)]

An dieser Stelle soll lediglich darauf hingewiesen werden, daß während alle bewußten Vorgänge die jeweilige Verstandesorientierung, also die ratio, ausmachen, der Anteil der unbewußten Reaktionen dem Gemütsbereich zuzurechnen ist.

Die einen bewirken eine ein für allemal erfolgte Festlegung der entsprechenden Verhaltensreaktionen, geben dem Organismus damit durchgängige, stabile, Struktur und führen konkrete Strukturierung herbei, die andern gehören in den Bereich der gedanklichen Reflexion.

A. Portmann spricht in diesem Zusammenhang auch — noch sehr abstrakt — von „eigentlichen und uneigentlichen Erscheinungs-

14) s. unter XV. Die Vieldimensionalität der Erscheinungswelt.

werten". (Interessant in diesem Zusammenhang ist auch die buddhistische Kausaltheorie.) (s. IX, 4)
Erst mit steigender Strukturgestaltung, also mit dem Entfallen des Rückflusses in den unberührten, vorigen, Zustand bilden sich Mutanten, vollzieht sich Mutation, als Aufschaltung in eine höhere Stufe oder als Abschaltung in eine niedere (die sogenannte schlechte Mutation). Sie ist beispielsweise eine notwendige Rückbildung überholter Gentypen.
Auch hier erweist sich die Unhaltbarkeit der Lehre von der Dialektik:
Diese geht davon aus, daß alle ‚dialektische Entfaltung' notwendig Progression bedeutet.[15)]
Tatsächlich spricht Dialektik nur noch das Spiel der Negativitäten in der analytischen Degression an.
Zur anhebenden Mutation kann sie aus sich heraus niemals führen.
Dazu bedarf es einer Regelkreisaufschaltung, die nur aus Kraftzuführung, Energieanreicherung, Polymerisation, bewirkt werden kann: Negativitäten lösen Komplexitäten nur auf, führen niemals zu ihrem Aufbau, schließen Reihenbildungen ab.
Nerven, Muskel, innere Organe und selbst die anatomische Ausgestaltung des Körpers, verändern sich fortlaufend, gleichen sich der Führungsgröße des Organismus an. In der Biologie spricht man insoweit von Koaptationen. Sie bilden einen wesentlichen Fragenkreis der Evolutionslehre.
Mit vielfach voneinander abweichenden Erklärungsversuchen strebt die wissenschaftliche Entfaltung nach dem verborgenen Ansatz zum richtigen Verstehen.
Kybernetisch gesehen werden nicht maßgerechte Informationen solange als Fragewerte gespeichert, bis diese durch weiter aufgenommene Information zu neuer Strukturgestaltung verarbeitet werden können.
Fragewerte werden nur kurzfristig gespeichert, insbesondere dann, wenn mit ihrer Auflösung alsbald zu rechnen ist. Langfristig gespeichert werden sie nur ausnahmsweise, nämlich, wenn es sich er-

15) Nur so ist die Behauptung von Schulz, die Dialektik übernehme die Funktion der Ethik, zu verstehen.

kennbar um wichtige Fragen — wie z.B. die Gottfrage — handelt und ihre Lösung — wenn überhaupt — auch nur sehr langfristig zu erwarten ist. Häufig lösen sich Fragewerte dadurch auf, daß sie als falsche Fragestellung erkannt werden, weil das Problem weit komplexer ist, als zunächst angenommen werden konnte. Das ist sogar der Regelfall. Daraus folgt, daß der größere Teil der gespeicherten Fragewerte weder mit ja noch mit nein beantwortet, sondern nur einer anderweit gestalteten Frage zugeführt werden kann.
Dies Problem hat sich in der Semantik herausgestellt.[16)]
Der Vorgang ist ein Analogon zur rein verstandesmäßigen Reflexion.
Auch im Gemütsbereich ist Bewegung, vergleichlich derjenigen im Verstandesbereich. Es handelt sich zum Teil um das, was die Dialektiker — sehr abstrakt und ungenau — als dialektische Bewegung bezeichnen.
Weil es den Dialektikern nicht gelang, diese Vorgänge — als rein körperliche Prozesse — zu konkretisieren und genauer zu bestimmen, kamen sie, wenn überhaupt, zu falschen Ergebnissen.
Das, was Hegel als die dritte Denkstufe, die Synthese, bezeichnet, führt zur Anhebung nicht aus der Selbstbewegung der Materie, sondern erst bei ständig neu hinzufließender maßgerechter Information. Allein sie kann mit schaltender Kraft zu anhebendem Steuerwert führen.
W. Schulz ironisiert Kant, sein Ich habe die Möglichkeit, ‚auf sich selbst in sich ständig überhöhender Reflexion herabzusehen‘. Der Philosoph habe sich in transzendentaler Schizophrenie gespalten ‚und sei zum bloßen Beobachter von Ich-Erlebnissen geworden, die sich verselbständigt hätten.‘
In gleicher Weise verhöhnt er Husserl, nach dem die kontinuierlich fortgesetzte Reflexion erst im ‚Absoluten Bewußtsein‘ also bei Gott, möglich werde.
Schulz erkennt die geistenergetischen Quantenwerte des emotionalgeladenen Gemütsbereichs nicht. Er ist reiner Rationalist.

16) s. Stegmüller, Das ABC der modernen Logik und Semantik. Der Begriff der Erklärung und seine Spielarten, Springer Verlag 1969, u.a. S. 143 ff. (Teil I), s. weiter Abschnitt XV, S 211 ff dieser Schrift.

Die kybernetische Führungsgrößenaufschaltung erklärt alle diese Erscheinungen ohne Schwierigkeiten, und sie erweist, daß sowohl Kant als auch Husserl weit eher die richtige Lösung gefunden haben als der simple Dialektiker W. Schulz. —
Was im Verstehensbereich als gedankliche Führungsgrößenaufschaltung gelingt, entspricht einer fortlaufenden Ausdifferenzierung und koadapten Angleichung im Gemüt.
Der Körper verschafft sich zu seiner zielgerechten Selbststeuerung vieldimensionale (s. XV) Angleichungswerte, die seiner Selbstbehauptung und seiner bestmöglichen Vollkommenheit dienen. Der Weg dahin ist — bei energetischer Anreicherung — die Ausgestaltung des Organismus zu besserer, kraftvoller, angepaßter Leistung.
Dem menschlichen Selbststeuerungssystem erwachsen neue Steuerwerte sowohl aus dem Gemüts- als auch aus dem Verstandesbereich. Beide stellen komplementäre Funktionen dar und ergänzen sich gegenseitig.
Cassirer spricht diesen Problemkreis in seiner Philosophie der Symbolischen Formen an und gelangt zu den gleichen Ergebnissen. Er bezeichnet die beiderlei Betrachtungsebenen als die Grundlage aller Erkenntnis. —
Es erweist sich, daß der seelische Grenznachbar eine außerordentlich wichtige Funktion im Kommunikationsbereich hat, und daß sich seelisch entgegengesetzt Ausgerichtete weitestgehend negativ für jede Kommunikation auswirken.
Die höchste, sonnengesetzliche, Informationsquelle der Erscheinungswelt ist, wie Goethe richtig erkannt hat, das Licht. Von der Lichterfahrung leitet Plato die Idee des Schönen und des Guten ab, eine teleologische Seinsordnung als Schönheitsordnung und zwar aus dem Gedanken: gut übertragen ist, das Gemeinschaftliche in den Dingen und in ihrer Gestaltwirkung zu erkennen.
Sein Grundgedanke läuft auf eine angleichende Aufschaltung zum Licht, zum Lichtvollen, hinaus. (s. auch Charon, S 19)
Das ausschauende Auge, der nur im Licht mögliche Sehensakt, speist fortlaufend die Innerlichkeiten aller planetarischen Organismen. Was auf diese Weise exponiert wird, ist nicht nur die Lichtwirkung als physikalisches Geschehen, sondern der Blick des Lebe-

wesens, die Komplexität einer vieldimensionalen Gesamtschau und die danach ausgelöste Gestaltsynthese.

Es ist sprachlich tiefgründig erfaßt, wenn man von der ,,Anschaulichkeit" im Bewußtseinsphänomen spricht.

Erscheinung und Gestalt (Gehalt) stehen in fortlaufender Korrespondenz und lösen ununterbrochen Adaptionen, informatorische Angleichungen, aus. Was zur Angleichung nötig ist, wird zum Teil aus anderen Dimensionsbereichen heraufgehoben.

Hierauf beruht der Wechsel der Schutzfarben der Tiere nach Maßgabe der Jahreszeiten. Die zunehmende oder absinkende Sonneneinwirkung (auf die Pigmente) löst sie aus. Auch die Phi-Gamma-Funktion[17)] ist z.T. auf — eine ungewöhnliche — Lichteinstrahlung zurückzuführen, wie auch die gesamte Phylogenese aller Organismen in der Lichteinstrahlung ihren Grund hat. Sie bildet beim Zellaufbau die Mater für im Wege der Kommunikation vor sich gehende ontogenetische Wiederholungen.[18)] Es handelt sich nicht nur um eine Foto- sondern um eine Filmsynthese. Der Geschehensverlauf wird festgehalten und auf Wiederholbarkeit abgestellt.

Der Sehakt (Blick) ist mithin nicht nur ein Signal zur Erkennung, z.B. des Paarungspartners, sondern der Modellgestalter für alle Eigenschaften und Erbwerte der nachfolgenden Organismen, das Architektenbüro beim Aufbau der Erscheinungswelt. Er wirkt sich sowohl auf den Gemüts- als auch auf den Verstandesbereich des Sehenden und seiner Deszendenz aus. Auf ihm beruht z.B. auch der Unterschied der mediterranen und der nordischen Menschen. Der Mensch ist ein Augentier. Er empfindet und denkt auch mit den Augen. Der Lichteinwirkung entspricht der Einfluß der gesamten Wellen- und der Strahlungsbereiche.

Die Natur ist dabei außerordentlich erfinderisch, wie die vielen Arten in Bezug auf ihre Gestalt-, Farb-, Zeichen-, Fleck-, Augen-,

17) z.B. plötzlich auftretende Lichterscheinungen.

18) Zur Frage des Kommunikationssinnes s. Verfasser, Der Neue Mensch, S 27 ff. Das Licht ist der große Kommunikationsbeweger. Alle indogermanischen Religionen sind Lichtreligionen. Das Licht ist auch weder Stoff noch Energie, sondern Entellechie. Deshalb bedarf es auch keines Trägers, sondern ist selbstwirkend.

Ohren-, Äser-, Schnabel-, Riecher-, Fell-, Feder-, Mähnen- und Rutenbildung erkennen lassen.
Sie überbietet sich geradezu in einer Unzahl von Modellgestaltungen.
Dabei ist der gesamte Bauplan eines Organismus bereits im Keim (im Ei u.s.w.) als Hologramm (Laserhologramm) festgelegt, bei den Buntgefiederten beispielsweise bis zur letzten Schwanzfederzeichnung. (u. zwar im mehrdimensionalen Minifilm)
Gleiches gilt für die gesamte physische und psychische Betriebsapparatur.
Nicht nur die Gestalt, sondern der ganze Verhaltenszwang ist genetisch vorprogrammiert.
Der Hochzeitstanz des balzenden Auerhahns hat zweierlei Bedeutung. Das Männchen will dem Weibchen gefallen; es wird damit aber auch zugleich ein anderer Zweck ausgelöst: Beide Tiere synchronisieren sich hormonmäßig, sodaß der Paarungseffekt, nämlich die Befruchtung des Weibchens, sichergestellt ist.
Vorprogrammiert ist also der entellechetische Reaktionsmechanismus, das, was wir als seelisch bedingtes Verhalten anzusprechen gewohnt sind.
Jede Abweichung im Erscheinungsbild ist mit einer nachhaltigen Veränderung der Verinnerlichungswerte des Organträgers verbunden.
Abweichungen und Umbildungen im Farb- und im Zeichenmuster geschehen stets aus gegebener Veranlassung (keinesfalls, wie Monod irrig behauptet, rein zufällig oder aus Fehlleistung). Häufig sind sie für besondere Verhaltensfälle vorprogrammiert, z.B. das Anschwellen des Hahnenkamms, die Rotfärbung von Balzorganen u.s.w.
Monods These von der Bildung von Leben als Zufallstreffer einer Biolotterie [19)] ist dem Eingeständnis mangelnder Einsicht gleichbedeutend. Was wir Zufall nennen, gibt es garnicht: Das Wort ist ein Abstraktum, ein Behelfsbegriff für noch nicht erkannte Zusammenhänge, wobei auch gelegentliche Überschneidungen kybernetischer Systeme eine Rolle spielen.
Informationsmäßig wird seitens der Nachrichtenmedien fast über-

19) Monod, Zufall und Notwendigkeit, S 177 ff.

all weit übers Ziel geschossen. Die Verantwortlichen sind sich offenbar nicht darüber klar, welchen Schaden sie damit anrichten. Sprache, Reden und Schreiben sind nicht in der Lage, die Gedanken, die man mitzuteilen wünscht, eindeutig und vollkommen auszudrücken. Zudem gibt der Empfänger einer Information dieser seine eigene Deutung. Sie ist von vielem abhängig: von der Eigenart der Persönlichkeit, ihrer Erziehung, Bildung und ihrer charakterlichen Einstellung, ihrem Verstand, ihrer Gemütsveranlagung, ihrer Stimmung beim Zugang der Information u.v.a.m. Örtliche, volkliche, landschaftliche Gepflogenheiten, Stand und Beruf spielen dabei eine große Rolle.
Multipliziert man allein die Anzahl der Sprachen und das Durcheinander der Beziehungslagen gesellschaftlicher Art mit einigen hundert Variationsmöglichkeiten, so folgt daraus bereits ein kaum zu übersehendes Angebot von Anpassungsnotwendigkeiten. Sie schaffen in den Zielen und Absichten sozialer Systeme große Vielfalt.
Wirtschaftliche Zwänge und das Gefälle in der technischen Entwicklung vermehren die Schwierigkeiten bei der Harmonisierung sach- und bedürfnisgerechter Information.
Der historische Wechsel in den Regierungsformen und die in dieser Hinsicht bestehenden gegenwärtigen Unterschiede verwischen das Bild für eine klare politische Orientierung.
Belastet wird die gesellschaftliche und die allgemein menschliche Kommunikation nicht zuletzt durch die unverhohlene Absicht, Uneinigkit zu fördern und Streitigkeiten heraufzubeschwören, jegliches sinnvolle Miteinander unmöglich zu machen.
Humanität, traditionelle Freundschaften, Kultur und Religion könnten und sollten hier ausgleichend wirken.
Aber auch aus ihnen folgen mancherlei Gegenläufigkeiten.
So kommt es, daß die Sprengwirkung der entgegengesetzten Ideenballungen in historischen Zeitläuften völlig außer Kontrolle gerät und zu gesellschaftlichen oder volklichen Explosionen führt.
Für jegliche Hypertelie muß die Menschheit schwere Bußen zahlen, und es bedarf dann der zielgerechten Arbeit mehrerer Generationen, um den eingetretenen Schaden wieder wettzumachen.
Stoffwechselkrankheiten beschränken sich keinesfalls auf die Auf-

nahme und Verarbeitung ungeeigneter Fest-, Flüssigkeits- und Gasstoffe. Auch Energie ist in dieser Hinsicht Materie; eine besonders strukturierte und hochwirksame ist die Geistenergie.
Bei fortlaufend falscher Informationszuführung droht dem Menschen, jedem Organismus, nicht nur Krankheit, sondern der Tod. Jedenfalls führt sie kybernetisch unabwendbar zur Abschaltung in die Negativitäten.
Auch Gedanken können töten. Daß sie Mordwirkung auslösen können, dürfte unbestritten sein.
Wie will Sartre seinen Aktionismus, der sich doch nur als Terroranweisung auswirken kann, rechtfertigen!
Die Weltbeziehung des Menschen wird fortlaufend kosmisch-elektronisch ausgerichtet. (Charon) Sie umfaßt alles, was wir als geistig/seelische Nahrung anzusprechen gewohnt sind.
Geistenergien der unterschiedlichsten Art sind es, welche die Formenfülle herbeiführen aber auch die Ursache für manche Mißgestaltung setzen.
Eine besondere Belastung für die heutige Menschheit ist die geradezu chaotische Geräuschszene.
Man vergleiche den melodischen Gesang einer Grasmücke, den sie auch noch im Herbst, also nach der Brutzeit, offenbar als Weise der Selbstdarstellung, erklingen läßt, mit dem nervenzerfetzenden Geheul einer Diskothek, dem unmelodischen Gekreische, Gezische und Gejaule der Hitsänger und der Lärmbeeinträchtigung durch die ‚atonale Musik'. Auf derselben Linie liegt das Gestampfe und Gehopse der modernen Tänze. Wieviel anmutiger sind dagegen die traditionellen Tänze der vergangenen Kulturabschnitte.
Auf der Bühne verwechselt man Dramatik mit Hysterie und schrillem Geschrei.
Die Klassiker bedienten sich des starkgeistigen Wortes und der gemütserschütternden Szene, die Heutigen setzen politische Akzente.
Wir leben in einer völlig gemütsarmen Zeit.
Deshalb fehlt ihr die Korrektur zum kaltberechnenden Verstand.
Alle Kunst dient in erster Linie dem Gemüt. Verstandesreichtum ohne Gemütstiefe begründet keine echte Kultur.
Hysterische Dissonanzen sind für geschulte Ohren und Sinne ein Greuel.

Der Mensch ist eine lebendige Einheit größter Konnexitäten.
Niemand kann die Erhaltungsfunktion von derjenigen der Selbstdarstellung trennen.
Vielerlei ‚Amerikanismen' haben bei uns bereits verderblichen Einfluß genommen. Das gilt besonders für die Sprachverklitterung. Der weitgehend unangebrachte Gebrauch von Steigerungsformen (Komparativen und Superlativen), Sustantivenhäufungen und Modeworten verderben den deutschen Sprachstil.
Dichtung wird zum Wortsalat, Neurotik zum Thema von Roman und Schauspiel.
Der allgemeine Zug geht dahin, die verantwortliche Selbstdarstellung in einem Apparatschiksystem der Masse untergehen zu lassen.[20)]

20) s. auch Heisenberg, a.a.O. Über die Kunst, S 97 ff.

IV. Die Philosophische Auswertung.

Überall gilt es, die ungeheure Kraft der Negativitäten aufzufangen, auf jeden Fall abzubremsen.
Indem sie objektiv wurde, verlor die Wissenschaft, insbesondere die Philosophie, in moralischer und in sozialer Hinsicht ihre Zweckausrichtung auf das Menschliche, das Universelle.
Lord Kelvin drückte den Zeitgeist treffend mit den Worten aus, daß nur noch durch Zählen und durch Messen ein allgemeines Verständnis erreicht werden könne. Mit dieser Einstellung schloß die Wissenschaft alles aus, was nicht auf streng rationale Berechenbarkeit einzuschränken ist, damit auch die philosophische Betrachtung.[21)]
Da Gemütsregungen eine genaue Messung nicht zulassen, verzichtete die Philosophie auf die Beleuchtung dieses bedeutungsvollen Bereiches der Erfahrungswelt und verarmte in der ideologischen und der instrumentellen Vorstellung. Naturwissenschaft und Technik machten dennoch in mancher Hinsicht schnelle Fortschritte.
Da, wo es sich um grundsätzliche Fragen handelt, die ohne philosophische Überlegungen nicht lösbar sind, trat die Grundlagenforschung auf der Stelle.
Die Fragen der Schwerkraft, der Fernwirkung (das Warum der Elektrizität und des Magnetismus), die Eigenart der Quantenbedingungen im Atombau, die Frage, warum in den Lebewesen Entropieveränderungen eine umgekehrte Richtung haben, das Katalyseproblem, das Problem der Enzyme, die Frage nach Sinn und Ziel der menschlichen Existenz, ihre sonnengesetzliche, kosmische, Ausrichtung, das und vieles andere mehr blieb im Raume stehen.
Die Fakultäten sitzen in ihren intellektuellen Hinterstübchen und bemühen sich in ihren Schriften um ideologische Textangleichungen. Die Kluft zwischen den Natur- und den Geisteswissenschaften vermehrt sich von Tag zu Tag. Logizismen können nicht dabei hel-

21) VL Parsegian, Kybernetik und Moderne Welt, S 215.

fen, den inneren Auftrieb, der das Wachstum der Organismen zustandebringt, aufzudecken.
Das weltanschauliche Gesamtbild ist bruchstückhaft.
Eine Lernperiode der Selbstdisziplin und der Reife mit vertieftem Menschheitsziel muß erst noch kommen.
Der Mensch muß Kraft, Gefühl und Verständnis für eine zukunftsträchtige Arbeit gewinnen.
Ein Überschuß an negativer Rückkopplung verhindert echtes Wachstum und Empfänglichkeit für nicht nur verändernde, sondern auch anhebende Wirkweisen.
In seiner Schrift ‚Der Gott der neuzeitlichen Metaphysik (Neske 1978)' simplifiziert Walter Schulz Kant. Es geht um das selbsttätige Denken, um die natürliche Denkstruktur, um den Zusammenhang von *anhebendem* Denken und *Glauben als* Naturprozeß: Schulz meint, Kant habe die Antinomien im Denken nur deshalb aufgezeigt, um die Ratio gegen ein mögliches rein intuitives Denken abzuheben.

Den in KrV zusammenfassenden Abschnitt vom Meinen, Glauben, Wissen, also die wichtige Lehre Kants vom selbstüberschreitenden Denken, welche die kantische Philosophie krönt, erwähnt er nicht. Völlig zu unrecht meint Schulz, daß es Kant nicht gelungen sei, die ‚wirkliche Reflexion der Vernunft auf sich selbst' durchzuführen.

So kommt Schulz zu dem falschen Ergebnis, daß nach Kants Meinung ‚alles sich selbst überlassene' Denken nichtig und — so müsse man folgern — abzulehnen sei.

Unter dem ‚sich selbst überlassenen Denken' versteht Schulz offenbar die dialektische Reflexion, das ‚Es-denkt-in-uns'.

Bei Kant ist es ‚das Sich-selbst-überschreitende' Denken. Dies ist sich allerdings nicht selbst überlassen, sondern es wird durch die Denkkraft des Menschen befördert. Bei Schulz dagegen soll die Materie aus sich heraus den Gang dialektischer Entfaltung bewirken. Die Eigenbewegung der Materie soll es zustandebringen.

Kybernetisch gesehen besteht der Unterschied im Ergebnis in der negativen und in der positiven Rückkopplung, wobei die positive Rückkopplung zu Strukturveränderungen führt, also zu anhebendem Denken, während die negative nur das bisherige Ergebnis stabilisiert, entropisch wirkt, also automatisch in die Negativentwicklung überleitet. (s. Parsegian, a.a.O., S 219).

Kants anhebendes Denken wird durch die moralische Glaubenskraft bewegt.

Die von Kant aufgedeckten Widersprüche im menschlichen Denken verstehen sich von selbst. Unser Denken ist diskontinuierlich, dabei an bestimmte Denkformen (Denkkategorien) gebunden. Grundsätzlich haben beide, das Verstandes- und das Denken aus den Gemütsbereichen, bewegende Kraft, bzw. lösen die hinter dem Denken wirkenden Entellechien (Schwachströme über Mitochondrien — s. hierzu weiter unten VII) diese aus.

Bei der Aufschließung der Vernunft kontrollieren und korrigieren sich ihre Werte wechselseitig.

Einseitige Betrachtungsweisen führen mithin leicht in die Irre.

Aus dem Zusammenbruch des Nationalsozialismus glaubt man gelernt zu haben, daß alles emotionale Denken unbeherrschbar sei. Das ist ein folgenschwerer Irrtum.

Die abendländische Kultur leidet zur Zeit *an ihm, nämlich* an einer Überwertung der Ratio und an einer Vernachlässigung des Gemütsbereiches.

Kant offenbart mit seiner Lehre über das Selbstüberschreitende Denken (das sogenannte Transzendentale-Denken) seinen hohen sittlichen Respekt und seine eindeutige Zeugenschaft für eine intensive Selbstdifferenzierung aus moralischer Denk- und Glaubenskraft, also die Bedeutung der Gemütsbereiche.

Erkennen wird ihm zum mutigen und zum vorbehaltlosen Bekennen. Ohne es auszusprechen, offenbart er die Wirkkraft der über die Glaubensfunktion mobilisierbaren Entellechien.

Nicht um ein Spiel des Witzes geht es ihm, sondern darum, die Vorbedingung für die Erweiterung der Vernunft zu schaffen.

Die kybernetische Methode öffnet den Weg vollends durch die Führungsgrößenanhebung (mit nachfolgender positiver Rückkopplung).

Kant hat seine Transzendentallehre nur angekündigt, nicht mehr vollendet. Seine überwiegend kritische Einstellung behinderte ihn insoweit.

Der Abschnitt Meinen, Glauben, Wissen in KrV ist aber von größter Bedeutung:
Kant bezeichnet ihn als Einleitung für seine angekündigte Transzendentalphilosophie.
Es handelt sich um eine in positiver Sprache, also nicht in der Weise des Zweifels, der Kritik, vorgebrachte Lehre, die sich den metaphysischen Überlegungen wieder nähert.
Entgegen der Meinung Poppers geht es Kant dabei nicht um die Umwandlung der kritischen Position in die logisch formale, rein rationalistische.
Als Grundlae für seine Betrachtungen über das sich selbstüberschreitende Denken weist Kant immer wieder auf den moralischen Glauben, also auf den Gemütsbereich, hin. Der aber entzieht sich jeder logischen Ausgestaltung, wenngleich in ihm auch immer ein gerüttelt Maß Verstandesdenken, also ratio, von Natur wegen enthalten ist.
Kant hat seine Transzendentallehre in diesem Abschnitt bereits eindeutig umrissen.
Eine streng rationale Betrachtungsweise würde von vornherein einen Verzicht auf das Überschreitende, das ja eine sittliche Leistung, also ein menschliches Handeln darstellt, bedeuten, die Grenzen für eine zusätzliche Erkenntnis des Denkmöglichen, neue Erfahrung Erschließenden, also nicht öffnen, sondern konsequent geschlossen halten.
Daß diese Lehre nach der Meinung Kants nur vorbereitenden, propädeutischen Charakter für seine noch zu bringende positive Philosophie haben sollte (und also auch hat), betont Kant klar und deutlich.[22)]
Der eigentliche Bereich des Überschreitens beginnt also außerhalb der in den Kritiken festgelegten Grenzen.
Hier hört das Denken, entgegen Schulz, nicht etwa auf. Es nimmt vielmehr nur eine problematische Form an.
Das ist auch die ausdrückliche Schlußfolgerung Kants.
Was die Vernunft charakterisiert, wenn sie sich der die rationalen Grenzen überschreitenden Kraft anvertraut, ist nach Kant durch bestimmte Denkgestalten gekennzeichnet.

22) KrV A 83o, 31; B 858, 59.

Auch für diesen Bereich gilt, daß er an der Notwendigkeit logischer Widerspruchslosigkeit gemessen werden muß.

Kant bezeichnet hier zunächst lediglich eine Denkrichtung. Aber er setzt bereits eine Norm.

Die Richtung besteht in der Beziehung der Vernunft zur praktischen Denktätigkeit ‚aus dem Gemütsbereich'.

Kant eröffnet für das selbstüberschreitende Denken eine sittliche Begründung: Es treffen sich metaproblematische Dimensionen mit denkproblematischen und mit ethischen. Sie ergänzen und sie verdichten sich. Das ist typisch für alles Denken in Dimensionsübergängen. (s. auch Charon, S. 28 oben)

Diesem Denken spricht Kant zunächst nur eine regulative Funktion zu. Die Erschließung des Ideenreiches, also das rein konzeptive Denken, ist ihm noch nicht einer strukturellen Umgestaltung in der Vernunft schon gleichbedeutend. Erst die moralische Glaubenskraft öffnet den Denkbereich und ermöglicht die faktische Entscheidung, setzt Urteilskraft frei.

Wer sich zum moralischen Glauben bekennt, entschließt sich zum sittlichen Handeln. Er entscheidet sich für ein Fürwahrhalten aus praktischem Bedürfnis. Er setzt Eigeninformation aus persönlicher Überzeugung. Es entsteht eine bipolare Spannung aus Bewußtem-in-der-Schwebelassen des theoretischen Urteils und der Glaubensposition. Die Spannung im Gemüt wirkt sich in ähnlicher Weise aus wie die dialektische im logischen Denkbereich (der ratio).

Zweifel und Glauben, objektives und subjektives Denken, bilden die beiden Pole.

Gleichartige Polbildungen vollziehen sich komplexiv, rein willentlich, in allen komplementären physischen und psychischen existentiellen Regionen.

Kant spricht insoweit von einer harmonischen Synthese der Erkenntnistätigkeit in Richtung auf einen einheitlichen, neu zu bestimmenden, Höhepunkt in der Strukturgestaltung der Vernunft. Er greift also der kybernetischen Figur der Führungsgrößenaufschaltung (mit positiver Rückkopplung) vor:

Die Glaubenskraft setzt die neue Führungsgröße auf die hin die

Denkgestaltung, die Struktur der Vernunft, synchronisiert, elektronisch ausgestaltet, wird.
Endgültige Umstrukturierung, also kybernetische Aufschaltung, wird erst erreicht, wenn die Glaubenskraft zur festen und nachhaltigen Überzeugung geworden ist, wenn die Führungsgröße als solche kreatürliche Anerkennung gefunden, zu einer Erweiterung des Lebensgrundgesetzes des Handelnden geführt hat. Diskursives Denken und sittliche Erfahrung kontrollieren und korrigieren sich bei Kant also fortlaufend, wechselseitig, kommunikativ, vernunftregulierend und vernunftstrukturierend. Sie gehen in ihren Wirkungen über jegliche, rein wissenschaftliche, Problematizität hinaus.
Die Spannung zwischen dem theoretischen und dem auf das Praktische gerichteten Denken bringt mit der auf beiden Seiten nachwachsenden Erkenntnis aus neu zufließender Information und aus dem sittlichen Gefordertsein eine fortlaufende Selbstsynthese zustande, die selbstinduzierend sinnliche Erfahrung schafft.
Rationalität und Gefühlsgeladenheit steigern sich also korrelativ, in wechselseitiger Beeinflussung.
Das insoweit komplexe Denken erweist sich nicht nur als ein Werkzeug der Natur, sondern auch als ein Ordnungsprinzip der gesamten Erscheinungswelt, als ein entellechetischer Energievollzug (im Sinne von H. Driesch) und als negentropisch.[22a]
Dieses dynamische Denken verhindert einen Stillstand im Diskursivbereich. Es gelangt zur Überwindung auch der kantischen Antinomien und der marxistischen Selbstentfremdung. Für Kant ist das anhebende Denken vollständig in seinem Element. Kant verweist das Selbstüberschreiten im Denken aber in strenge theoretisch praktische Grenzen.
Dieses dynamische Denken verhindert einen Stillstand im Diskursivbereich. Es gelangt zur Überwindung auch der kantischen Antinomien und der marxistischen Selbstentfremdung. Für Kant ist das anhebende Denken vollständig in seinem Element. Kant verweist das Selbstüberschreiten im Denken aber in strenge theoretisch-praktische Grenzen.

22a) Energievermehrend (das Gegenteil von entropisch: energievermindernd)

Strukturgestaltung kommt ihm immer erst dann zu, wenn es sich aus durchgängiger und nachhaltigr Übung in einer Selbstsynthese zu denkerischer Vernunfterfahrung steigert, die verstandesmäßige Denkstruktur anhebt.
Der Denkbereich, der durch einen ihn überschreitenden Energieanstoß erweitert wird, verläßt die problematische Zone und schreitet in Selbstbesinnung in eigengesetzter Richtung voran. Neue Ideen springen auf und begeistern.
Geläutert aus den fortlaufenden praktischen Bedürfnissen des Lebens wächst das Fürwahrgehaltene glaubensmäßig zu einem subjektiven Höhepunkt, zur neuen Lebensformel, aus moralischer Kraft an.
In diesem Augenblick vollzieht sich auch — nach Kant — die Konvergenz einer zunächst unvollständigen Theorie in eine existentielle Entsprechung.
Wenn es nicht die dynamische Dimension der Sittlichkeit hätte, würde das überschreitende Denken keine Struktur ansetzen, sondern ins Nichts zurücksinken. Das moralische Gefühl, reich an Rationalität, drängt sich dem Bewußtsein mit anschaulicher Kraft auf und schafft über den Fragewert hinausgehend den originalen Gedanken, der aller logischen Überlegung und ebenso aller Kausalität voraufgeht.[23)]
Er eröffnet die vorprädikative Bewußtseinsvorstellung. Leibniz spricht ähnlich von einem mit der „Vorstellungskraft" emporgehobenen schöpferischen Gedanken „aus der Vergleichbarkeit alles Beispielhaften". Nach Kant führt ‚die logische Aufhellung aus moralischer Kraft' denktätig zur glaubenserfüllten Selbstsicherung.
Kybernetisch gesehen setzt der Mensch aus sittlicher Entschließung den anhebenden Gedanken, nimmt damit eine Führungsgrößenaufschaltung in seinem Selbststeuerungssystem vor und eröffnet sich Freiheitsraum.
Die Aufschaltung findet im Gemüts- und im Verstandesbereich gleichzeitig statt. Die Anstöße können von beiden Ebenen aus erfolgen. Sind sie weniger informativ, führen sie nur zur Speicherung von Fragewerten (Lernwerten).

23) Nach Hermann Cohen die Vorbedingung für die Vernunftgestaltung.

Was Kant noch sehr abstrakt als strukturelles Bewußtseinserlebnis „aus moralischer Glaubensüberzeugung" anspricht, ist also kybernetisch die geistenergetische Aufschaltung im selbststeuernden Regelkreis.
Damit ist das Problem der Willensfreiheit neu beleuchtet. Es handelt sich um ein komplexes Aufschaltungsgeschehen
Geistenergie bewirkt den Entfaltungsgang.
Zum Wesen der Geistenergie nimmt der Verfasser bezug auf seine voraufgegangenen Schriften.[24)]
Er hat seine Auffassung in Übereinstimmung mit Schelling, Freud und Cassirer begründet.
Schelling führt in seiner Philosophie der Offenbarung aus:
Materialität und Immaterialität seien nicht absolut entgegengesetzte Begriffe. „Hierin liegt auch zugleich der zweite Satz, nämlich daß eine Materialisierung des Immateriellen . . . zur Existenz kommt."[25)]
Auf diesem Gedanken beruht Schellings Potenzbegriff. In seiner Philosophie der Mythologie (2. Vorlesung) spricht er von der „Denkkraft *‚als Energie des Geistes*'".
Es versteht sich, daß es sich dabei nicht um das rein begriffliche sondern um gestaltendes Denken handelt.
Freud ist noch entschiedener: Nach ihm gibt es ebenso wie ein Quantum physischer ein solches psychischer Energie. Er versteht darunter sensorisch ausgelöste physikalische Energie, materielles Leistungsvermögen.
Cassirer drückt sich in seiner ‚Philosophie der symbolischen Formen' eindeutig aus:[26)]
S 219: Geistkraft, S 240: Energie des Denkens und der Sprache,
S 317: Setzen von Gedanken durch die produktive Einbildungskraft,
S 469: die Kraft der Verdichtung als gewaltige *Energie des Denkens.* Überführung aus einer relativ diffusen in eine *konzentrierte Form*, 104 — 107: Aufnahme von Information im Wege der Kommunikation. Ausbau des Langzeitgedächtnisses durch Informa-

24) s. Lit.Vz.
25) Münchner Jubiläumsdruck 1965, C.H.Becksche Verl.Buchhandlung.
26) Ernst Cassirer, Wissenschaftl.Buchgesellschaft Darmstadt 1972.

tionsverarbeitung im Wege der *geistenergetischen* Durchdringung und Anhebung auf eine höhere Stufe des Erkenntnisvermögens. Wörtlich: „Die reife Frucht eines Schaffensprozesses in dem all die verschiedenen *Grundenergien* des Geistes sich betätigen und in dem sie wechselseitig ineinander eingreifen."

Einen Unterschied von Geist und Materie, wie Descartes ihn irrig herausstellt, gibt es also nicht. Es handelt sich immer nur um verschiedene Formen des Energieeinsatzes. Schwingungsfrequenz und Wellenlänge, sowie relative Raumzeit- und Bedingungseinordnung bestimmen ihre Individualität.

Schon bei der Bildung von Materie entwickelt diese ihre Lenkungsfunktion. Sie hat die Aufgabe, sich der Umwelt anzupassen, Stabilität zu bewirken: Es handelt sich um das Kohäsions- und das Adhäsionsvermögen, das auf sehr verschiedenartige Dimensionsbereiche anspricht. Materiekomplexitäten bauen kompliziertere kybernetische Systeme auf und aus, wie sie sich in den Einzelorganismen schließlich selbsttätig fortprogrammieren.

Alles Sinnliche ist seinem Wesen nach auch zeitfunktional. Erst mit der Zeitspiralen wird aus ohne Begrenzung fließender Energie Materie.

Erworbene Speicherwerte führen normalerweise nicht zu genetischer Gestaltung. Eine Veränderung des Erbgutes tritt jedoch bei durchgängiger nachhaltiger gleichförmiger Informationsaufnahme und -verarbeitung ein. Sie schafft Strukturwandel. Insoweit gelten die von Kant erarbeiteten Grundsätze über die Ausformung von Strukturen der reinen Vernunft.

Vernunft ist genetische Gedächtniswertspeicherung, genetischer Code im Entellechiebereich.

Überschreitungswerte aus moralischer Glaubensüberzeugung bestimmen den Gang der Evolution und der Mutation. (so auch Parsegian, a.a.O.)

Schon Hobbes Materie kann denken. Bei Charon ist das Elektron der Geistträger.

In der Natur vollzieht sich fortlaufend die Bildung selbststabilisierender Formen und Gestalten. Anhebende Denkkraft beseitigt naturgegebene Sperren. Dabei bedeutet ein Heraufholen in stabile Denkdimension.

Im Wege der reinen ratio (Popper, Marx) ist insoweit nichts zu erreichen. Der Problemlösung näher kommt Erich Fromm. [27] Nach ihm ist das menschliche Gehirn auch durch geschickteste Medienbearbeitung nicht soweit modellierbar, daß es automatisch logisch einseitig zielgebunden gesteuert werden kann. Die Steuerungswirkung ist nur vieldimensional erreichbar.[28]

Das Leben wächst immer wieder zu neu erschlossenen Möglichkeiten nach.

Bei jeder Eigenhandlung will das Ich bedingt auch schon stets das Gegenteil der zunächst angestrebten Zielerreichung ‚mit': Im Fluß der Zeit liegt also stets die Ambivalenz: Sie führt unabwendbar die Krise herbei, die zunehmende Entfremdung von der Vergangenheit, den Umschwung in der Strukturierung (letztenendes von der Explosion in die Implosion). Der Ambivalenzpunkt entspricht also dem Naturverlauf.

Neues Leben *erschließt sich seine ureigenen, erstmalig ihm erwachsenden* Möglichkeiten immer nur im Wege der Führungsgrößenaufschaltung.

Der individuelle Tod ist die biologisch-kosmische Wende, der Ambivalenzpunkt. Es bleibt dabei: Die Welt ist eine kontinuierliche Schwankungserscheinung. Die Selbststabilisierung jedes organischen Systems beruht auf Egoismus, auf Existenzangst und auf Aggression (Abwehr)[29] einerseits sowie auf Anpassung, Harmonisierungsbestreben (Überwindungskraft) andererseits.

27) Erich Fromm, Denken und Werk, seine humanistische Religion und Ethik, in Rainer Funk, Mut zum Menschen, Deutsche Verlagsanstalt 1978, insbesondere S 148, 157, 201, 209, 214, 216.

28) Walter Kertz, Geophysik Bd. I, Einführung, 1969. Er weist auf die zahlreichen Dauerbeeinflussungen der Erde aus planetarisch, kosmischer Verflechtung hin. Das Schicksal der Erde ist in entscheidendem Maße kosmisch bestimmt. Die Erde erfährt es in der täglichen kosmischen Einstrahlung. Über das erdmagnetische Innen- und Außenfeld nimmt sie die Bestrahlung auf und verarbeitet sie ‚als fortlaufende planetarisch-kosmische Information' in allen Elektronenbereichen. Sie teilt sie allen Erdwesen, also auch dem Menschen, kommunikativ mit. Ihrem Zwang kann sich kein Erdwesen entziehen.

29) Konrad Lorenz will die Aggression ablenken, durch Medienbearbeitung synchronisieren: ein nur sehr bedingt tauglicher Versuch. Nur der sittlich angehobenee Gedanke führt Harmonisierung herbei, bewirkt Stabilität.

Die Seinswahrheit ist unerschöpflich, wie das Leben selbst. Sie umschließt die sich unaufhörlich fliehenden und die sich suchenden Bruderkräfte. Es gibt immer nur zeitgebundene Wahrheiten, mögen sie auch für lange Entwicklungen — die sogenannten Heisenbergschen Plateaus — Gültigkeit behalten.
Bis vor Kurzem ging man davon aus, daß es eine höhere als die Lichtgeschwindigkeit nicht geben könne. Heute kennt man die des Tachion. (Lorenz Krüger, Erkenntnisse der Naturwissenschaft, Köln-Berlin 1970).
Heute weiß man auch, daß es die beiderlei Entropien, zunehmende und abnehmende, gibt, und daß im Organbereich die letztere vorherrscht.[30)]
So ist auch zweifellos Geistiges — als Geistenergie — in der Natur schon angelegt (Meurr, a.a.O. S 110), allerdings nicht nur in der Weise des dialektischen Intellekts, sondern als sich selbststeuernd aufschaltende Geistenergie[30a)]. Entgegen Meurers Auffassung wird es auch kosmische Weltensysteme mit anders gearteter Gesetzlichkeit als im planetarischen Erdbereich geben. Das scheinen die schwarzen Löcher, die im Gegensatz zu aller bisherigen Theorie stehen und den Ambivalenzcharakter aller Zeiterscheinungen auch kosmisch bestätigen zu beweisen. (s. Reichenbachs Teilsysteme Lorenz Krüger, S 488 ff)
Wenn sich Energie über die Begrenzung in der Zeit in Materie und diese über die Zerstrahlung (Entropie) wieder in Energie zurückverwandeln kann, sind dann nicht Energie, Raum und Zeit untrennbare Komplexitäten?
Dann wäre das Prinzip der Selbstverwaltung, der Selbstaufschaltung, eine Eigenschaft von Energieformen unterschiedlicher Dimensionen (mit Polbildungen von Dimension zu Dimension).

30) VL Parsegian, Kybernetik und moderne Welt, 1974, S 180 ff, 216
30a) Cahron a.a.O. S 251 meint, Energie habe es im Punkt 0 nicht gegeben und werde es auch im Punkt Omega nicht geben. Nach ihm ist der Geist das Bestimmende. Die ‚Maschine Mensch' funktioniert aber nur mit Energie. Hier sind Geist und Energie komplex. Am Tag Omega (vielleicht nur für wenige Augenblicke) bedarf der ‚universelle Geist' keiner Energie. Da er aber selbstbestimmend ist (Auch nach Charon) kann er die Energiefunktion jederzeit wieder betätigen, was er im Punkt nach Omega auch muß.

Hieraus könnte sich das Prinzip der Katalyse und das der Selbstinduktion erklären.
Eine anderweitige Energiedimension könnte die Elementarteilchenwelt unterhalb der atomaren, die bereits mehrfach genannten Entellechien von H. Driesch darstellen; bei Charon sind es die Elektronen. (Entellechien könnten eigene Mitochondrien, Kleinstenergiewerke, haben. s.w. unten VII)
Fichtes Weltkonstruktion liefe auf eine sich in der Innerlichkeit dieser mehrdimensionalen Bezugsverhältnisse vollziehende, von außen nicht störbare Bewegung von Geistenergie hinaus, also auf das Grundprinzip einer freiheitlichen Selbstgestaltung der gesamten Erscheinungswelt.
Während Kant vom Menschen ausgeht, der über die Selbstanhebung in höhere Bewußtseinsstufen, bis in die Sphäre der reinen Vernunft, des genetischen Codes, gelangt, geht Fichte den umgekehrten Weg vom Absoluten Ich in die materielle Welt. (Vom Makro- zum Mikrokosmos)
Aus der Polspannung zwischen dem universellen und dem Ich der Erscheinungswelt gestaltet Fichte sein Weltbild, während Kant, empirisch/begrifflich vorgehend, den natürlichen Bereich nicht aus dem Auge verliert. Fichte ist reiner Metaphysiker, Kant dagegen steht mit beiden Beinen fest auf der Erde und begibt sich nur sehr vorsichtig in angehobene Bewußtseinsstufen.[31)]
Nach Kants Kritik der Vernunft ist das Gesetz der Raum-Zeit unabänderbar die Grenze und die Schranke unseres wissenschaftlichen Er- und Begreifens.
Nur im Wege der Selbstüberschreitung kann sie sich um ein Weniges öffnen, nämlich durch die glaubensmäßige Neustrukturierung der Vernunft.
Bei Fichte vollzieht sich die Bewegung aus dem Universum in die kosmische und in die planetarische Welt.
Fichtes Gedanke ergänzt den kantischen. Beide Denkfiguren vereinen sich wie zwei Parabelbögen zur Ellipse (zur Erdgestalt).
Als Funktion des Absoluten-Ichs kann sich das Endliche-Ich in un-

31) Die kantische Transzendenz ist keineswegs mit dem christlichen Jenseitsbegriff identisch!

endlicher Folge selbstgestaltend, selbstüberschreitend, dem Absoluten Ich wieder nähern.
Nach Fichte strebt das Unendliche in die Individuation, während sich nach Kant das Individuum in der Phase der Glaubensmächtigkeit entfaltet, die es im empirischen Bereich findet.
Gegenüber Kant und Fichte war Hegel glaubenslos: Er konnte daher nur den sich selbst vollziehenden Gang der Negativitäten aufweisen. Es ist die negative Koordinate, auf die Hegel das Weltbild überträgt.
Schelling hat zeitlebens um seinen Glauben gerungen. Mit seinem Potenzbegriff ergänzte er alle bisher beschriebenen Modelle durch die Zurverfügungstellung des Begriffes der Geistenergie.
Schopenhauer wies den Willen in Verbindung mit der Vorstellung — also dem Bewußtsein — als schöpferisches Prinzip aus und Nietzsche erkannte den Punkt Null des Koordinatensystems, das Nihil. Heidegger entdeckte sodann — in seinem Nietzsche — den Glauben wieder und vermittelte vom Nullpunkt in die beiden Koordinaten.
Weizsäcker fand die Ambivalenzstation, den Umschlagvektor über den Nullpunkt hinaus.
W Schulz bewegt sich ausschließlich auf der negativen Koordinatenseite (und meint, sie sei die allein bestimmende).
Fichte verspottend ironisiert er, das ‚Absolute Ich‘ gelange zielgerade in den selbstgesetzten Abstieg der Begrenzung:
Was jemand zu denken vermag, ist eine Frage der Persönlichkeitswerte. Die Denkkraft ist ein natürlicher Orientierungssinn des Menschen. Für das Denken auf der positiven Koordinate verlangt sie Glaubenskraft. (s. Verfasser, Der Neue Mensch, S 23 ff)
Sie gründet nicht nur im Verstand, sondern korrelativ auch im Gemüt.
Kant hat den Weg zur Anhebung der Denkleistung geöffnet.
Er ist der einzige Philosoph, der insoweit klar zu konkreten logisch-psychologischen Vorstellungen gelangt ist. Fichte blieb noch im metaphysischen Raum, während Schelling und Cassirer die physikalische Ebene betraten.
Nach Kant gibt es sowohl eine empirische Erfahrung in der Denk-

als auch in der Gemütsebene, wobei letzterer die größere Horizontausrichtung zukommt.
Im grenzüberschreitenden Denken gewinnt der Mensch aus moralischer Glaubensgewißheit neue konkrete Erkenntnis.
Legt man Fichtes Idee der Weltkonstruktion zugrunde, so ist der Mensch — zu seinem Teil, funktional — der Weltbaumeister.
Auch für Schelling, für Cohen und für Cassirer hat die Glaubensgewißheit höchsten Informationswert, weil sie konkret eine Energieaufladung des humanen Regelkreissystems bedeutet.
Mit seinen semantischen Überlegungen neigt Cassirer der buddhistischen Kausalitätslehre zu.[32)]
Gelangt das Selbstüberschreiten zu körperlicher Strukturveränderung, werden alle organischen Bestandteile, also alle Elementarteilchen, alle Zellen und Zellverbände umstrukturiert (Charon): Es wird ein neuer Mensch.
Der Mensch denkt richtig nur mit seiner ganzen Komplexität.
Erst auf diese Weise gelingt ihm die Anhebung seiner Eigenexistenz. Zugleich aber muß er sich mit ihr auch planetarisch zugeordnet und sonnengesetzlich gebunden verstehen.
Daß er darüber hinaus auch kosmisch gebunden ist, folgt aus seinem elektronischen Aufbau, versteht sich also von selbst.
Auch das hat Kant erkannt und mit seinem Begriff von der Apperzeption, der Hinzu-Durchgegriffenheit klargestellt.[33)]
Der Mensch ist nicht nur planetarisch gebunden in dem Sinne, daß er dieser Gebundenheit bedingungslos unterworfen wäre, sondern er ist als sittlich Handelnder aus der Transzendenz begünstigt. Erfüllt er das moralische Gesetz, erschließt sich ihm das All; denn dieses unterliegt analogen ordnenden Prinzipien, aufschaltbaren Führungsgrößen.
Kant spricht insoweit von einer Logik und von einer Kausalität der Sittlichkeit, die nach seiner Auffassung allerdings nur dem Genie zu Gebote steht.
Der Mensch steht in vielen Abhängigkeiten und unter mancherlei Kommunikationszwang. Je mehr er sich dessen bewußt ist, und je

32) s. weiter unten unter IX, 4.
33) Hinzu = aktiv, vom Menschen aus, durch = passiv, vom Universum aus.

mehr er sich in seine naturgegebene Rolle einfügt, desto eher wird es ihm gelingen, alle ihm verfügbaren Möglichkeiten zu nutzen.
In actu können sich ihm alle Sperren öffnen und in prozeßhafter Strukturgestaltung kann er zum Konstituierenden in der Erscheinungswelt werden. Das isolierte Verstandesdenken hat niemals diese Kraft.
Die Frage, die ich in meiner Schrift Der Neue Mensch auf S 155 noch als solche aufgeworfen habe, bejahe ich jetzt vollen Umfanges und zwar übereinstimmend mit Kant und mit Heisenbergs Auffassung.
Dem unerschütterlich Gläubigen eröffnet sich eine Selbstüberstiegschance.[34)]
Das moralische Gesetz in uns und der gestirnte Himmel über uns begünstigen uns weit über das eigene Vermögen hinaus. Kant meint das buchstäblich.
Auch Fichte hat richtig erkannt: Der Mensch kann die Funktion des Kosmischen zu seinem Teil (in seiner Endlichkeit) erschließen. Rationale Betrachtungen hierüber waren zu Fichtes Zeit kaum möglich.
Kybernetik und Semantik eröffnen sie erstmals.
Zum typischen Verhalten aller kybernetischen Systeme, jeglicher Organismen (wobei alle diese wiederum Glieder höherer Systeme sind), gehören
1) Zielstrebigkeit der Systeme gemäß den jeweiligen Leitwerten,
2) Innere, energetische, Selbstbewegung zur Herbeiführung eines stabilen Zustandes,
3) Kommunikative Wechselwirkungen zwischen gleichartigen Systemen,
4) Abhängigkeit von Systemen höherer Ordnung,
5) Stetes Bestreben aller Systeme, den jeweiligen Leitwert auf eine höhere Stufe anzuheben. (Lernerwartung)
Das Verhalten der hierarchisch aufgebauten Systeme ist auf Harmonisierung mit der Ganzheit des Universums ausgerichtet. Höhere Organismen synchronisieren niedere Stufen, womit nicht gesagt ist, daß die einfachen die niederen sind.

34) d.h. ein gedanklicher und materieller, also ein realer Überschreitungshorizont.

Nicht das Newtonsche Gravitationsgesetz, sondern die Selbstleitwirkung der untereinander in bestimmter Abhängigkeit stehenden Systeme und Dimensionen stellen die Ordnung des Weltganzen dar.[35)]
Jedes System fängt entstehende Abweichungen in sich auf und reproduziert sich im Rahmen seines Leitwertes. Systeme haben Matritzenqualifikation.
Gegenüber Normalabweichungen erzeugen sie virtuell entgegengesetzte Tendenz.
Daraus erklärt sich das Feedbak System des Kosmos.
Wo Abweichungen vom Normalverlauf auftreten, werden sie zudem an das nächsthöhere System gemeldet. (Rückmeldung)
Es herrscht also ständige Kommunikation innerhalb des in steter Wandlung befindlichen Universums und zwar über alle seine Dimensionsbereiche hinweg.
Das gilt entsprechend für unser Planeten- und für unser Sonnensystem, sowie für den galaktischen Verband und die ihn umgebenden Galaxien.
Auf diese Weise wird Fehlverhalten ausgeglichen, Fehlanpassung innerhalb der Systeme verhindert.
Hier zeigen sich aber auch die Grenzen der Anhebungsmöglichkeiten, nämlich in Bezug auf die Hierarchie der Dimensionsbereiche. Die kritischen Gedanken Kants über die grundsätzliche Sperrwirkung der Systeme erweisen ihre praktische Bedeutsamkeit. (Es handelt sich um Dimensionsunterschiede.)
Die sinnliche Erfahrung des Menschen ist der Niederschlag der humanen und zugleich der planetarischen Kommunikation. Sie wird vom Denksinn erfaßt.
Die Horizonterfahrung unterrichtet über den normalen Grenzverlauf.
Sie ist aller Meister Meister.
Kant hat richtig gesehen, welche Bedeutung den Abweichungen vom Normalverlauf zukommt.
Die Axiome, das Apriori-Wissen und die gedanklichen Kategorien kennzeichnen das menschliche Normalverhalten innerhalb des pla-

35) Diese Frage wird unter Abschnitt XII eingehender behandelt werden.

netarischen Systems, tragen also ihre Rechtfertigung aus der Systemwirkung in sich selbst.

Fehlanpassungen, wie sie, im Humanbereich, aus falscher Information und aus systemwidriger Informationsverarbeitung folgen, führen zu neurotischen Schäden, soweit sie nicht sogleich — intern — ausgeglichen werden können.

Die Neurose ist praktisch die Rückmeldung der Teilorganismen, aus denen die „Komplexität Individuum" besteht, an die Führungsgröße des Systems, daß sich Systemabweichungen gebildet haben.

Geheilt werden kann die Neurose nur aus zielgerechter Fehlerberichtigung, geistenergetischer Anhebung, Synchronisation.

In der Regel wird der Fehler im Gemütsbereich liegen.

Die überwiegend dem rationalen Denken zugewandten Menschen müssen wieder begreifen, daß sie sich in einen hierarchisch geordneten Allzusammenhang einzufügen haben, wie er von der Gottlehre aller Glaubensgemeinschaften gepflegt wird.

Über diesen Weg eröffnet sich dem Menschen der Zugang zu notwendigen Verhaltenskorrekturen und damit zur Gesundung.

Von der strikten Beachtung der sich aus dieser Einfügung ergebenden Grundsätze hängt es ab, wie dem Einzelmenschen (und auch den Kulturgemeinschaften) die Selbstgestaltung gelingt.

Wir müssen uns wieder darauf besinnen, daß die Kirchtürme unserer traditionellen Kulturlandschaft nicht nur eine architektonische Ausschmückung bedeuten, sondern daß sie Funktionswerte symbolisieren.

Jede gestalthafte Organform ist begleitet und durchdrungen von gesamtphysiologischen Vorgängen, die sich als geregeltes Energieverhalten der verschiedenerlei Komplexitäten darstellen.

Wenn es einem System gelingt, seine Führungsgröße anzuheben, vollzieht sich innerhalb von Systemgemeinschaften eine Gesamtumlagerung. In der Chemie beobachten wir die Kernverschmelzungen und die Kernverlagerungen innerhalb des Atoms. Störende innere Feldkräfte oder — etwa durch Beschuß von Außen — bewirkte Unregelmäßigkeiten können schließlich zur Auflösung des Elementes — seines Atomkerns — und zur Freistellung von Kernenergien führen.

Dem Kernverband vergleichlich verhalten sich die in der Komplexität seiner Trillionen Einzelwesen zusammengefaßten Systemkräfte des Individuums, der Gemeinschaften, aller Sozialitäten. Der Mensch ist wie das Universum eine Gestaltfunktion der großen Zahl.

In ihrer Geschlossenheit manifestieren die menschliche Komplexität, und alle Kulturgemeinschaften sowie alle geistenergetischen Konstellationen jeglicher Art sich in übereinstimmender Gesetzlichkeit.

Alle diese Systeme hängen untereinander kommunizierend von übergeordneten anderen ab, stellen in Bezug auf sie nur Teilfunktionen dar, sind, also, von der hierarchischen Spitze aus gesehen, veränderbar.[35a)] Bei der jeweils übergeordneten handelt es sich in keinem Falle um eine einsame Spitze, sondern stets um Zusammenschlüsse im Verband des Universums.

Inwieweit die von uns erkennbare Welt wiederum nur eine Teilfunktion in einer noch größeren darstellt — diese Auffassung vertreten bekanntlich Leibniz mit seiner Theorie des Kontinuums und Meurer (mit der Welt außerhalb des 13 Milliarden Lichtjahre Radius) — muß im Sinne von Schelling unter Verschluß bleiben.

Jedenfalls ist das, was wir bisher als die objektive Welt angesehen haben, sowohl in Bezug auf ihre Existenz als auch vor allem in Hinsicht auf die Frage ihrer Dauergesetzlichkeit sehr bedingt zutreffend. Denn die Materie ist eine Zeitfunktion. Im Punkt Omega gibt es nur noch Elektronen und Positronen.[35b)]

Alle planetarischen Kulturen sind psychophysische Energiefelder mit Eigenzentrierung, aber auch mit funktionaler, sonnengesetzlicher Außenbindung. (Charon)

Ihre jeweilige Ökologie ist das Ergebnis unvordenklicher Programmierungen. Sie ist durch Anhebung der Führungsgrößen aufschaltbar, bei deren Absinken auch abschaltbar.

Die Vielzahl der gleichzeitig bestehenden und miteinander verknüpften, in vor- und nachgeschalteten Systemen zusammengefaßten, psychophysisch-kybernetischen Felder bedarf einer steten

35a) Der Fehler der Systemdenker liegt darin, daß sie zu Systemanbetern werden, übersehen, daß jedes System einem höheren zugehört.

35b) Sie können ein Positronium-Atom bilden.

Harmonisierung, insbesondere eines ständigen Ausgleichs in Bezug auf ihre Vieldimensionalität.

Zunehmende Polarisierungen von Systemvorstellungen, verselbständigte Energien, wie sie das Tagesgeschehen beherrschen, führen leicht zu Sprengwirkungen. Diese können nur durch entschlossene moralische Anhebung in eine höhere Dimension ausgeglichen werden.

Mit der ratio ist dem Übelstand schwer beizukommen. Sie erschöpft sich darin, Orientierungshilfen aufzuzeigen, Modelldenken für ein zeitgerechtes Systemverhalten vorzuschlagen.

Endgültige Lösungen sind niemals erreichbar, sondern immer nur zeit-, raum- und umständebedingte.

Katastrophen sind jedenfalls nur durch energetische Systemaufschaltung vermeidbar.

Letzten Endes orientieren sich alle Organismen nach unbewußten Innerlichkeiten.

In seinem 1839 im Cotta Verlag erschienen berühmten Werk ‚Die Geschichte der Seele‘ behauptet Heinrich v. Schubert (S 548), daß das Unbewußte Kraft des uns innewohnenden Sonnengeistes ist.

Die Tatsache, daß sich ein Tier nach dem Sonnenstand und nach dem Sternhimmel ausrichtet, zeugt von der Weite und Größe dieser verborgenen Aktivität unseres Zentralgestirns. Jeder Organismus durchgliedert sich unbewußt selbst in seiner Entwicklung.

Es gibt im Bereich des klar Erkennbaren keine ein für allemale bestehenden Grenzen, keine objektiv unüberwindbaren Situationen.

Ein durchschnittener Spulwurm baut sich alsbald ein neues Führungssystem, ein Gehirn, auf!

Wer sich nicht entscheidet, will sich nicht entscheiden, sagt ein englisches Sprichwort. Das aber ist die verhängnisvollste Entscheidung: Die Welt bewegt sich weiter. Der Entschlußlose wird in die Wirkbereiche der Negativitäten gezogen und geht darin zugrunde.

Die sogenannte Willensfreiheit ist in erster Linie eine Freiheit zum wagemutigen Entschluß, bei den niederen Organismen zur notwendigen Selbstverwirklichung.

Die Welt ist vom Willen zur Macht des angehobenen Lebens beseelt, aber nur der Entschlossene eröffnet sich den Weg.

Dabei gehorcht der Wille stärkeren Negativitäten in derselben Weise wie dem sittlichen Gebot.

Es geht also nicht um Macht allein, wie Nietzsche irrig annimmt, sondern in erster Linie um eine richtige Lenkung der Kräfte.

Die Frage, was im konkreten Fall für den einzelnen Menschen richtig ist, läßt sich nur aus dem Gewissen, aus den Gemütswerten des Menschen, aus seiner unvordenklichen — sonnengesetzlichen — Vorprogrammierung entscheiden.

Der Einwand, daß das Gewissen nicht rate, sondern nur Möglichkeiten aufzeige, kommt von denen, die ihr Gewissen nicht an das sittliche Prinzip gebunden haben.

Kants kategorischer Imperativ hat überzeitlichen Ausrichtungswert.

Er verweist auf die sittlichen Führungs- und Ausrichtungskräfte, die jedem System, auch dem menschlichen, immanent sind.

Ohne derartige Führungsgrößen ist ein Organismus überhaupt nicht denkbar.

Hier liegt auch die Grundlage aller Ethik. Stets ist der anhebende Gedanke auch die Führungsgröße eines normativen Systems. Das Leben braucht Führungskräfte. Mit der von K Lewin[36)] vorgeschlagenen Topologie allein ist das ethische Problem nicht lösbar. Das Leben ist stetig in dynamischer Entfaltung. Wer sich nicht aufschaltet, wird abgeschaltet. Bestandsicherung ist nur mit jederzeitiger Kurskorrektur erreichbar.[36a)] Aus diesem Grunde sind auch alle dialektischen Systeme zu verwerfen. Sie gewährleisten keine Aufschaltung im Systemverhalten und führen deshalb mit Notwendigkeit zum Absinken der Systemkräfte. Die Dialektik ermöglicht die Abschaltung genauso wie die Aufschaltung. Ohne den Einsatz dynamischer moralischer Funktionen bestimmen die stets immanenten Negativitäten den Systemverlauf.

Wirksame Systeme müssen kontinuierlich gespeist und angehoben werden.

Niemals stagniert das Leben: es läuft im Gefälle der Negativitäten der Auflösung zu, wenn es nicht in die Aufwärtsbewegung gehoben wird. Praktisch ist jeder Lebenstag ein verhindertes Sterben.

36) K Lewin, Feldtheorie i.d. Sozialwissenschaften, 1963.
36a) Steinbuch, Deutscher Taschenbuchverlag 1974.

Es gibt keine Eigendynamik der Dialektik, sondern nur eine solche der Negativitäten. Ihr entgegen wirkt der lebensbejahende Entschluß und der wagemutige Einsatz des sittlich Selbstbewußten. Sowohl eine übermäßige einseitige Verstärkung des Polwiderstandes als auch seine unverhältnismäßige einseitige Abschwächung führen zum Zusammenbruch des Systems[37] :
Jeder Reaktionsverlauf innerhalb eines Systemfeldes zeigt ein Fluchtverhalten auf, wenn ihm nicht stetig bestimmte Reize zugeführt werden.
In der Tierpsychologie spricht man aus diesem Grunde von Vermeidungsgradienten. Es handelt sich dabei um die fortlaufende Selbstberichtigung von Fehlverhalten, also von falscher Informationsaufnahme oder -verarbeitung oder von Ermüdung der Führungsgrößen des Systems als Folge mangelnder Informationsgerichtetheit.
Wenn sie sich nicht ständig moralisch anheben, werden auch ‚Engel zu Teufeln'.
Störfunktionen werden ausgelöst, z.B. auch durch Schockwirkungen, d.h. durch jähe Überraschung bei unaufmerksamem Systemverhalten (z.B. bei Übermüdung). Alle strukturwidrigen Anstöße innerhalb eines Kraftfeldes oder strukturzerstörenden Auswirkungen von Außen ins Leben getragener Einflüsse lösen Schockwirkungen aus.
Übermäßige Reizstärken kann ein System nicht auffangen, nicht ausgleichen. Aber jedes System hat auch seine Toleranzen. Es kann sich selbst aufschalten, also den strapazierten Polwiderstand verstärken.
Unvermittelte Intensitätsveränderungen, wie sie von Innen her durch Revolutionen herbeigeführt werden, von Außen die Folge von fremdbestimmten Aggressionen sind, führen, wenn sie auch mit äußerster Anstrengung nicht aufgefangen werden können, zum Systemzusammenbruch.
Das Gleiche gilt für jedes abrupte menschliche Verhalten in Bezug auf das eigene Kraftfeld wie auch bei einem entsprechenden Aggressionsverhalten gegenüber dem Mitmenschen oder gegenüber

37) s. den Köhlerschen Effekt (Proc. American Phil. Soc. 1944, Vol 88)

der jeweiligen Sozialität (Terrorverhalten von einzelnen oder von Banden).
Nur wenn derartiger Reizwirkung mit gleichstarker Ausgleichskraft entgegengetreten wird, kann ein Systemschaden abgewandt werden.[38)]
Bei gleichmäßigen, das System nicht erschütternden, Reizanhebungen kann eine Empfindungs- und eine Leistungszunahme im Systemverhalten ausgelöst werden.[39)]
Zur Anhebung der Polspannung führt nur eine Triebsteigerung (Energiezuwachs).
Mit dem Skinnerschen (Popperschen) Vorschlag nach ‚mehr ratio' ist nichts anzufangen.
Seine emotionalen Antriebe beherrscht der Mensch in erster Linie mit seiner sittlichen (moralischen) Glaubenskraft.
Rein doktrinelle Glaubensfragen, wie sie zu Ketzerverfolgungen und Hexenprozessen geführt haben, können anhebende Wirkung, also Reizverstärkungen zur Auslösung von Führungsgrößenaufschaltungen, nicht bewirken.
Mit ihnen ist in der Vergangenheit — auch der jüngsten noch — viel Unheil angerichtet worden. Religiöse Eiferer pflegen den Glauben aus Systemgründen. Der Glaube ist aber um des Lebens willen da.
Die dem humanen Energiesystem innewohnenden Polkräfte — Zweifel und Glauben — halten sich normalerweise im Gleichgewichtszustand. Der Zweifel verhütet fanatische Ausbrüche und hat auf dem negativen Sektor dieselbe Funktion, wie der Glaube auf dem positiven.
Descartes Philosophie des Zweifels ist einseitig. In demselben Maße, in dem die Kräfte des Glaubens wachsen, steigern sich auch diejenigen des Zweifels.
Es wird also niemals eine einseitig betonte Hochkultur des Glaubens oder des Zweifels geben können. Wenn der Glaube Triumphe feiert, wird sich auch der Zweifel zu Wort melden und umgekehrt.

38) Revolutionen sind durchweg Entladungen von Negativitäten.
39) H Rohracker. Einführung in die Psychologie, 1965, S 109 ff.

Das kann allerdings nichts daran ändern, daß in geschichtlichen Phasen die eine oder die andere Richtung das Taggeschehen beherrscht.

Erst mit einer durchgängigen und nachhaltigen Führungsgrößenanhebung wird die Rückkoppelung in den alten Zustand verhindert und endgültig eine Anhebung der Systemstruktur erreicht.

Das ist es, was aus dem Rohrackerschen Gesetz folgt und was Kant in dem Kapitel über Meinen, Wissen und Glauben als selbstüberschreitende Funktion zur Erweiterung des Vernunftbereiches bereits sehr speziell dargelegt hat.[40)]

Hierbei geht es nicht um eine Ergreifung durch von Außen — aus der Transzendenz — kommende Reize (Affekte), sondern in erster Linie um eine selbstprogrammierte Steigerung der eigenen Verinnerlichungswerte, wie er ohne sittlichen Einsatz nicht erreichbar ist.

Das objektive Weltbild ist eine Schöpfung der Aufklärung.

Mit der Wandlung der naturwissenschaftlichen Betrachtungsweise hatte sich das gesamte kulturelle Leben geändert.

Die Entdeckung der Erde als Kugelgestalt stellte eine Erweiterung des menschlichen Bewußtseins dar.

Während im Mittelalter der Gedanke Gott der Zentralpunkt aller Überlegungen war, eine übernatürliche Offenbarung also auch das Tagesgeschehen beherrschte, stieß man nun durch die vielen Entdeckungen, von denen die eine die andere überbot, auf eine Realität, die in ihren Konsequenzen umfangreiche neue Erfahrungen auslöste.

Aus der Fülle der Einzelvorstellungen schälten sich Ausgangslagen heraus, die allen weiteren Untersuchungen als Grundgesetzlichkeit dienten.

Im Sinne Fichtes bestimmte die neue Realität den Fortgang der philosophischen Entfaltung.

40) In den gängigen philosophischen Lehrbüchern wird das Problem der selbstüberschreitenden Funktion, wie Kant es bereits klar umrissen hat, wenn überhaupt, wie bei W Schulz i. seiner Phil. der veränderten Welt, nur sehr unzureichend und auch geradezu unrichtig behandelt. Die Glaubensfunktion ist der Kraftspender (Generator) im Feld des Humanum. Ohne sie gibt es keine Aufschaltung im System. Der gesamte Kosmos wird durch sich selbst aufladende Genaratoren bewegt. Sie sind das Prinzip der Führungsgrößenaufschaltung.

Zu unrecht hat man Fichte den Vorwurf gemacht, daß sein Denken rein subjektiv sei, die objektiven Gegebenheiten völlig außer Betracht lasse. Ein Vergleich mit den Gestzen der Kybernetik erweist, daß es durchaus ein objektives Weltbild darstellt. Fichte war seiner Zeit weit voraus.
Beginnend mit Galilei und den Kepplerischen Gesetzen entfaltete sich die klassische Physik. Systemgerecht erweiterte sich die Kenntnis der naturwissenschaftlichen Gesetzlichkeit.
Alles Offenbarungsdenken wurde suspekt. Die Welt schien zu Ende gedacht. Es entstand das rationalistische Weltbild.
Die Erschließung der atomaren Welt, die Kybernetik und die neueren Erkenntnisse der Astronomie haben erneut zu einer Umgestaltung im Denken geführt.
Niemand wagt zu sagen, daß der Kosmos hinter dem 13 Milliarden Radius und unterhalb der atomaren Elementarteilchenwelt zu Ende sei. Im Gegenteil: ein Ende ist durchaus nicht abzusehen.[41)]
Anaximanders Apeiron entspricht dem heutigen Stand der Naturwissenschaften. (Ausscheidung aus einem unbegrenzten Urstoff, dem Elektron)[41a)]
Allen Denkmöglichkeiten entsprechen Verwirklichungsmöglichkeiten. Aber das Denkmögliche strebt auch in die Wirklichkeit. Das ist der tiefere Sinn von Platons Idealismus. Dem die Idee formenden Logos wohnt die schöpferische Kraft inne. Der ‚Logos Spermatikos' ist das naturgemäße Verwirklichungsprinzip.
Bei den Pythagoräern ist die Zahl das Begründende, das Konstituens. Das führt in die Nähe Kants, des Neukantianismus aber auch der Subjektivität Heisenbergs. Der Zahl entspricht der Begriff.
Wenn aber der Idee Realitätsmächtigkeit innewohnt und eine letztdenkbare Idee wegen der Diskontinuität des menschlichen Denkens niemals gedacht werden kann, dann landen alle Weltentwürfe (letztlich über die Äonen-Boten Charons) im Kontinuum der Explosionen und der Kontraktionen, beim Gottgedanken. Er wird in kybernetischer Dimension zur letztdenkbaren Führungsgröße auch über die aus unserer Raumzeit ausgescherten Welten der Schwar-

41) Meurer, a.a.O. S 108
41a) d. ersten Elektronenpaar (Charon)

zen Löcher hinaus.[42] Unser Gottbild ist in Dimensionen zurückverlegt, für die wir weder sprachlich noch gedanklich eine Bestimmungsgröße haben. Das gilt auch, wenn wir die Welt der Elektronen von Charon als letzte Wirklichkeit anerkennen. Denn ausgespart sind die abgestossenen Schwarzen-Löcher, selbst wenn man davon ausgeht, daß sie den umgekehrt gleichen Weg unsers Universums gehen. Denn alle Elektronen können sich nach eigener Willkür entscheiden.

Weizsäcker verlangt, daß die Quantentheorie der philosophischwissenschaftlichen Betrachtung zugrunde gelegt wird.

Mit der modernen Physik habe die Natur den Menschen darauf gestoßen, daß es ihm niemals gelingen werde, das Reich des Erkennbaren, von einer festen objektiven Operationsbasis aus zu erschließen. Die Vielfalt der zu beachtenden Dimensionsbereiche verhindere es. Die Erfaßbarkeit der vielfältigen Wirklichkeiten sei nur noch einem völlig veränderten Denken möglich: Das aber könne nur ein energetisches sein.

Die Quantentheorie habe das Kausalgesetz in ein neues Licht gerückt. Ihre Gegenstände seien nicht mehr durchgängige Objekte der unmittelbaren sinnlichen Erfahrung.

Die allgemeinen Zusammenhänge der Natur erscheinen in neuem Licht: Es gibt — auch nach Charon — nicht nur die eine objektive Wirklichkeit, sondern vielfache Objektivierbarkeiten. Die Hoffnung, alle Bereiche des geistigen Lebens noch von den Grundsätzen der klassischen Physik her verstehen zu wollen, ist wohl um nichts mehr gerechtfertigt als die Hoffnung des Wanderers, der alle Rätsel lösen zu können glaubt, wenn er bis ans Ende der Welt reist, sagt Werner Heisenberg dazu.

Die moderne Physik lehrt uns auf die Fragen nach der absoluten Zeitskala und nach dem objektiven Geschehen in Raum und Zeit mehr oder weniger zu verzichten und zu erkennen, daß dieser Verzicht endgültig ist.

‚Die Erwartung, man werde durch neue Erkenntnisse doch noch einem durchgehenden und unwandelbaren objektiven Geschehen oder doch einer denkbaren generellen Raumzeit auf die Spur kom-

42) Charon, a.a.O. S 254: Das was wir Gott nennen hat auch den Elektronengeist gesetzt.

men, ist nicht besser begründet als die Vorstellung, irgendwo in den unerforschten Teilen der Antarktis werde schließlich doch das Ende der Welt gefunden werden.' (Heisenberg)

Der Verzicht auf die Aufhellung einer objektiven Welt, wie sie sich nach unabänderbaren, feststehenden Grundsätzen entfaltet, ist auch bei Charons Weltbild unwiderruflich. An ihre Stelle ist eine subjektiv dynamische Elektronenwelt getreten.

Zu unrecht meint W Schulz[43)] die Physik des Atomforschers sei keine unmittelbare Erklärung einer ,feststehenden' Natur, sondern als verwissenschaftlichte habe sie sich selbst ,ihr Gebiet erschaffen'. Auch das Atom sei ,objektivierbar', nämlich auf empirische Erscheinungen reduzierbar. Die Frage, ob es unmittelbar beobachtbar sei oder nicht, sei ,zu vergleichgültigen'. Weizsäckers Meinung entspreche jedenfalls einem Operationalismus und Instrumentalismus, laufe darauf hinaus, die Welt der objektiven Gegebenheiten rein pragmatisch und technologisch zu negieren.

Es sei notwendig diese seine Auffassung ,dialektisch zu verflüssigen'![44)]

Es wird das Geheimnis von Schulz bleiben, wie diese ,Verflüssigung' zu bewerkstellign ist. Jedenfalls hat ein derart apodiktisches Urteil nicht die dafür in Anspruch genommene Beweiskraft.

Schulz verteidigt die objektive Welt als ein geschlossenes Weltbild, das ,auf konstitutiven Prinzipien' beruhe, einen eindeutigen ontologischen Sinn habe und von der Forschungssituation und deren Methodologie abgelöst sein müsse.

Das sind anachronisistische Meinungen, die naturwissenschaftlich widerlegt sind. Das Gleiche gilt für die weitere Behauptung, der ursprüngliche Wunsch der Physiker nach subjektloser Objektivität, sei genauso zu beurteilen, wie der jetzige nach objektloser Subjektivität.

Schulz meint abschließend, alle ,diese Fragen seien eben nur dialektisch' zu bewältigen, wobei die Dialektik als die neue Grundeinstellung zum Seienden anzusehen sei und sie das ,,Zeitalter der Verwissenschaftlichung" ja auch überhaupt erst heraufgeführt habe.

43) Philosophie der veränderten Welt, S 112, 114 f, 120, 125 f, 136, 141.
44) Schulz, a.a.O.

(eine sehr übersteigerte Auffassung!) Die ‚Verwirrung' der Physiker und der Technologen sei ‚total'.[45] Auch wenn man das Atom als Inbegriff von Gesetzen auffasse, so sei es doch nicht als ‚Geist' anzusehen, (was in dieser Form niemand behauptet hat).
Tatsächlich haben alle Elementarteilchen durch die fortlaufende Informationsaufnahme auch Vektoreigenschaft.
Schulz führt (auf S. 235) Wiener an, der den Standpunkt vertritt, daß Organisation und Kommunikation als Grundmerkmale von Ordnung und System überhaupt verstanden werden müssen.
Was liegt näher als sie auch im Elektronbereich anzuerkennen, also zwischen gerichteter und frei ausschwingender Energie zu unterscheiden!
Schulz Weltmodell hört mit Erfassung des atomaren Bereichs auf. Die Mikrowelt der Elektronen ist ihm unbekannt.
Er untersucht (S 238) weiter die Frage, ob Information als ‚Geist' oder als ‚Materie' anzusehen sei und meint, sie beruhe jedenfalls auf „zufälligen" Anstößen.
Richtig ist, daß auch der Elektronengeist das Endziel der Evolution — aller Geistenergieausrichtung — nicht kennt. Schulz kennt aber den Matrizialismus nicht. Über Reflexion, Bedeutungswertung und Zeichensetzung nach Maßgabe einer Matrize ist das Elektron, das bereits über Erinnerungszustände verfügt, in der Lage, sein Erkennen über künstliche Zeichensetzungen zu erweitern und den Übergang von einer Daseinsform in eine andere zu finden und zu setzen. (Charon S 244)
Besonderes Interesse gewinnt in diesem Zusammenhang auch die Philosophie von Gabriel Marcel: Er unterscheidet für die Körperwelt Problem und Mysterium. ‚Das Problem' ist etwas, das ganz vor mir liegt, das ich als Zuschauer ‚objektiv' betrachten kann, das ‚Mysterium' ist etwas, in das ich einbezogen bin. Für die Philosophie sind die Mysterien von besonderem Belang. Philosophie muß transobjektiv sein.[46]
Die Dinge stehen nicht in Raum und Zeit, sondern sie verhalten sich nur in Bezug auf Raum und / oder Zeit. Die Welt ist aber vieldiemensional, unendlich dimensional sogar. Aussagen über sie

45) Schulz, a.a.O.
46) Metaphysische Tagebücher, Journal metaphysique 1914 - 1917.

sind also immer nur bedingt und beschränkt auf bestimmte Raumzeitzustände und Raumzeiten möglich. Nur für gewisse Phasen scheint der Weltplan festzuliegen. Auch Schelling hat sich vergeblich darum bemüht, das Unendliche und das Endliche ‚zusammen zu denken', in einer einheitlichen Schau auszugestalten, zu ihr anzuheben.

So spricht er denn auch von einem „Zusammenfall des Endlichen und des Unendlichen" zu unendlich vielen Endlichkeiten. Von diesem Gedanken ausgehend gelangt er zu seinem Identitätssystem, nämlich daß das Vernunftideal auch Realität habe. Die Verbindung zwischen dem steten Prozeß des rein Gedanklichen und des realen Geschehens — Schelling spricht von einer Vernunftbewegung als Realität — sieht Schelling in der Vermittlung durch Gott, in dem — in dessen Sein — sich das natürliche und das geschichtliche Geschehen vollziehe.

Dabei ist Gott ihm nicht in erster Linie Subjekt, sondern vernunftgesteuerte letztaufschaltbare Führungsgröße.

In seiner Philosophie der Prophetie entfaltet Schelling das Weltgeschehen als geistenergetisches: ‚Gott ist mit Lenkungsbewußtsein ausgestattete Energie (Potenz)!'

Der unendliche Prozeß findet in einer kontinuierlichen Reihung von Endlichkeitsphasen statt und zwar sowohl im Bereich der Vernunft als auch als wirkliches Naturgeschehen, das er als ein ‚Sich-Hervorbringen aus gewissen Leitvorstellungen' in einer mit Bewußtsein ausgestatteten Potenz zusammenfallen läßt.

Schelling spricht insoweit auch von einem theogonischen Prozeß und kommt im Ergebnis dem Elektron-Weltbild von Charon nahe. Alle Potenzen bedingen sich — nach ihm — gegenseitig und sind in bestimmt gesetzter Zuordnung vereint.

Das ist im Prinzip die Welt des kybernetischen Systems, wobei in der Menschenwelt der Mensch, das Individuum — bei Schelling Person genannt — den Funktionszusammenhang der Potenzen ordnet und waltend (verwaltend) einsetzt.

Schelling spricht der Persönlichkeit bei diesem Unternehmen universelle Funktionstüchtigkeit zu, die auch Charon ihr — in der Eigenschaft als Elektronenverband — nicht verweigert.

Demgegenüber ist der Mensch des Marxismus verkümmert und als

Individuum bedeutungslos geworden. Es ist nur noch seine Aufgabe, als klassenkämpferisches Integral der Sozialität einer imaginierten Zukunftsvision Realität zu verschaffen.
Ein diffuser Fortschrittsglaube bestimmt den marxistischen Zeitgeist.
Heinz Dietrich Ortlieb sagt in seiner Schrift ‚Macht Gleichheit glücklich'[47]:
„Wer heute nicht bereit ist, jede Änderung für fortschrittlich und jedes extreme Experiment für progressiver zu halten, gilt bereits als Konservativer oder gar als rechtsradikaler Reaktionär, mag er sich selbst auch als Sozialist bezeichnen und sachgerechte Reformen gefordert haben: Wir leben schon wieder in einer Zeit der Bedrückung (Zusatz des Verfassers)
Wo alles erlaubt und alles ermöglicht sein soll, ist bald nichts mehr durchführbar!
Man kann Krankheiten auch als eine besondere Abart der Gesundheit darstellen: Eines gesunden Blickes für die Wirklichkeiten des Lebens wird man sich dann allerdings nicht mehr rühmen können."
Es ist die Tragik aller Sozialrevolutionäre, daß sie das, wogegen sie sich zunächst gewandt haben, schließlich doch mehr oder weniger unverändert zurücklassen.
Die Menschen bleiben im Wesentlichen mit allen ihren Unzulänglichkeiten verhaftet, welchem System sie sich auch einordnen. Denn auch die Negativitäten sind ambivalent.
Vieldimensional strömen Informationen auf den Menschen ein. Ebenso unterschiedlich erfassen sie ihn in seinen Wesenheiten.
Nach Hans Driesch ist alles, was ist, ein ‚Insichseiendes'. Das Subjekt ist als Insichseiendes ein Fürsichseiendes. Es vollzieht sich vielschichtig, über naturgegebene Wendepunkte.
Das ist schon eine Folge des laufenden Stoffwechselganges.
Primär- und Sekundärinformation, Aufnahme von Außen und inneres Verarbeiten, gehen in den unterschiedlichsten Körperbereichen vor sich. Grundsätzliche Gemütsveranlagung und momentane Stimmung tun ihr übriges. Es findet vieldimensional ein ständiger Umschlag über die beiderseitigen Informationskoordinaten

47) Herder, 1978

statt. Geht man nun noch davon aus, daß Koordinaten im Uhrzeigerweg rundum perspektivisch ausgerichtet (fiktiv) angenommen werden müssen, so erweist sich eine erste Vorstellung davon, wie diffizil in Wirklichkeit Informationszufluß und Verarbeitung für jedes Insichseiende als Fürsichseiendes vor sich gehen. Die Variationsmöglichkeiten entsprechen der Zahl der Gehirnneuronen. Mit eindimensionalen Schemen, wie dem dialektischen, ist auch nicht annähernd eine Deutung möglich. Letzten Endes wirkt konkret überall die komplexe Führungsgröße des Organismus bestimmend und harmonisierend.

Schon garnicht ist das dialektische Weltbild als evolutionsgestaltendes denkbar. Denn denkende Elektronen, die ja die Träger der geistigen Entfaltung sind, sind in der Lage, alle Möglichkeiten zur Steigerung der Negentropie auszuschöpfen. Sie können in ihrer ‚Geschlechterfolge' immer wieder neue Maschinen[47a)] entwickeln, um die Ziele des Universums — die ihnen selbst jeweils vorschwebenden Ziele — zu verwirklichen.

Jedes aus der Umwelt erwachsene, vervollkommnete, Elektron hat eine erweiterte Lernfähigkeit und betätigt sich am Auf- und Umbau des Universums nach Maßgabe seiner eigenen Intention.

Haben die Elektronen an einer Anzahl von Raumzeiten teilgenommen, dann ist ihr Negentropie-Niveau soweit angestiegen, daß sie in der Lage sind, in eine Art von Lebewesen einzugehen, die sich durch ein höheres Negentropie-Niveau auszeichnen, mit andern Worten, dies zu erschaffen.

Offen bleibt dabei, ob und inwieweit es sich dann um Menschen oder um menschenähnliche Wesen handelt.

‚Wer hört, wenn er aufrichtig nachdenkt, in der Tiefe seines Wesens nicht die innere Stimme, die ihm sagt, daß er nur vorankommt, wenn er seine Reflexion und seine Taten in den Dienst von immer mehr Erkenntnis und immer mehr Liebe stellt?" (Charon, S. 239)

Propheten aller Religionen der Welt haben diese Stimme deutlicher vernommen als alle Staatsmänner und alle Wissenschaftler,

47a) Ich sehe nichts Bedrückendes darin, in diesem Sinne auch den Menschen als eine psycho-physischen Maschine anzusehen. Das ist doch nur ein ‚Wort'.

einschließlich derjenigen, die Wissenschaft und Politik miteinander verquicken!

Die Dimensionsbereiche der Mikrowelt schlagen um in diejenigen der Makrowelt. An der Nahtstelle steht der Mensch, die Frage nach dem Du als Vermittler und die Frage nach dem Es als Geschehensvollzug. Hier steht auch die Frage der steten Wandlung und Verwandlung und die Frage nach der Wiedergeburt des Sich-Wandelnden.

Das Volk der Äonen (im Sinne Charons, z.B. S. 262) wird sich vielleicht damit begnügen, nach Ablauf aller Kontraktions- und Explosionsphasen das große Leben zu leben oder es wird, von dem letzten Meister der Denkscharen begeistert, neue Pläne schmieden und sich weiter daran versuchen, selbstgesteckte Ziele zu erreichen.

Denn das ist der höchste Selbstgenuß des Geistes, der für dieses sein Spiel der Materie letztlich nicht bedarf, noch weniger des Menschen und seines dialektischen Begriffsspiels.

V. Der Wandel der Erscheinungen als Grundlage der Ethik.

In der Entfaltung der Erscheinungswelt gibt es etwas Bleibendes: Die Polkräfte, die den Spannungswiderstand setzen und mit ihm Polausgleich, Harmoniestreben, auslösen. Aber es gibt auch den Übergang von gleichförmiger zu ungleichförmiger Struktur. Worauf beruht diese im ganzen Naturverlauf durchgehende Erscheinung?
Sie ist eine Bestätigung der Kybernetik: Gleichbleibende Führungsgrößen begründen Stabilität, anhebende evolutive Entfaltung, abschaltende setzen Entropie. Sie sind zum Teil Folgeerscheinungen bestehender Vorprogrammierung.
So entsteht das, was wir als die objektive Welt erfahren. Alle Qualitäten der Materie bilden sich zwischen den Spannungsbögen der Pole in ihr.
Demokrit führt diesen Gegensatz auf den des Vollen und den des Leeren zurück, voll wäre vergleichlich vorprogrammiert, leer Programmierung empfangend.
Das Spiel der Polkräfte beherrscht sowohl die Explosion als auch die Implosion (die Expansion und die Kontraktion).
Wesenheiten, denen diese Kräfte überhaupt nicht mehr zukommen, sind schwer vorstellbar. Wohl aber gibt es instabile, schwankende, Existenzen, die einen inneren Ausgleich ihres Energiepotentials noch nicht erreicht haben.
Trennung der Polkräfte bedeutet Zerstrahlung (Entropie).
Sie löscht die Individualität des bestehenden Systems aus, entscheidet also über Leben und Tod.
Mit dem Auslaufen der Expansion wird die Kontraktion zur Führungsgröße und umgekehrt.
Der Ambivalenzpunkt, der Nullpunkt des Koordinatensystems, setzt die Wende.
Auch die Existenz der schwarzen Löcher wird verständlich: sie

sind Systemkräfte des Umschlags, der Wende, die negativen Umkehrwelten, die das Universum als angenähertes perpetum mobile ausgestalten.
Wichtig ist in diesem Zusammenhang auch das Verhalten der radiumhaltigen Elemente: Sie sind auf Explosion vorprogrammiert.
Raum und Zeit sind danach Phasenzustände in der Bewegung des Universums.
Im Weltenraum vollzieht sich in den schwarzen Löchern eine zurücklaufende Zeit und ein sich zurückbildender Raum.
Während die Explosion auf Zerstrahlung hinausläuft, führt die Implosion zur Bildung eines einheitlichen Kerns.
Da sich im Universum ständig neue Materie bildet und ebenso ständig Weltenkörper zerstrahlen, scheint ein derartiger Prozeß fortlaufend, kontinuierlich, innerhalb der Galaxien vor sich zu gehen.
Ballungen und Trennungen würden die jeweiligen galaktischen Systeme entfalten und zusammenziehen, einer atmenden Körperwelt vergleichbar.
Es ist aber auch ebenso denkbar, daß das All diesen Prozeß im Ganzen, also mit allen Weltenkörpern, durchläuft.
Die herrschende Meinung geht — soweit erkennbar — davon aus, daß sich der Umkehrprozeß im Ganzen vollzieht.
Jedenfalls schafft die vorgeschlagene Lösung Aufklärung über ein bislang rätselhaftes Problem der Mathematik, nämlich die Frage nach der Existenz der Quadratwurzel — aus negativer Einheit.
Sie könnte sich aus dem Phasenwechsel im All erklären, also eine ontologische Deutung erfahren.
Damit ist auch das bisher von den Marxisten (z.B. Habermas)[48] abgelehnte ontologische Denken gerechtfertigt.
Es geht dabei zwar nicht um ein Zurückgehen auf eine Ursubstanz, wohl aber auf ein sich kontinuierlich abwechselndes Urverhalten der die Allbewegung beherrschenden Prozesse.
Explosion und Implosion sind positive und negative Kernprozesse.
Vor dem Verlöschen, also in der Agonie, weiten sich die Sonnen

48) Eine rühmliche Ausnahme macht Lukacs, Ontologie Marx, Ontologie Arbeit, SL 86 und SL 92. Auch Walter Schulz spricht a.a.O. mehrfach von ontologischen Deutungen, behandelt das Problem aber nicht weiter.

nochmals und stoßen, wenn sie das drei bis vierfache unserer Sonnenmasse erreicht haben, explodierend einen Teil ihrer Materie ab. (Supernova) Der Restkörper zieht sich zu dem noch relativ heißen weißen Zwerg zusammen. Die fortlaufende Verkleinerung des Radius führt zu einer ebenso verlaufenden Beschleunigung der Rotationsbewegung um die eigene Achse. Wenn sie angenähert die Dichte von Kernmaterie erlangt haben, wandeln sie sich in Pulsare. Ihre Masse entspricht dann etwa der unserer Sonne, ihr Durchmesser beträgt jedoch nur wenige Kilometer. Bei jeder Pulsation senden sie Signale in Form elektromagnetischer Strahlung aus. Die Pulsation entspricht ihrer Kontraktion.
Infolge des Energieverlustes aus der elektromagnetischen Strahlung verringert sich die Rotationsgeschwindigkeit fortlaufend. Entsprechend verringert sich die Kernkraft (Gravitationskraft). Es kommt zu einem Kollaps. Der Stern zerfällt. Die Neutronen verschmelzen zu einem einheitlichen Magma von großer Dichte. Dies ist der Augenblick, in dem das Schwarze Loch entsteht. Der auf die Oberfläche des zusammenfallenden Sterns wirkende Gravitationsdruck verstärkt sich weiter. Infolgedessen krümmt sich der Raum mehr und mehr. Er bildet eine Öse, schließlich schnürt er den Neutronenstern ab. Statt eines Universums sind jetzt zwei vorhanden, wobei der Raum, der das schwarze Loch umschließt, wie eine Blase am großen Universum hängt. Ihre Raumzeit hat sich von unserer losgelöst und ist zu einer neuen Raumzeit geworden. Über das, was mit dem Inhalt des Schwarzen Lochs geschieht, werden wir kaum je etwas erfahren. Wir wissen nur, daß es außerhalb unserer Welt noch andere Welten gibt.
Die Vorstellung, die Leibniz mit seinem Begriff vom Kontinuum verband, hat sich als zutreffend erwiesen. Materie unseres Raumes, die vor seiner Abkapselung in die Nähe des Schwarzen Lochs gerät, zeigt die Tendenz, hineinzufallen. Die Wirbelphänomene rund um das punktförmige Schwarze Loch erweisen, daß sich ein gefährlicher Schlund gebildet hat.
Die mathematische Chiffre für das Schwarze Loch ist eine sich in das Universum einbohrende Spirale, die schließlich kernbildend die Wand des Universums einbeult und aufbricht.
Theoretisch ändert sich nun auch die Raumzeit unseres Univer-

sums, weil es ja gewissermaßen gekalbt, eine Bestandsverringerung erfahren hat. Mit der Neutronenmasse ist auch Information ausgeschert.

Im Gesamtbestand der universellen Information hat sich also ein Verlust ergeben. Die selbstschöpferischen Elektronen, die nicht ausgeschert, sondern im Universum verblieben sind, werden diesen Verlust ausgleichen können.

Das Ausscheren des Schwarzen Loches ist einer Spontangeburt vergleichbar. Es erweist sich, daß auch das Universum ein Lebendiges ist. Die weitere Forschung wird hier noch manche Überraschung zeitigen.[49)]

Heisenberg weist mit recht darauf hin, daß aus dem einen bestimmt formulierten Naturgesetz eine Fülle von Erscheinungen entspringen, die sich der experimentellen Untersuchung stellen und dabei auch gleichzeitig die Gewähr für richtige und verbindlich abgeleitete Formulierungen ergeben.[50)]

Die ,Mathematisierung aller Wissenschaftlichkeit' hat ihren guten Grund und ist keinesfalls als übersteigerter Formalismus, Positivismus oder Instrumentalismus anzusprechen.[51)]

Während die Potenzreihe das Prinzip der Führungsgrößenanhebung, also der Evolution, symbolisiert, ist das Symbol der Kybernetik, die Doppelspirale (die Schnecke), also eine aus dem Kernrücklauf mit einer zweiten verbundene Spirale (Ravenna Muster).

Der Gedanke von der mathematisch faßbaren Ordnung der Erscheinungswelt stammt von den Pythagoreern. Was für die Mathematik gilt, findet sowohl in der Natur als auch in der geistigen Betrachtung überall entsprechenden Ausdruck.

Folgt man Charons Auffassung von der Verkörperung des geistigen Prinzips in den Elektronen, hat Kant richtig gesehen, indem er die Natur der Beherrschung durch den Menschen unterwarf.

Daraus folgt allerdings noch nicht, daß es dem Menschen gelingt, eine zutreffende Weltformel zu finden. Denn die Mathematik ist

49) Denkbar wäre, daß der Neutronenstern irgendwie wieder ins Universum ,einbricht'.

50) a.a.O., S 83.

51) W Schulz, a.a.O., S 130, 132.

formalisiertes Wissen. Freiheitlich gefaßte Entschlüsse kann man nicht in Formeln pressen.
Wie die Pythagoreer ihre Erkenntnis von der Bedeutung der Zahl für alles Leben zum Glaubensprinzip erhoben haben, geht es dennoch auch für den modernen Menschen um das Vertrauen in die gesetzmäßigen Zusammenhänge der Natur. Es erweisen sich die Naturgesetze — richtig verstanden und angewandt — auch als normative Grundlage der Ethik.
Zu unrecht behauptet W Schulz [52] den Menschen der Erfahrungswelt betreffe die Ethik (Kants) garnicht: Er sei ja nicht frei, weil er ohne Einschränkung der Naturkausalität unterstehe. Der Mensch könne nur denken auf Grund eines intakten Gehirns. Das sei eine unabänderliche Tatsache, die jeden Versuch, den Menschen in einer transzendentalphilosophischen Dimension anzusiedeln, zunichte mache. Schulz vermischt Denk- und Entschließungskraft: Vom reinen Denken unterscheidet sich das Denkhandeln, das automatisches, ohne vorausgehende verstandesmäßige Reflexion ausgelöstes, Verhalten zeitigt.
Wieweit trägt die Denkkraft?[53]
Der Verstand ist in der ‚objektiven Wirklichkeit' tätig. Sie läuft nach festen Gesetzen ab.
In der subjektiven Wirklichkeit, die für uns mindestens ebensoviel bedeutet, wird nicht gezählt, sondern gewogen, das Geschehene und das Erforderliche nicht verstandesmäßig durchleuchtet, sondern deutend empfunden.
Diese, subjektive Wirklichkeit steht der objektiven nun nicht etwa durch Unendlichkeiten getrennt gegenüber, sondern die Welt des Verstandes wird von ihr umschlossen. Sie ist vorwiegend die Welt des Gemüts, die Vorprogrammierung des Individuums Mensch. Aus ihr leibt und lebt er in erster Linie. In dieser Region liegt die sittliche Selbstbindung des Menschen, aus ihr erhält er die entscheidenden geistenergetischen Antriebe. Hier wirkt Kants sittliche Kausalität. Dabei stellen Verstand und Gemüt eine Komplexität dar. Der Gefahr einer zunehmenden Trennung dieser beiden Welten muß mit Entschiedenheit begegnet werden.

52) a.a.O., S 752 ff.
53) nicht darum, ob man überhaupt denken kann geht es.

Da, wo die Warner nicht einfach zur Aufgabe der bisherigen Naturwissenschaft und Technik raten, verdienen sie volles Gehör. Alle Erweiterung der naturwissenschaftlichen und der technischen Entfaltung erweist sich zwar als Geschenk aber auch als Fluch. Wir müssen, wie Prometheus, für alles himmelstürmende Ringen büßen.[54)]

Aber der Reichtum einer Kultur steht im gleichen Verhältnis zu den Gefahren, die sie mit sich bringt.

Ohne neue Erkenntnisse ist ein Fortschritt in der Entwicklung nicht denkbar.

Mit jeder neuen Erfahrung verändert und verwandelt der Mensch seine Welt. Wer das verhindern will, müßte schon die ganze moderne naturwissenschaftliche Ausrichtung und die daraus folgende Technik aufgeben: Sicher ist eine solche Umkehr unmöglich. Wir müssen aber alle Aufmerksamkeit darauf richten, die uns drohende Gefahren abzuwenden.

Unserer Zeit ist daher nichts notwendiger als eine strikte Besinnung auf die ethischen Normen. Nur mit gesellschaftlicher Gruppendisziplin ist das Problem Mensch nicht zu lösen. Es darf nicht übersehen werden, daß jeder auf den andern angewiesen ist, und daß er nur über ihn eine — seine — Eigensicherung erreichen kann.

Ein einziger unverantwortlich Handelnder kann das Schicksal ganzer Kontinente besiegeln. Die sittliche Ausrichtung muß daher auch den letzten Mann erfassen und ihn mit aller Strenge an das Gesetz binden.

Im Zeitalter der Atomkraftwerke sind marxistische Gesellschaftslehren, die die Dialektik an die Stelle der Ethik setzen sollen, untragbar. Noch vor 50 Jahren brauchte sich niemand wegen einer solchen Einstellung zu sorgen.

In der klassischen Physik kam den sogenannten geistigen Bereichen nur soviel Bedeutung zu, daß sie als Gegenpol der Realität Materie fungierten.

Die Gesellschaftswissenschaften haben diese antiquierte Einstellung noch nicht aufgegeben.

54) Wahrscheinlich auch für die Kernenergie.

Die marxistische Lehre beharrt nach wie vor auf dem Gegensatz von Geist und Materie und nimmt für letztere in Anspruch, daß sie allein die Entfaltung der Erscheinungswelt ursächlich bedinge. Die ‚geistigen Vorgänge' erscheinen ihr nur als Spiegelung ‚der objektiven Realität'. Religion und Ethik sind für sie Mittel der etablierten Klasse, sich an der Macht zu halten.
Es ist die Welt des 19. Jahrhunderts, die den Marxismus geprägt hat. Die Gefahren, die mit der heutigen technischen Entwicklung verbunden sind, verlangen veränderte gesellschaftliche Zustände. Um seiner selbst willen muß sich der moderne Mensch ihnen freiwillig anpassen. Wir stehen gesellschaftlich in jeder Hinsicht völlig neuen Verhältnissen gegenüber.
Bei der Translation des Erscheinungsbildes einer Welt in eine andere muß erkenntnismäßig stets eine neue Methode beachtet, ein weit ausholender Schritt getan werden. Man kann sich also nicht damit begnügen, wie W Schulz es unternimmt, traditionelle Vorstellungsbilder abzulehnen und sie mit den Mitteln ihrer bisherigen Erkenntnisbereiche zu bespiegeln.[55]
Darauf allein läuft seine ‚Dialektische Wirklichkeit' hinaus. Nach Schulz war es das Anliegen der klassischen, im Deutschen Idealismus kulminierenden Philosophie, ein einheitliches Weltbild zu erstellen. Schulz meint, heutzutage gebe es kein einheitliches Weltbild mehr. Alle Entwicklung sei vielmehr ‚bestimmt durch die Dialektik'. Sie aber sei ihrem Wesen nach offen und schließe die Welt der Wissenschaften und die alltägliche Welt nicht mehr zu einem Ganzen zusammen: „Unsere Wirklichkeit ist ausschließlich durch eine Dialektik bestimmt."[56]
Daß eine solche Dialektik aber nichts anderes ist als eine höchst gefährliche Leerformel, das verkennt er.
Die Dialektik ist doch nur das Erscheinungsbild eines Negativitäten-Prozeßganges in ‚der objektiven Welt'. Eine Gesellschaft, die sich ihr überläßt, hat sich voll und ganz der Eigensteuerung begeben und rennt angesichts der nun einmal unabänderli-

55) Schulz, a.a.O., S., S 847 ff.
56) Kybernetisch gesehen deckt sich der Deutsche Idealismus übrigens durchaus mit der naturgesetzlichen Vernunft.

chen Unzulänglichkeit des Menschen sehenden Auges in ihr Unglück.
Das allerdings wird dann für geschichtliche Zeiten ein unabänderbares, also endgültiges sein.
Die Welt darf keinen Tag säumen, die notwendige Konsequenz aus ihrer gefährdeten Lage zu ziehen. Strenge Gesetze sind unentbehrlich.
Auf der letzten Seite seines dickleibigen und nicht widerspruchsfreien Wälzers (S. 854) findet W. Schulz als dialektische Wirklichkeit auch die Ethik wieder und meint, es sei ‚voreilig‘, sie als ‚gänzlich überholt‘ aufzugeben. In modifizierter Form — wie diese aussehen soll verschweigt er — sei sie weiterhin ‚zu gebrauchen‘.
Und er schließt mit dem tröstlichen Hinweis:
„Man muß sich der Bedingtheit und Unzulänglichkeit des eignen Tuns und der Ungewißheit des Erfolges bewußt sein und dennoch so handeln, ‚als ob eines Tages eine bessere Menschheit Wirklichkeit würde‘.“
Das läuft, insbesondere in Befolgung der Grundsätze des Aktionismus[57)] darauf hinaus, tatenlos zuzusehen, wie Kinder weiter Porzellan zertrümmern und hartgesottene Terroristen unbehindert Destruktion betreiben, beide in der unbesorgten und unbegründeten Erwartung, daß es sie selber ja nicht treffen könne.
Um regieren zu können, muß der Herrschende stets die Wahrheit und die Gerechtigkeit auf seiner Seite haben.
Gute Politik ermöglicht überall Toleranzen, damit sich das anhebende Denken konsolidieren kann.
Die Natur läßt auch den Löwen und den Haifischen ihre Freiheit.
Damit ist nicht gesagt, daß Bestien besonderer Pflege bedürfen.
Der Löwe herrscht auch nur in der Wüste und der Haifisch im großen Ozean, beide also an Plätzen, an denen sie wichtige Lebensbelange des Menschen normalerweise nicht gefährden können.
Bestienfreigehege im menschlichen Kulturbereich sind naturwidrig und auch ein Anachronismus.
Eine kurzfristig mögliche Wolfsplage kann das z.B. sehr schnell beweisen.
Übertragen auf die menschlichen Verhältnisse gilt Entsprechendes.

57) Walter Schulz; a.a.O., S 830 ff.

Der Kern aller Sittlichkeit ist die Erlösungserfahrung von der Blindheit.
Der illusionäre Charakter der Wertneutralität von Wissenschaft und Technik hat vielerorts bereits zu einer die menschliche Gemeinschaft in höchstem Maße belastenden Seelenblindheit geführt.
Bedarf es erst einer zur Unzeit zur Explosion gebrachten Atombombe, um die Verantwortlichen aus ihrer Lethargie zu wecken?

VI. Die Zeitspirale und das Harmoniestreben.

Nach Heisenberg erweist sich der eigentliche Kern der Quantentheorie darin, daß ähnlich wie bei Platon der sehr komplizierten Welt der Elementarteile und der Kraftfelder eine einfache und durchsichtige mathematische Struktur zugrunde liegt.[58)]
Die Kraft, die die Welt in Bewegung hält, hat eine doppelte Funktion:
Sie äußert sich einmal in der Antriebs-Energie, zum andern aber auch als Harmonieverlangen, das sich als Adaptionsstreben[59)] darstellt. Beide Funktionen leuchten auf im Prinzip der Adhäsion einerseits und in dem der Kohäsion andererseits. Polarisiert erweisen sie sich als gebändigt. Beide Adaptionsfunktionen zeigen sich bereits bei der ersten Materiebildung.
Zwischen dem Einsteinschen Relativitätsgesetz und der Planckschen Quantentheorie besteht eine Diverganz.
Worauf beruht sie? Diese Frage ist wissenschaftlich noch nicht eindeutig geklärt.
Mir scheint in diesem Zusammenhang der Beitrag der chinesischen Physiker Lee und Yang über das Verhalten der Mesonen von Bedeutung.[60)]
Beim Zerfall positiver Mesonen (in Elektronen und Neutrinos) zeigt sich eine Polarisation, die einer Rechtsschraube entspricht, beim Zerfall negativ geladener Mesonen entspricht sie einer Linksschraube.

58) Heisenberg, a.a.O., S 150
59) Heisenberg, a.a.O., S 150 ff. (Das Harmoniestreben wirkt synchronisierend!)
60) desgleichen.

Die geometrische Figur der Spirale könnte hier Aufschluß geben.[61)]
Die Spirale ist der Ausdruck der Führungsgrößenanhebung. Ihre Kurvenäste entsprechen positiven und negativen Werten des Polarwinkels. Das Typische an der Spirale sind die anhebenden Kurvenäste.
Trotz dieser fortlaufenden Asymmetrie bleiben die beiderseitigen Polarwinkel deckungsgleich. Das Harmoniezeichen fehlt also auch in der Spirale nicht.
Die Gekrümmte, die unendlich viele Umläufe um einen Punkt macht, ist offensichtlich das Symbol der ins Unendliche fließenden Zeit.
Die Spirale fand das größte Interesse bei Archimedes. Er konstruierte die nach ihm benannte Spirale als geometrische Figur.
Daneben gibt es die logarithmische Spirale (Gleichung: $r = ac^c$, wobei a und c Konstanten sind)
Einstein hat seinem nichtempirischen, intelektuellen, Relativitätsgesetz keine Zeitvariable zugeordnet, weil er von der Lichtgeschwindigkeit als Höchstgeschwindigkeit ausgegangen ist und die Zeit mithin schon bei der grundgesetzlichen Ableitung zum Ausdruck gekommen ist. Er setzte die Zeitvariable als Wert 1. Er ging davon aus, daß schwere Materie nicht schneller als mit Lichtgeschwindigkeit bewegt werden kann.
Da nun das Tachyon mit einer höheren Geschwindigkeit festgestellt worden ist, muß daraus gefolgert werden, daß die normale Lichtgeschwindigkeit nicht überall mehr als Richtmaß geeignet ist. Es muß auch dem Einsteinschen Relativitätsgesetz für Bewegungen über größte Entfernungen (sowie im atomaren Raum) eine andere Zeitvariable beigefügt werden.

61) Sprialmuster als Symbole sind — soweit feststellbar — koptischen (Ägyptischen) Ursprungs. Aber auch die Mayas kannten ihren assoziative Strahlkräfte aussendenden Symbolwert. (s.die Grabstelle von Copàn). Schliemann fand Spiralmuster in Mykene (der Reigen der Spirale) und in Tyrins. Einer alten Sage nach sind die ersten Könige der Griechen aus Ägypten eingewandert. Im beginnenden Mittelalter taucht das Spiralsymbol bei den Kelten in Irland auf. Sie hatten alte Verbindungen mit Ägypten (s. das Buch von Durrow) Von den Kelten haben die Germanen die Spirale als Symbol übernommen (Ravenna)

Die Unterschiede zwischen der Lichtgeschwindigkeit und derjenigen des Tachyon wirken sich auf die Dauer, d.h. bei großen Zeitintervallen, erheblich aus.
Da nun das Plancksche Wirkungsquantum eine *empirische, also nicht frei konstruierte,* dynamische Funktion ist, wird es das präzisere sein.
Innerhalb der planetarischen Dimension wird das Einsteinsche Gesetz eine ausreichende Orientierung ermöglichen. Hier aber liegt vermutlich seine Anwendungsgrenze.
Für außerplanetarische Raumfragen wird die Beifügung einer Zeitraumvariablen auch deshalb unentbehrlich, weil die Geschwindigkeit der expandierenden Materie nach den Fluchtgrenzen hin zunimmt.
Die Divergänz der Quantentheorie und des Einsteinschen Gesetzes dürfte auch auf dieser Erscheinung beruhen. Dafür spricht insbesondere, daß in der Quantentheorie alle Elementarteilchen untereinander austauschbar sind.[62] Die Anwendung der Quantentheorie muß daher zu anderen Ergebnissen führen.
Der Einsteinsche Raum ist eine eingebeulte Krümmung. Folgt man der mathematischen Chiffre, müßte er sich nach Maßgabe einer durch die entfliehende Materie gebildeten Spirale ausgestalten. Das Universum bewegt sich in seiner Explosionsphase in einer Rechtsparabel, in seiner Implosionsphase in einer Linksparabel.
Bei einer gleichförmig gesteigerten Bewegung beschreibt ein Massenpunkt den Kurvenast einer Spiralen um seinen Ausgangspunkt. Irgendwo erfährt die Bewegung ihre Ambivalenz. Der Massenpunkt fällt sodann in einer Rückspirale auf seine Ausgangsposition zurück, bewegt sich kybernetisch aber erneut in einer Spiralkurve.
Im Mikrokosmos herrschen die gleichen Gesetze wie im Makrokosmos.
Die nicht zurücklaufende Spirale verdichtet sich zum Kern (Atomkern). Ethisch bedeutet dies, daß das Leben niemals stillsteht. Im gegenwärtigen kosmischen Plateau (nach Heisenberg) kann die Zukunft nur durch eine konsequente Führungsgrößenanhebung gesichert werden.

62) Heisenberg, a.a.O., S 151.

Das gilt auch für das Individuum und für alle Lebensgemeinschaften.
Die Gesellschaft ist heterogen. Ihr fehlt natürliche Stabilität.
Ein Blick in die Welt der Minimalorganismen wird dies anschaulich machen.

VII. Die Ordnung der Minimalorganismen.

Einem Blick in die Minimalorganismen zeigt sich die Natur fast noch im immateriellen Zustand.
Nebeneinander bestehen die einfachsten Lebensformen bis zu den entwickeltsten, höchstlebendigen: Sternennebelspirale — Gestein — Einzeller — Mensch.
Viele Formen sind bereits ausgestorben. Andere wachsen nach. Neben der unverhältnismäßigen Komplexität Mensch lebt das Urtier fort. Es erweist seine Formbeständigkeit: im Einzeller, als Infusor, als Mikrobe.
Eine Pforte dient ihm zum Einholen des Lebensnotwendigen, eine zur Abgabe von Verbrauchtem. Mehr hat die für sich allein lebensfähige Einheit, die Zelle, nicht nötig. Im Prinzip braucht sie auch nicht mehr, um Mensch zu werden.
Leben bedeutet allemal Wandelbarkeit, Vielfalt der Form. Sich auch nur einigermaßen von der Vielfalt, die sich uns in der Biosphäre zeigt, einen Begriff zu machen, ist unmöglich. Sie ist erhaben über die menschliche Gehirnkapazität! In ihr widerspiegeln sich die Vielfalt der Lebensräume und der Lebensbedingungen, die alles verbindenden Abhängigkeiten. Ihre Dimension ist unendlich. Sie reicht vom unterhalb der Feststellungsgrenze im Lichtmikroskop Beobachtbarem über die Riesentangen (Braunalgen) zu den Mammutbäumen und zu den tonnenschweren Bartenwalen.
Hier führt bloßes Kategorisieren nicht zur Naturbeherrschung. Es geht darum, die allgemeinen Gesetze aufzudecken, nach denen sich diese ungeheure Vielfalt zu ihren jetzigen Formen entwickelt hat.
Die Spannweite des Evolutionsganges springt als großes Anpassungsgeschehen ins Auge: Nichts war dem Zufall überlassen, sondern es hatte seinen Bestimmungsgrund im Voraufgegangenen.
Einige dieser Gesetzmäßigkeiten sind jedermann geläufig: Man weiß, daß die genetische Information von Generation zu Genera-

tion fortgegeben wird. Aber man weiß auch von den Veränderungen als Folge von Mutationen. Ohne sie wäre der Evolutionsgang garnicht möglich.
Diese Mutationen, worauf beruhen sie? Auf dem Zwang des Notwendigen, auf übermütiger Differenzierungsfreudigkeit? Der überall entcheidende Einfluß des kybenetischen Systems leuchtet auf.
Abgewandelte Information wächst an aus veränderten Lebensräumen: Als große Strecken des Mittelmeerraumes vor Millionen von Jahren[63)] zur Wüste wurden, mußten ganze Tierscharen wandern. Die Affen, die sich bislang vorwiegend auf Bäumen bewegt hatten, mußten einen langen Fußmarsch antreten. Lernten sie damals den aufrechten Gang?
Ist der Wandel der Fauna und der Flora als Folge erdgeschichtlicher Umwälzungen ein periodischer?
Plant sich das von seiner Umwelt gefährdete Individuum, um seine Stabilität zu sichern, fortlaufend um und aus? Gibt es da keine Grenzen?
Entschlüsselt sich die Vor- und die Fortprogrammierung nur aus dem Geschehensverlauf oder offenbart sich im Ganzen ein Zielstrebiges?
Ein weiteres Gesetz ist uns allen geläufig: Alle Lebewesen bestehen aus Zellen, aus einer Organisationsform, die der Stabilität, der Fortentwicklung und der Fortpflanzung dient.
Es ist Eigenleben, das sich im Gesamthaushalt der Natur bildet, etwas, das nach Überwindung aller sich ihm entgegenstellenden Schwierigkeiten und Hemmnisse strebt, also Urverhalten.
Eine Wasser-Lichtgeburt ist dieses Urwesen. Das Licht erscheint als sein höchstes Element. Es versöhnt alles Streitbefangene, alle Triebe. Es leuchtet auf in seiner Klarheit.
Wer sich überwindet — zum Licht — der hat das Leben. (Evangelist Johannes). Aber das Leben ist auch Kampf, den erst das Licht begann.
Alle zellularen Organismen sind miteinander verwandt. Sie sind Variations- und Komplexionsdaten und hatten denselben urtümlichen Ausgang.

63) vor etwa 5 Millionen Jahren.

Jeder Einzeller zeigt alle Grundeigenschaften des Lebens: Bewegung, Reizbarkeit, Energie- und Stoffwechsel, Fortpflanzung und Entwicklung. Dabei ist seine Körpermasse unvorstellbar klein: Sie beträgt bei einem Infusor ein Hunderttausendstel von einem Milliardenstel eines Menschenleibes.

Erst vor 135 Jahren gelang es, die Gleichförmigkeit des Zellbaus aufzudecken.

Es gibt noch weit kleinere Lebewesen als Infusoren, z.B. die Bakterien.

Sie sind nicht größer als ein Mitochondrion, d.i. ein winziges Energiewerk der intrazellulären Atmung.

Das Mitochondrion ermöglicht überhaupt erst selbständiges Leben.

Diese Kleinstkraftwerke sind für unsere derzeitige Technik zukunftweisend: Sie können in fast beliebiger Zahl installiert werden. Mit vielen Kleinstkraftwerken wäre auch das derzeitige Energieproblem ohne Schwierigkeiten behebbar. Die technische Entwicklung sollte, nachdem sie im Aufgebot großer Massen ihr Ziel erreicht hat, den umgekehrten Weg zur Minitechnik gehen.

Kleinstenergiewerke kommen in jeder Zelle zu Tausenden vor.

Zertrümmert man eine Zelle, so kann man ihre Teile nach sogenannten — in sich noch verschiedenartigen — Organellen ordnen.

Isolierte Mitochondrien atmen weiter, isolierte Chloroplasten erreichen die Photosyntheserate, die sie in lebenden Blattzellen hatten, und in geeigneten Medien liegende Zellkerne replizieren DNS, bilden RNS. (Proteine, Proteide)

Sie pumpen diese auch noch nach außen durch ihre Membranhülle durch, ganz wie in einer intakten Zelle.

Nicht gelungen ist es jedoch bisher, die Einzelteile wieder zu Zellen zusammenzubauen.

Woran liegt das? Ist das Lebensfeld, das Elektromagnetfeld, das den Organismus als Ganzheit zusammenhielt, zerstört?

Welche Bedeutung haben die Energiefelder für Organismen?

Bewirken sie das Harmoniestreben, den inneren Ausgleich, der Einzelteile? Sind sie die Träger der Kommunikation?

Regulieren sie Sendung und Empfang im Rahmen der-einer-Ganzheit?

Man weiß, daß Zellen nicht lange leben, wenn einzelne Organellen (bestimmte ?) herausoperiert werden.
Ist die Zelle eine Geistenergieeinheit? Gibt es in der Zelle derartige Einheiten? Etwa als Elektronenverbände? Wo stecken in ihr die bewußtseinsgesteuerten, ganzheitlich organisierten, Steuerelemente?
Hat sie individuelle Subjektivität?
Ersetzt man einen herausoperierten Zellkern durch einen anderen, lebt die Zelle ungestört fort. Läßt man die Zelle kernlos, stirbt sie ab.
Kerne sind also austauschbar. Was bedeutet das? Sind die Protonen der Kerne geistführende Elektronen? (Charon)
Erweist sich hierin die Einheit der Natur? Liegt hier Übergang und Grenze für alle Individualität? Oder hat erst die intakte Zelle ihr individuelles Eigenleben?
Einen Extremfall bilden die Säuger-Erytrocyten (die roten Blutkörperchen). Sie sind kernlos, enthalten nicht einmal Mitochondrien. Sie sind in der Blutbahn mit Hämoglobin gefüllte Membransäcke, Transportbehälter also, aber lebende Eigenbestimmung setzende. Ihre Lebensdauer ist auf 3 Monate beschränkt.
In jeder Sekunde muß ein ausgewachsener Mann 10 Millionen von ihnen neu bilden.
Viren und Phagen, intrazelluläre Parasiten unterhalb der Bazillusgröße, müssen sich für ihren Vermehrungszyklus die Stoffwechselfließbänder des lebenden Systems ‚ausleihen'. Sie sind unselbständige Lebewesen.
Es bleibt also dabei: die Zelle ist das lebende Kleinstwesen.
Ihr vergleichlich ist für ein chemisches Element das Atom, für eine chemische Verbindung das Molekül.
Die Natur ist seltsamerweise nicht den Weg der Zellvergrößerung, sondern den der Komplexierung, der Zellverbindung, gegangen.
Sie arbeitet nach dem Baukastenprinzip. Der Elefant hat keine größeren Zellen als die Maus.
Gibt es eine obere Grenze der Komplexion, des Vielzellers?
Wo liegt sie?
Durch das Herausnehmen von Einzelheiten aus dem Gewebeverband werden hemmende, steuernde, Einflüsse beseitigt.

Dauergewebezellen können auf diese Weise re-embryonalisiert, zu neuen Lebewesen entwickelt werden.
Hierin liegt das Geheimnis der Jungfrauengeburt umschlossen: Re-Embryonalisation ist auch im eigenen Körper möglich.
In jeder kernhaltigen Körperzelle sind alle Gene gespeichert.
Die genetische Information ist — auch im Vielzeller — nicht nur ein oder wenige Male, sondern sooft enthalten, wie der Organismus Zellen hat.
Es taucht das Problem auf: Beim Absterben eines Organismus sterben nicht alle Zellen gleichzeitig. Es könnte also gelingen, von einem im Ganzen abgestorbenen Körper noch nicht gestorbene Kernzellen zur Re-Embryonalisierung zu verwenden.
Der abgestorbene Gesamtkörper könnte also über bestimmte Zellbereiche erneut zum Leben erweckt werden. Die Identität seiner Gene bedeutet seine volle Wesensgleichheit.
Bekannt ist in diesem Zusammenhang, daß man einer tödlich verunglückten Schwangeren die Leibesfrucht abnehmen und diese am Leben erhalten kann[64)]
Der Erwachsene hat 10^{13} (also eine Zehn mit 13 Nullen = 100 000 000 000 000) Zellen. Wir tragen in unserem Körper mehr Genekopien herum als es Fixsterne in einer Galaxie gibt.
Die Zelle ist die einzige Einheit zur Fortpflanzung des Organismus.
Die Fähigkeit, genetische Information nach geschlechtlicher Befruchtung zu mischen — also Zellkernverschmelzung herbeizuführen — hat nur sie.
Auch die Größten im Tier- und Pflanzenbereich müssen wieder Einzeller werden, wenn ein neues Individuum entstehen soll.
Es gibt zwar überzellige Funktions- (Struktur-) Einheiten, aber es hat sich bislang als unmöglich erwiesen, die Funktion der Sexualität auf ein überzelliges Niveau zu verlagern.
Daraus folgt die Schwierigkeit bei Organverpflanzungen:
Man hat bis heute noch keine Möglichkeit, die Antikörper zu neutralisieren, wenn sie beiderseits nicht übereinstimmen.

64) Die Russen versuchen, über eine Mammutzelle, die sie dem vereisten Tierkörper entnehmen, eine Re-Embryonalisierung.

Allein das Prinzip der Systemanhebung bietet auch hier eine Lösungsmöglichkeit.[65)]
Eine Plasmazelle bildet pro Sekunde 1000 Antikörper.
Jede Stufe struktureller und funktioneller Komplexität hat ihre eigenen Gesetze, ihre eigenen Steuerungsprobleme.
Die meisten Leistungen großer Organe sind allerdings Vervielfältigungen dessen, was die spezialisierte Zelle kann, jede andere also eigentlich auch vermag.
Chemische Energien bewirken im Körper den Funktionsverlauf.
Es gibt auch Auslöserenergien, die einfacher strukturiert sind.
Der einzige Prozeß, bei dem Organismen nicht chemische sondern Strahlungsenergien einsetzen ist — jedenfalls nach bisheriger Erkenntnis — die Photosynthese.
Allerdings setzt die Zelle die Strahlungsenergie auch hier alsbald in chemische um.
Die Strahlungsenergie leistet Kommunikation.
Der Energiebereich der Zelle bedarf noch eingehender Erforschung.
Wenig bekannt ist bislang das magnetische Feld des Menschen, sein Verhalten im Zellbereich und als Ganzheit, z.B. in Bezug auf den Erdmagnetismus — gegenüber dem inneren und gegenüber dem äußeren Magnetfeld der Erde — sowie gegenüber den vielen vagabundierenden Kraftfeldern der Sonne, des Mondes und der kosmischen Bereiche, sowohl der planetarischen, als auch der außerplanetarischen.
Hier ist der Forschung noch ein weites Feld geöffnet.
Bei allen Feldenergien handelt es sich um Strahlungskräfte.
Wie kann der Mensch sie sich steuernd nutzbar machen?
Mit der ratio sicher kaum, sondern nur im Gemütsbereich.
Die Harmonisierung aller Strahlungskräfte bewirkt nur die Glaubenskraft, die hier ihre psychologische aber auch ihre *physiologische* Bedeutung erweist.
Die vielerlei Strahlungen sind Informationsträger.
Kann Glaubenskraft den Strahlungseffekt, die Kommunikation, verstärken?

65) Theoretisch eine Informationsvermehrung mit anschließender Plantation zur Herbeiführung einer entsprechenden Population.

Der Mensch kann Information empfangen, abstrahlen und abwehren.
Feldkräfte bauen die Kommunikationsfelder der Einzellebewesen, aber auch die der natürlichen Gesamtheiten, auf (Gleiche Blutsträger, Arten).
Jede Landschaft hat ihr ureigenes Kraftfeld. Sie behält es auch nach einer — jedenfalls kurzfristigen — Vertreibung ihrer Fauna und ihrer Flora. (Manitu)
Im chemischen und im Strahlungsenergiebereich reagieren kleinste Materieteilchen aufeinander und zwar jedes einzelne mit einem anderen: Atome, Jonen, Moleküle. Sie bereichern die Mannigfaltigkeit ihrer Bewegungen.
Angesichts der großen Zahl der den Menschen ausmachenden Moleküle erweist sich die außerordentliche Bedeutung des Energieprozesses im Gesamthaushalt der menschlichen Existenz.
Diese Grundphänomene spiegeln sich jeweils auf zwei Ebenen, auf der zellulären und auf der molekularen. Daneben sind sie auf vielen mehrfach gestuften Ganzheitsebenen — also mehrdimensional — wirksam. Sie entfalten das Geheimnis des Lebens in der Mikro- und in der Makrowelt und werden oft — völlig zu unrecht — Imponderarbilien genannt.
Von ihnen gehen die geheimnisvollen Bindungen von Mensch zu Mensch aus. Sie gestalten das Gemeinschaftsleben der Menschen und der Völker. Aus ihnen erwachsen die viel gefürchteten aber auch ebensosehr bewunderten Gemütskräfte der Menschen.
Auch hier liegt ein weites, noch sehr unerforschtes Feld Aufschluß versprechender Lebensbetrachtungen.
Aus eigenem Antrieb gerichtete Bewegung, das ist das Merkmal aller lebenden Systeme. Lust und Schmerz ist ihr Ausdruck und Begeisterung beflügelt sie. Dieser Bereich bedarf der Vernunftssteuerung. Weil er sosehr umfassend ist, das sich seine Regulierung durch die ratio als unmöglich erweist, kann nur der Gesamtcharakter die Steuerung bewirken.
Das den Zellkern umgebende Protoplasma, das Cytoplasma, reißt in seinem schnellen Bewegungsgang kleine Zellorganellen mit sich fort. Weiße Blutkörper, die sogenannten Leukocyten, kriechen langsam.

Mit wechselndem Geißel- und Wimpernschlag schwimmen Infusorien. Festgewachsene Glockentierchen schnurren an Stielen, ziehen sich zusammen und schnellen sich wieder hoch.
Bei der Kernteilung bewegen sich die Chromosomen nach strenger Gesetzlichkeit, geschoben und gezogen von Elementen der Kernspindel (des Spinns).
Jeder Muskel ist ein chemomechanischer Energieumwandler. Der Gleitfasermechanismus beruht auf einer Interaktion zwischen Actin und Myosin (Muskeleiweisarten) in hochdynamischer Struktur.
Muskel, die auf Dauertätigkeit abgestellt sind (der Herzmuskel) haben besonders leistungsfähige Mitochondrien (Energiewerke).
Geißeln und Wimpern arbeiten nach demselben Prinzip.
Die Metabolismus-Apparaturen (Veränderungsmechanismen) des Körpers beeinflussen sich untereinander (gegenseitig): Jede Zelle ist durch zahlreiche Membranen in Räume eingeteilt, die als Reaktionsräume (Laboratorien) besonderen Zwecken dienen und die systematisch aneinander geordnet sind.
Diese sogenannte Kompartimentierung verrichtet Kontroll- und Steuerungsarbeit.[66)]
Die Membranen sind durchläßig und dienen Stoffwechselzwecken.
Über sie werden ganze Kompartimente (Produktionseinheiten) hindurchgeführt, vereinigt, verteilt, aufgehoben (neutralisiert) und neu eingesetzt.
Motilität und Dynamik beherrschen die Metabolismus-Apparatur.
Die Strukturstabilität der Zelle ist keine absolute (etwas Absolutes kennt die Natur überhaupt nicht. Ihr Wesen ist Wandlung und Verwandlung), sondern die eines Fließgleichgewichts.
Überall ist Leben auf Anpassung und auf Ausbau seiner Möglichkeiten angelegt.
Man spricht von einem Turnover der Strukturgruppen, d.h. von kybernetischer Gesetzlichkeit.
An fest regulierten Einrichtungen ließe sich nichts verändern, also auch nichts ausbauen, nichts verbessern.
Es muß aber verhindert werden, daß notwendige Einrichtungen

66) Auch bei Plantationen und bei mit ihnen verbundenen Populationen (Umpopulationen).

abgebaut und durchlöchert werden. Fehlleistungen können zu Störungen innerhalb der Zelle führen.

So ist z.B. auch die Haut des Körpers eine Membran, ein zellulares Kompartiment.

Neben Funktionsstrukturen, die sich erst bei Bedarf aus den Zellkomponenten bilden, gibt es andere, die stets vorhanden sein müssen.

Sie können sich untereinander vermehren. Niemals jedoch gelingt eine völlige Neubildung. Einmal verloren, sind sie für immer verloren.

Zu diesen einmaligen Autoreduplikanten gehören die Chromosomen, das Chromatin, und die Plastiden.

Ihre Vermehrung geschieht durch Teilung; sie verwachsen, verschmelzen jedoch auch ineinander.

Die Mitochondrien gehen schon auf die ersten Urbildungen zurück.

Der freie Sauerstoff der Erdatmosphäre verdankt seine Existenz der photosynthetischen Wasserspaltung grüner Organismen (der Grünalgen). Leben kann sich also auch bilden, wenn auf einem Planeten zunächst kein Sauerstoff vorhanden ist.

Die Zellmembran ist — wie bereits gezeigt — zugleich Einlaßtor für Stoffwechsel und Raumabschluß:

An sie heften sich Enzyme als Sensoren für chemische Reize (Hormone, Antigene, Neurotransportmitter, Sensoren für Strahlungsreize, Antennen und Sendersensoren, Sensoren für die Zell-Zell-Erkennung, für Zellkooperationen, sowie v.a.m.)

Ihre molekulare Architektur ist noch nicht voll entschlüsselt.

Immer noch ein weißer Fleck auf der Landkarte der biologischen Erscheinungen ist die Struktur der Erbanlagen:

Zwischen der lichtmikroskopischen und der chemischen Strukturforschung klafft noch eine große Lücke.

Noch unbekannt ist die molekulare Struktur der Chromosomen.

Die chemische Strukturerforschung verlangt einheitliches Prüfmaterial. Der Kerninhalt ist aber uneinheitlich, sehr differenziert sogar: Die submikroskopische Strukturforschung erfordert Objekte hoher Symmetrie. Der Kerninhalt ist von äußerst niedriger (gerin-

ger) Symmetrie. Hinzukommt, daß eine Lebendbeobachtung nicht erlaubt ist. Sie ist nicht durchführbar.
Seit 1973 herrscht jetzt Klarheit darüber, daß nicht das Kabel — (was man lange Zeit angenommen hatte), sondern das Einstrangmodell zutrifft.
Hinter jeder erreichten Einsicht tut sich wieder und wieder viel Unbekanntes auf.
Wir können keine Kenntnis davon haben, ein wie großer Teil der Welt uns noch unbekannt ist. Negativa non sund probanda:[67] Wir werden uns immer wieder mit dem Unbekannten einlassen müssen. Alle Weltanschauungen, die perfekte Lösungen anbieten, können sich schon aus diesem Grunde nicht behaupten. (z.B. die Dialektik).
Diese Erkenntnis ist auch für das Verhältnis der Humansphäre zur planetarischen und kosmischen von außerordentlicher Bedeutung. Davon handelt der nächste Abschnitt.

67) Daß etwas nicht existiert, kann nicht bewiesen werden.

VIII. Das Verhältnis der Humansphäre zur planetarisch/kosmischen

Die traditionelle Philosophie geht davon aus, daß sich der Wirkungsbereich geistiger (geistenergetischer) Entfaltungen auf die Humansphäre beschränkt, daß der Mensch diese aber mehr oder weniger ausschließlich bestimmt, also Geschichtlichkeit setzt, mit der Maßgabe, daß sie auch anders hätte verlaufen können.

Hierin erblicke ich eine Überheblichkeit des Menschen, zugleich aber auch eine unangebrachte Bescheidenheit.

Überheblich ist dieser Standpunkt, weil und insofern der Mensch seine planetarisch/kosmische Abhängigkeit übersieht, von ihr wegsieht.

Bescheidenheit charakterisiert ihn, weil sich der Mensch damit mehr oder weniger von jeglicher Einflußnahme auf das planetarisch/kosmische Geschehen ausschließt.

Hierin liegt eine gefährliche Kurzsichtigkeit.

Daß der Mensch im Humanbereich völlig unabhängig von jeglicher planetarisch kosmischen Beeinflussung lebt, wird ernstlich niemand behaupten können.

Das Gleiche gilt umgekehrt: Eine Beeinflussung der Planetenwelt durch den Menschen ist in vielerlei Hinsicht unverkennbar. Daß sie auch kosmische Kausalität auslöst, folgt aus dem Kontinuitätsprinzip. Danach pflanzt sich jede kleinste Wirkung, kontinuierlich eingesetzt, allmählich fort.

Die Gültigkeit aller gesetzlichen Normierung hat ein ununterbrochenes Fortbestehen der grundlegenden faktischen Ausgangslage zur Voraussetzung. Toleranzen können nur dort unberücksichtigt bleiben, wo sie von vornherein einkalkuliert sind.

Sie sind allerdings auch insoweit nicht unerheblich, weil sie sich ja bereits bei der Normierung des Gesetzes niederschlagen.

Die kosmische Abhängigkeit aller Weltensysteme untereinander

folgt schon aus der kosmischen Gesamtordnung. Darauf, daß eine solche besteht, beruht unser ganzes Dasein.
Alle außerordentlichen Phasenunterschiede im Ganzen oder in jeweils vorgeordneten, unter Umständen auch in gleichrangigen, Systemen wirken sich notwendig auf gleich- und nachgeschaltete Systeme aus.
Bei allen höheren Werten ist zudem eine Kohärenz der Folgewirkung im nachgeordneten System für die vorgeordneten, die nachgeordneten und unter Umständen auch für die gleichrangigen Systeme von selbständiger Bedeutung.
Aus den Kohärenzen entwickeln sich Eigenperioden, die zu weiteren Rückwirkungen führen.
Ersichtlich tritt diese Erscheinung beim Elastizitätsmodul hervor: Es ist kaum berechenbar und wird nur als Schätzwert geführt, erweist sich in der Praxis daher auch oft als unzuverlässig.
Das stärkste der insoweit hypothetischen, nicht bestimmt abgeleiteten, Gesetze ist der sogenannte Repräsentativsatz. Er repräsentiert den faktischen Inhalt der Reihe aller Reduktionssätze für einen gegebenen Dispositionsbegriff: Er hat zum Inhalt, daß beim Vorliegen einer hinreichenden — über die Toleranzgröße hinausgehenden — Bedingung stets auch alle notwendigen weiteren Bindungen, wie sie aus gegebenen Reduktionen zu beachten sind, als erfüllt anzusehen sind.
Allein die Tatsache, daß unsere Menschenwelt (Erscheinungswelt) eine Schwankungserscheinung ist, rechtfertigt die Annahme von Herüber- und Hinüberwirkungen für alle bestehenden Systeme.
Das aber heißt nichts anderes als eine — adäquate — Kausalität aller Wirkungen und Gegenwirkungen im Universum oder anders ausgedrückt, das Bestehen einer Kommunikationslage für alle Systeme des Alls.
Die Frage, ob und inwieweit der Mensch seine Gedanken, seine Geschichte, also die des Humanum und die Geschichte unseres Erdtrabanten, unabhängig bestimmt, läuft am Ende darauf hinaus, ob der Mensch den Naturgesetzen unterliegt oder ob er sie beherrscht.
Kant nimmt letzteres an und weist dem Menschen für eine souveräne Ausgestaltung das Reich der Zwecke zu. In Kritik V, im Ab-

schnitt über das Meinen, den Glauben und das Wissen, öffnet er die Begrenzung, welche er zuvor durch die Kategorien des Raumes, der Zeit und der Kausalität gesetzt hatte.

Aber es handelt sich hier nur um eine spaltbreite Öffnung.

Immer wieder betont er auch die für den gewöhnlichen Ablauf unübersteigbaren Grenzen, also die bestehenen Abhängigkeiten.

Gewiß ist die Souveränität des Menschen im Reiche der Zwecke repräsentativ. Immer konnte und kann der Geschichtsverlauf — in bestimmten Toleranzen — auch ein anderer sein.

Ebenso unzweifelhaft ist es, daß der Mensch durch sittliches Handeln in der Lage ist, sein Herrschaftsgebiet zu erweitern, die bestehenden Toleranzen umzugestalten. Daß der Mensch aber auch im sittlich freiesten Handlungsbereich immer noch den Naturgesetzen unterworfen bleibt, kann ebenfalls nicht zweifelhaft sein.

Keiner kann zaubern: Das gilt auch für das Reich der Gedanken.

Soweit der Mensch in der Lage ist, sein kybernetisches System durch Führungsgrößenanhebung aufzuschalten, handelt er dennoch nicht außerhalb jeglicher Naturunterworfenheit. Mit andern Worten, der weitestgesteckte ethische Bereich deckt sich mit dem Wirkungsbereich der Naturgesetze. Auch die Natur hat ihren Freiraum.

Das aber heißt, daß der Mensch durch Führungsgrößenanhebung unmittelbar Evolution betreibt.

Ohne Beachtung der kybernetischen Gesetze ist dem Menschen eine Erweiterung seines geistigen Freiheitsraumes allerdings nicht möglich.

Schon mit den ersten Existenzstunden der Erde ist die Grundlage für die Entfaltung aller Lebensprozesse geschaffen worden, nämlich mit dem Eintritt der Voraussetzungen für die Bildung von Aminosäuren und von Nukleotiden.

Die Urerzeugung von Leben auf unserm Planeten hat sicher lange Zeit in Anspruch genommen. Aber sie geschah streng gemäß kybernetischer Gesetzlichkeit.

Jedes höhere kybernetische System verschafft dem systembefangenen die Vollmacht zur Führungsgrößenbildung und -aufschaltung.

Die Frage nach der — gegebenen oder zu verneinenden — Willens-

freiheit ist aber falsch gestellt. Der Wille ist — für sich gesehen — weder frei noch unfrei.
Frei ist lediglich der Einsatz der Entschlußkraft, den Willen zielgelenkt wirken zu lassen.
Aber die Entschlußkraft ist wiederum abhängig von einer Einsicht, sie in bestimmter Richtung, also mit einer Zweckbindung, aufzubringen und einzusetzen. Kybernetisch gesehen ist sie informationsabhängig. Dem Systemdenken, also dem dialektischen Prozeß, ist nur der Kraftlose unterworfen. Es gibt allerdings stets Menschen, die nicht soviel Entschlußkraft haben, ihrer Einsicht gemäß zu handeln.
Das ist wiederum eine Frage des sittlichen Leistungsvermögens, also der dem Menschen verfügbaren Geistenergie.[67a)]
Kant spricht in diesem Zusammenhang von sittlicher Logik und von sittlicher Kausalität, d.h. er führt den Beweggrund alles Eigenhandelns letztlich auf kraftvolle Geistenergieprinzipien zurück.
Damit soll nicht Philosophie auf Biologie oder auf Physik reduziert werden.
Es ist keinesfalls beabsichtigt, die beiderlei Gesetzlichkeiten zu identifizieren. Auch dem Geistenergiebereich entspricht eine Eigengesetzlichkeit.
Das schließt die Anwendung von Korrespondenzregeln, wie sie z.B. zwischen der Chemie und der Physik üblicherweise beachtet werden, nicht aus.
Wenn Weizsäcker philosophischen Überlegungen die Quantentheorie zugrundelegen will, so geht es dabei auch nur um die Translation bestimmter Prinzipien, also um jeweils besondere Anwendungsfälle der Korrespondenzregeln.
Es ist unbegründet, wenn Schulz (a.a.O., S. 118) hierzu ausführt, unter dem Aspekt der These, daß Materie im Grunde Geist sei, und unter Verwendung des Schlüsselbegriffs Zeit für die Naturdeutung versuche Weizsäcker die Leitbegriffe der physikalischen Forschung als konstitutiv für die philosophische Betrachtungsweise herauszustellen. Atome seien aber nicht Geist,[67b)] schon garnicht sei über diesen Weg der subjektive Geist, also ein irgendwie

67a) Erst eine bestimmte Informationshöhe löst Energieeinsatz aus.
67b) Wohl aber die Elektronen (Charon)

geartetes Allsubjekt (absoluter Geist), als Inbegriff der Weltordnung zu verstehen. Die Gegenfrage an Schulz lautet: Was ist Geist, worin besteht sein Wesen? Die Überlegungen von Schulz kranken letzten Endes an der unseligen Spaltung zwischen Natur- und Geistwissenschaften.

Die Geistwissenschaftler meinen, die Perspektive des Philosophen könne nicht auf naturgesetzliche Überlegungen beschränkt werden, das Sein öffne sich dem Intellekt. Mindestens sei Modelldenken legitim, insbesondere soweit es in Anlehnung an die Mathematik geschehe, sie als Maßstruktur zugrunde gelegt werde.

Natürlich soll die Eigenständigkeit des Denkens nicht bestritten werden, nur muß es wirklichkeitsgerecht und widerspruchsfrei bleiben.

Die Korrespondenzregeln sind wissenschaftlich anerkannt: Der Standpunkt Weizsäckers entspricht ihrer korrekten Handhabung.

Die — von Schulz beanstandete — instrumentalistische Anwendung von Theorien eines Bereiches auf einen andern betont richtig, daß Theorien diesen Nutzen haben, und daß sie bedeutungsvoll sind in dem Sinne, sich wechselseitig zu befruchten.[68)]

Das Denken ist ein komplexer Vorgang zwischen Informationsanreicherung und anhebendem Energieeinsatz.[68a)]

Erst das Denken aus angehobener Geistenergie ist gestaltendes, nicht schon das rein diffuse Denken.

Mithin haben Materie und Geistenergie die gleiche Wurzel. (vgl. auch Charon, der Geist der Materie, S 33f)

Sie sind Stufenfolgen der elektronischen Informationsverarbeitung. Daß Weizsäcker nur Geistenergie meint, wenn er sie der Materie vergleichend gegenüberstellt, liegt auf der Hand.

Die Voraussetzung für die Anwendung der Korrespondenzregeln ist mithin gegeben.

Vor 200 Jahren fand Kant die Begrenzungen des wissenschaftlichen Denkens. Abgesehen davon, daß er diese Grenzen, wenn

68) s. auch Wilfried Sellart, Theoretical Explanation, Philosophy of Science, Reihe, Band 2, New York, Intercience Publishers, 1962 - 63. Semantisch handelt es sich um die Identifizierung durch Beispiele s. Günther Buck, Identität, Wilh. Fink Verlag, 1979.

68a) kraftvolles Denken. (Bei Absinken: kraftloses).

auch nur spaltbreit — wieder öffnete (Kanon Meinen, Glauben, Wissen), blieb er dabei, das Denken im wissenschaftlichen Erkenntnisbereich grundsätzlich auf die Erfahrung zu beschränken, also das rein begriffliche Denken insoweit abzulehnen. Das, was man das Wirkliche nennt, geht in den Begriffsinhalten, in der reinen Abstraktion, nicht auf.

Die Menschen sind Erdwesen. Beleuchtet man das Humanum aus der Physiologie des Erdkörpers und aus dessen kosmischer Eingliederung, so wird aus der kantischen Kategorie des Raumes die planetarisch/kosmische Raumbeziehung (im Sinne der Einsteinschen Relativitätstheorie), aus derjenigen der Zeit eine Zeitfunktionale der Erscheinungswelt, (die Eingangspforte aller Existenz) und schließlich aus der kantischen Kausalität eine quantentheoretische, planetarisch/kosmische vieldimensionale Wirkfunktionale.

Es geht darum, ob sich das Humanum angesichts dieser veränderten Betrachtungsweise noch als selbständiges und frei beherrschbares Zweckreich des Menschen erweist oder ob der Mensch nicht in mindestens gleichem Maße planetarisch/kosmischer Gesetzlichkeit unterliegt.

Es wird im Wesentlichen die Aufgabe des kommenden Jahrhunderts sein, die planetarisch kosmischen Beziehungen und Abhängigkeiten des Menschen aufzuzeigen, im einzelnen ins Auge zu fassen und durch anhebende Denkleistung nutzbar zu machen.

An diese Problemlage wird man sowohl von außen als auch von innen herangehen, sie sowohl verstandeslogisch, deduktiv, als auch von der Intuition her, induktiv, entfalten müssen.

Soweit es sich um die erkenntnismäßige Herausstellung anhebender Prinzipien handelt, ist ‚Geistiges‘ als in der Natur schon angelegt anzusehen. Aber nur der Einsichtsvolle wird es finden.[69)]

Bei den geophysikalischen Betrachtungen unseres Planeten spielt die Frage seiner ständigen Beeinflussung als Folge von mancherlei Strahlungswirkungen — sowohl von innerhalb des Erdkörpers als auch in Bezug auf seine Oberfläche — ausgehend von der Erde, vom Mond und von der Sonne, sowie von durchgehend festzustellenden kosmischen Rückwirkungen aus anderen Systemen des Weltenraumes, eine wichtige Rolle.

69) Meurer, Metaphysik und Naturwissenschaft. 1976, Charon a.a.O.

Daß hier Kontakt- und Wirksysteme der mannigfachsten Art bestehen, ist nicht zu übersehen.

Aus dieser Perspektive erwächst nicht nur Freiraum der Zukunft, sondern drohen unserm Planeten allerhand Gefahren.

Der Mensch sollte sie in seine Planung einbeziehen.

Wenn wir jetzt umgekehrt nach dem Wirkungsgrad des Humanum auf die planetarisch/kosmische Ereignisabfolge fragen, so tritt sogleich die Erinnerung an die jüngste Mondlandung vor unsere Augen. Die konsequente Weiterführung dieses Projektes, die Erschließung der Planetenwelt, ist die Aufgabe des kommenden Jahrhunderts. (Pascal Jordan, Schöpfung und Geheimnis, 1970, S. 30 ff).

Nur auf diese Weise lassen sich die weitere Rohstoffversorgung und viele andere Probleme auf die Dauer lösen: Die Erde ist den Menschen zu eng geworden.

Der Freiheitsraum des Menschen ist einerseits sehr beschränkt, andererseits aber auch wieder außerordentlich weit gesteckt.

Was heute noch als Utopie erscheint — nämlich die Nutzbarmachung des planetarischen Raumes — ist bereits die konkrete Aufgabe für das kommende Jahrhundert.

Aus dieser Einsicht lassen sich alle sozialen und internationalen Spannungen weitestgehend lösen.

An die Stelle ideologischer, sozialer und religiöser Kämpfe innerhalb von mehr oder weniger in sich abgeschlossenen Nationalitäten tritt die Suche nach dem genialen Menschen als Gestalter eines auszuweitenden Lebens- und Freiheitsraumes.

Nicht in Gefängnissen werden die Übeltäter in Zukunft schmachten, sondern als Kolonisten auf dem Mond — und vielleicht auch schon auf anderen Planeten — nützliche Arbeit leisten. Als Folge unverantwortlicher Grenzüberschreitung wird man sie zu verantwortlichem Einsatz veranlassen. Auf diese Weise werden sie in die Gesellschaft zurückgeführt werden.

Der Ruf nach dem Zusammenschluß von Menschen zwecks gemeinschaftlicher Weltraumerschließung darf keine Stunde mehr überhört werden.

Eine in sich gespaltene Menschheit ist allerdings nicht in der Lage, die vor ihr liegenden großen Aufgaben zu lösen.

Alle Menschen sind aufgerufen, an der Bewältigung der Probleme mitzuwirken. In erster Linie richtet sich der Ruf an den westischen, den europäischen Menschen (einschließlich der Russen). Das weitere Überleben des Erdmenschen hängt davon ab, daß er sich zur Inangriffnahme dieser großen Aufgabe begeistert. Ohne ins Heroische angehobene Selbstbegeisterung ist sie nicht zu lösen.
„Daß der Mensch die Kraft finde, sich über all seine Nöte und über sich selbst zu erheben, dafür solltet Ihr in allen Euren Kirchen beten, ein jeder zu seinem Gott!“
Das ist meine Religionsthese für die kommenden Jahrhunderte!
Die vor uns liegenden Aufgaben überschreiten alle bisherigen menschlichen Vorhaben um ein Beträchtliches.
Jeder einzelne ist jetzt gefordert.
Jeder Handwerker, jeder Industrielle, jeder Wissenschaftler, jeder Denker und jeder Dichter, jeder Facharbeiter, aber auch jeder beliebe andere möge seine Gedanken darauf ausrichten, daß das Werk gelinge!
Die mathematische Wissenschaft der elektrischen Gehirne ist von der Gedächtniswertspeicherung und dem Funktionalismus der naturgegebenen Elektronen nicht mehr weit entfernt.
Die Raumfahrttechnik umfaßt nahezu alles höchstentwickelte Wissen und Können des Menschen.
Das menschliche Dasein ist geschichtsabhängig.
Jede Zeit drängt den Menschen, sich ihren Notwendigkeiten zu stellen.
Es gibt keine Möglichkeit, aus dem Gefängnis der Zeit auszubrechen.
Nur der Mut, dem Zeitgeist und den Umständen das Höchstmögliche als die ureigenste menschliche Aufgabe abzutrotzen, meistert die Herausforderung.
Die Tradition hatte ihr Maß und damit ihre Berechtigung, erst die von uns erschlossene Zukunft wird uns über sie erheben.
An seinen Zielen wird der Mensch gemessen; mit ihnen wächst er auch.
Eine Nation ist eine menschliche Gemeinschaft von Werten und Idealen: das sie Gestaltende ist ihr jeweiliges geschichtliches Vorhaben.

Ohne eine konkrete Projektbindung kann man keinen neuen Menschen und auch keine neue Zeit schaffen. Veränderung als abstraktes Sozialproblem ist sinnlos, weil ihr das Ausrichtende fehlt.
Die neuen konkreten Projekte der Zeit heißen Gesamteuropa und die Weltraumerschließung!
Wenn Popper auch meint (mannheimer forum 75/76), der Mensch müsse jede Autorität verneinen, so bleibt diejenige der geschichtlichen Notwendigkeit doch auf jeden Fall bestehen.
Im übrigen ist selbtgesetzte Autorität geistige Zielbildung. Wer sich keine unverrückbaren Ziele setzen kann, hat auch keine Zukunft.

IX. Vergleichende Religionsbetrachtungen.

Nur Glaubenskraft erschließt Zukunft. Religion ist der Hebel für die menschliche Selbstgestaltung.

Alle Religionen stellen Jenseitsbetrachtungen an. Das Jenseits des bereits erschlossenen Bewußtseins ist ihr Thema (wenn sie es auch anders ausdrücken).

Alle Weltmodelle, alle naturwissenschaftlichen Resultate, können nicht von vorneherein auf ein *bestimmtes Letztes* festgelegt werden, weil dies dem geistigen Zugriff entzogen ist. Wenn sie sich als Weltentwürfe verstehen wollen, müssen sie aber zu einem Letzten, dem Göttlichen, vorzustoßen sich bemühen.

Deshalb ist es für die Philosophie von vordringlichem Interesse, die großen Religionen der Welt auf ihre Bestandhaftigkeit zu prüfen.

Eine vergleichende Betrachtung erweist, daß die fernöstlichen Religionen weit mehr universalistisch sind als die westische.

Die Chinesen sind Eklektiker. Sie sind gewohnt, mit ihren Widersprüchen zu leben. Die Inder bedienen sich vornehmlich der Symbolsprache. Der Schinto lebt aus archetypen Vorstellungsinhalten. Der Buddhismus kennt verschiedene Denk- und Erlebensdimensionen.

Die Religionen, die auf das Alte Testament als geschichtliche Grundlage verweisen, der Judaismus, der Islam und die christlichen Konfessionen, haben ein betont persönliches Verhältnis zu Gott.

Die Zeit um die Zeitenwende, beginnend mit dem 3. Jahrhundert vor Chr., ist der heutigen sehr ähnlich: Das Religionserlebnis war in heftige Bewegung geraten.

Die politische Weltlage hatte sich vollkommen verändert. Alle Glaubensvorstellungen waren ins Wanken geraten. Der Gläubige, von unglücklichen Ereignissen enttäuscht, suchte nach der erneuernden Kraft, die es ihm ermöglichen sollte, sich wieder zurechtzufinden.

Was war geschehen?

Ein junger Eroberer, Alexander aus Mazedonien, durchzog die damals bekannte Welt und beherrschte sie innerhalb weniger Jahre. Stadtstaaten und Königreiche brachen zusammen. Die alten Götter stürzten hinterher. Zweifel und Spott entmachteten sie. Alle individuelle Frömmigkeit verschwand. Alsbald strebte der Bürger nur noch nach Volksbelustigungen.

Bei Marathon, bei Salamis und bei Plataiai hatten seine Vorfahren noch ‚mit den Göttern' gekämpft.

Als einzige Götterkönigin ‚regierte' jetzt nur noch die launische Tyche. Hand in Hand mit der Verleugnung der alten Götter ging die Verehrung des Zufalls.[69a] ‚Glaubst Du, die Götter hätten Zeit, jedem Menschen jeden Tag seine gute und seine böse Belohnung zu geben?' läßt der Dichter Menander einen Sklaven befragen. ‚Nein', erwidert dieser, ‚unser ganzes Schicksal wird von der Glücksgöttin Tyche gelenkt.' Auch der Philosoph Theophrastos spricht es aus: „Es ist Fortuna[70] und nicht die ratio, welche das Weltgeschehen steuert! Du bist ein Mensch; kein anderes Wesen kennt so plötzliche und so grundlegende Veränderungen: einmal voll Inbrunst bis zu den Wolken emporgetragen, ein andermal auf der Erde zerschmettert, verdorben und gestorben."

Unsicherheit in allen Dingen lastet auf der Epoche. Gewissenlose Männer, Unfähige, haben die begehrtesten Plätze eingenommen. Intrigen, skrupellose Gerissenheit und Brutalität beherrschen das tägliche Ereignis.

Es zählt nur noch der Mensch, seine Tatkraft oder seine Schwäche. Der Erfolgreiche wird zum Idol, der Anständige zum Dummen! Eine Zeitlang gelingt es Alexander und seinen Nachfolgern, die Welt in ihren Bann zu zwingen:

Weite Teile der damaligen Kulturwelt werden zerstört und mit einer Kopfbewegung der Mächtigen wieder aufgebaut.

Verwüstete Provinzen werden im Handumdrehen wieder in eine blühende Landschaft verwandelt. Man hat Gefangene genug!

69a) Heute s. Monod, Eigen, Kuhn und sogar Stegmüller.
70) Die ‚römische' Tyche.

Die ‚Götter', denen dies gelingt, sind sichtbar: Es sind starke Männer. Und das Volk ‚vergöttert' sie.
Euhemeros von Messina hat es herausgefunden: die drei ältesten Götter Uranus, Kronos und Zeus waren geschichtliche Menschen, Könige aus Fleisch und Blut!
Die Herrscher der hellenistischen Zeit benutzen diese Erkenntnis: prompt verlangen sie die Anbetung seitens ihrer Untertanen.[71)]
Während der drei Jahrhunderte, die dem ersten Auftreten des Christentums vorangehen, befand sich alles Volk in großer Glaubensnot. Sie wirkte sich katastrophal auf das soziale Gefüge aus: Es kam zu einer Ansammlung ungeheurer Vermögensmassen in den Händen weniger. Großgrundbesitzer wurden die Herren von zahlreichen Sklaven. Es entstanden mächtige Handelsunternehmungen; Warenspeicher und Fertigungsbetriebe aller Art wurden Besitztum der Reichen und Hunger und Elend bedrückten die Armen. Die Zahl der materiell Notleidenden nahm ständig zu.
Ausländische Religionskulte verdrängten und verwandelten die bekannten Glaubensvorstellungen. Kultgesellschaften der verschiedensten Religionen organisierten sich. Soweit man in ihnen keine sozialen Unterschiede kannte, erfreuten sie sich eines besonderen Zulaufs. Selbst religiöse Frauenbünde entstanden. Immer hörbarer wurde der Notschrei nach dem Erlösergott: Von ihrer eigenen Ohnmacht wollten die Menschen erlöst werden. Aus sich heraus schafften sie es nicht mehr.
So bereitet sich unverkennbar der Boden für das neue Samenkorn vor, das der ersten Christengemeinschaften, welche die Grenzen des jüdischen Volkes überschritten:
„Hier ist nicht Jude noch Grieche", schrieb Paulus an die Galater, „hier ist nicht Knecht noch Freier, nicht Mann noch Weib; denn ihr seid allzumal einer in Christus Jesus."[71a)]
Paulus war ein Sozialreformer, ein Politiker.
In diese Zeit fällt die Gründung einer Kultgemeinschaft, deren Anhänger Wert darauf legen, sie als eine Philosophie, als eine Weis-

71) s. die katholische Kirche und den Papst.
71a) Eine universalistische Vorstellung, die dem Abendland mit seinem abstrakten Denken verlorengegangen ist.

heitslehre, darzustellen.[72] Es ist nur eine kleine Gruppe von Gleichgesinnten, keine Massenbewegung, die sich auf die Autorität des Hermes Trismegistos beruft.
Sie tritt im ersten Jahrhundert vor der Zeitrechnung in Ägypten auf und ist bis ins 6. Jahrhundert nach Chr. lebendig geblieben. Ihre vornehmlichste Aufgabe sieht sie in der Aufstellung eines Kalenders, der die günstigen und die ungünstigen Tage, die Zeiten, zu denen man alles ohne Gefahr unternehmen konnte, auswies. Horoskope, sogar Stundenzeichen, stellten die Beziehungen von Ursache und Wirkung nach dem Stand der Gestirne her. Der ägyptische Gott Thot (von dem vielleicht der nordische Thor abgeleitet worden ist), dem die Griechen den Namen Hermes, „dem Boten des göttlichen Wortes“, gaben, galt als Offenbarer aller Wahrheit. Die christliche Urgemeinde nannte auch Paulus „Hermes“, weil er das „offenbarte Wort“ brachte. Paulus ließ es sich gefallen. Er war ein Allerweltsmann!
Man findet die Jünger des Hermes nicht nur in Ägypten, sie verbreiten sich über das ganze Römische Reich, das allmählich — im letzten vorchristlichen Jahrhundert — alle Völker des Mittelmeerraumes zu einer großen menschlichen Gemeinschaft zusammengeschlossen hat.
Die Hermesjünger lehren, daß der Mensch stärker ist als sein Schicksal: Diese Erkenntnis galt als der Gipfel der Weisheit, wobei der Weise Einsicht auch durch Schmerzen lernt.
Die Hermesjünger setzten dem zerstörerischen Schicksal Widerstand entgegen und entdeckten neue Lebensmöglichkeiten: Das Leid vernichtet den Menschen nicht: es richtet ihn auf. ‚Es gibt ihm die Kraft, über das Schicksal hinauszuwachsen.‘
Nicht mehr dem Zufall ausgeliefert ist die Welt: Der Weise lebt in seinem Frieden. Er begreift, daß das Ereignis, das ihn berührt, nur ein Glied in der unendlichen Kette der Notwendigkeiten ist, die den Lauf der Welten bewegt: Wenn das Schicksal recht hat, so ist es gut. Der Weise ist sich dessen bewußt und preist die Vorsehung.
Das zeigt sich auch am Sternenhimmel: Der ewige Kreislauf der Gestirne ist das Symbol der höchsten Vernunft. Des Weisen Gebet besteht in der Unterwerfung unter die unveränderbare Weltord-

72) nicht als Religion.

nung. Er lehnt es ab, „den Gott, der alle Dinge lenkt", um eine besondere Gunst zu bitten. Das könnte doch nur Verwirrung stiften! Aber der Mensch bedarf der Liebe! Kein Geschöpf kann auf die Dauer ohne Liebe leben. Allein die Liebe ist der Leidüberwinder! Sie gibt auch dem tiefsten Elend seinen Sinn!
So wandelt sich auch der Hermetismus. Das Bedürfnis der Gottnähe taucht wieder auf und verstärkt sich. Die Menschen streben erneut nach Verinnerlichungen. Vorprogrammierungen setzen neue Denkstrukturen.
Das Buch des Hermes erklärt denn auch:
„Von allen Lebewesen ist der Mensch am unsterblichsten. Er empfängt Gott in sich selbst und lebt in und aus der Vereinigung mit Gott. Es gibt nichts, das nicht Gott ist!"
Wie später die ersten Christen, fürchten die Hermesjünger weder Spott noch Verfolgung.
„Der Fromme wird als wahnsinnig gelten, der Unfromme als weise. Über alles, was mit der Seele zusammenhängt, wird man lachen (Heute: Campbell, Der Irrtum der Seele, Scherz Verlag 1973!). Es wird als ein großes Verbrechen gelten, sich der Religion und dem Geist hingegeben zu haben. Kein heiliges, frommes Wort, Gott und dem Himmel würdig, wird mehr vernommen werden. Die neu geschaffenen Gesetze werden es mit ihrem Zwang verhindern."
„Nur wer in der Liebe lebt, lebt in Gott und Gott in ihm!" (Paulus hat von den Trismegisten gelernt[72a])
Die hermetischen Schriften sprechen von „versteckten Tugenden, die bewirken, daß sich Dinge und Menschen anziehen oder abstoßen."
Ein Gebet aus dem Poimandres lautet:
‚Ich rufe Dich an, der Du größer bist als alle andren, der alles geschaffen hat und der aus sich selbst geboren ist, der alles sieht und selbst nicht gesehen werden kann! Du hast der Sonne ihre Herrlichkeit und Macht gegeben und hast alles gerecht verteilt. Durch Dein Auftreten ist die Welt entstanden und das Licht ist erschienen. . . . Du nimmst alle Erscheinungsformen an, aber Du bleibst der unsichtbare Gott."

72a) Darum fühlte sich Luther von ihm angesprochen. Glaube und Liebe sind Luthers Höchstwerte und das Gewissen bestimmt seinen Geist.

Daneben gibt es allerdings auch eine pessimistische Richtung der Hermesgläubigen: Nach dieser ist die Welt schlecht und von einem minderwertigen Gott, einem Demiurg, erschaffen. Die unsterbliche Seele ist unrein geworden, sie wurde damit von dem guten Gott gelöst. Das Ziel der Menschen besteht darin, daß die unsterbliche Seele zu dem guten Gott zurückfindet: Diese Richtung des Hermetismus fordert den Menschen zur Buße auf, zum völligen Wandel seines gewohnten Lebensganges: Ein neuer Mensch soll erstehen und den Erdenmenschen — im Wege der Wiedergeburt — ersetzen. Dann wird Gott wieder in ihm wohnen und die Seele wird gerettet sein. Darauf muß die Anstrengung des Gläubigen gerichtet sein. Dann wird das Göttliche ihn durchdringen. In geläutertem Herzen wird der Mensch die göttliche Liebe erkennen und empfangen.

Der der damaligen Kulturwelt bekannte Hermetismus hat auf die Ausgestaltung des Christentums entscheidend mitgewirkt.

Von der Staatsreligion des Kaisers Augustus, dem Kaiserkult, bis zur Erhebung des Christentums zur Staatsreligion (unter Kaiser Konstantin im Jahre 313) führt ein gerader Weg.

Wir stehen heute vor Beginn des Jahres 2000 unserer Zeitrechnung. Vieles von dem, was wir heute erleben, ähnelt dem Ablauf der Geschichte in den Jahrhunderten, die der Zeitrechnung unmittelbar vorangingen und den ihr nachfolgenden ersten Jahrhunderten. Ein Religionsvergleich der großen Weltreligionen bietet sich daher mit mehr oder weniger Notwendigkeit an.

Er wird eine geradezu verblüffende Übereinstimmung in vielen Grundfragen erweisen und am ersten einen Ausblick auf die zu erwartende weitere Entwicklung ermöglichen.

Die nachfolgenden Darstellungen bringen nur das für heute Wichtige.[73)]

73) Anspruch auf Vollständigkeit der behandelten Systeme erheben sie nicht.

1) Der Taoismus und der Konfuzianismus. (Albert Cavin, Genf 1973).

Lao-tse, der Vater des Taoismus, beschäftigt sich hauptsächlich mit dem Jenseits. Weisheit und Geheimnisvolles (Mystisches) verbinden sich. Der Taoismus prägte die Seelen.
Er ist eine Ganzheitslehre und betont die Form, auch die von ihr umschlossene Leere, den Raum als Gestaltungsobjekt.
Dreißig Speichen treffen sich in der Achse. Aber die Zwischenräume machen das Rad aus.
Die Leere, die den Ton umgibt, bildet das Wesen des Topfes. Die Leere zwischen den Mauern schafft erst das Haus.
Das Material ist nützlich, aber erst das Immaterielle erzeugt das wahre Wesen.
Das Studium führt in die Weite, der Weg des Weisen zurück in das Wesentliche.
Erst das Nichtwollen, das Unterlassen, bestimmt den Zusammenhang der Gemeinschaft, die Überwindung des Störenden.
Der chinesische Ahnenkult ist Versenkung in die ursprüngliche Einheit. Er stärkt die Volkwerdung.
Konfuzius, der 50 Jahre jünger war, meinte dazu:
Der Fisch im Wasser kann den Himmel nicht berühren.
Er verweigerte sich der Meditation und der Ekstase und rief die menschliche Beschränktheit wieder in die Erinnerung zurück.
Seine Moral richtete sich gegen jede Vermessenheit des Menschen.
Er lehnte auch jedes Dogma ab. Dem Konfuzianismus fehlt das Drängende, das faustische Element. Zu ihm gehört die überlegene Ruhe und die Klarheit des Olympiers.
Zwischen dem, was der Mensch über sich selbst und über Gott zu wissen glaubt, klafft ein Abgrund.
Die Geschichte lehrt uns, die Absichten der Vergangenheit als Vergleich für die Gegenwart und die Zukunft zu nutzen.

Konfuzius anerkennt nur die Welt der physikalischen und der kosmischen Gesetzlichkeit.

Jede naturgegebene Wirklichkeit ist mit Intelligenz und Willensvermögen ausgestattet: Das ganze Universum ist ein einheitliches lebendes Wesen.

Alles, was zur Veredlung des Menschen beiträgt, kann als göttlich angesehen werden.

Die Götter entsprechen also der menschlichen Kulturhöhe.

Göttlich ist auch die Rückkehr der Ahnen in die Seele des Enkels.

Ein jeder lebt aus und in seiner Tradition!

Der Mensch ist ein Widerschein des Universums.

Der gewöhnliche Mensch will aufschauen. Er richtet sich nach einem Leitbild aus.

Der Weise überwacht sich selbst. Stets läßt er sich von einer höheren Idee leiten: Aber, er quält sich nicht!

Er ist unzugänglich für den Zweifel als Grundsatz, und er kennt keine Angst. Er ist von starkem Selbstvertrauen getragen.

„Erwarte nicht, einem Heiligen zu begegnen: Wenn du auf einen Weisen triffst, sei glücklich."

Der echte Weise bewahrt sich seine Kinderseele: Er ist offen für alle neuen Bewußtseinserlebnisse, ein demütiger und frommer Mensch, großzügig und von schlichtem Wesen.

Gottesdienst ist Beachtung des Gleichgewichts der Gegensätze. Ein Weiser trägt das Zeichen der Bemeisterung auf der Stirn:

Maßlosigkeit ist Selbstvergiftung!

Letzte Wirklichkeit sind die Gesetze des Universums. Der Mensch kann sie nur nach und nach entdecken.

Die Wirklichkeit geht dem menschlichen Erkenntnisvermögen voraus und übersteigt es.

Lebensfreude, bejahende Begeisterungsfähigkeit, Vertrauen in seine menschliche Aufgabe, seine Sendung, sind die charakterlichen Grundzüge des Weisen. Von unreifem Überschwang aber zeugt es, wenn sich jemand als berufener Vertreter Gottes auf Erden fühlt. Das ist Maßlosigkeit! Sie führt zu Ausschweifungen! Ethik ist die Lehre der rechten Mitte:

Wer sich nicht bemüht, das Leben aus der Kraft des Herzens zu begreifen, der soll sich nicht berufen fühlen, andere zu belehren!

Es genügt nicht, daß der Mensch viel Wissen erworben hat.
Er muß stets viel Einsicht unmittelbar verfügbar haben und auch danach handeln.
Ein hervorragender Denker setzt oft sein Leben aufs Spiel: wenn und wo er die Fehler der andern zur Sprache bringt.
Das aber muß er, wenn es zum Wohle des Volkes erforderlich wird. Wer sein Volk in Not und Wirren läßt, verdient nicht den Schutz volklicher Geborgenheit!
Im Frieden soll man sich auf den Krieg und im Krieg auf den Frieden vorbereiten.
Einen Schwur, der aus bedrückenden Umständen erpreßt worden ist, haben die Götter nicht gehört.
Ein Vertrag, der jemandem aufgezwungen worden ist, hat keine bindende Kraft.
Der Dichter und der Historiker haben die Aufgabe, die heranwachsende Generation zu erziehen.
Berichten kann der Chronist.
Die Zeit, die man als verloren wähnt, die Notzeit, ist oft die fruchtbarste: In der Hölle wurde Gott geboren und der Böse leistete ihm Gevatterdienste.
Die goldene Regel von der gegenseitigen Zumutbarkeit ist die Grundlage aller Moral, auch unter den Völkern!
Der Sieger, der sie mißachtet, wird zum Verlierer!
Ein Weiser stirbt gelassen, ohne Aufbäumen vor dem Tod.
Aber er schämt sich zu sterben, ohne sein Werk vollendet zu haben!
Himmel und Erde sind voller Ahnen und Götter. Sie nehmen den Gestorbenen bei sich auf.
Konfuzius war vom Glauben an eine gerechte Gesellschaftsordnung durchdrungen, einer Hierarchie, die von oben nach unten aufgebaut ist, und in der der Weise den höchsten Rang innehat.
„Eine schlechte Regierung ist schlimmer als eine Bestie", pflegte er zu sagen.
„Was ist dem Weisen seine Klugheit wert, wenn er, um seine Reinheit zu bewahren, jede Teilnahme am irdischen Abenteuer verweigert!
Lebe in deiner Zeit!"

Jeder Weise überliefert nur, ohne mit der Tradition zu brechen. Er sagt nur das Wesentliche: Das aber sagt er neu!

Die Tugend hat eine verschwiegene Wirkung: Sie setzt Harmonie.

Die Denkergebnisse des Menschen und seine ereignishaften Erlebnisse stellen einen entsprechenden Naturvollzug dar, lösen ihn unter Umständen auch erst aus. Deshalb ist im Herzen des Wirklichkeitsbewußten Beständigkeit.

Im Rhythmus seiner Wandlungen ist der Mensch ein Abglanz des Weltallgeschehens. In kosmischer Angleichung vollzieht sich sein Schicksal. Sie bewirkt die Harmonisierung seines Wesens.

Nach kosmischer Gesetzlichkeit wachsen und entfalten sich alle Dinge zu immer wieder neuer Fülle.

Nur, wer sich diesem kosmischen Schicksal öffnet, kann sich erfüllen.

Die Menschen sind Arme und Beine der Erde und leben aus planetarischen Antrieben.

Ebenbürdig der Erde ist, wer dazu beiträgt, das Leben auf ihr zu vermehren.

Das kosmische Gesetz strebt ständig nach einem Ausgleich aller Gegenläufigkeiten. Wer aber auf ihre Beseitigung hofft, ist ein Narr.

Die Natur hat die Menschen mit einer Eigengesetzlichkeit geschaffen, die der kosmischen gleicht.

Hauptursache für alle Wirren der Zeit ist das gestörte Gleichgewicht der Menschen und der Völker.

Menschlichen Irrtümern gegenüber soll man eine wohlwollende Haltung beachten.

Lebe mit den Widersprüchen deiner Zeit: Niemandem wird es gelingen, sie aus der Welt zu schaffen!

Wahre Weisheit ist schwer zugängig: Wer sie finden will, suche sie nicht als Ziel eines weit ausholenden Spazierganges durch alles erschlossene Wissen, sondern in nächster Nähe, bei sich selbst.

Ist das Volk ruhig und nachdenklich, steht ihm die Weisheit am nächsten: Ein gehobener Geist offenbart sich in größerer Verantwortungsfreudigkeit.

Wenn die Masse ihres Leitbildes beraubt ist, schwebt sie zwischen

Himmel und Erde: Die Boshaftigkeit hat es leicht, sich ihrer zu bemächtigen. Naturnahe Beschäftigung ist dann die beste Medizin.
Leicht verkennt die Masse den Wert des rechten Maßes: Man merkt es an ihrer Vorliebe für das laute Geschrei.
Der Mensch hat ein Anrecht auf Fehler. Wer sich darüber entrüstet, wird selber schuldig: Am meisten schuldig ist derjenige, der nicht bereit ist, den andern zu entschuldigen.
Böses mit Gutem vergelten: ja, aber nur nach Billigkeit!
Man soll nicht unüberlegt Böses gutheißen!
Auf das Gute soll man mit eigenem Guthandeln erwidern.
Abgestufte Liebe ist lohnende Gerechtigkeit.
Die Lehre des Kreuzes darf nicht zur Torheit des Kreuzes werden!
Man soll die Götter ehren, aber Entfernung zu ihnen wahren.
Im Glauben an die göttlichen Ideale ist alle Macht aber auch alle Ohnmacht begründet.
Wer die Wahrheit vernachläßigt, öffnet der Schande die Tür!
Alle letzten Probleme: das Schicksal nach dem Tode, die Natur Gottes, das Wesen hinter den Erscheinungen, sind dem Himmel vorbehalten.
Konfuzius pflegte auf derartige Fragen zu antworten:
„Ich habe keine Zeit für Spitzfindigkeiten. Wenn man sich im Leben schon niemals ganz auskennt, wie sollte man den Tod kennen! Er ist tiefer als der Tag!“
In allen Zweifelsfragen soll man grundsätzlich lebensbejahend sein.
Der Mensch ist von Natur wegen mit der Fähigkeit betraut, sich sein eigenes Heil zu schaffen!
Vergangenheit soll man nur auf sinnvolle Art wiederaufleben lassen, sich dann allerdings ihrer auch nicht verschließen. Denn die Erfahrung ist der größte Lehrmeister des Menschen.
Die Sterne sind weit, aber man kann sich dennoch nach ihnen ausrichten: Angesichts der Undurchdringlichkeit des nächtlichen Meeres sind sie das einzig verbliebene Verständigungsmittel mit der Umwelt.
Sich selbst kennen, heißt, sich mit der Wahrheit vermählen, mit der Weisheit des rechten Maßes, wobei man aber die Ohnmacht des Mittelmäßigen nicht außer Acht lassen darf!

Der Alltag des Lebens hat das Wesentliche, selbst die eigene Natur, mit vielem Ballast verschüttet.
Wer den Weg des Wesentlichen findet, erfaßt auch den Sinn aller Wandlungen.
Der Weg der Tugend führt hoch hinauf. Aber auch der Größte kann die letzte Sprosse nicht erklimmen. Dennoch ist sie allen ausrichtendes Ziel und niemand sollte verfehlen, den Aufstieg zu wagen.
Man soll immer im Streben bleiben, stets unterwegs sein.
Auf dem Wege nach den fernsten Zielen erwarten uns größte Entdeckungen.
Die eigenen Verinnerlichungswerte sind die besten Wegmarken!
Jeder sollte seinen Charakter kultivieren.
Der Natur gelingen dann und wann glückliche Würfe: Menschen, die unbewußt in voller Harmonie mit dem Weltgeschehen leben.
Unbemerkt von seiner Mitwelt erlebt der Weise das Höchste.
Aber: Man irrt sich, wenn man etwas höher setzt, als wo es hingehört.
Auch Heilige sind Menschen!
Redlichkeit besteht darin, keinen falschen Eindruck zu erwecken!
Der Mensch ist zum Handeln da, aber auch zur beschaulichen und schöpferischen Selbstbeschränkung.
Nichthandelndes Meditieren nützt nicht viel: Passivität ist stets unfruchtbar.
Wer schnell entschlossen ist und nicht lernen will, neigt zu Anmaßungen und zur Starrköpfigkeit, zur Dummheit als Grundsatz.
Wer nicht lernen will, pflegt vieles zu verderben!
Ein gewandter Redner macht sich mit der Zeit verhaßt.
Nur das Vertrauen auf die gute Veranlagung in der menschlichen Natur gibt der menschlichen Gemeinschaft auf die Dauer eine sichere Grundlage!
Auch im Wandel der Ereignisse sind Himmel und Gott kosmische Realitäten, die jeder in Rechnung zu stellen hat.
Einen bestimmten Willen, ein entschiedenes Sittengebot, gibt es nur für den Augenblick, nicht als ewiges Gesetz.
Im Unendlichen ist Wandel und Verwandlung das stetige Prinzip.

Alle verallgemeinernden Sittengebote verwandeln sich leicht in niederträchtige Bosheit.
Der Zweifler aus Prinzip wird stets automatisch zum Verneiner.
Nüchternheit ist zwar der Schlüssel zum Erfolg, aber eine geöffnete Tür ist nicht immer gleichbedeutend mit dem Segen des Raumes.
Von Geburt an streben die Menschen nach Besitz. Von Geburt an tragen sie auch Haß und Neid im Herzen. Die Befriedigung ihrer Gelüste lassen sie sich die größten Opfer kosten.
Die Schönheit des menschlichen Körpers und seiner Stimme versklavt leicht.
Aber die Stimme ist auch der Klang der Seele.
Geben sich die Menschen ihren Neigungen gar zu sehr hin, verfallen sie notwendig in Gewaltsamkeiten.
Ein von Axtschlägen gefällter Baum hat aufgehört, ein Baum zu sein! Er wird zum verbrauchbaren Gegenstand.
Der Mensch muß Nerven und Muskeln aufs Äußerste anspannen, wie ein guter Gärtner: zu Lasten von Disteln und Dornen!
Das ansteckende Beispiel und die Macht der Gewohnheit führen leicht auf falschen Weg.
Wehe dem Menschen, der den rechten Weg verloren hat:
Er hat es schwer, zurück zu finden.
Die Menschen kommen mit ähnlichen Veranlagungen auf die Welt.
Die Beispiele, nach denen sie sich ausrichten, und die Gewohnheiten, denen sie sich überlassen, führen aber immer größere Unterschiede unter ihnen herbei.
Der Weise läßt sich in einem sittlichen Niveau nieder.
Wenn er sich ihm mit Unmäßigkeit nähert, gedeiht das Weib dem Manne zum Verderb!
Die Knochen zerfallen in Staub, nur große Worte und vorbildliche Taten bleiben: Worte, gestaltete, gebändigte Gedanken!
Der vollkommene Weise gibt sich den Anschein eines Dummkopfes.
Die Erfahrung des Greises und das Herz des Kindes zieren ihn.
Das Gefühl prüft, was der Verstand annehmen oder verwerfen kann oder muß.

Es ist bislang immer mißlungen, Glauben und Wissen zu versöhnen.
Aber im Schoße der Natur herrscht ein unerschütterliches Weltgesetz und die Natur hat den Menschen nicht umsonst mit der Kraft des Glaubens ausgestattet.
Das Gebet ist nur wirksam, wenn das Herz sich der Allheit verbindet: Dem Betenden öffnet sich die Allheit der Natur.
In allen Himmeln begegnen sich Götter und Geister:
Die Lebenden haben sie geschaffen und das Leben erhält sie.
Der gestirnte Himmel ist das Herz der Erde.
Zwischen der Welt des Du und der Totalität des Ich läuft ein fortdauerndes Zwiegespräch: Das Existente ist das Zusammenfassende von Ich und Du, nicht das abstrakt Allgemeine.
Es gibt nichts Übernatürliches: aber die Natur verwahrt noch vielerlei Geheimnisse!
Die Menschen haben ihrem ewigen Du den Namen Gott gegeben!
Vom Unbekannten im Mystischen sind wir umgeben. Der Weise läßt es bewußt unaufgeklärt: Die Zeit sprengt alle Tore.
Ohne die Gegenwart des Bösen gibt es auch nichts Gutes.
(Yim und Yang regieren die Welt.)
Wenn sich die Heiligen in den Himmel begeben und die Schuldbeladenen in den Schutz der Barmherzigkeit, ist nicht mehr ersichtlich, wie der Mensch seine Aufgabe erfüllen soll.
Die Geschichte spricht eindringlich: für jedes Volk hat sie eine bestimmte Botschaft. Sie geht von nachweisbaren Ereignissen aus, entfaltet sie als eine Offenbarung der Ursprünge und gibt der Volksseele damit ihr Gepräge.
Jede neue Zeit bezieht ihre Form und ihren Geist aus der Geschichte, aus ihren Ereignissen. Jede Entwicklung gestaltet die Struktur ihrer Zeit: Was das Volk nötig hat, ist sein Gesetz!
Gleichgültig, um welche Religion es geht: in der einen verfügt Gott über die Menschen, in der andern die Menschen über Gott.
Aber: er wird sich seine Zuständigkeit nicht streitig machen lassen!
Alle weiteren Fragen nach Gott läßt Konfuzius auf sich beruhen.
Was ein Volk inbrünstig und gemeinschaftlich ersehnt, das leistet die Gottheit als Genius seiner Geschichte.

Ein Prophet ist ein Volkserzieher. Er beseitigt Sperren aus dem Zwang des Gewohnheitsmäßigen.
Seine sittliche Kraft erzwingt den geforderten Naturverlauf.
Denn Gott ist in der Welt. Er ist die Kraft des Sittlichen, die das Übernatürliche als Natürliches verwirklicht.
Die Kosmische Ursache — Wirkungsverknüpfung ist unberechenbar.
Das Jenseits ist das dem wachen Bewußtsein noch nicht Erschlossene Denkmögliche, ins Ereignishafte Drängende.
Das kosmische Gesetz ist die sittlich gelenkte Wandlung und Verwandlung.
Jede neue Möglichkeit entfaltet sich aus der voraufgegangenen Strukturgestalt.
Maß und Mitte erschließen dabei den rechten Weg.
Der Mensch ist es, der der Wahrheit einer Zeit erst ihre Größe verleiht.
Der Mensch neigt von Natur zum Guten und strebt auch danach.
Aber Tag für Tag frevelt das Beil des Holzfällers am Wald.
Selbst der wohltuende Einfluß der Nacht macht das Verbrechen des Tages nicht wett.
Nur, wer sich in der Tugend übt, ist auch zur Liebe fähig.
Nur er darf auch hassen.
Mit seinen Taten baut ein jeder sein Schicksal.
Aber die edelsten Naturen streben oft zu hoch hinaus, die niedrigen nicht hoch genug!
Wenn er fehlhandelt, beschuldigt der Weise sich selbst.
Der gemeine Mann klagt den andern an.
Der Weise übt Sanftmut und läßt sich auch durch Heftigkeit nicht einschüchtern.
Er liebt seine Seele und fühlt sich ihr verpflichtet.
Der gemeine Mann ist in seinen Ansichten begrenzt. Deshalb sucht er Anlehnung bei andern.
Er schließt sich gern einer Partei an.
Er macht sich überall wichtig und hat doch wenig Würde.
Der Weise kann lange Reichtum und lange Armut ertragen.
Der Auftrag der Gottheit ist weder endgültig noch unwandelbar.
Das müssen auch die Lieblinge der Götter erfahren.

Der Weise ehrt das Gebot aus sittlicher Ordnung als Geschenk Gottes.
Die Natur hat eben ihre eigene Sprache.
Die Aufgabe einer Regierung besteht darin, im Volk ein gemeinschaftliches Streben nach einer sittlichen Ordnung zu erwecken, der sich alle freiwillig unterwerfen.
Die besten Gesetze können den Ausfall dieses Strebens nicht ersetzen.
Die Großen der Welt verneigen sich voreinander höflich. Sie sind einander verwandt.
Wenn man es in den Wirren der Zeit unterläßt, eine den Menschen ansprechende Glaubenslehre zu schaffen, ist alle sonstige Mühe vergeblich. Gott ist Ewigkeit, aber die Zeit ruht in ihr!
Es ist für die lebende Generation nicht immer gewinnbringend, wenn ein Weiser die Grenzen der Menschlichkeit überschreitet.
Stets aber ist es ein Mangel, wenn die Weisen eines Volkes schweigen und das Volk diesseits der unüberschreitbar erachteten Grenzen verharrt.
Auf die rechte Anhebung aller Lebenskraft kommt es an.
Menschen, die sich damit begnügen, die Zustimmung der andern zu erlangen, können brav sein.
Aber diese Ehrbaren sind Tugenddiebe: Es ist kein Verdienst, mit sich und der Welt zufrieden zu sein!
Der Schönredner ist selten ein wertvoller Mensch.
Der Wackere sucht den Grenzweg und der Kluge überschreitet ihn vorsichtig. Der Dumme bleibt der Grenze fern!
Die Erziehung des jungen Menschen beginne mit der Poesie, sie gehe über die Moral zur Musik.
Das Menschenherz schlägt im poetischen und im musischen Rhythmus.
Alle Harmonie quillt aus der Seele und erfüllt den Menschen.
Musik: in Freude und Leid harmonisch bewegte Seelenkraft.
Die Klarheit der Form entspringt der Tiefe des Gemütes.
Oberster Grundsatz aller Erziehung: Das Herz des Kindes behüten!
Weh dem Volk, das nicht mehr auf seine Dichter hört, noch schlimmer: dem die Dichter gestorben sind!

Dem Chinesen widerstrebt jede geistige Abstraktion.
Er bewegt sich gleicherweise zwischen physikalischer Gesetzlichkeit und mystischer Magie.
Konfuzius war aus der Mystik des Taoismus erwacht.
Nach ihm korrigieren sich Gefühl und Verstand wechselseitig.
Er betonte aber den Wert des Herzdenkens.
Ideen hielt er zwar für interessant; ohne das allein lebendige Individuum verlösche aber die Menschheit!
Für Konfuzius war der Tod das Ende des Menschen: denn, „wo es einen Anfang gibt, da muß es auch ein Ende geben."
Die Wasser laufen gleicherweise ostwärts und westwärts, nimmer von unten nach oben!
Das Individuum hört mit dem Tode auf, schmilzt ein in die Ganzheit des Lebens. Nur die Menschheit lebt weiter. Aus ihr, aus den Toten, werden die neuen Menschen geboren.
Konfuzius wandte seine ganze Aufmerksamkeit der Welt und dem Leben zu. Er erkannte sie in ihrem steten Wandel und öffnete sich der Natur.
Natur, was ist das? Es ist unsere Welt, wie wir sie sehen und erleben. Es sind wir selbst.
Eine Tugend, die ihr Prinzip nicht im Herzen hat, hat keinen Dauerwert.
Der Weise soll ein vollkommener Mensch sein. Stets sei er auf der Suche nach einer Haltung, die unter allen Bedingungen des Lebens Gültigkeit hat. (Ähnlichkeit mit dem kategorischen Imperativ der Vernunft von Kant)
Überlasse dem Himmel die Sorge für das Weltall: Er hat den Menschen in seinen Wirkungskreis gestellt, in einen begrenzten Raum und in eine bemessene Zeit. Sich hier würdig zu verhalten und alle Daseins- und Naturgesetze zu seinem eigenen Wohl zu beachten, ist eine Aufgabe.
In einer staatlichen Ordnung sei das Volk eine natürliche und sittliche Gemeinschaft:
Dabei ist Achtung und Ordnung in der eigenen Familie die Grundlage eine geordneten Staatswesens.
Die Ehrfurcht vor der Geschichte seines Volkes ist die Vorbedingung für eine Erhöhung, eine Verbesserung, der Lebenden.

Das Bewußtsein seiner Verantwortung für die Zukunft trägt den Lebenden über die jeweilige Gegenwart hinaus.
Stets bedeutet die Verbesserung der derzeitigen Lebensbedingungen auch einen Zuwachs an volkeigener Seelengröße.
Nur Weisheit, die den Glauben achtet, öffnet die Zukunft, schafft einen Schatz an Verinnerlichungswerten, aus denen das Leben nachwächst.
Während Lao-tse zur Absonderung der Seele vom Körper neigte, lehnt Konfuzius diese Vorstellung ab.
Ihm ist die Welt vom Innersten der Erde bis in die fernsten Himmel ein einziger Gottkörper.
Je mehr sich der Mensch dessen bewußt ist und danach auch handelt, desto vollkommener ist er.
Für uns hat Gott sich als Mensch manifestiert. Gottähnlich sind wir, nicht gottgleich.
Der Mensch ist eine Funktion Gottes im kosmischen Geschehen.

2. Der Hinduismus. (Louis Renou, Genf, 1972)

Er ist, wie der Konfuzianismus, in erster Linie Ausdruck von Lebensweisheit.
Der Hinduismus ist allerdings weit mystischer.
Die Vielgötter Indiens sind nur als Allegorie, also sinnbildlich, zu verstehen.
Sie sind der mannigfache Ausdruck des göttlichen Prinzips (wie die Ikone der Orthodoxen).
Um ihm überall zu begegnen, löst der Hindu das Göttliche auf in einzelne Göttergestalten.
Aber sie alle sind nur Gesichter, Wesenheiten, des Einen. Gott ist unendlich. Er zeigt sich in vielerlei Gestalt, männlich und weiblich.
Der gebildete Inder vertritt den Standpunkt, daß die westische Welt den Indern zwar mancherlei technisches Wissen und auch naturwissenschaftliche Erfahrung gegeben hat, ihnen in philosophischer Hinsicht aber nichts von Bedeutung vermitteln konnte.
Weil er die Gottheit als Lebensprinzip betrachtet, kennt der Inder den Begriff Religion nicht.
Darin liegt für ihn etwas Abwertendes, spirituelle Eigenständigkeit in Anspruch Nehmendes.
Religion führt nur zu Sklavendienst, Irrtum und Täuschung.
(Bezeichnend ist, daß es auch kein deutsches Wort für den Begriff Religion gibt. In ihrer Sprache kommt der Geist der Kultur am ehesten zum Ausdruck!)
Der Inder hat eine Vorliebe dafür, sich einen viel bevölkerten Götterhimmel zu schaffen.
Er ist ihm aber nur ein gedankliches, ein Phantasiereich, das ihm innigste Verbindung mit der Gottheit verschafft.
Im Laufe seiner langen Geschichte fiel des Inders verehrender Blick immer wieder auf neue Erscheinungsweisen Gottes.
Um sie sich zu vergegenwärtigen, gab er ihnen jeweils einen Namen:

Indra verdrängt ihm die Finsternis, vernichtet alle täuschenden Dämonen.
Krishna wird zum geistigen Befreier.
Rita ist die ordnende Kraft des Universums,
Atman die Einzelseele,
Brahma die Allseele,
Vishnu der Träger der Erde, des Alls, stets sich selber gleich.
Joga wird zur Selbstbeherrschung mit dem Ziel der Erlangung höherer Erkenntnis,
die Göttin Durga zur Lichtspenderin.
Narayana ist der kosmische Gott.
Shivas kosmischer Tanz kündet das Ende der Welt an.
Uma ist die Muttergöttin,
Indra die Sonne,
Maya die Illusionskraft,
Sankhya ist die Göttin als ewiges Prinzip durchgeistigter Materie. Sie wird zum Ausdruck des Atheismus, zum leiblich seelischen Selbstvollzug.
Sankhya Yoga ermöglicht die Disziplinierung des Unbewußten, seine Heraufhebung ins Bewußtsein.
Rama wird zum Gotthelden, zur Selbsterhöhung des Menschen,
Ramanuja zum Ziel der Befreiung von der wegen mangelnder Selbstreifung belastenden Wiedergeburt,
Bhakti ist die Gemütsbeteiligung am Kult des Gottes der Persönlichkeit, der Ganzheit aller Personen (Einzelwesen),
Shiva Nataraja, der König des Tanzes, ist das Symbol des ewigen Werdens.
Die Upanishaden sind sich annähernde Gleichwertigkeiten des Göttlichen in der Menschenwelt.
Yama, der Totengott zwingt und lenkt. u.v.a.m.
Am Anfang war das Gesetz.[74)]
Auf ihm beruht die Wahrheit.

74) Nach dem Franzosen Monod das Chaos, aus dem der Zufall im Wege eines sich aufschaukelnden Chemismus das Leben werden ließ.

Die Erkenntnis, das Brahma, ist nur intuitiv, im überraschten Aufschrei, in der Spontaneität, erreichbar.[75)]
Der Wind hat Brahma die Wasser eingeblasen, sodaß sein Selbst das aller Wesen wurde.
‚Mit allen Göttern' ist die Welt erschaffen: Überall leuchtet das göttliche Prinzip auf, das von eh bis je waltet.
Die Wegspur des Weltalls ist das Atmann, die Ganzheit Seelenkraft.
Der nicht befreite Mensch ist zur Wiedergeburt verdammt.
Nicht das Individuum als solches wird wieder geboren:
Die Wiedergeburt vollzieht sich aus der Menschheit, die eine Lebenseinheit ist.
Wer stirbt, stirbt zum Leben, zum Wiedergeborenwerden — im Durchgang durch die Ganzheit.
Der Vorläufer offenbart dem Nachfolgenden erweitertes Bewußtsein, erlöst von Beschränktheit und beseitigt Sperren.
Krishna, das höchste Wesen, überwacht der Menschen Tun und hilft, neue Wege der Erkenntnis zu erschließen: Blitzhafte Erinnerung läßt er dem Gläubigen ‚durch den Kopf schießen'.
Durch angereichertes Wissen kann man zum Eigenlenker des inneren Wesens werden, das vielgestaltig[76)] seine Form findet.
Wer nach Glück trachtet, bezähme seine Sinne. Denn die Wurzel des Glücks ist Zufriedenheit.
Die heutige Menschheit lebt in der Ära des schlechten Kali.
Mit Hilfe der Zeit saugt sich die Zeit aus: In die Unendlichkeit einmündend verlöscht sie im quellhaften, alles erneuernden Grund.
Den Geborenen ist der Tod gewiß, den Toten die Geburt.
Wer seine Sinne in Gewalt hat, dessen Verstand ist fest gegründet.
Wer ohne Zucht ist, hat kein Versenkungsvermögen: gelangt weder zu Einsicht noch zu Verstand.
Einzig die Strafe regiert die Menschheit. Einzig die Strafe schützt sie: Mut zur Strafe verlangt das Leben!
Ein allgemeiner Aufruhr bräche aus, würde die Strafe abgeschafft.
Schöpfer ist, wer das weiß.

75) Die kantische Spontaneität des Genies, den Quantensprung Plancks, die neue Totalität der Marxisten.
76) vieldimendional.

Gewalt ist die einzig treibende Kraft.
Es ist die Gewalt im Sinne von Leistungsvermögen.
Der Hindu beklagt den Menschen, der feige vor der Gewalt entflieht. (i. S. von Schelling: der ohne Potenz ist.)
Das Dharma ist das Ende im Verschiedenen, das Prinzip des Sittlichen.
Das Artha ist eigennütziges Handeln, das Kama spielerisches, das Moksha entspricht der Erlangung der inneren Freiheit.
Die Erde, die Allhegerin, ist die Herberge der Geschöpfe, ihre Allbetterin.
Das Sonnenfeuer entspricht dem Allfeuer.
Kühling ist der Frühling, und die ergrünenden Bäume sind die Herren des Waldes.
Einfluß ist die Sonne, Zweifuß der Mensch, Dreifuß der Greis (mit Stock) und Vierfuß der Hund.
Die Göttin der Nacht blickt vielerorts aus tausend Augen auf:
Wessen Geist friedvoll ist, dem schenkt sie viele Wonnen.
Die Sprache ist der große Zweifler. Aber: Niemals ziehe die Tugend in Zweifel.
Leg die Haltung des Zweiflers ab, sonst zweifeln die Götter an dir!
Überall beachte das rechte Maß!
Würde die Tugend niemals belohnt werden, müßte das All in bodenlose Finsternis versinken.
Die Enttäuschung wäre unermeßlich!
Der Weise begnügt sich mit Wenigem. Nie zufrieden sind die Toren.
Das Bessere ist der Feind des Guten.
Das beste Bad ist Befreiung vom Geistesschmutz.
Warum beweinst du die andern? Beweine dich selbst![77)]
Klagen und Tränen, der Weise soll sich ihrer schämen!
Die schmutzige Seele kann den Wohlstand des andern nicht ertragen!
Vishnu, der höchste Herr, ist alles und eins![78)]
Das Brahma ist absolut rein, durch sich selber leuchtend.

77) Hier anders Konfuzius: Der Weise quält sich nicht.
78) Das Prinzip der Vieldimensionalität aller Lebenserscheinungen s. Verfasser, Lichtinseln im Weltengrund, 1978.

Nichtwissen ist die Ursache der mannigfachen Vorstellungsinhalte.
Die Phantasie ist etwas Wirkliches.[79]
Die Phantasie neidet dem Winde den Staub.
Das Karma ist das in der Vergangenheit Erworbene.[80]
Aus welchem Grunde auch immer ein Mensch ein gutes oder ein schlechtes Werk verrichtet, er muß die Folgen auf sich nehmen.
Weder der Freude noch dem Schmerz kann er sich entziehen.
Denn sein Leib, das Produkt seiner Taten, überlebt ihn.
Nur in der Sünde ist der Mensch ohne Anstrengung leistungsfähig.
Das Böse ist aber auch die Quelle des Guten!
Fürchte die Lehren der Lügner.
Pflege keinen Umgang mit denen, die sich nicht aus ganzem Herzen nach Erlösung sehnen!
Der Mensch lebt in der Einheit des individuellen und des ganzen Seins.
Wenn die Gedanken in alle Himmelsrichtungen entschweifen, ist die Phantasie fruchtbar.
Alles, was dem Menschen vom Leben verblieben ist, liegt in seinen Augen.
Nicht um den größten Schatz der Welt bekommt man verlorene Stunden zurück.
Den Tod sollst du im Spiel des Lebens erschlagen, deinen Tod!
‚Ich bin, der mich tötet, der gestorben lebt.'
Erkenne, woher der Glaube an das eigene Ich stammt:
Wenn du dein Ich verloren hast, hast du dich gefunden!
Wer sich seinem Beistand entzieht, wie sollte er seine Schwierigkeiten meistern können!
Wenn der Vorhang zwischen mir und uns fällt, werde ich, was ich schon immer war.
Rama, der höchste Gott, verkörpert sich aus Liebe zu den Menschen in einer göttlich/menschlichen Heldengestalt.
Stärke deine Seele gegen die Bosheit des Zufalls und die Härte des Schicksals. Rama ist in dir!
Die Wirkung ist stets härter als die Ursache!

79) so auch Platons ‚Idee'.
80) die organismische Vorprogrammierung von eh bis je.

Wer das Geschenk gegen sich hat, hat alles gegen sich: Nur Rama kann ihm noch helfen! Glaube an ihn und er hilft dir!
Überall, wo Wasser ist, findet sich auch Schlamm.
Siehst du nicht, daß das, was du begehrst, stets bei dir ist?
Das einzige Mittel, die Wahrheit zu verwirklichen, ist die Gewaltlosigkeit. Aber, die Gewalt treibt an, die Wahrheit zu finden!
Die Vernunft folgt am Ende stets dem Gebot des Herzens!
Schönheit und Fülle ist eine in den Dingen enthaltene Süße, ein Sonnenstrahl der Lebensfreude: das ist Rama, der siegende Held.
Der Allgeist, Rama, lenkt alles. Er bestimmt auch die Gesetze der Natur. Überall herrscht seine Harmonie.
Der Moksha der Hindus (das Nirvana der Buddhisten) ist die Wiederherstellung der Unversehrtheit des Seins, unserer eingeborenen Form[81)] (das Archetype von C. G. Jung).
Die Entwicklung der Welt ist vollendet, wenn jeder weiß, daß er ein Sohn (Kind) Gottes ist.
Eine Seele, die sich selbst in Besitz hat, ist weder von den Verführungskünsten der Welt noch von ihren Feindseligkeiten zu erschüttern!
Jede Selbstvollendung ist unmöglich, solange dein Bruder scheitert.
Die große kosmische Wiedergeburt wird erst vollendet sein, wenn der kosmische Prozeß sein Ziel erreicht hat.
Der geheime Verbündete jeder Gottlehre ist die menschliche Sehnsucht, Leid und Tod zu überwinden.
Propheten setzen sich nur durch, wenn sie den Menschen eine neue Denkdimension öffnen.
Der tragische Held hat als einziges Erlösungserlebnis: seine Frömmigkeit.
Sie mildert auch die Todesdrohung!
In der menschlichen Seele schlummern rätselhafte und gewaltige Urkräfte.
Immer wieder wird es Menschen geben, die sich dieser bedienen.

81) Der Einbruch Gottes in die Welt nach der Vorstellung der orthodoxen Kirche. s. Sartorius, a.a.O., S 185 ff.

3. Der Schintoismus und die neuen Religionen Japans (E. Rochedieu, Genf 1973)

Das religiöse Leben Japans läßt an Mannigfaltigkeit nichts zu wünschen übrig.
Jahrhundertelang bestand zwischen dem Schintoismus und dem Buddhismus enge Verbindung. Noch heute ist eine klare Scheidung zwischen beiden schwierig.
Im Gegensatz zu den bereits behandelten Religionssystemen, dem Konfuzianismus und dem Hinduismus, verzichtet der Schintoismus auf ein Moralsystem. Ein schintoistischer Theologe sagt dazu: Wenn die Menschen ein Moralsystem bräuchten, wären sie den Tieren unterlegen; die wissen, wie sie sich zu verhalten haben.
In der gleichen Weise, wie sich der Schintoismus und der Buddhismus berühren, ergänzt und verschmilzt der Buschido mit dem Schintoismus. Es handelt sich dabei um den Ehrenkodex der alten Samurai, der Ritter und Männer des Schwertes: Die Geistesströmung des Buschido hat religionsähnlichen Charakter, allerdings ohne ein Glaubensbekenntnis darzustellen.
Er bewahrt und verkörpert die geheimnisvolle Überlieferung geheiligten Brauchtums und sichert die kontinuierliche Stabilität der Volksseele der Japaner.
Mythen, Reinigungsriten, Kollektivkulte des Matsuri, des Kaiserkultes und des Ryobu-Schinto, das Fortleben des Schamanismus, Lehren, welche die körperliche und die seelische Heilung durch den Glauben zum Inhalt haben, zahlreiche anderweitige religiöse Bewegungen — derzeit sollen mehr als 300 neue Religionen gezählt worden sein — ergänzen das vielschichtige Bild.
Die neuen Religionen gliedern sich in drei Gruppen, die Gruppe der geistigen Freunde (Reiyukai), die der Göttlichen-Weisheit (Tenrikyo) und die Große-Quelle (die Omotogruppe).
Mit Ausnahme des Buddhismus, der gesondert behandelt wird, werden diese Religionen und religionsähnlichen Systeme, Mythen

und Bräuche in diesem Abschnitt nachfolgend dargestellt und beleuchtet:

Angesichts der Fülle des Materials verbietet sich eine breite Betrachtung.

a) Der Schinto: Nach wie vor ist der Schinto die eigentliche japanische Religion. Nach ihr sind alle Menschen dem Gesetz der ständigen Wandlung und Verwandlung unterworfen. Dauer besteht nur im Wechsel.

Schinto ist der Weg der Götter. Die Japaner sprechen vom Kami-no-michi.

Es fehlt an einer klar formulierten Theologie, es gibt keine heiligen Schriften, und es mangelt auch an einer zentralen Stelle, die im Streitfalle bestimmt, was gelten soll.

Der fernöstliche Mensch hat eine Abneigung gegen scharf formulierte Gedankenführungen, insbesondere gegen Abstraktionen jeglicher Art und ist gewohnt, mit Gegenläufigkeiten zu leben. Er kann sich ein anderes Leben gar nicht vorstellen und zwar, weil es nach seiner Auffassung der naturgegebenen Sachlage nicht gerecht würde.

Diesen Mangel gleicht er mit seinen Reinigungsriten aus, die es ihm ermöglichen sollen, im konkreten Fall zur ‚letzten Wirklichkeit' vorzudringen! Die schintoistische Läuterung (Reinigung) symbolisiert die Verschmelzung der göttlichen Macht und der menschlichen Bemühung, den ‚Weg der Götter' zu begleiten.

Die Götter, der Kaiser, das japanische Volk, sie alle haben dieselben Vorfahren! Sie sind also miteinander verwandt. (wie die Germanen mit den Asen.)

Man unterscheidet dennoch den Schinto des kaiserlichen Hauses, den akademischen Schinto, den Schinto der Sekten (Kyoha Schinto) und den volkstümlichen Schinto (Minkan Schinto). Letzterer bezieht sich auf die Schutz- und Hausgötter, auf Geister, die es zu beschwichtigen gilt, die man günstig stimmen muß.

Wenn alles göttlich ist, was unterscheidet dann noch den Menschen von den Göttern? Frage dich selbst und du hast die Antwort!

Die Suche nach der Reinheit beantwortet die Frage.

Die Unreinheit hat zahlreiche Ursachen, im menschlichen Verhalten, der Respektlosigkeit gegenüber geheiligten Stätten, der Beschmutzung durch die Entbindung, durch den Geschlechtsverkehr, die Krankheit, durch Schläge, durch Wunden, durch vergossenes Blut, durch Tod und durch die Berührung mit Leichnamen.

Die Reinigung — nach den Riten des Harai und des Misogi — bezieht sich auf den Körper, das Herz, das Milieu, in dem man lebt und — als innere Läuterung — auf die persönliche Ausstrahlung einer zur Heiligkeit gelangten Seele.

Aus der — selbstgeheiligten — Seele ergibt sich eine fast unbegrenzte Vermehrung des göttlichen Prinzips als hervorstechender Zug des Schinto. In ihr ist das Wesen der Religion, der Kami zu erblicken.

Was mit dem Wort Kami angesprochen wird, ist schillernd: man wird sagen können ‚alles Erhabene', ‚alle heiligen Wesen'.

Das reinste dieser Wesen ist die Göttin der Sonne, Amaterasu, die mythische Gründerin Japans.

Zu den heiligen Schätzen gehören Spiegel und Säbel, die Symbole der Selbsterkenntnis und der Wehrhaftigkeit.

Der Waterai Schinto verehrt den Großen-Natur-Kami, das fruchtbare Chaos als die Grundsubstanz dessen, was im Universum existiert.

Der Kami, der Michi (der — göttliche — Weg) und der Mensch stellen eine Dreieinigkeit — als Funktionsgemeinschaft — dar. Der Mensch ist ein mit der Fähigkeit begabtes Wesen, sich durch das Gebet und durch eine einwandfreie Lebensführung *den Natur-Kami* einzuverleiben.[82)]

Die Kami-Rolle im Universum bezeichnet die göttliche Immanenz eines Weltgeistes (im Sinne von Hegel gesprochen).

Es gibt Heiligtümer, die Helden gewidmet sind, und denen eine ebenso große Verehrung zuteil wird, wie einem Kami, z.B. das des Generals Ngi in Tokio. Was dort verehrt wird, ist das Göttliche, das sich in menschlicher Gestalt offenbart hat.

Man verleiht den Gottheiten Grade und Beförderungen.

82) Im Christentum stellt Jesus eine Parallele dar, in gewisser Weise auch der Reliquienkult, in der orthodoxen Kirche der Kult der Ikone, für alle drei christl. Bekenntnisse aber auch die Bedeutung der geweihten Hostie.

Umgekehrt schleudern göttliche Wesen, Kamis, Teile ihres geistigen Lebens aus sich heraus, lebendige Geister schaffend. Aber, wie in der Edda, gibt es sterbende Götter: das göttliche Prinzip, das sich in die Vielheit von Göttern begeben hat, zieht diese wieder auf sich, in sich, zurück.

Es verbleibt das Schöpferische, der ‚All-Eine Kami'.

Die ganze Skala der Kami wird von einem Kami, dem der Gerechtigkeit, der Ordnung und der göttlichen Gnade umfaßt. Der Schinto ist also nicht der Vielgötterei gleichbedeutend.

Auf die vielerlei Mythen, nach denen die Gläubigen den Kami — Himmel bevölkern, kann an dieser Stelle nicht eingegangen werden. Erwähnt sei nur der bedeutungsvollste, der Sonnenmythos, die Legende von (Amaterasu und) Susanoo, des gesetzlosen Gewalttätigen, der die gesamte Natur in Unordnung brachte und schließlich aus dem Himmel vertrieben wurde.[83)]

Im Unterschied zum Buddhismus glaubt der Schintoismus nicht, daß es ein Unglück ist, geboren zu werden.

Für den Schinto ist das irdische Leben, so wie es der göttliche Geist wünscht, wie der Schinto sich bemüht, es zu führen, höchst befriedigend: Der Japaner ist demgemäß auch der festen Zuversicht, daß es ihm unter allen Lebensumständen immer wieder gelingen wird, sich aus jeder moralischen Niederlage zu retten, wiederherzustellen.

Auf dem Wege über seine Vorfahren empfängt der Japaner vom Kami die Fähigkeit, sein Leben in Rechtschaffenheit und aufrechter, echter, Menschlichkeit immer von Neuem kraftvoll zu gestalten.

Alles Unglück ist auf besondere Umstände zurückzuführen, in denen die Menschen unabwendbar stecken, deren Hauptursache außerhalb ihrer eigenen Wirksamkeit gesucht werden muß.

Aber die Götter des Himmels sind mit denen der Erde verbunden! Gemeinschaftlich bemühen sie sich, das Verhängnis bringende Mißgeschick ‚der Kamis der finsteren Welt' zu durchkreuzen. Allerdings gibt es auch Sünden, die der Mensch begeht.

Der Norito Nakatomi, die Große-Reinigung, zählt sieben an der Zahl auf: Aus Bosheit begangene Taten, Handeln, das gegen die

83) Sonnenmythos: Überwindung des planetarischen Chaos durch die Sonnenkraft

sexuelle Moral verstößt (Blutschande und Roheit), Taten, welche die Empfindsamkeit des Menschen verletzen (Hineinschneiden in lebendiges Fleisch) und Unfälle in der Natur (Blitz, Wildtier- und Würmerplage, u.s.w.)

Das Wort Michi, der Weg, ist die ausdrucksvollste Bezeichnung für das vom Menschen geforderte moralische Verhalten.

Es ist gleichsam der kategorische Imperativ der Vernunft für den Japaner.

Der Lauf der Natur ist der Wille der Götter.

Er geschieht, wo der Naturanlage entsprechend gehandelt wird.

Recht ist, was natürlich ist: Wer es noch genauer wissen will, der beweist damit nur, daß er nach Ausflüchten sucht.

Der Matsuri Kult verlangt, als Kollektivkult, von den Japanern, ständig im Gebet zu verharren, dem Willen des Kami zu gehorchen und sich auf diese Weise unter seinen Schutz zu stellen, wie man ihn im Gebet erfleht.

Da es sich um einen Kollektivkult handelt, sind persönliche Wünsche des Betenden ausgeschlossen.

Alle berechtigten menschlichen Wünsche stehen im Einklang mit der allgemeinen Harmonie der Welt, des Universums.

Infolge der innigen Verbindung des Schinto mit der Natur sind alle Kultstätten von erlesener und unaufdringlicher Schönheit.

Ruhiges Vertrauen zum Schicksal, Ergebenheit in das Unvermeidbare, stoische Kaltblütigkeit angesichts von Unglück und Gefahr, sowie eine gefaßte, beinahe freundschaftliche, Aufnahme des Todes sind die hervorstechenden Merkmale des Buschido, der insoweit mit der Haltung des Buddhisten übereinstimmt.

Der Buschido enthält keine Gebote, deren Nichtbefolgung Übel und Strafen auslösen, sondern er ist das hohe Lied des rechtschaffenen Menschen und des unerschrockenen Helden: Selbstbeherrschung, Mut, Höflichkeit, Wahrhaftigkeit, Ehrbewußtsein, Treue und Tapferkeit sind die vorgezeichneten Ideale, mit einem Wort: zu tun, was recht und billig ist. Der Kampf ist nicht nur eine Sache der rohen Gewalt, sondern auch ein geistig-sittliches Turnier.

Statt des schwierigen Begriffes der Nächstenliebe spricht der Buschido von der Überlegenheit der Güte.

Wie beim Hinduismus sind im Schinto Poesie und Musik die hervorragendsten Volkserziehungsmittel.[84)]

Die vorbildliche Höflichkeit des Ostasiaten ist eine besondere Frucht des Buschido, der im Sinne von C. G. Jung eine Pflege des kollektiven Unbewußten, kybernetisch gesprochen, eine Vorprogrammierung des Japaners von eh bis je (also eine langzeitige Vorprogrammierung) darstellt und den Volkscharakter entscheidend ausgeformt und stabilisiert hat.

Im wohl am meisten zu beklagenden Gegensatz zur westischen Welt ist das Schamgefühl (und die sexuelle Reinheit) eine der höchsten Tugenden des Buschido: ‚Die Entehrung ähnelt einer Narbe am Baum, die sich täglich vergrößert!'

Auf den langen Straßen Tokios ziehen sie alle pflichtbewußt ihres Weges dahin, von keiner Unrast getrieben (Geduld macht die Tage länger); keine Vorwürfe für den andern: Freude zieht ein, wenn Leidenschaft und unnötig beschwerende Wünsche gegangen sind!

Wache darauf, daß du den andern gibst, was ihnen zusteht!

Die große Familie bildet ein solidarisches Ganzes und die Treuepflicht erstreckt sich auf alle Mitglieder in gleicher Weise. Ein Mann, der sein Gewissen dem launischen Willen eines Oberen opfert, verliert seine Würde.

‚Lernen, ohne zu denken, ist verlorene Mühe; denken, ohne zu lernen (gelernt zu haben), ist gefährlich!'

Herzenskälte und -härte erstickt jedes menschliche Gefühl!

Sei auch für zärtliche Regungen empfänglich und vergiß sie dem andern gegenüber nicht.

Aber: eine Flut von Worten ist ein untrüglicher Mangel an Tiefe.

Im Zwiespalt zwischen Ehre und Treupflicht ist der Tod als Erlöser willkommen. (Harakiri, Seppuku, Kappuku)

Noch heute reagiert das Herz des japanischen Volkes auf alles, was die Gefühle anspricht, die ein heldisches oder mannhaftes Verhalten nach dem Buschido auslöst und umgekehrt, was diesem zuwiderläuft.

84) Ein Vergleich dieser Auffassung mit den täglichen Rundfunk- Fehrnseh- Theater- Literatur- und Hitveranstaltungen (den Diskotheken) erweist das erschreckend abgesunkene Kulturniveau unserer westischen Welt.

Die Langzeitprogrammierung des Japaners hat auf diese Weise eine stabile Sittenordnung begründet, die eine entsprechende Verhaltens- und Handlungsbereitschaft auslöst und eine nicht zu überschätzende Kraftreserve darstellt.

b) Der Schamanismus: Er war die Religion der Ainu Bevölkerung der Insel Hokkaido im Norden der japanischen Inselwelt.

Die Schamanen sind ‚Erwählte'. Sie führen, getrennt vom gesellschaftlichen Leben, ein Sonderdasein und zeichnen sich durch besondere Eigenschaften aus. Oft sind es durch Schwäche und Krankheit zu besonderen psychischen Leistungen Stimulierte, Menschen mit besonders intensiver religiöser Erlebniskraft, Spezialisten des Heiligenkultes aller möglichen Art, welche in der Ekstase besondere Leistungen erbringen oder doch vortäuschen.

In der Regel sind sie Meister der praktischen Psychologie, verfügen über hypnotische Kräfte und betätigen sich bisweilen auch erfolgreich als Magnetiseure.

In irgendeiner Form sind sie in allen Kulturen vertreten.

Bei dem niederen Volk in Japan haben sie sich einen nicht unerheblichen Einfluß erhalten.

Manche Naturkraft, über die sie zweifelsfrei verfügen, z.B. die bereits genannte Fähigkeit ‚als Magnetiseur', sollte von der offiziellen Medizin längst anerkannt worden sein. Vielen Kranken könnte auf diese Weise wirksam geholfen werden.

c) Die Heilung durch den Glauben:

Sie steht im engen Zusammenhang mit der Kunst der Schamanen. Auch hier werden elektromagnetische Kräfte bewegt.

Eine Kultur, die sich ganz dem Vorderhirndenken zugewandt hat, hat zu diesen Lebensbereichen kein Einfühlungsvermögen mehr.

Roßtäuscher und Kurpfuscher haben diese Erlebniswelt bedauerlicherweise voll und ganz in ihren Besitz genommen: Mit der wachsenden Unsicherheit allen rein akademischen Ausbildungen gegenüber wird auch diese vergessene und nicht ohne Selbstüberheblichkeit vom Tisch gefegte Erfahrungswelt wieder belebt und bedeutungsvoll werden.

Kybernetische Exerzitien ermöglichen es, im Wege der Langzeitspeicherung auch ungewöhnliche Fähigkeiten im Menschen anzu-

erziehen und auszubilden. (was bei Tierzüchtungen schon seit eh und je beachtet und praktiziert wird.)
Die Heilmethoden japanischer Sekten arbeiten, soweit in Erfahrung gebracht werden konnte, mit ‚spiritueller Energie der Erde', praktisch also mit dem Erdmagnetismus. Nach ihrer Auffassung besteht das Blut zu gleichen Teilen aus Materie und Geist.
Alle Materie wird von Energien bewegt.
Die im Menschen wirksamen Energien gehören dem Gemütsbereich an und gelangen über ihn zur Bewußtheit, können über die Meditation und über das Gebet zielbewegt werden.
(In Deutschland wird das Gesundbeten als Betrug bestraft. Damit wird das Kind mit dem Bade ausgeschüttet.)
Die wissenschaftliche Forschung hat sich dieser Bereiche bislang nicht mit der erforderlichen Intensität angenommen.

Die Japanischen-Geistheiler behandeln die Welt der Erscheinungen nur als ein Erzeugnis der ‚menschlichen Geisteshaltung'. Sie glauben, daß sich bei gestörter Harmonie überall Krankheiten und Unfälle mancherlei Art einstellen: Man sollte vermeiden, den Körper (und die Seele) krank werden zu lassen: Der ‚Geist' ist unser ‚Eigentum', und es steht uns frei, ihn ‚nach Erfordern zu gebrauchen'. Die Heilsmänner heilen vornehmlich mit der Eigenenergie des Patienten: Gefräßigkeit, Parteilichkeit, Haß, Feindseligkeiten jeglicher Art, Zorn, Neid, Überheblichkeit, Falschheit und Schmeichelei sind ‚geistige Abweichungen vom göttlichen Naturplan' und lösen notwendig Krankheit und soziale Revolutionen aus, züchten Bosheit und Brutalität und führen zum Auslöschen sowohl des Individuums als auch der sozialen Gemeinschaften. Wenn und wo diese Erscheinungen Jahrhunderte angedauert und ihr Unwesen getrieben haben, sind Krankheiten vielerlei Art als festgewurzelte Modekrankheiten des Zeitalters unabwendbar. Eine Heilung kann solchenfalls nur noch über die Kraft der Gemeinschaft erreicht werden. Die wahre Ursache all dieser Beschwernisse des modernen Menschen sitzt weit tiefer als die offizielle Medizin erkennen kann und Heilung über Medikamente ist immer nur in sehr beschränktem Umfange möglich. Es sei eine Folgeerscheinung des Karma-Gesetzes, daß die Ursachen der Zeiterscheinungen auf Ereignisse ‚in einem früheren Leben‘ zurückgehen. (s. Martin Buber, Ich und Du, S 68 ff)

In der Heilung durch den Glauben muß man zwischen einer aktiven und einer passiven Beteiligung des Patienten am Heilungserfolg unterscheiden. Die Heildoktrin besteht im echten gemeinsamen Glaubensakt des Patienten und des Heilers. Das Schwergewicht des Heilerfolges liegt stets bei den beteiligten Personen.[85]

Helfer und Patient richten ihre Anstrengung darauf, falsche Denk- und Verhaltensgewohnheiten schnellstens und von Grund auf zu berichtigen. Die Heilung vollzieht sich meistens langsam und allmählich, seltener spontan.[86] Nach Meinung der Glaubensheiler steht hinter jeder Krankheit eine geistenergetische Wirklichkeit: Viele Kranke sind seelisch nur verstört und müssen wieder Selbstvertrauen gewinnen. Haltlose müssen Charakterübungen vornehmen. Die ‚kollektive Heilkraft‘ spielt überall eine große Rolle. Nachrichtenmedien sollten die Menschheit aufklären. Über die Kirchen sollte das Volk zur Anteilnahme und geistigen Mitwirkung aufgefordert und ermuntert werden.

Jahrhundertelang hätten die Japaner zwar erfahren, daß das unerschütterliche Gleichmaß dessen, der nicht nach außen dringen läßt, was er geheim empfindet, eine gute Form der Selbstbeherrschung ist. Dies Verhalten hätte aber auch Verdrängungen und psychologische Zwänge herbeigeführt. Viele seelische Sperren seien aufgebaut und müßten wieder abgetragen werden. Das sei zum großen Teil eine soziale Frage, jedenfalls praktische Sozialpolitk: Freundschaft, Kameradschaft, jede Art von Gemeinschaftserlebnis sei für einen Heilerfolg unentbehrlich und wirksam.

Derartige Gemeinschaften stellen die Sekten dar, die psychische Heilerfolge erstreben. In ihnen berichten geheilte Kranke über ihre Leiden und die Befreiung davon. Jeder leistet dem andern wirksamen Beistand, ermutigt den neuen Patienten und stärkt dessen Glaubenskraft.[87] Es wird alles getan, um die Gemütskräfte der

85) Die Psychoanalyse behandelt nur ein Teilgebiet, besonders die Freudsche Version.

86) Sie ist kybernetisch durch Umprogrammierung veranlaßt denkbar.

87) Die als Naturkraft empfunden wird.

Kranken zu mobilisieren und sie zu Meditations-Konzentrations- und Selbstbeherrschungsübungen anzuleiten und anzuhalten: Vor allem sei die Gedankenwelt des Kranken zu säubern und auszurichten auf die göttliche Macht und Gnade, wobei der Begriff Gott identisch sei mit der lebendigen Kraft der Gemeinschaft, die sich des Hilfsbedürftigen annehme.

d) Die neuen Religionen.

Angesichts der großen Zahl dieser Glaubenslehren ist eine ins einzelne gehende Darstellung unmöglich. Es handelt sich in allen Fällen um synkretistische Varianten der großen Religionen. Sie unterscheiden sich im Wesentlichen nur in ihren Kulten. Die einen betonen diesen, die andern jenen Höchstwert des allgemeinen Sittenkodex. Alle haben auch ihre Mystik.

Hervorzuheben sind zwei Bewegungen, den VF Kyodan, eine Unterweisung in vollkommener Freiheit (die auf den Abbau von schädlichen Autoritäten hinausläuft) und den Sokka-Gakkai, eine vom Buddhismus geprägte Gemeinschaft zur Schaffung von Werten jeglicher Art (kybernetisch gesehen: eine Bewegung zur gedanklichen und haltungsmäßigen Leistungssteigerung auf allen Gebieten des Lebens). Bei der letzteren handelt es sich nicht nur um die exclusivste und kämpferischte der neuen Religionen, sondern auch um diejenige, von der man behauptet, daß sie monatlich mehr als 100 000 Anhänger zusätzlich gewinnt.

Diese Bewegung wirbt nur Einsatzfreudige an, die bereit sind, sich hohen Verpflichtungen zu unterwerfen.

Alles in allem ist das geistige Leben Japans in unvorstellbarer Bewegung und läßt große Umwälzungen erwarten.

4) Der Buddhismus: (Richard A Gard, Genf 1972)

Den Wesenskern des Buddhismus offenbart seine Kausalitätslehre. Was wir Leben nennen, ist ein Wechselverhältnis von Seinszuständen, von physischen und geistigen Energien. Sie sind dauerndem Wandel unterworfen, stete Verwandlung bewirkend. In jedem Augenblick entstehen und vergehen sie. So wird auch der Mensch immer wieder neu geboren. Dennoch besteht er fort.
Wenn der Körper seine Funktionen nicht mehr erfüllen kann und sich auflöst, sterben die Energien, die Leben in ihm bewirkt haben, nicht mit ihm. Sie bleiben bestehen, neue Form und Gestalt bildend. Neu geboren wird weder derselbe Mensch, noch ein anderer. Der neue Mensch ist vielmehr die Folge einer Entwicklungsreihe. Solange es den ‚Hunger zu sein und zu werden' gibt, ebensolange läuft die Reihe fort, in Geburt, Wachsen, Werden und Tod, wiedergeboren die gleiche Entwicklung durchmachend.
Jede sich blitzartig bildende Wesenheit taucht auf und vergeht, entfaltet sich im Zusammenspiel mit andern und löst sich wieder auf. Es wird also kein Ding aus dem andern, es entsteht auch nichts aus sich selbst. Es gibt nur ewige, unveränderliche, Elemente. Nach Buddha sind es Raum- und Wirkkräfte (Niveauerscheinungen), aus denen Leben entsteht.
Hier gibt es nun zwei sich gegenüberstehende Auffassungen:
Im Mahayana sind alle Teile unwirklich, nur das Ganze ist real.
Im Hinayana sind die Teile als letzte Elemente wirklich.
Im Hinayana ist das Individuum real, im Mahayana existieren nur Ganzheiten, also keine individuellen Menschen, nur die Menschheit als solche. (s. ebenso Hermann Cohen, Religion der Vernunft aus den Quellen des Judentums, fourier 1966/1978)
Im Hinayana herrscht radikaler Pluralismus, im Mahayana ein ebensolcher Monismus.
Die Buddhisten behaupten, daß die Vorstellung letzter Elemente (in ihrer wechselseitigen Abhängigkeit) nach beiden Auffassun-

gen aufrechterhalten werde; im Hinayana als Realität verschiedener Elemente, im Mahayana unter dem Aspekt der Relativität. Dabei heißt relativ, daß ein Ding nur durch die Darstellung seiner Beziehungen zu (einem) andern identifiziert werden kann, ohne diese Beziehung die Frage nach seiner Dinghaftigkeit keinen Sinn habe.[88)]

Das Erste Prinzip des Buddhismus ist das Prinzip der Existenz, die ursprünglich als Dukkha-sacca/Dubkha-satya erfaßt und erfahren wird. Es gibt dimensionale und überdimensionale Existenzen.

Durch drei Zustände ist die Existenz gekennzeichnet

1) den Zustand des physischen Schmerzes, 2) den Zustand, der durch die Veränderung bewirkt wird, 3) den Zustand der Bedingtheit (der Unfreiheit).

Deshalb ist die Existenz in der Welt der Erscheinungen unvollkommen, sie muß als überdimensionale überwunden werden. Nichtdauernd, unvollkommen und unwirklich, ist die Existenz.

Diese Merkmale treffen auch auf lebende Wesen zu. Psychologisch gesehen, treten sie als Individuen auf, kollektiv, als Gruppen.

Sie bestehen aus fünf Seinszuständen:

Körper, Empfindung, Wahrnehmung, Wirkkräfte des Bewußtseins und Bewußtsein.

Alle belebten und unbelebten Phänomene sind aus einander verbundenen Elementen zusammengesetzt (Hinayana) oder ruhen — zeitgebunden und in ewiger Entfaltungsreihe auftretend — in einer alles umfassenden Ganzheit (Mahayana).

Der Mittelpunkt der buddhistischen Lehre ist das dharma, die Existenz des Zusammenwirkens einer unendlichen Vielzahl subtiler Elemente von Stoff-, Geist-, Energie- und Dimensionsverknüpfung.

Die Bedeutung des dharma umschließt:

1) Jedes Element ist eine einzelne Wesenheit (Kraft, Energie).

2) Keins wohnt einem andern inne; deshalb kann es keinen Stoff ohne seine Eigenschaften, keine Materie jenseits der verschiedenen

88) Dimensionsweise Hinüber- und Herrüberwirkungen können grundsätzlich nur meditativ erschlossen werden.

Sinneswahrnehmungen und keine Seele jenseits der verschiedenen geistigen Elemente des Bewußtseins geben.
3) Die Elemente haben keine zeitliche Ausdehnung; jeder Augenblick stellt ein Element für sich dar.
Das Denken ist flüchtig. Es gibt keine sich bewegenden Körper, sondern nur blitzartig aufeinander folgende Erscheinungen von Elementen, jeweils an anderen Orten.
4) Die Elemente wirken zusammen.
5) Dieses Zusammenwirken wird von den Gesetzen der vorstehend geschilderten Kausalität bestimmt.
6) Infolgedessen ist der Weltprozeß ein Verfahren des Zusammenwirkens vieler (72) Arten subtiler, flüchtiger mehrdimensionaler Elemente, und es macht das Wesen des dharma aus, daß sie durch Ursachen bewirkt werden und der Vernichtung (Auflösung) immer wieder zustreben.
7) Beeinflußt vom Element avidya (fundamentaler Unwissenheit) ist dieser Prozeß in vollem Gange.
Gesteuert vom prajna (der über die Erfahrung hinausgehenden Einsicht) zeigt er die Tendenz zur Beruhigung und zum endgültigen Erlöschen.
Zunächst werden Ströme sich miteinander verbindender Elemente erzeugt. Sie entsprechen dem Menschen. Dann stellt dieser Strom einen Heiligen heraus, einen arya.
Der vollständige Stillstand dieses Prozesses des phänomenalen Lebens ist mit einem Buddha erreicht.[89)]
8) Daher werden die Elemente in Unruhe, Ursache der Unruhe, Erlöschen und Ursache des Erlöschens unterteilt.
9) Das endgültige Ergebnis ist die absolute Ruhe, das Nirwana.
Der Buddhismus kommt also ohne einen Schöpfergeist aus.
Denkbar wäre er als alles umfassende Ganzheit im Mahayana oder als Identifikation der unvergänglichen Elemente des Hinayana.
Ein Buddha ist dann ein göttlicher Zustand.
Im Mahayana ist der Begriff Relativität ein Synonym für eine dimensional abhängige Existenz, wobei Abhängigkeit gegenüber einem fortlaufenden Prozeß besteht.

89) Der arya und der buddha sind geistenergetische Lenkungsprinzipien.

Die Relativität — sunyata — läßt streng genommen keine begriffliche Festlegung — etwa eines Nullzustandes oder einer Nichtexistenz — zu.
Die Buddhisten betonen, daß sie keine Negativisten seien.
Im Hinayana besteht die Abhängigkeit, das Leben, als das System eines ewig umlaufenden Rades.
Der Wunsch, weiter zu bestehen (zu existieren) und immer mehr, machtvoller, zu werden, ist eine gewaltige Kraft, die — nach dem Buddhismus — die ganze Welt bewegt. (Schopenhauer, Nietzsche)
Wenn es danach keine unveränderliche Wesenheit wie das Ich oder die Seele (das atman) gibt, was kann dann nach dem Tode wiedergeboren werden?
Es können immer nur momentane, blitzartig sich vollziehende, Zustandsbildungen aus dem Wesen der buddhistischen Kausalität sein, Reihenbildungen bzw. Fortsetzungen laufender Reihen also. (Das Kontinuum nach Leibniz)
Jeder Mensch ist potentiell ein Buddha.
Als Buddha 477 vor unserer Zeitrechnung starb, soll die ganze Natur getrauert haben. Alle Tiere des Dschungels sollen sich zur Totenwache begeben haben.
Zu dieser Zeit begann Perikles, sich mit 22 Jahren Gedanken über seine politische Karriere zu machen.
Der Buddhismus beruht auf Erfahrung. Er ist erfüllt vom Geist der Toleranz: Man soll nicht nur die eigene Religion ehren und die anderen Glaubenslehren verdammen.
Jedes Wesen ist fähig, Erleuchtung zu erlangen.
Durch andauernde Meditationen kann die Befreiung der Welt gelingen.
Die Freiheit ist ein Dimensionsproblem: Herrschaft über alle Dimensionen.
Drei Kleinode hat der Buddhismus:
Den Buddha (d. Erleuchteten), das Dhamma-Dharma (die Glaubenslehre, das Gesetz, die Norm) und das Sangha (den buddhistischen Orden).
Die Freiheit des Denkens ist die Voraussetzung für die Freiheit des Seins.
Das Denken lenkt das Sein und gestaltet es aus.

Der Buddhismus verlangt von einem jeden die äußerste Anspannung seiner Kräfte. Ihm geht es nicht um das begriffliche Denken, sondern um die Denkkraft. Er betont den Gemeinschaftsgeist und eine ganzheitliche Lebensordnung (auch gemeinschaftliche Denkleistungen).

Für die Ordensgemeinschaft ist Buddha die Zuflucht aller, weil er der Höchste der Menschen ist.

„Laßt uns den vollkommenen Buddha verehren, der von Göttern und von Menschen geliebt wird."

Als hervorragender Mensch heißt der Buddha ‚Bhagava' oder Herr.

Ein Buddha, der auf Erden oder in einer andern Welt erscheint, hat seinen besonderen Wirkungsbereich. Niemals hört er auf zu sein.

Die Buddhas sind nicht nur zahlreich und unsterblich; sie sind in jeder Hinsicht übermenschlich, überdimensional.

Buddha ist ein kosmischer, universeller Geistkörper (Geistenergiekörper).

Jeder Buddha ist die Verkörperung des Buddhismus, seiner Lehre. Sie ist sein wahrer Leib. Er ist identisch mit allen gründenden Kräften (Konstituenten) des Universums.

Alle Buddhas sind geistig vereint. Sie sind die absolute Wirklichkeit des unendlichen (nicht endlichen) Raumes.

Die Buddhas sind einem sechsfachen Evolutionsprozeß unterworfen:

Sie werden vervielfacht, unsterblich gemacht, vergeistigt, allumfassend vereinigt und vergöttlicht.

Ein Tathagate ist einer, der die Vollkommenheit des Lebens erfahren und alles überwunden hat.

Vier Lehrmethoden dienen diesem Ziel:

1. Methode des Zweifels und der Frage nach einer passenden Antwort.
2. - " - dem Fragenden wird Antwort gegeben.
3. - " - die Aspekte der Frage werden untersucht.
4. - " - es wird dargestellt, daß die Frage unhaltbar ist und nicht beantwortet werden kann.

Der Kunst des Predigens wird hohe Bedeutung zugemessen.

Dabei werden Haarspaltereien streng abgelehnt.
Aber: Ein Prediger, der die Schliche der Sophisten nicht kennt, ist ein schwacher Disputant.
Ziel aller Bemühungen ist die Suche, in ständiger Vervollkommnung zur Erleuchtung zu gelangen.
Buddha, der Erleuchtete, ist eine Lotusblume, in der Welt geboren und lebend, aber nicht von der Welt befleckt.
Charakteristika eines Buddhas: ein Höcker auf dem Kopf (Hinterkopf), blaue Augen und ein Mal zwischen den Augenbrauen.
Dem Leben in der Gesellschaft kommt die gleiche Bedeutung zu wie dem asketischen Rückzug aus der Welt.
Der strahlende Leib Buddhas, sein Leib der Seligkeit, ist der Sambhoga-kaya.
Der Nirmana-kaya ist sein Verwandlungsleib.
Der Mensch setzt sich aus fünf kosmischen Elementen zusammen:
Dem Rupa, der Form, der Vedana, der Wahrnehmung, der Samjna, der Bezeichnung (Individuationsballung), der Sanskara, der Geistes- und Gestaltungskraft, dem Vijnana, dem Bewußtsein.
Diese Elemente sind die ewigen kosmischen Kräfte (Energien).
Sie sind göttlich.
Kartri ist der Symbolbegriff für die Zerstörung der Unwissenheit.
Die Kapala steht für das absolute Einssein, während die Doppelform Yab-Yum zum Ausdruck bringt, daß die Dualität und die Nichtdualität unwirklich sind. Wirklich ist nur die Ganzheit, die alle Dimensionen überwindet.
Einer heiligen Versammlung, der Sangiti, obliegt es, neue Ideen in den Buddhismus einzuführen, ihn in der Verwandlung, auf dem Weg zur Vollkommenheit, zu erhalten.
Dabei ist der Bodhisattva das erleuchtete männliche Wesen, während das weibliche Gegenstück unter dem Namen Sakti bekannt ist.
Die Buddhisten gehen davon aus, daß ihre Götter und Göttinnen auf die Familien der fünf Dhyani-Buddhas zurückgehen.
Der vollkommene Mensch also hat die Götter werden lassen:
Durch eine langwierige, schrittweise, Entwicklung schreiten die Menschen, die Tiere und alle Geschöpfe voran (Evolutionsidee).

In der Erscheinung und Haltung eines Buddha vollendet sich der Zyklus der menschlichen Wiedegeburten.
Der Mensch hüte sich vor jeder Art Zügellosigkeit, er vermeide alle Trivialitäten, er sei eifrig in der Suche nach der Wahrheit, und er ist aufgerufen, alle Entbehrungen, Hitze und Kälte, zu ertragen.
Strebe stets danach, dein eigenes Wesen zu erkennen und von andern unabhängig zu sein.
Der buddhistische Standpunkt wird vom Hier und Jetzt bestimmt: Das Denken wendet sich dem Wesen der Existenz zu.
Der Mensch erfährt etwas, weil er als Zusammenhang existiert.[90)]
Das endgültige Ergebnis des Weltprozesses ist das Nibbana-Nirwana, die vollkommene Existenz in äußerster Freiheit (ohne Beschwerung durch Dimensionsgebundenheiten).
Der Prozeß des bedingten Lebens, aller Phänomene, läuft im dauernden Wechsel der Erscheinungen phasenweise ab.[91)]
Es sind zu unterscheiden die Phasen:

1) Das frühere Leben:	aus seinem Handlungsverlauf haben sich Folgen ergeben, die sich auf die zu künftige Existenz erstrecken.
2) Das gegenwärtige Leben:	Der erste Augenblick ist die Empfängnis. Der Embryo sammelt dharmas an. Das Leben ist bewußte Tätigkeit: Nach dem Erwachen des Sexualtriebes setzt es sich viele Ziele.
3) Das zukünftige Leben:	Wieder wird der Kreislauf in Szene gesetzt: Wiedergeburt. Neues Leben. Niedergang. Tod.

Nach der Übernahme der hinduistischen Vedanta wurde aus Buddha ein Brahman als kosmischer Leib.
Es bildeten sich zwei Auffassungen:

90) s. Der Neue Mensch, Verfasser, 1977, Bläschke Verlag, S 23 ff.
91) s. die Heisenbergschen Plateaus.

die eine Richtung sieht die Existenz als gespeichertes Bewußtsein, die jeweilige Erscheinung als dessen Manifestation (Sunyavada Schule = angenähert kybernetische Richtung),
die andere, die Yogacara, leugnet die Möglichkeiten, das Absolute durch logisches Denken zu erfassen: Alles Höhere-Eins sei nur Illusion, überrationales Wissen, Dimensionsfreiheit.

Das erste Prinzip ist einsehen,
das zweite erkennen und verstehen,
das dritte verwirklichen.

Damit wird das Nirwana erreicht als Wendepunkt und Durchgang durch alle Dimensionsbereiche.

Aber der Weg dahin ist noch lang. Nur vorbehaltlose Hingabe öffnet ihn.

Selbstkasteiungen sind unwürdig, dsgl. ein Leben in Freude und Genuß. Der Weg geht durch die rechte Mitte (Konfuzianismus).
Nicht in Ansichten und Theorien soll man sich verstricken lassen.
Man soll die Dinge ohne einen festen Standpunkt betrachten — und zwar in kritischer Wachsamkeit — und handeln.

Alle scheinbaren Endpunkte sind nur Modalitäten in der Verwandlung.

Soweit es eine Teilung in zwei Teile gibt, von denen der eine den andern enthält (organismische Polarität) stellen die Teile keine echte Realität dar.

Der, welcher sich in ruhige Betrachtung versenkt, ‚dem wird wohl sein!'

Der Weg zum Ende alles Leidens, der Übel, ist ‚das Höhere-Eins'.
Es wird durch die Erziehung des Herzens erreicht, im Wege der Gelassenheit, der Konzentration, des höheren Denkens, der höheren Einsicht, als Übung zu höherer Moral. (Kybernetik)

Sehe alle Lebewesen als liebenswert an, vermeide selbstsüchtige Zuneigung und tu das deine, um Böswilligkeiten, wo sie auftreten, zu beseitigen. Alle Lebewesen sind ‚Eigentümer ihrer Taten'.
Bekämpfe jede Art Entrüstung.

Sei standhaft, zur Erleuchtung entschlossen, stets allen Einsichten gegenüber offen und aufnahmebereit für jede Neuinformation.
Bemühe dich, höheres Wissen zu erlangen, strebe nach eigener

Vollkommenheit (Vervollkommnung) und suche alle Lebewesen in gutem Sinne zu beeinflussen und zu erziehen.
Der Urin der Kuh ist als Medizin eine Notwendigkeit für den Priester. ‚Ernähre dich von der Butter der Kuhmilch, von Rapsöl, Honig, Zucker und vom Rahm.‘
Wenn sich ein Priester sexuellen Gelüsten hingibt, hört er auf, ein Priester zu sein. Das Gleiche gilt, wenn er Leben vernichtet; auch wenn er eine Abtreibung vornimmt.
Ein Tag ohne Arbeit ist ein Tag ohne Essen.
‚Mit allen deinen Gedanken binde dich fest an die Erde, richte sie aus im Dienst an deinen Körper. Die Mahlzeiten nehme ein wie Medizin, um den Körper gesund und kräftig zu machen und zu erhalten, damit er fähig werde, die Wahrheit aufzunehmen. Bete in Selbstbesinnung zu ‚allen Buddhas‘. Dein Gebet sei auch ein Selbstgelübde.‘
Die Professoren sollen zu Beginn jeder Stunde mit ihren Schülern zum Manjusri, dem großen Bodhisattva der Weisheit, beten.
Hütet euch vor dem korrumpierenden Einfluß materialistischer Vorstellungen und Werte des Westens.[92)]
Wo es kein Ich gibt, das rechte Leben nicht gelehrt wird, da ist alle Mühe nützlos.
Die Reden entarteter Bhiksus sind bar aller Sitte und Scham. Sie sind frech, den Krähen gleich, übermütig, ungestüm, voller Überheblichkeit und Eitelkeit.
Die Gedanken dieser niederen Menschen kreisen nur noch um Handel und Gewinn. Keine Gemeinschaft ist ihnen tadelnswert, und für sie gibt es auch nichts Unerlaubtes.
Diese verschlagenen verführen, diese gräßlichen Männer richten alle leichtfertigen Frauen zugrunde.
Ihre Schüler und Studierenden sind undiszipliniert. Sie verbringen ihre Tage mit Reden über eine bestmögliche sexuelle Befriedigung.
Mit Krankheiten schwer geschlagen, aussätzig, mißbildet, werden sie zur Hölle fahren, um ewig verworfen, immer wieder in niederen Wesen zur Welt zu kommen.

92) Wörtlich zitiert aus Richard A Gard, Die Großen Religionen der Welt, Edito Servicce S.A. Genf, S 290 (Ausgabe 1972)

In das schrecklichste Avici, die heißeste der acht Höllen, werden sie stürzen.
In der letzten Phase der Wandlungen wird man die wahren Söhne des Buddha von allen Seiten bedrohen. Sie werden nur noch in den Wäldern der Grenzlande wohnen können. (s. auch Lucas, 21 Vers 12, 16, 7)
Die buddhistische Zivilisation hat jedem das Modell eines würdigen Menschen vor Augen gehalten. Die Beurteilung eines Individuums nach seinen sittlichen Qualitäten, nach seiner wahren Weisheit und nicht nach seiner wirtschaftlichen Tüchtigkeit, sowie die Einschätzung der Größe einer Nation nach ihrer Friedfertigkeit und nicht allein nach ihrer Handelsbilanz:
Stürzet die Ideologien von ‚begehrenswerten sozialen Reformen' und ersetzt sie durch das buddhistische Ideal. Andernfalls brauchen euch Erscheinungen, wie Trunksucht und Glücksspiel, Gewalt und Verbrechen nicht zu überraschen.[92)]
Haltet eure Kinder von Lastern fern. Bildet sie zu einem Beruf aus und ermahnt sie zur Tugend.
Schüler sollen ihren Lehrern dienen, sich zum Gruß von ihren Plätzen erheben, Lerneifer und Aufmerksamkeit beim Unterricht zeigen. Die Lehrer sollen sie anhalten, sich anständig aufzuführen. Sie sollen ihnen Zuneigung erweisen, sie in ihren Fähigkeiten schulen, sie gründlich ausbilden, gut von ihnen reden und für ihre Sicherheit auf jedem Gebiet sorgen.
Die Ehefrauen sollen ihren Männern beistehen und sie lieben.
Den Familienmitgliedern beider Ehepartner sollen sie Gastfreundschaft erweisen, und all ihre Aufgaben treu, mit Fleiß und mit Geschicklichkeit erfüllen.
‚Nicht die Pflege einer Gesellschaft von Narren, sondern diejenige weiser Menschen, die das verehren, was verehrungswürdig ist, ist segensreich.' (Richard A Gard, a.a.O.)
Dieser Auffassung entspricht die Lehre von den Cakras oder Zentren der psycho-physischen Kraft, die im menschlichen Körper und in der Menschheit hierarchisch gestuft und gespeichert sind, durch

92) Wörtlich zitiert aus Richard A Gard, Die Großen Religionen der Welt, Edito Service S.A. Genf, S 290 (Ausgabe 1972)

die sich das Bewußtsein in aufsteigender Ordnung entfaltet, angefangen von der Erfahrung des Materiell-Sinnlichen, über die immateriellen Wesensbereiche hinaus bis hin in die lokuttara-cittam, die überweltlichen Bewußtseinsbereiche, die Vielfalt der dimensionalen Verknüpfung.

Auf diesem Wege gibt es nur ein Opfer von wahrem Wert: das ist die Aufopferung unserer eigenen Wünsche, unseres eigenen ‚Ich'.

Wie die Sonne die Welt des Organischen erhellt, so erleuchtet der Buddha die Welt des Geistes.

Wissen, Ethik und Konzentration, sind dynamische Kräfte, die drei Säulen des ‚Buddha Sasana'. Dabei ist Konzentration ohne Moral wie ein Haus ohne Fundament. Die Moral muß der Konzentration vorausgehen. Als Selbstzweck ist sie wertlos. Der Mensch muß sich das Ziel, das er mit seiner Selbstversenkung anstrebt, klar vor Augen stellen, und es muß ein würdiges Ziel sein.

Nur dann gelangt er zur Einsicht und zur Weisheit.

Die Erfahrung der Meditation, die innere Schau, zeitigt Weisheit nur in reiner Innerlichkeit:

Abschied kann
Unsre letzte Begegnung
In diesem Leben sein.
Nicht nur im Traum,
In unsern tiefen Gedanken
Wollen wir uns hernach
In einem geläuterten
Und angehobenen
Dasein
Noch oft begegnen!

5. Der Judaismus. (Hermann Cohen, Religion der Vernunft aus den Quellen des Judentums, fourier 1964/78)

Das Jüdische Volk begründet sein Hegemoniestreben im Vorderen Orient universell: Gott hat sein Volk, das jüdische, auserwählt. Er liebt es vor allen anderen. Auf ihm lastet allerdings auch eine besondere Verantwortung und eine feste Bindung an das Gesetz. Gott hat ihm Kanaan, das Land des roten Purpurs, als seine heilige Erde geschenkt!

Im täglichen Einerlei, überall, erlebt der Jude ‚seinen Gott'.

Er ist ihm ein ständiger Gesprächs- und Erlebnispartner.

Die Juden haben sich, geschichtlich gesehen, zwar insbesondere mit den Kanaanitern, den Amoritern, den Hethitern, den Amalekitern, den Kenitern und den Ägyptern gemischt; sie sind also bei ihrem ersten Auftreten in der Geschichte keine besondere Rasse. Als Folge ihrer seit mehr als 3000 Jahren strengen und einheitlichen kulturellen und damit seelischen Ausrichtung, die nicht ohne körperliche Wandlungen und Verwandlungen denkbar ist, sind sie jedoch zu einer einheitlichen Rasse, auch biologisch gesehen, geworden.[93)]

Als römische Kriegsgefangene kamen sie um das Jahr 70 unserer Zeitrechnung nach Rom und in die römischen Provinzen (nach Spanien und in die Rhein- und Donaugebiete).

Nach der völligen Zerstörung Jerusalems und der gänzlichen Entvölkerung der jüdischen Lande durch den Kaiser Hadrian wurden sie um das Jahr 800 zerstreut über alle Länder.

Weil sie sich weigerten, Christen zu werden, hatte es schon 613, unter den Goten, grausamste Judenverfolgungen (in Spanien) gegeben.

Unter den Spanien erobernden Arabern genaßen die Juden in Spa-

93) Auch Hermann Cohen spricht mehrfach von einer jüdischen Rasse, sowie von einer innigen ‚Einheit' des jüdischen Volkes. a.a.O., S 294, 330

nien jedoch wieder volle Freiheit und erlebten hier in den Jahren zwischen 800 und 1500 auch ihre Glanzzeit.
1492, nach der Vertreibung der Araber aus Spanien, erzwang der katholische Großinquisitor Torquemada ein königliches Ausweisungsdekret. 200 000 Juden mußten damals Spanien verlassen.
Etwa vier Jahre danach setzte die Vertreibung aus Portugal ein. S. Zt. entstanden jüdische Siedlungen in Italien, in Marokko, in Algier, in Tunis und in Saloniki, sowie an anderen Orten der Türkei.
Die Besitzenden unter den Juden wanderten nach Frankreich, nach Holland, nach England und nach Hamburg aus.
Aus Frankreich waren die Juden bereits 1305 ausgewiesen worden. 1306 wurden sie wieder zurückgerufen und siedelten danach hauptsächlich im Elsaß.
Aus England wurden sie 1290 ausgewiesen, 1656 unter Cromwell aber wieder zugelassen.
Judenverfolgungen in Deutschland begannen mit den Kreuzzügen. Seit dem 16. Jahrhundert mußten die Juden in Judenstraßen wohnen. Überall unterlagen sie einer Sonderbesteuerung.
In Verfolg der Bedrückung in der Zeit der Kreuzzüge wanderten deutsche Juden weiter nach Litauen, nach Polen und nach Galizien.
Auch in Rußland sind die Juden unter Sondergesetze gestellt worden. In den achtziger Jahren des vorigen Jahrhunderts kam es in Rußland zu blutigen Ausschreitungen.
Von Rußland aus setzte die Einwanderung der Juden in Amerika ein.
In der Folge bildete sich dort das Geisteszentrum des Weltjudentums. Es befindet sich auch noch heute in Amerika.
Zu Konflikten mit den Gastvölkern führte der Alleingang des Judentums zunächst in religiöser und damit auch in staatsbürgerlicher Hinsicht.
Schon im Römischen Reich, zur Zeit des Kaiserkultes, also in den ersten christlichen Jahrhunderten, trat dies in Erscheinung.[94)]
Die Juden hatten an ihrer Gotterwähltheit festgehalten und wurden durch ein besonderes kaiserliches Dekret vom Kaiserkult befreit.

94) s. den jüdischen Rigorismus, Cohen, a.a.O., S 60 ff.

Damals waren die Urchristen nicht in den Genuß dieser Sonderbehandlung gelangt. Sie waren in zunehmendem Maße Verfolgungen ausgesetzt.
Anlaß zu Konflikten wurde auch die Tatsache, daß sich die Juden in die sozial besser gestellten Berufe drängten und praktisch damit die Rolle einer Elite in Anspruch nahmen. Sie unterstützten sich gegenseitig und begünstigten sich auch auf internationaler Ebene. Überall gelangten sie mit den Vertretern ihrer Gastvölker in harten Wettbewerb.
Infolge der wirtschaftlichen Notlage des deutschen Volkes wuchs sich der Gegensatz zwischen dem Gastvolk und den Einheimischen nach dem ersten Weltkrieg in besonderem Maße aus.
Die politisch aufstrebenden Parteien suchten, zum Teil um ihr eigenes Versagen zu bemänteln, einen Prügelknaben: Sie schürten den Haß gegen das Judentum. In der Folge kam es zu erheblichen Ausschreitungen und, nachdem die nationalsozialistische Partei die Macht übernommen hatte, zu unheilvollen und grausamsten Maßnahmen gegen die Juden.
Alle Religionen enthüllen sich erst im Rahmen ihrer geschichtlichen Entwicklung.

Das gilt besonders für den Judaismus, der die Geschichte der unter dem ‚Mosaischen Gesetz' Lebenden verkörpert und vergeistigt.

Was ist das eigentliche Element, was sich hierbei entwickelt? fragt Hermann Cohen. Er meint, daß die Beantwortung dieser Frage nicht leicht sei: Das Bewußtsein könne diese Entwicklung nicht vollziehen. Es durchlaufe nur die engere Geschichte ‚eines' Menschen.

Der ‚Begriff der Religion' solle durch die ‚Vernunft' zur Entdeckung gebracht werden: Die geschichtliche ‚Selbsterzeugung der Vernunft' durch ‚die Religion der Vernunft' sei ein philosophisches Problem, ein gleiches die Vernunft als Quelle der Religion.

Die Vernunft macht die Religion — nach Hermann Cohen — zu einer allgemeinen Funktion des menschlichen Bewußtseins, wobei Vernunft die spezifische Gestaltung des Menschengeistes in Wissenschaft und Philosophie bedeutet.

Die Vernunft fordert Einheitlichkeit bei allen Völkern und Men-

schen, kann also nicht in der Religion eines einzelnen Volkes gefunden werden.
Cohen meint nun, die Religion des jüdischen Volkes habe als Urquelle einer Vernunftreligion einen besonderen Vorsprung gegenüber anderen, die ebenfalls auf Vernunft beruhen oder sich in diese Richtung entfalten.
Als Religion der Vernunft habe sie noch eine andere Quelle, die griechische Philosophie.
Hier hätten die alten Griechen einen Vorsprung gegenüber anderen, auch gegenüber dem jüdischen Volk, aufzuweisen.
Der Charakter der Verallgemeinerung der Vernunft in der Philosophie entspreche dem in der Religion.
Die Vernunft stehe nicht nur im Gegensatz zu aller Sinnlichkeit des Geistes und des Gemütes, sie sei die Gesetzlichkeit, der Urgrund, das Organ der Gesetzlichkeit.
Die Religion der Vernunft trete damit unter das Licht von Gesetztem. Wo Gesetzlichkeit walte, sei das Problem der Vernunft gesichert.
Mindestens gleichgewichtig ist die jüdische Religion aber auch auf die Geschichte des Judentums zurückzuführen. In ihr leuchtet die kraftvolle Gestalt von Moses in besonderer Weise hervor. Dieser Mann war nicht nur ein Volksführer, er war auch eine geniale Natur, insbesondere ein hervorragender Psychologe.
Dank seiner Umsicht haben die Juden die ihnen von ihm gegebene Religion als volkliche Aufgabe angenommen und sich im Laufe der Jahrtausende voll und ganz mit ihr identifiziert.
Die Juden erachten es als selbstverständlich, daß Gott sie zur Priesterschaft für die ganze Erde berufen hat. Sie, die nach dem Gesetz leben, tragen die Last alles Menschenleides in der Erwartung des Lohnes, den ihnen der Messias, der Heilbringer, ein Ebenbürtiger des Moses, vermitteln werde. Dem werde es auch gelingen, das jüdische Volk zum Alleinherrscher der Welt zu erheben.
Eine derartige Religion ist ein hohes Mysterium, aber auch eine Herausforderung für die übrige Welt (zitiert aus Hertzberg, Der Judaismus, 1973, S 13)
Den Juden ist Gott nicht nur der Urgrund aller Dinge, er ist für sie ihr Volksgott, ihr Vertragspartner. Er hat sich untrennbar mit ih-

nen verbunden; sie führen über die geschichtliche Zeit hinweg ein intimes Gespräch mit ihm über alle Fragen des Lebens, über alles, was sie berührt. Sie betrachten sich als das Werkzeug für die Erlösung der Welt! Die jüdische Religion ist also mit einer hohen missionarischen Sendung verbunden.

Allerdings haben die Juden sich im Laufe ihrer Geschichte kaum missionarisch verhalten. Im Gegenteil, sie sonderten sich von allen, auch von ihren gastgebenden Völkern ab und betrachteten ihre Religion, ihre Auserwähltheit, als das Erbe ihrer Geschichte, ihrer Urväter.

Die jüdische Religion ist eine Offenbarungsreligion. Die Kraft der Offenbarung äußerst sich in dem besonderen Auftrag, den die Juden aus ihrer Geschichte entnehmen.

Eine derartige Religion ist für jeden einzelnen eine außergewöhnliche Berufung, ein Geschenk des Schicksals. Infolgedessen schließt sie auch von vornherein rebellische und kritische, also ablehnende, Einstellungen aus.

Ein Gott, der ein Volk auserwählt, der ihm eine Rolle von überweltlicher Bedeutung übertragen hat, der muß die Beauftragten als seine Lieblingsgeschöpfe ansehen und sie, diese Lieblinge des Gottes, ihres Gottes, können psychologisch gesehen kaum anders, als sich in dieser sie in jeder Hinsicht vor aller Welt und vor allen Menschen begünstigenden Rolle geborgen zu fühlen.

So sicherte Moses das Verhältnis seines Volkes zu Gott, zum Gesetz — zugleich die Vaterlandsliebe, zu dem ihm, von Gott gegebenen Heiligen Land — in besonderer Weise ab.

Etliche haben den Erfindungsgeist Moses gepriesen, andere ihn als gefährliche Illusion verworfen.

Voltair bezeichnete Gott schlankweg als das Gegengift, das der Mensch aus seiner Angst vor den Feindseligkeiten der Welt und dem Tode ersonnen hat, eine Krücke, die der Mensch verwerfen sollte.

Man kann sich also darüber streiten, ob die jüdische Religion eine ‚Vernunftreligion‘ genannt werden kann:

In den philosophischen Bemühungen, die Existenz Gottes zu beweisen, finden die Intellektuellen keine Befriedigung: Alle diese Beweise überzeugen nicht. Die philosophische Diskussion könne

einen unwiderleglichen Beweis nicht erbringen. Gott sei eine Schöpfung der Menschen.

Was kann helfen?

Der Judaismus stellt es heraus: allein der Glaube.

Das ist denn auch der Höchstwert für die Religion des ersten gebildeten Christen, des als Paulus umbenannten Saulus.

Damit wird der Glaube im Sinne von Hermann Cochen zum Konstituens der Vernunft, kybernetisch gesehen, gewinnt er Informationscharakter, Programmierungswert.

Was für den Verstand das Wissen, ist für den Glauben die Offenbarung: Mit mystischer Inbrunst vertrauen die Gläubigen ihr als einer Bewußtseinserweiterung aus sittlicher Vorstellung. (s. auch Kant, Kr. V. Kanon Meinen pp.)

Alle Angriffe der ratio und der Wissenschaft gegen die geoffenbarte Religion weisen die Juden zurück. Sie berufen sich sogar darauf, daß die ratio die Offenbarung aus dem Glauben verlange. Es seien die Bereiche der Transzendenz, aus der heraus allein das neue Wissen gewonnen werden könne. Der Glaube sei also auch rational begründet, gewissermaßen die Erweiterung der ratio in die Bereiche der Transzendenz.[95)]

So hat denn auch die Wissenschaft vor der Offenbarung kapituliert: Zu seinem wissenschaftlichen System hat Cassirer diese Kapitulation in ‚Die Philosophie der symbolischen Formen, Wissenschaftliche Buchgesellschaft 1972' (geschrieben in Hamburg 1929.) erhoben.

Seitdem ist das Suchen eines Weges, der die Juden aus der gesellschaftlichen Isolierung herausführt, zum Hauptthema des jüdischen Denkens geworden. Der Jude sucht seine Identität, die es ihm ermöglicht, sich als Mensch wie alle anderen, als eine Gruppe unter Gruppen, als eine Nation unter Nationen, zu betrachten.

Der rigorose Monotheismus, sein Gesetz, wurde ihm zum Problem.

Er ist das fremdartige Element in der jüdischen Glaubensvorstellung, das sich im Rahmen der westischen Religionsphilosophie bislang schwierig erklären ließ: die Frage der Auserwähltheit. Es ist und bleibt ein wesentlicher Bestandteil des jüdischen Glaubens,

95) Hier tritt natürlich die Frage auf, was Transzendenz ist.

daß seine Religionsgesetze ihm von Gott gegeben sind: Noch ist die Welt nicht erlöst und noch ist — nach jüdischer Auffassung — der Messias auch nicht gekommen.
Die jüdische Religion ist also eine historische und keine natürliche. Man kann sie als das Lebensgrundgesetz der Juden bezeichnen. In der Geschichte der Erlösung spielt jeder mosaisch gläubige Mensch seine Rolle, im guten wie im bösen Sinne.
Arthur Hertzberg meint in seinem Werk über den Judaismus (George Braziller inc, New York, im Vorort): Die Generation, die Hitler und die Rückkehr nach Zion erlebt hat, gibt sich einer großen Selbsttäuschung hin, wenn sie sich vorstellt, daß der Platz der Juden in der Welt von nun an normalisiert ist. Die Frage läuft darauf hinaus, ob die Juden mit der Rückkehr in ihr ‚Heiliges Land' die Grundlage für eine kontinuierliche Entwicklung gefunden haben, mit anderen Worten, ob es ihnen jetzt gelingt, ihre Identität als Volk unter Völkern zu gewinnen.
Aus dem ‚Skandal', (ein Wort von A. Hertzberg a.a.O.) der mit ihrem Anspruch auf Auserwähltheit ‚verbunden ist', müßte ‚eine diese Übersteigerung rechtfertigende Leistungsgemeinschaft' werden.
Das Wort müßte Fleisch werden! Die abstrakte Zielsetzung müßte sich konkretisieren, sie müßte ereignishaft im Sinne von Whitehead werden.[96)]
Die Kybernetik, die Wissenschaft von der Selbststeuerung aus angehobenen Führungswerten, könnte die biologische Verifizierung des jüdischen Glaubenszieles gewährleisten. Gefunden wäre die mit der westischen Philosophie bislang nicht gelungene philosophische Begründung des Judaismus. Das jüdische Gesetz erschiene als volkliche Selbstsetzung aus angehobenem Erlebnis. Auf diese Weise erhielte es seine Wirkkraft und vollzöge es sich nach Weise einer kybernetischen Kausalität.
Gelingt es dem jüdischen Volk, einen derartigen Verwandlungsprozeß durchzusetzen, kantisch gesprochen, in Selbstüberschreitung aus moralischer Glaubenskraft zu bewältigen, so erweist sich die — bis dahin allerdings nur im Abstraktraum stehende — These

96) Nature and Life.

von Hermann Cohen, daß die jüdische Religion eine Vernunftreligion ist, als berechtigt.
Das ist das Problem des Judentums und des Judaismus: Mißlingt den Juden diese Selbstentfaltung, bleibt ihre Religion, was sie zur Zeit — kritisch betrachtet — ist: eine gefährliche Illusion.
Rabbi Jeremia sagt: Die Absicht des Herzens ist das Maß aller Dinge.
Die Juden verstehen ihre Auserwähltheit vor Gott als einen Ruf, eine Berufung, die durch alle Zeiten hindurch fortdauert. Ihre Religion trennt sie nicht vom Leben: ,,Das Leben muß den Stempel der Heiligkeit tragen!"[97)]
Es entspricht einem Hang des Geistes, ‚sich für die göttliche Aufgabe zu befähigen'. Mit dieser These wurde Mordecai Kaplan (geboren 1881) der Führer des religiösen Naturalismus des amerikanischen Judentums. Nach ihm benutzt Gott den Menschen zur Durchsetzung der höchsten Ideale, also zu einer ständigen gedanklichen Selbstanhebung des Lebenspotentials.
,,Läßt man den Gedanken der übernatürlichen Offenbarung der Religion fallen, was wird dann aus der Religion?" erwidern seine Gegner!
Kaplan kontert: Das Hauptmerkmal der Wahrheit ist, daß sie sich auf die universelle Vernunft bezieht und mit dieser gleichzusetzen ist.
Abraham Isaac Kook (1863 bis 1935, 1921 der Oberrabbiner Palästinas), meint:
Das Licht Israels ist kein utopischer Traum, noch irgendeine abstrakte Moral oder lediglich ein frommer Wunsch, noch eine edle Vision: Ihm sind die materielle Welt und alle ihre Werte nicht gleichgültig, so daß es das Fleisch, die Gesellschaft und die Regierung, sich in ihrer Unreinheit wälzen ließe und die Kräfte der Natur aufgäbe, die am Fall des Menschen teilhatten, um in ihrem tiefsten Zustand zu verharren. Vielmehr ist es eine *Erhöhung allen Lebens,* wobei die Erlösung eine ununterbrochene ist.
Das ist bereits angewandte Kybernetik, die ihre formende, selbstverwandelnde Kraft erweisen könnte.
Jedes Element eines Gedankens gehört einer unteilbaren Einheit

97) Konfuzius verwirft solches Bestreben als Überheblichkeit.

an und erst das Ganze — in seinem geistenergetischen Fluß — macht den spezifischen Charakter einer Lehre aus.

Gott läßt das Böse wie das Gute zu. Was die Inbrunst eines gläubigen Herzens nicht vermag, das muß das Abgründig-Satanische bewerkstelligen: So stellt sich der Gott der Vergeltung letzten Endes dennoch als Gott der Liebe dar.

Der Gottesfürchtige verachtet auch den Verworfenen nicht! Er ist bestrebt, jede menschliche Haltung ‚als Mittel der Kommunion mit Gott' umzuformen.

Die Worte der Thora werden mit einer lebensspendenden Medizin verglichen: ‚Ich schuf in euch den Drang zum Bösen, aber ich gab euch die Thora, das Böse zu bewältigen!

Tag und Nacht sollst du über ihre Worte und ihre Lehren nachdenken.'

‚Wenn nicht der Ewige das Haus bauet, arbeiten die, die es errichten, daran vergeblich.' (Ps. 127)

„Die Wurzel aller Kraft und Weisheit ist das Land, das uns verheißen, das Land Israel", Rabbi Nachmann von Breslau lehrte dieses Weistum. Es zeigt geheimnisvolle Zusammenhänge geobiologischer Art auf.

Arthur Hertzberg sagt vom amerikanischen Judentum dazu wörtlich: „Es kann kein Zweifel darüber bestehen, daß es uns Juden in der Diaspora am Geist der Hingabe gebricht, wie ihn die Wiedergeburt unseres Volkes in Erez Israel verlangt. Wir sind ohne die magische Kraft, die an das gesprochene und schöpferische hebräische Wort geknüpft ist. Wir sind weit entfernt von der Erde, aus der der jüdische Geist neu geboren wird."

Samuel Schechter schreibt:

„Ich arbeite seit einiger Zeit an einem Werk, das von unendlicher Größe ist. Ich weiß heute nicht, ob ich es vollenden werde. Was daraus wird, ist noch nicht zu erahnen. Nur sagt mir meine Erfahrung, daß es merkwürdig ist, und daß ich es aufschreiben soll.
Es trägt den Titel: Das gelobte Land.

Israel ist Teil der eigentlichen Substanz unseres Volkseins; es ist organisch mit seinem Leben und mit seinem inneren Sein in dieser Welt verbunden.

Tief im Herzen eines jeden Juden, in dessen reinsten und heiligsten Winkeln, leuchtet das Feuer Israels.
Die Wahrheit und die Treue, sie sprießen auf aus unserer heiligen Erde!
Gottes Ruhm erfüllt das Universum:
Begrabe Dein Sehnen in den Schutzmauern Deines Herzens!
Aber lasse Deinen Nächsten auch nicht in der Öffentlichkeit erröten! Ehre jeden, der Dir eine Tür öffnet, damit Du das Lebensnotwendige habest!
Wenn ein Mensch im Graben liegt, muß derjenige, der ihn herausziehen will, dicht an ihn herantreten. Er darf sich auch nicht davor scheuen, daß er sich seine Hände beschmutzt.
Die Antwort des Glaubens auf alle menschlichen Leiden ist die, daß kein Unglück sinnlos ist, wenn Du die rechte Lehre daraus zu ziehen weißt.“
Beinahe visionär schreibt Hermann Cohen:
„Haß ist nur die Negation der Liebe. Auch in der dunkelsten Stunde, nachdem Kain an seinem Bruder schuldig geworden war, verwarf Gott ihn nicht und lieferte ihn auch nicht den Mächten des Chaos aus. (Cohen, a.a.O., S 151)
Gott sucht Kain auf: Auch, wenn er Rechenschaft zu fordern kommt, ist sein Kommen Erlösung!
Wieviel der Menschen ich auch zu sehen glaube:
Ich bin immer ich selbst!
Darum, wen ich auch hasse, ich hasse mich selbst.
Jeder Mitmensch schreit mich an nach Versöhnung!
Der ‚Schuldige Andere‘ ist immer: Ich — Selbst.“ (Cohen, a.a.O. S 163)
Nach Hermann Cohen ist und bleibt die Schuld ein Attribut des (schuldig gewordenen) Individuums, kann die Mehrheit als solche keine Schuld haben. (a.a.O., S 160).
„Wenn die Zeit gekommen ist, wird sich das Gute im Überfluß anbieten und ausbreiten.
Alle Erkenntnis, der ein Mensch nur fähig ist, wird die Menschheit erlangen!“
Der Messianismus des Judentums geht davon aus, daß das Gute das Böse einmal völlig überwinden wird.

Der Unterschied zwischen Ideal und Wirklichkeit dürfe nicht hingenommen werden: Die Tugend des Menschen werde steilere Bahnen zu beschreiten haben.
Der Heilige lechzt nach den Gebeten des Rechtschaffenen und der Rechtschaffene verharrt im Gebet.
Das Gebet aber ist ein Akt der Kühnheit:
Jedes Gebet umschließt ein Geheimnis, das darauf abzielt, die Welt zu verändern.
Jedes Gebet hat seine eigene Bedeutung.
Jeder Stern und jede Sphäre sind in ihrer gesetzlichen Ordnung bestimmt, und doch möchte der Mensch selbst die Ordnung der Natur verändern.
„Gib unsern Herzen die Gabe, bei unsern Mitmenschen die Tugend und nicht nur die Fehler zu sehen!" (Cohen, a.a.O.)
Wie allein der einzelne schuldig ist, so überwindet auch der einzelne allein das Böse.
Der Fromme bewirkt die Anhebung zum Guten und damit die Erlösung der Welt.
Der Monotheismus des Judentums gipfelt im Messianismus:
Der einzelne, der diese hohe Leistung bewirken wird, ist der erwartete Messias.
(Nach dem Marxismus ist es umgekehrt: Das Humanum führt die Anhebung der Leistungskraft des Menschen durch und der Einzelne beugt sich dem Zwang des Humanum.)
Es bedeutet einen Triumph Gottes, wenn sich das jüdische und das deutsche Volk, die viel Gleichartiges in ihrer leidvollen Geschichte erlebt haben, zu einem gemeinsamen Fest der Versöhnung vereinigen würden.
Im Gebet findet der Fromme seinen Frieden. Durch die Gnade Gottes wird der isolierte Einzelne zum Erlöser seines Volkes und der Menschheit.

6) Der Islam.

Die jüngste der Weltreligionen — zwischen 610 und 632 unserer Zeitrechnung von Mohammed gestiftet — zerfällt in zwei Konfessionen, die Sunniten und die Schiiten.

Mohammed betrachtet sich als Vollender der jüdischen und der christlichen Religion. Theoretisch erkennt er die Thora, die Psalter und die Evangelien an. Praktisch spielen sie aber keine Rolle. Sie gelten als mehr oder weniger überholte Offenbarungen.

Mohammed will die ‚reine Religion Abrahams' wiederherstellen. Dem Islam entgegenstehende Auffassungen des Judaismus und des Christentums führt er auf Fälschungen zurück.

Allah hat keinen Sohn. Die Christen sind für ihn Polytheisten. Der Islam hat keine Sakramente und keine hierarchisch aufgebaute Priesterschaft.

Der Koran ist ihm das ewige Wort Gottes. Fast gleichberechtigt daneben stehen die Überlieferungen (Leben und Reden des Propheten, der Hadith). Verbindlich ist weiter die Übereinstimmung der islamischen Gesamtgemeinde.

Eine Rolle spielen auch die Mystik, der Sufismus, und die Auslegungen und Auffassungen der Muftis.

Der Islam ist überwiegend eine Religionspraktik, eine strenge Gesetzesreligion: Es bestehen 5 Grundpflichten: 1) das Bekenntnis zur Einheit Gottes und der Prophetenschaft Mohammeds, 2) das fünfmalige tägliche Gebet, 3) die Almosenpflicht, 4) das Fasten, 5) die wenigstens einmalige Wallfahrt nach Mekka zur Kaaba.

Von dem Grundsatz der Brüderlichkeit ohne Rücksicht auf Herkommen und Hautfarbe ausgehend, hat der Islam beachtliche gemeinschaftsbildende Kraft.

Die Schiiten lehnen Andersgläubige strenger ab als die Sunniten. Etwa 92 % der Muslime sind Sunniten, etwa 8 % Schiiten. Die Sprache des Koran ist klang- und kraftvoll. Für die Araber ist sie die ‚erhabene Sprache', ein eindrucksvoller Ausdruck des Ewigen, in lyrischer Schönheit dargebracht.

Die ersten Worte der Sure ‚vom geronnenen Blut':

Lies! Im Namen deines Herrn, der alles erschaffen hat,
Den Menschen aus einem Blutstropfen.
Lies! Denn dein Herr ist der Großmütigste,
Der dich, den Menschen belehrte,
Der deine Unwissenheit dir nahm.
Aber der Mensch, der sich unabhängig wähnt,
Er lehnt sich auf! — — — u.s.w.

Es folgt die Sure ‚die Kuh':

Diese Schrift,
Sie ist eine Richtschnur für die Gottesfürchtigen,
Die an das Unsichtbare glauben
Und das Gebet verrichten,
Die glauben,
Was offenbart ist,
Die auf das Jenseits vertrauen!
Sie folgen der Führung ihres Herrn,
Und es wird ihnen wohlergehen!
. . . . .
Wenn man den Menschen sagt:
‚Glaubet, wie das Volk!'
Dann antworten sie:
Sollen wir glauben wie die Toren;
Aber sie eben sind die Toren,
Allein, sie werden es nicht gewahr!
Sie möchten Gott betrügen,
Doch sie täuschen sich selber nur.
Aber sie wissen es nicht!
Ihre Herzen sind krank! — — — u.s.w.

Und die Sure ‚das Reich':

Du gewahrst in der Schöpfung
Nichts Unvollkommenes!
Laß deinen Blick umherschweifen,
Siehst du irgendeinen Fehler?
— — — u.s.w.

Die Schilderung des Gartens Eden ähnelt der Genesis. Doch der Islam hat die Lehre von der Erbsünde nicht übernommen. Adam war nur einem Irrtum verfallen!
Der Ahnherr der Semiten, Abraham, wird im Koran ein Muslim: Er hat weder dem Judaismus angehört, noch war er ein Christ (was ja schon zeitlich unmöglich ist). Er war nur ein Mann, der sich Gott unterwarf, von dessen Gottesfurcht die Geschichte meldet.
Er war ein Prophet.
Moses ist der am häufigsten genannte Prophet. Er war ausgesandt, die Kinder von Ismaels Neffen Israel aus Ägypten zu retten.
Die Kinder Israels verweigerten Gott den Gehorsam, weil sie sich selber für ein auserwähltes Volk hielten. „Sie gehören zu den Leuten, denen Gott die Heilige Schrift gegeben hat. Aber: sie haben sie verfälscht.“
Der Koran sieht Johannes und Jesus (Isa) als Angehörige rechtschaffener Familien, der Imran. Er weist Jesus einen besonderen Platz unter den Propheten zu. Jesus ist der versprochene Messias, ‚das Wort Gottes, auch Geist von ihm‘ aber er war ein Mensch. Der Gedanke der Gottsohnschaft wird abgelehnt. Da die Muslime keine Erbsünde kennen, bedürfen sie keiner Erlösung und keiner Auferstehung.
Jesus ist nicht am Kreuze gestorben. Die ersten Christen haben die Botschaft vom Tod des Messias verfälscht. So wurden die Menschen irregeleitet. Gott hat Jesus zu sich genommen, nachdem die Juden ihn verstoßen hatten. Noch vor dem Weltende wird ihm Gerechtigkeit widerfahren.

> Angesehen in dieser Welt,
> Wie im Jenseits,
> Wird er einer der Gottnahen sein!

Ein Trugbild haben die Juden an seiner statt erschlagen und gekreuzigt. Obwohl Gott menschlich — personifizierende Eigenschaften zugeschrieben werden, faßt ihn doch kein Muslim als Person auf:

> Gottes Sein
> Ist alles, was da ist,
> Im Himmel und auf Erden!

Wem Gott nicht leuchtet,
Für den gibt es kein Licht!

So ist Gott euer Herr!
Es gibt keinen Gott außer ihm!
Er ist der Schöpfer
Aller Dinge und ihr Hüter!
Verehret ihn!

Frömmigkeit zeigen diejenigen,
Die ihre Verpflichtungen erfüllen,
Die in Unglück, Not und Drangsal
Geduldig und standhaft bleiben!

Bekämpfet die Ungläubigen!
Doch, sobald sie sich ergeben,
Ist Gott auch ihnen barmherzig!
Bekämpfet sie, bis es kein Ärgernis mehr gibt!
Haben sie sich bekehrt,
Soll keine Feindschaft mehr sein!

Bedrängnis ist schlimmer denn Totschlag!
Gott liebt alle jene,
Welche bereuen,
Und er liebt,
Die sich reinhalten.

Die muslimische Philosophie bezieht sich auf Mohammed als den Gesetzgeber. Das Gesetz ist göttlichen Ursprungs, vermittelt durch den Propheten.
Historisch gesehen war Mohammed der Vertreter einer aufgeklärten Lebensform im Lande der Beduinen.
Es war keine leichte Aufgabe, die er sich gestellt hatte.
Er dachte zunächst daran, die Christenheit zu reformieren. Erst als er erkannte, daß dies Ziel nicht erreichbar ist, wurde er zum Religionsstifter.
Vom Islam beeinflußt war offenbar auch der Stauffer Friedrich II,

als er sein Buch de tribus impostoribus (von den drei Betrügern) schrieb.
Die Muslime verstehen sich und Gott in einer Gemeinsamkeit des Geistes. Ihre Aufgabe besteht in der freudigen Erfüllung des Gesetzes. Sie bejahen Leben und Welt.
Sie interessieren sich mehr dafür, wie sich die Menschen verhalten als was sie glauben.
Ihre Schule der Hanbaliten lehnt grundsätzlich alle theoretisierenden Lehrmeinungen ab, bewahrt sich ein erhebliches Mißtrauen gegen den Gebrauch der Vernunft in allen Fragen der Religion und verlangt strenge Gesetzeserfüllung.
Der Koran ist ewig. Jedes vermischte Wasser ist unrein.
Im islamischen Kult spielen Waschungen eine große Rolle.
Versäumt ein Muslim seine Gebete, so soll man ihn dreimal dazu auffordern. Weigert er sich beharrlich, wird er nach dem Gesetz mit dem Tode bestraft.
Diese straffe Kultgestaltung sichert die Gemeinschaft der Gläubigen vor Abfall.
Gebete begleiten alle wichtigen Lebensstationen.
Die Eheschließung ist Sache der väterlichen Verwandtschaft.
Der Mann, der von mehreren Frauen eine bevorzugt, soll am Tage des letzten Gerichts einseitig gelähmt werden.
Eine Scheidung steht nur dem Manne zu. Er verstößt die Frau mit den Worten: ‚Du bist geschieden!'
Unzulässig ist die Verstoßung während der monatlichen Periode und während eines darauf folgenden Zeitraumes, in dem man sich vergewissert, daß die Frau kein Kind erwartet.
Gehorchet Gott, seinem Gesandten und denen, welchen Autorität gegeben ist. Handelt der Regierende recht, so wird es einst euch zugerechnet werden, handelt er böse, wird es zu euren Gunsten und zu seinem Nachteil gereichen. Kein Oberhaupt gibt es, wo die Unwissenden die Meister sind.
Für das Amt eines Imams würdig ist, wer
1) gerecht ist,
2) das für ein unabhängiges Urteil notwendige Wissen hat,
3) gesund ist, sodaß er seine Amtspflichten erfüllen kann,
4) durch körperliche Gebrechen nicht behindert,

5) einsichtig ist,
6) wer die zur Landesverteidigung und für den Heiligen Krieg erforderliche Unerschrockenheit und Tapferkeit besitzt.
7) Wer seiner Abstammung nach aus dem Stamme der Koraisch (Stamm des Mohammed) kommt.

Später kam statt Imam (und Kalif) auch die Bezeichnung Sultan und Ayatolla auf.

Nach der islamischen Ethik ist jeder der Hüter seines Bruders.

Es gibt unreines Fleisch, das man nicht essen und berauschende Getränke, die man nicht zu sich nehmen darf.

Der Muslim soll sich vom Langhaar der Heiden trennen, und er soll sich beschneiden lassen.

Seinen Lebensunterhalt durch Geldgeschäfte zu verdienen, ist unehrenhaft. Verboten ist jede Grausamkeit gegenüber Tieren.

Läßt sich ein Rechtsfall nach den Rechtsbüchern nicht entscheiden, so ist das Gutachten des Mufti ausschlaggebend:

Kein Richter darf sich auf Entscheidungen stützen, die widersprüchlich sind.

Ungeachtet der strengen Forderungen des eindeutigen Gesetzes hat sich eine Bewegung durchgesetzt, die sich eines persönlichen Erlebnisses des Göttlichen berühmt und der Mystik zuneigt, die Sufis.

Ihrer Mystik verdankt der Islam, daß er eine internationale und universale Religion geworden ist.

Wer sich der gemeinen Welt hingibt, den macht sie elend.

Dem Gläubigen genügt, was für ein leidgeprüftes Weib ausreicht: eine Handvoll Datteln und ein Schluck Wasser.

Diese Welt hat vor Gott weder Wert noch Gewicht. Siehst du Armut auf dich zukommen, so begrüße sie: ‚Willkommen, du Begleiterin der Rechschaffenen!'

Einem Manne, der ständig über seine Armut klagt, erwidert Ibrahim ibn Adham: ‚Du hast die Armut zu billig gekauft!' Der sagt: ‚Was, soll man die Armut auch noch kaufen?' Ibrahim: ‚Ich habe sie um den Preis einer Weltherrschaft käuflich erworben und finde den Preis noch billig. Darum weiß ich, ihren Wert zu schätzen. Ich fühle mich zu Dank verpflichtet. Du nicht!'

Ibrahim betet: ‚Gott, du weißt, daß dein Paradies für mich soviel wiegt, wie der Flügel einer Mücke! Unterstützt du mich durch deine Liebe und machst es mir möglich, dir zu gehorchen, so schenke dein Paradies, wem du willst!‘

Hatim al Assam wurde befragt, worauf er sein Gottvertrauen stütze. Er erwiderte: 1) Niemand kann mein Brot essen, außer ich selber, 2) Niemand erfüllt meine Pflichten, außer ich selber, 3) Wird der Tod auf mich zukommen, vielleicht plötzlich, so eile ich, ihm zu begegnen, denn 4) Vor Gottes Auge kann sich niemand verbergen.

Eine heilige Frau fragte den Asketen Basras:

1) Wie wird der Weltenrichter urteilen, wenn ich einstmals sterben werde?

Antwort: Das gehört zu den verborgenen Dingen, die allein Gott weiß.

2) Wenn mich die Todesengel Munkar und Nakir zur Rechenschaft ziehen werden, wird sie meine Antwort befriedigen?

Antwort: Das weiß Gott allein und gehört ebenfalls zu den verborgenen Dingen.

3) Wenn sich die Menschen dereinst zur Auferstehung versammeln und jeder sein Buch bekommt, wird man es mir in die rechte oder in die linke Hand geben?

Antwort: Auch das gehört zu den verborgenen Dingen!

4) Werde ich ins Paradies oder in die Hölle kommen?

Antwort: Auch dies ist verborgen und Gott weiß es allein!

Die Frau: Wozu brauche ich dann noch einen Gatten, der mich doch nur ablenkt?‘

‚Die Menschen wissen nichts vom Seelenflug der Gottsucher. Du siehst sie von der Welt nur wenig nehmend, zurückgezogen, sich fernhaltend von allen Kindern der Welt. Vergewaltigt, ohne Vergeltung zu suchen und beraubt, ohne Entschädigung zu verlangen, verlassen, einsam, fremd allen, ziehen sie still ihre Straße! Ihre Einsamkeit ist ihre Tröstung!‘

Alle Sufis sind Asketen. Sie setzen ihr Vertrauen in die reinigende Klärung der Seele durch Askese.

Sie besitzen ein hochentwickeltes Feingefühl und befinden sich oft in verzückten Trancezuständen. Der Zustand des Einsseins mit dem Bereich, in dem das hinduistische Atman zum Brahman wird, ist das Ziel ihrer Sehnsucht.

In der Ausübung musischer Künste, der Musik und dem Vortrag von Dichtungen, erblicken sie Steigerungsmöglichkeiten ihres Erlebens:

In der Verzückung wunderbarer Gnade
Hab innerst dein Berühren ich gefühlt!

Aufrichtig und scharfsinnig sind die Sufis, ein konservativer Typ:

Der Weg, die Wanderschaft, zu Gott
Beschwerlich ist er;
In Gott zu verharren,
Am schwersten!

Sich den ungestümen Forderungen der Sinne zu versagen und die schwächlichen Eigenschaften des menschlichen Wesens zu bekämpfen, ist die Lebensaufgabe der Sufis. Auf diese Weise suchen sie, sich in das Gottesbewußtsein emporzuheben, übermenschliche Dimensionsbereiche zu erleben.

Lieben heißt, daß die Eigenschaften des Geliebten an die Stelle des Liebenden treten!

Wen ich liebe,
Dem will ich Auge sein!
Das Ohr will ich ihm leihen,
Mein Ohr,
Daß er hört,
Meine Hand will ich
Ihm reichen,
Daß er sie fühlt!
Über alles,
Über das er redet,
Werde ich
Noch besser reden!

Der Sufi Abu al-Husayn al -Nuri hatte unter den Propheten Jesus zu seinem Vorbild erklärt. Er behauptet von sich: ‚Ich bin die Wahrheit!‘ Er wurde beschuldigt, sich göttliches Wesen angemaßt zu haben.

Unterstützt wurde die gegen ihn erhobene Anklage durch seine Schrift vom ‚Leben des Einsseins‘, wonach sich Gott auf Erden in seinen Heiligen verkörpere und diese im tiefsten mystischen Erleben zur Einheit mit sich gelangen lasse.

Das bedeutete für die Muslime eine klare Herausforderung. Abu al-Huayn lehnte ab zu widerrufen und wurde gegeißelt und gekreuzigt.
Er wurde den Sufis später ein Heiliger. Sein einziger Fehler war es, daß er über das Geheimnis der Existenz nicht geschwiegen hatte. Halladsch dichtete über ihn:

Ach, zwischen dir und mir
Steht ein : ‚Ich bin‘
Das quält mich.
Heb auf zwischen uns

Das Deine und das Meine.
Ich bin, den ich liebe,
Und der mich liebt,
Ist mein Ich.

Zwei sind wir
In einem!
Siehst du mich,
Erblickst du ihn,
Gewahrst du uns.

O Gott,
Wenn du ihnen enthüllt hättest,
Was sie taten, was sie tun,
So, wie du es mir
Eröffnet hast,
Sie hätten
Es nicht getan!
Vergib ihnen!

Tötet mich,
Meine Freunde!
Denn im Tod
Ist mein Leben
Und im Leben
Überwinde ich
Den Tod!

Da trat vor ihn der Henker und gab ihm eine Ohrfeige, daß seine Nase blutete und das Blut in sein weißes Haar rann.
Die Gesetzeshüter, die ulama, beschuldigte er des Mordes an den Lieblingen Gottes!
Der Sofismus hat eine Tendenz zur Antinomie, zum Widerspruch.
Abu Said, ein Sufi, bezeichnete das islamische Gesetz als Knechtschaft: Wenn man Gott näher kommen will, muß man ihn im Herzen der Menschen suchen!
Freude zu bringen wiegt mehr, als Heiligtümer zu bauen!
Ein einziges Wesen durch Güte zu überwinden, ist wertvoller als tausend Sklaven freizukaufen!
Der rechte Heilige sitzt mitten unter den Menschen. Er verhält sich ganz wie die andern Leute; er heiratet und hat einen geselligen Verkehr. Trotzdem vergißt er Gott nicht einen Augenblick!

Der Pfad
Auf dem wir zu dir wandern,
Ist schön auf Schritt und Tritt!
Daß wir dir stets begegnen,
Ist unser höchstes Glück!

Wenn alles auf irgendeine Weise Gott ist, ist dann dem Gesetz nicht der Boden entzogen? Das ist der Protest der ulama gegen den Sufi. Die Kritik des Herzens, ist die Antwort des Sufi! Richtet sich das Gesetz doch nur gegen das Unmaß! Selbstüberschreitung aber ist lebensnotwendig! Sie entspringt der Sehnsucht des Herzens! Vor dem Unmaß schützt uns die Warnung des Gewissens!

So ist der Mensch:
Zugleich
Das Uranfängliche,
Das Werdende,
Erschaffene,
Und dennoch
Unsterblich!
Im steten Wandel
Verwandlung
Erfahrend!
O ihr Tauben,
Locket

Durch lautes Klagen
Nicht die verborgenen
In der Tiefe des Gemüts
Wurzelnden
Sehnsüchte
Hervor!
Sie können nur
Im Tale der Edlen
Gedeihen und herrschen! —
Unvollkommen
Ist der
Gemeine Verstand!

Auch die Existenz des Bettlers und des Verworfenen ist Gottes.
Wenn du dich selbst kennst, verliert sich dein Ich-Sein.
Sind dann du und Gott dasselbe? Nein, nur angenähert, wie es des Menschen Los!
Ein Dichter wurde des Plagiats gegenüber einem andern beschuldigt. Der erwiderte:

Soghari behauptet, wir,
Wir hätten ihm
Seine Ideen gestohlen!
Er hat wohl recht!
Ich las sein Gedicht:
Ich fand
Nicht eine Idee mehr darin!

Und ein anderer dichtete:

Bist du schön,
Bist du auch liebenswert,
Du Spiegel,
Des Spiegels Zierde!
Dich preis ich:
Dich lieb ich:
Wer liebt,
Der hat
Das Edelste getan!

Denn ohne Liebe ist
Das Leben leerer Wahn!

Wenige Weltreligionen haben soviel Erfolg, wie der Islam damit gehabt, mystische Frömmigkeit in die Massen zu tragen, musische Begeisterung in ihnen auszulösen.
Jedes Dorf sorgte für ‚seinen heiligen Sufi‘.

Das Gebet eines Derwisch (Mönch der Sufis):

O Gott,
Ich habe nichts
Als mein Elend
Das vor dir sprechen kann!
Nur zaghaft kann ich klopfen
An deine Tür.
Wenn du mich abweisest,
An welche Tür
Soll ich mich wenden?

Nach den Darlegungen islamischer Theologen sind Meinungsverschiedenheiten in der Gemeinde ein Zeichen göttlicher Gnade. Bei einem Widerstreit zwischen Handeln und Glauben hat der Glaube Vorrang.
Gerechtigkeit im Glauben kann auch ohne gute Werke erlangt werden.[98)]
Gottes Gerechtigkeit verlangt den freien Willen und die moralische Entscheidung des Menschen.[99)]
Nach dem Glaubensbekenntnis des Maturidi (Glaubenslehrers, Theologen) gelangt der Mensch auf dreierlei Weise zu Erkenntnissen: durch den gesunden Menschenverstand (gesunde Wahrnehmungen), durch rechte Intelligenz und durch die Informationen seitens vertrauenswürdiger Diener Gottes.
Keine Substanz ist frei von Akzidenzien und keine Kausalfolge kann unendlich sein.
Frei wirkende Kräfte stimmen nur ‚unter Druck‘ — also künstlich herbeigeführt — überein.

98) so auch Martin Luther!
99) Tatsächlich ist nicht der Wille frei, sondern die Entschließung zum so oder anders Handeln. Der Wille will nur!

Im Universum herrscht das Prinzip der Individualität:
Gottes Geschöpfe — und die Natur — entfalten die Attribute Gottes immer auf verschiedene Weise. Die Welt ist vom Prinzip ewigen Wechsels erfüllt.
Wen Gott in die Irre gehen lassen will, dem macht er die Brust eng und bang: So hat er auch den Ungläubigen befohlen zu glauben. Er wollte aber garnicht, daß sie im Aberglauben verharren, sondern er wollte ihnen auf diese Weise ihren Irrtum vor Augen führen!
Bei jeder Wahrheit, die ihre innere Zustimmung gefunden hat, gibt es kein quantitatives Übertreffen im Beweisgang mehr.
Der Gläubige besteigt stets die emporführende Treppe.
Der kalam, die dialektische Theologie, ist allmählich, mit offizieller Unterstützung, die anerkannte Formulierung des islamischen Glaubens geworden.[100)]
Es gibt zwei Mutaziliten:
Der göttliche Wille befiehlt oder er befiehlt nicht.
Wenn einige sagen: Wenn Allah sie zum Glauben zwänge, dann wären sie Gläubige, so ist das falsch gefolgert:
Gott hat dem Menschen die Freiheit des Entschlusses eingeräumt. Der Mensch kann jederzeit frei wählen, den Glauben oder den Unglauben. Aus dem Glauben gewonnene Überzeugung ist etwas, was der Verstand durch reine Überlegung nicht begreifen kann.
Auf dem Wege des Unglaubens dreht sich der Mensch im Kreise, und kann er eine Aufwärtsentwicklung nicht erreichen.
Kommt er zur Einsicht dessen, wird er auch den rechten Weg zum Glauben finden. Nur im Glauben kann der Mensch neue Ziele erschließen.
Gott hat dem, der ihn sucht, auferlegt, sich selbst zu erniedrigen, daß der Mensch sich erziehe! Trotz seiner Selbsterniedrigung ist der Gottsuchende der wahrhaft Schöne. Er, der Gott nahe zu sein wünscht, er werfe alles ab, was ihn Gott entfremden könnte.

100) Das ist ein beklagenswerter Rückschritt: Der Dialektik mangelt die bewegende Kraft. Sie ist eine Leerformel. s. im Einzelnen, der Verfasser, Lichtinseln im Weltengrund, Bläschke Verlag, 1979, S 57 ff. Die Kraft der Negativitäten führt nur zu Auflösungen, die Treppe abwärts, niemals jedoch zum Schöpferisch-Aufbauenden!

Die Wanderschaft der Kreatur zu Gott ist schwierig, allen natürlichen Neigungen abgewandt: gläubig, nur auf Wahrheit bedacht und nur ausgefüllt von Gedanken, die in die Ewigkeit streben!
Die Liebe zu Gott ist die höchste Station des menschlichen Empfindungslebens. Sehnsucht danach, nach der Liebe Gottes und der Liebe zu Gott, sind Glaubensfrucht und Glaubensfolge.
Für Menschen klarer Einsicht gibt es nach dem Islam keinen Gott außer Allah.
Die Liebe zu Gott hat ihre natürlichen Ursachen:
1) Die Liebe des Menschen zu sich selbst, zur Vervollkommnung seines Daseins, Verhinderung seiner Selbstvernichtung.
2) Der Widerwille gegen alles, was seiner Vervollkommnung entgegensteht.
Diese Triebe sind jedem Menschen eingeboren.
Nichts besteht in der Welt aus sich selbst, außer dem, durch den alles entstanden ist. Also sollen wir ihn lieben. Denn er ist unser Wohltäter.
Diesen Antrieb zu ihm läßt Gott in unserer Seele Herr werden und damit auch die Überzeugung, daß unser Heil nur von ihm abhängt.
So wird der Mensch zum Mittel Gottes, die Vervollkommnung seiner — des Menschen — und der Welt beständig zu erstreben.
Der Philosoph kennt nur die Begriffe der Dinge, das Allgemeine, nicht das Konkrete, das zur Ereignishaftigkeit drängt. Das aber ist der Weg des Gläubigen.
Der Fuß des Gläubigen schreitet durch Gottes Gnade sicher!
Gott schläft in jedem Stein. Wecke ihn, und du wirst sprühendes Leben haben!
Der Hanbalite Ibn Taimiya verabscheute die Heiligenverehrung. Der Besuch am Grabe des Propheten war ihm gleichbedeutend einem Heidenkult. Ein solcher Mann war für seine Zeit für das Gefängnis geradezu prädestiniert; und er gelangte denn auch dahin. Im Gefängnis verfaßte er Streitschriften gegen seine Gegner, sodaß man ihm Tinte und Papier entzog. Von diesem Schlag hat er sich nicht erholt. Er starb alsbald.
In seiner Zeit als verschroben mißachtet, wurde er später zum Quell der Inspiration für alle Wahrheitsfindung.

Abu Hamid (al-Gazali) meint, die sogenannten Philosophen übertrieben die Absonderung der Seele vom materiellen Körper, was einen Verzicht auf die physischen Wünsche, ja auf die ganze Welt, bedeute.
Demgegenüber meint Hadrat Baba Sayyidna Hasan -i-Sabbah, daß die Welt mit allen Himmeln und Weltkörpern, also das Universum, ein einziger Körper sei und dieselbe Kraft, welche in Sonne, Mond und allen Sternen wirksam, auch den Stein beseele und sogar die schleichende Finsternis.
Die Kraft des göttlichen Lichtes sei der große Lebensspender. Gott habe die Menschen groß gemacht und sich selbst in ihrer Gestalt ‚mitgebracht'.
Unter dem Einfluß des Universums wechseln die Lebensbedingungen auf Erden ständig. Der Kosmos ist die Manifestation des Schöpfungsaktes.
‚Die Monde senden ihr bleiches Licht in diese vage Glaubensnacht des unendlichen Raumes.'
Sie, die Trabanten der Erden, leuchten, aber sie wärmen nicht!
Über die Weiten des Raumes wirkt das göttliche Wesen, wie in deiner Brust!
Begreife deine Berufung, Mensch!

7) Das Christentum:

a) Die Römisch-Katholische Kirche. (George Brantl, Genf 1973)

Im Jahre 1054 löste sie sich von der Ostkirche. Der tiefere Grund war ein Machtkampf: Rom nahm die Führungsrolle für sich in Anspruch. Nach katholischer Auffassung ist der Bischof von Rom der Nachfolger des Apostels Simon Bar-Jonas, der sich Kephas oder Petros, der Fels, nannte.
Der Patriarch von Konstantinopel wollte dem Papst nur den Ehrenvorrang einräumen, ihn nur als primus inter pares anerkennen. Der Anlaß der Entzweiung war unbedeutend: Die Westkirche hatte einen Beschluß der Gesamtkirche — über die Herkunft des Heiligen Geistes — eigenmächtig geändert: Man hatte sich darüber geeinigt, daß der Heilige Geist vom Vater ausgegangen sei. Die Westkirche änderte dies dahin, daß er vom Vater und vom Sohn existent geworden sei.[101)]
Die Ostkirche weigerte sich zunächst, hierauf einzugehen. Die Vertreter des Bischofs von Rom antworteten mit einer Exkommunizierung, die sie schriftlich vorbereitet schon mitgebracht hatten.
Der Anspruch des römischen Bischofs war aus der Zeit der Römischen-Staatsreligion, also aus der Kaiserzeit, begründet. Kaiser Aurelian hatte die Rangordnung der Götter neu geordnet. an deren Spitze stand er, der Monarch. Rom war also nicht nur das politische sondern auch das religiöse Zentrum der zivilisierten Welt, jedenfalls nach dem Römischen-Recht. Dem Papst erschien der historische Vorgang verpflichtend. —
Einen Verzicht auf Roms Vorrang hielt er für untragbar.
Das offenbarte Gotteswort, die Bibel, gab hierüber keine eindeutige Auskunft. Das brachte die Kirche in Bedrängnis: Quelle und

101) Als Michael Servet behauptete, Vater, Sohn und Heil. Geist seien nur Funktionen des einen Gottes, wurde er 1556 dafür auf Veranlassung von Calvin hingerichtet.

Richtschnur des Glaubens durfte nicht allein das überlieferte Wort Gottes bleiben. Das allgemeine Materialobjekt des Glaubens mußte erweitert werden, über den Klartext der Bibel hinaus und zwar auf das ,,was immer" Gott offenbart hat.
Die Kirche fand die Formel: Eine Wahrheit kann in der göttlichen Offenbarung ausdrücklich oder stillschweigend enthalten, also ,mit inbegriffen' sein und zwar derart, daß sie auch erst in einer späteren Periode der Geschichte allgemein bewußt wird.
Diese versteckte Wahrheit lasse sich aus der ,Schrift', (hier spricht die Kirche nicht nur von der Bibel und dem in ihr geoffenbarten Wort Gottes) und der Tradition, den Lehren der Väter oder aus den Glaubensformulierungen der Gesamtkirche ,finden'. Politik war wichtiger als Offenbarung. So begannen die ersten Fälschungen!
Das Wort Tradition verweist verdeckt auf den Kaiserkult.
Seneca konnte Lucilius noch fragen: ,Hat Jupiter sich etwa geärgert, als Gaius Caesar Caligula ihm drohte, er werde ihn aus dem Olymp vertreiben?' Seneca fährt fort: ,Jupiter, Optimus Maximus (also der beste der Götter), kennt die menschlichen Schwächen, und er weiß, daß diese sterblichen Geschöpfe sich gerne auf die Götter berufen, als Ausrede, wenn sie es nötig haben!'
Diesmal ging es also umgekehrt: Weil Gott, jedenfalls in der Bibel, geschwiegen hatte (wieso sollte Jesus von Nazareth auch an einen Bischof von Rom gedacht haben[102)]), mußte die ,Tradition' als Offenbarungsquelle des göttlichen Willens herangezogen werden. So isoliert durfte sie aber nicht stehen bleiben. ,Diese Quelle des göttlichen Willens' mußte ausgeputzt, gewissermaßen gut verpackt werden, die ,Schrift' (was ist das ?): die Lehren der Väter und die Glaubensformulierungen der Gesamtkirche! Das war das Packpapier als geheimnisvolles Rezept, ein richtiger Wünschelrutengang nach den Quellen der göttlichen Wahrheit!
Mit der Untersuchung dieser Frage befinden wir uns im heißen Kern des Katholizismus, bei den Konstituenten seiner Lehre: Der Glaube muß dem Wesen nach den gesamten, stillschweigend mitinbegriffenen, Inhalt des Glaubensgutes (in dem Umfang, den die Kirche festlegt und selbstherrlich bestimmt) umfassen: Vorbehalte

102) Zumal ihn Roms Statthalter hinrichten ließ.

des Zweifelnden sind ‚Vorbehalte der absoluten Autorität Gottes gegenüber'. (Brantl, Der Katholizismus, 1973, Edito Service S.A. Genf, S. 260)
Wie steht es mit den andern Quellen des ‚göttlichen Willens': Die Lehren der Väter und die Glaubensformulierungen der Gesamtkirche, sie stellen eine petitio principii dar: Sie bedürfen für ihre Richtigkeit selbst erst eines Beweises; denn sie können sich ja nur auf göttliche Offenbarungen berufen. Hier also wird — um mit Fritz Reuter zu reden — die Armut mit der povertée begründet.
Es verbleibt als letzte Quelle die „Schrift". Bedeutungsvoll in diesem Zusammenhang wäre allein die Bibel. Nun sagt ja aber die Kirche ‚nicht allein die Schrift'! Wieweit ist ‚nicht allein' von ‚überhaupt nicht' entfernt? Wie würde der weise Konfuzius diese Frage wohl beantworten!
Auf den Vorwurf, die Kirche habe sich weit von deus et anima (von Gott und der Seele) entfernt, sie maße sich, als menschliche Einrichtung heilswirkende Kräfte an, ‚die Gott allein besitze', erwidert die Kirche: Sie sei der gegenwärtige Leib Christi. Wenn Christus im Geist des Menschen wirke, dann geschehe dies durch seine Kirche, durch diesen seinen Leib.
Für den katholischen Menschen ist die Kirche ‚nicht von der Wirklichkeit Christi' geschieden.
Ist das noch eine Kirche, die in der Wahrhaftigkeit gründet?
Christus hat bekanntlich gesagt: ‚Wo zwei oder drei in meinem Namen versammelt sind, da bin ich mitten unter ihnen!' Und weiter: ‚Warum kennt ihr denn meine Sprache nicht? Ihr könnt ja mein Wort nicht hören! (Joh. 8, 43)
Trotzdem: Der katholische Mensch geht zu Gott auf dem Weg über die Kirche! Die Kirche sagt: Weil ‚sie' der Leib Christi sei, in dem allein Wahrheit und Heiligkeit gefunden werde.
In ähnlicher Weise entfaltet die Kirche auch ihre ‚weiteren' Glaubensregeln! Z.B. das Dogma, daß der Papst nicht irren könne!
Gerechtfertigt wird dieses Vorgehen mit dem Schlagwort von der ‚Institutionsmoral'! Die Kirche bestimmt, was im Glaubensgut und in der Tradition enthalten ist. Vorgeblich will sie weder Glaubenswahrheiten erneuern noch neuen Offenbarungen zustimmen, sondern nur entfalten, was alles schon da ist! Woher ist es?

Die Kirche antwortet:
Ist eine Wahrheit einmal aus dem Glaubensgut entwickelt, so ist sie, mag sie noch so neu erscheinen, als geoffenbarte Wahrheit festgestellt. Sie ist in dem Glaubensakt beschlossen, durch den der katholische Christ seiner Kirche anhängt.
Der katholische Christ (und die Kirche) anerkennt danach also keine neue Offenbarung nachapostolischer Zeit: Abgesehen von der Berufung des Bischofs von Rom zum Führer der Christenheit und abgesehen weiter vom Unfehlbarkeitsdogma des Papstes, müßte man hinzufügen. Abgesehen allerdings auch von manch anderer Meinung der Kirche — in historischer Zeit — und noch heute!
Die Inspiration durch die Schrift besteht angeblich in der unfehlbaren Leitung des göttlichen Geistes ‚der Kirche'! Warum nicht einfach Wahrhaftigkeit einführen und verbessern, was sich als unrichtig erweist? Deswegen würde der Petersdom nicht einstürzen!
Die Weiterreichung des Glaubensgutes durcch die allein autorisierte Lehre der Kirche bildet ‚ihre Tradition'.
Der Judaismus begründet seine Tradition auf Wahrhaftigkeit, und er fährt besser dabei! Der Islam kennt die Berufung an die islamische Gesamtgemeinde. Bei Konfuzius, im Hinduismus und im Schinto gibt es diese Probleme garnicht. Denn diese Lehren sind nicht ‚Religion' im engeren Sinne: sie sind undogmatisch! Also ehrlicher!
Es mutet seltsam an, wenn die Kirche demgegenüber behauptet, der Glaubensakt sei ‚also' eine freie ‚Verstandeszustimmung' zu allem, was Gott ‚offenbart' (nicht nur offenbart ‚hat'). s. Brantl, a.a.O. S 263.
Widersprüchlich hierzu meint die Kirche schließlich, der Glaubensakt sei kein rein logischer, rationaler, sondern ein existentieller Akt.
Erläuternd heißt es: Er erwachse aus dem ‚konkreten Gesamt' eines menschlichen Lebens und werde ‚zutiefst' durch dessen Umstände und persönlichen Eigenarten ‚mitbestimmt'.
In der Psychologie versteht man die existentielle Orientierung als Introspektion, also als eine Aussage, die auf Eigenerlebnissen gründet: als Bezug des Individuums zu sich und zu ‚seiner Welt',

wobei ‚die Welt der Innenschau' gemeint ist. (Drever, Wörterbuch der Psychologie, S 76). Die Kirche versteht darunter einen ‚frei bestimmten Akt, der seine übernatürliche Struktur, soweit er unter dem Einfluß der göttlichen Gnade zustandekommt, ‚aus sich' herauskristallisiert.'

Einmal ist es also ein natürlicher und einmal ein übernatürlicher Akt, einmal ist es innere Schau, ein andermal ist es Weltbezogenheit, Weltoffenheit.

Taktik und Wahrhaftigkeit vertragen sich nicht miteinander. Daß die Glaubenseinlassung Dynamik auslöst, einen Durst nach tieferem Verständnis der Wirklichkeit (wie sie der Glaube offenbart), ist allerdings zutreffend:

Brantl meint, Glaubenswahrheiten lägen jenseits menschlichen Verständnisses. Dem kann nicht ohne Einschränkung zugestimmt werden: Nach Auffassung des Verfassers ist die Glaubenskraft eine Naturkraft, die durchaus verstandesmäßig feststellbaren Erfolg zeitigen kann. Denn natürlicher Glaube heißt, ein gesetztes Programm verwirklichen, indem man überzeugt ist, daß man es durchsetzen kann oder daß es sich aus der Naturvernunft von sich aus verwirklichen wird. Aus der Glaubenskraft gelingt es dem Menschen, seine Leistungsgrenzen zu überschreiten. (Kant, KV, Kanon Meinen, Glauben, Wissen: Befestigen und vergrößern solle der Mensch sie — die moralische Glaubenskraft — ‚und ihr werdet die Vernunft sehr gelehrig und aufgeklärter finden'). Nach Brantl (S 264) erneuert und ‚verstärkt die Vernunft den Glauben'. Nach Kant ist es umgekehrt: Der Glaube erweitert die Vernunft.

Nach katholischer Auffassung wird der Gläubige mit der Taufe ‚übernatürlich' wiedergeboren, vollzieht sich eine Umwandlung seiner ganzen menschlichen Person.

‚Dabei ist die Liebe Gottes und die des Nächsten in Gott (der Paten?) die Berufung, deren Erfüllung das natürliche und das übernatürliche Leben im Menschen zur Entfaltung bringen.'

Eine hochspirituelle, komplizierte Begründung!

Tatsächlich symbolisiert die Taufe doch nur die Reinigung des in die Liebesgemeinschaft Aufzunehmenden.

‚Stückwerk ist unser Erkennen! Laß alles in der Liebe wurzeln. Daraus kann nur Gutes kommen!' sagt Augustinus dazu.

Und Franz von Sales siniert: ‚Warum lieben wir Gott? Der Grund ist Gott selbst!‘
Buddha führt über diese Welt hinaus: Erst im Nirwana ist Vollkommenheit!
Sagt Johannis in 16, 28; 16, 33; 17, 9; 17, 14; 17, 25) dasselbe, wenn er betont: ‚In Gott sein ist, nicht in der Welt sein!‘‘?
Ist der Geist der Liebe , anhebendes Bewußtsein ‘, das anhebende Prinzip des Lebens überhaupt?
Kann ich mich dem andern nur ‚in der Liebe und im Glauben‘ öffnen? Sind Glaube und Liebe universale, kosmische Geistenergiefunktionen?
Entschleiert die Kraft der Liebe den mystischen Gottgeist?
Nimmt der Mensch ‚in der Liebe‘ Führungsgrößenaufschaltung vor?
Im täglichen Leben sind Wert und Wollen stets aufeinander bezogen. Wo es keinen Wert gibt, der das Wollen anreizt, zur Entscheidung führt, den anhebenden Entschluß freistellt, da gibt es auch keine Freiheit!
Ist die Liebe eine auf Wechselwirkung beruhende telepathische Resonanz? Handelt es sich dabei um eine natürliche Kreativität?
(als Unterschied zur rationalen Verstandesbetätigung?)
Wenn ‚in Gott sein‘ heißt, nicht in dieser — also in einer andern Welt — sein, bedeutet das, daß die ‚andere Welt‘ nach anderer Gesetzlichkeit abläuft?
Befähigt die ‚Liebe‘ den Menschen ganz allgemein dazu, sich in dieser ‚ganz anderen Welt‘ praktisch zu bestätigen. Löst sie ‚übernatürliche‘ Kräfte in ihm aus?
Setzt der sich in der Liebe Betätigende Kausalität zum übersteigernden Akt? Zur Transitivität?
Das Denken begnügt sich — nach katholischer Auffassung — nicht damit, Menschen und Dinge aufeinander zu beziehen, sondern viel radikaler noch bezieht es sie auf ‚die Ganzheit (Gott)‘. (Joseph de Finance, Grundlegung der Ethik, Herder 1968, S 148.)
Der Mensch ist bestrebt, über die rationalen Kategorien, über die von ihm erschlossenen Denkstrukturen, hinauszugelangen, weil er ein Bedürfnis nach weiterer Sinnerschließung empfindet. Er kann

sich nicht mit dem Gedanken zufrieden geben, daß er seine Existenz einem Zufall verdankt.
Ist das Denken wirklich nur ein Funke beim Schlag unserer Herzen? Woraus ist es entstanden?
Aus den nächtlichen Gesichten und Träumen, die zu Gedächtnisspeicherungen geführt und vergleichende Betrachtung ausgelöst haben?
Aus dem Erlebnis des strahlenden Frühlingstages, dessen der Mensch sich wehmütig erinnerte, als eisiger Nordwind ihm entgegenblies?
Von der Erinnerung führt der Weg zum Erlebnis, vom Erlebnis zum Verlangen nach Entdeckung, von dieser zum weiteren Suchen und schließlich zum Glauben, zum Wachsen durch inneres Gewahrwerden.
Die Erkenntnis der Notwendigkeit, über sich selbst hinauszugelangen, stetig zu wachsen, treibt uns an.
Aus dem Urgrund der Offenbarung steigt Begreifen in uns auf.
Vernunft entpuppt sich als Fähigkeit des Seins, die jeweilige Gestalt und ihre Verhaltensweisen bestimmend.
Vernunft, im Glauben weit über sich hinausweisend, öffnet sich im Bewußtsein zu immer neuen Setzungen.
So offenbart sich Gott uns als das Prinzip des hinreichenden Grundes in sich selbst:
Frage die Schönheit des lichten Tages, der Sonne, des gestirnten Himmels: ihr Glanz ist ihr Selbstbekenntnis, ihre Selbstverständlichkeit.
Gott zeugt von Gott!
Unmöglich, vom Menschen zu sprechen, ohne gleichzeitig an Gott zu denken, sich im Denken mit ihm zu verbinden!
Kirche, ja: aber nur, soweit sie sich bedingungslos zur Wahrhaftigkeit bekennt!
Man kann Gott nur auf dem Wege der Wahrheit finden!
Freiheit ist Über-Sich-Hinaus-Gelangen, Über-Sich-Hinaus-Sein!
Die katholische Kirche hängt noch sehr im Netz eigener Dogmenverstrickung!

b) Die Orthodoxe Kirche. (Bernhard Sartorius, Genf 1973).

Sie hat das göttliche Prinzip universalistisch durchdacht. Geistige Durchdringung kosmischer Wirklichkeit tritt klarer hervor. Sie erlebt die Wirklichkeit Gott als Kommunikation mit dem Universum. Sie betont das Urerahnen universaler Zusammenhänge.
Der Gläubige erfährt, daß er am Fortschreiten des Kosmos, an der totalen Gegenwart Gottes teilhat. Er erkennt, daß er zu dem Punkt geschleudert wird, in dem sich die Zeit mit der Ewigkeit kreuzt.
Der Gläubige nimmt die kosmische Sphäre in sich auf und fühlt sich in einer Umwelt, die das planetarische Denken übersteigt. Sein erdgebundenes Denken erweitert sich. Es tun sich andere Denkdimensionen auf.
Die Begriffe von Idee, Substanz, Wesen, Energie und Zeit erfahren neue Beleuchtung.
Glauben wird zur Informationsquelle außerhalb des Bereichs der Logik des Verstandes.
Christus, ein Mensch, seit jeher Gott, Gott in Kommunikation mit sich selbst, in die Menschenwelt einbrechend.
Gott, eine Wirklichkeit, an der teilzuhaben wir Menschen erst lernen müssen!
Die orthodoxe Kirche betont den universellen Gottsohncharakter des Johannis Evangeliums (14, 11; 15, 4)
Sie hatte es leichter: Sie stieß auf das slawische Heidentum, das sich in der Naturanbetung heiligte.
Herdersches Denken steht ihm nahe.
Die geistige Lage der Kirche hängt sehr von lokalen Faktoren ab: von der Seele der Landschaft (Klages), von lokalen Elementarkräften (Charon).
Im Mythos vom Heiligen Rußland kamen sie zum Ausdruck.[103)]
In Rom war die katholische Kirche ein Pfropfreis auf einer kraftlos gewordenen intellektuellen Kultur.
In Rußland überwogen lebensvolle institutionelle Elemente gegenüber einer spirituellen Dimension der Evangelien.
Volksgeist und Religion ergänzten sich.

103) Für den Juden im heiligen Zion.

Für jede Geschichtsepoche bewirkt die Spannung zwischen dem neuen und dem verwurzelten Denken schöpferische Intuition.
Für das westische Christentum begann diese Phase erst mit der Reformation.
Erst Luther brachte Kritik aus verwurzelter Gewissensorientierung und damit Eigenbegründung im Denken.
Sie verlangte existenzielle Einordnung als neue Denkdimension.
Gegenüber dem christlichen Mythos setzte sich eigenwilliger gedanklicher Selbstvollzug durch.
Nur aus der Tiefe des persönlichen Erlebnisses ist die Wirklichkeit Gottes ausschöpfbar: Jede neue Begegnung mit Gott stellt den Erdmenschen radikal in Frage, rührt an sein innerstes Sein.
Was kommt danach noch alles auf uns zu?
Unerwartetes, Gewaltiges, ein völliger Umbruch im Gottdenken wird sich vollziehen!
Die Orthodoxe Kirche leistet ihren Beitrag dazu.
Nicht darum handelt es sich, über Gott etwas zu wissen. Allein darum geht es, ihn in sich selbst auszutragen.
Aus geschichtlicher Bedrängnis hat die Ostkirche dies früh erfahren.
Niemals hat ihre Tradition klar zwischen Mystik und Theorie entschieden: Gott ist keine theoretische Frage!
Im Durchbruch dichterischen, universalen, Denkens spürte die Ostkirche die Vieldimensionalität aller Lebensbereiche auf.
Der Mensch hungert nach Leben und das, was uns die Kirche als Gott darbietet, das ist das Leben!
Es ist das, was den irdischen Erkenntnisbereich übersteigt.
Es ist der Geist, von dem Johannes zeugt, das ihn die Welt nicht kann empfangen, ‚weil sie ihn nicht erkennt‘ (14, 17).
Für diese Welt bittet Johannes nicht, sondern für die andere, die Welt der steten Wandlung und Verwandlung.
Auf sie ist das unbeständige Jetzt bezogen. (17, 9)
Gewiß, es zählt nur der erlebte Augenblick, das Jetzt.
Die geschichtlichen Ereignisse haften im Gedächtnis Gottes, sie sind nicht verweht.
Diese gespeicherten Gedächtniswerte bilden den Erwartungsstand unserer Zeit; sie setzen Entwicklungstrends und sie schließen Ent-

wicklungsreihen auf. Sie sind die gegenwärtige Hanglage, das Noch-Nicht,[104)] der Übergang zum Kommenden, Ereignishaften. So gewährt jeder Augenblick Ausblick.

Nur in der Begegnung mit den Untiefen des eigenen Selbst, mit dem Nächsten und mit Gott ist das Heute voll erlebbar.

Für den, der diese Dimension in sich aufgenommen hat, schrumpft die Wichtigkeit des Tages merklich zusammen.

Wir entdecken uns als Wirkelemente in und jenseits ‚der Zeit'.

Das Jenseits des Glaubens wird Realität.

Für die Orthodoxe Kirche gibt es im Rahmen der ratio keine Entwicklung. Deshalb lehnt sie den Gedanken der Evolution ab. Gottes Einbruch in die Welt ist ihr das allein Bestimmende. Sie erlebt die Zeit nicht als geschichtliche, sondern als Kontinuum, als fließende. (Heraklit, Leibniz)

In der Erwartung der Ankunft Gottes liegt der Sinn der Zeit für sie.

Die Vision eines plötzlichen Endes verschärft und belastet die Lage des Erdmenschen:

Wenn die Zeit gekommen ist, erlebt die Erde ihre Agonie, nähert sie sich ihrem eigenen Untergang.

Die Gläubigen sind gerufen, sich darauf einzurichten.

(Soll das heißen, daß sich der Erdmensch rechtzeitig einen anderen Planeten erschließen soll?

Erweist sich die Raumforschung als dringend nötig?)

Nach orthodoxer Auffassung gibt es nur einen richtigen Glauben aber seine verschiedensten Ausdrucksformen.

Im Schoße der Orthodoxen Kirche finden sie alle ihre Identität.

Die Ostkirche ist für jeden sittlich ausgerichteten Glauben aufgeschlossen.

Lebenserfüllte Wirklichkeit, Wahrhaftigkeit, ist ihr unbeirrbar verfolgtes Ziel.

Neben der ganz anderen Zeitauffassung tut sich auch eine veränderte Raumvorstellung vor uns auf: Die Lehre vom Kontinuum (von Leibniz) wird glaubens- und damit wirklichkeitsbestimmend.

104) von Ernst Bloch.

Der Gläubige steht in enger Kommunikation mit allen kosmischen Realitäten.

Ihr verborgenes Fundament, die universale Gesetzlichkeit, wird Erlebnis.

Ist das die Welt des Johannes?

Der Glaube an die universale Gegenwart Gottes gewährleistet Homogenität und Einheit im intuitiven und im Wirklichkeitsbereich. Überall sieht und liest der Gläubige die Spuren Gottes. Die Macht seiner Allgegenwart ruft ihn stetig auf zu sittlicher Tat; sie flößt ihm Andacht und Gottesfurcht ein und läßt ihn die Gottnähe erkennen und empfinden.

Die Liebestat Gottes ist es, seine Selbstbestätigung, die das All bewegt und beseelt, die ihm seine jeweils räumliche und zeitliche Ausrichtung bestimmt. (Sartorius, a.a.O., S 81).

Vorangetrieben durch diese Liebe, gelangt die Schöpfung zur steten Selbstvollendung.

Eine neue Schöpfung ist immer im Werden. Auch in ihr wird Gott die jeweils letzte und äußerste Wirklichkeit sein.

Dieser, aus de Wahrheit geprägte Gedanke, entspricht der konkret gelebten Kommunikation mit der Ewigkeit Gottes.

Durch das Gebet verbindet sich der Gläubige mit ihr.

Gottesdienst ist Kommunion mit allen im All verstreuten Lebewesen.

Mit ihm löst sich der Einzelne heraus aus seiner Individualität und taucht in die Alleinheit ein.

Der Gläubige segnet die gesamte Schöpfung: er segnet die Erde, die Blumen, die Pflanzen, die Tiere, er segnet seinen Nächsten und die ganze Menschheit.

Gott läßt ihn eintreten in die Erlebensweise aller Dimensionsbereiche. Er läßt ihn die letzten Lebenswirklichkeiten erkennen und genießen.

Letztlich können nur Poesie und Musik das Mysterium Gottes widerspiegeln.

Wo das Wort seine Grenze erreicht, das Unaussprechliche beginnt, überschreiten Dichtung und Harmonienklang diese Sperre.

Dabei ist das Ziel aller Kunst das Emporheben des Empfundenen in die geheiligten Bezirke des Gotterlebens.

Die Arbeit an dieser Aufwärtsentwicklung ist unsere Teilnahme an der Gotteswelt, der gegenwärtigen und der zukünftigen.
Sie wird in steter Erweiterung des Bewußtseinshorizontes des Gläubigen, in immerwährender Öffnung auf die göttliche Dimension kybernetisch verwirklicht.
Jeder, der bereit ist, sich in diese Bewegung einzuordnen, nimmt an der Vervollkommnung der Welt teil.
All dies ist in ein übernatürlich erscheinendes Licht getaucht, ‚in dem es keinen Schatten gibt' (Sartorius, a.a.O., S 127)
Ohne Sprache gäbe es kein klares Denken. Gott spricht durch den Menschen hindurch. Er öffnet ihn für das Sein.
Der Mensch trägt das Leitbild seiner göttlichen Herkunft in sich und Gott ist dem Menschen vertrauter als der Mensch sich selbst. (Sartorius, a.a.O., S 137)
Das Ebenbild Gottes ist keine Abstraktion.
Es charakterisiert den Menschen und erschließt ihm immer wieder neue Möglichkeiten der Weltbeherrschung.
Der Mensch ist ein Ganzes, sein Gipfel ist die den Gläubigen beseelende Geistkraft.
In der Unerkennbarkeit des eigenen Ich trägt der Mensch den Stempel des Unaussprechlichen.
Nicht auf die Möglichkeiten seiner derzeitigen Natur ist der Mensch beschränkt.
Wer seine Natur überschreitet, ohne sie zu verleugnen, wer sich in sittlicher Selbstanhebung überwindet, der hat sich ein höheres Leben erschlossen.
Er lebt in Gott und Gott in ihm.
In sich selbst erkennt er eine Hierarchie der Lebenswerte.
Eine überlegene geistenergetische Dimension beherrscht seinen Körper und wird dem Gläubigen zu einer souveränen Macht.
Mit ihr erschließt er sich die Harmonie mit dem Nächsten und mit der ganzen Natur.
Unsere Freiheit hängt von unserer täglich und stündlichen Wahlentscheidung ab. Dabei ist der Freie mit Seinesgleichen verbunden.
Die Freiheit ist also ein Kommunikationserlebnis.
Der Schmerzensmann geht den Weg des Wagnisses Gott!

Durst nach Selbstvollendung, nach Gottdurchdringung, erschließt alle Freiheitsbereiche.

Die Kommunion mit dem Nächsten ist die integrierende Kraft im Menschen, auf daß die Menschheit ein einheitlicher Körper werde: Die Ehe, die Familie, die natürlichen Gemeinschaften in Staat und Volk, sie sind die ersten und wichtigen Stationen auf diesem Wege.

In seinem inneren Wissen besitzt der Mensch die Berufung zu kraftvollem Glauben und Handeln.

Über das Gewissen geht die menschliche Natur über sich selbst hinaus, gelangt sie in das Gebiet des absoluten Seins.

Es obliegt dem Menschen, alle Welten des Kosmos nicht nur zu besuchen, sondern auch zu bevölkern.

Hat er die kosmische Dimension erst in sich erschlossen, kann er seine Existenz auch nicht mehr von ihr trennen!

Der Mensch ist der Mittler zwischen Gott und dem Universum.

Nur in Bezug zu Gott ist er imstande, seine große kosmische Verantwortung zu tragen.

Die Gottberufung des Menschen ist eine universale.

Der Mensch ist ein Geschöpf, das den Befehl erhielt, Gott zu werden (Basil), wie ein Gott zu handeln.

Er kann sein Ziel nur erreichen, wenn er sich seiner Abhängigkeit vom Universum bewußt ist.

Nur der Mensch, der sich auf dem Tanzseil des Vertrauens zu Gott hält, ist davor geschützt, in den Abgrund zu stürzen. (Sartorius, a.a.O., S 157)

Das Gegeneinander in der menschlichen Seele, des Gläubigen stete Kampfversponnenheit, stärkt die Lebenskraft.

Die Väter der Ostkirche verneinen die Erbsünde: Sie stellen die Stabilität des Gläubigen nur auf sein Verhalten ab.

Die Moral der rechten Mitte, des Maßes (die Moral des Konfuzius) ist ihre Ethik.

Sünde ist die Weigerung zuzugeben, daß Mensch und Welt im Hinblick auf ein universales Ziel leben.

Der Sündenfall besteht also darin, daß der Gläubige weder erkennt noch beherzigt, daß Gott alles in allem ist.

Diesem Fehler erlag auch die christliche Kirche, indem sie sich dazu hergab, Gott als das Geistig-Übernatürliche als Gegensatz zum Natürlich-Weltlichen darzustellen.

Sünde heißt, auf die Liebe der Söhne Gottes, der Menschen zu verzichten! (Sartorius, a.a.O., S 164)

In reinem Zustand gibt es nach orthodoxer Auffassung das Böse — also den Teufel — im Gegensatz zur römisch-katholischen Auffassung nicht.

‚Halte dich auch in der Hölle mannhaft und verzweifle nicht! Auch sie muß überwunden werden!'
(Sartorius, a.a.O., S 164)

Der Haß ist allerdings nicht einfach das Nichtvorhandensein von Liebe. Er ist mehr, eine Eskalation der Verirrungen, eine weitestgehende Trennung des Menschen von Gott, ein Selbstgefangensein des Menschen in seinen eigenen Grenzen (der ratio). In solchen Zuständen wird das Absurde in der menschlichen Seele bestimmend, neigt er zur Untat. Zynismus und Wollust bemächtigen sich seiner. Er wird leidend, von allen Negativitäten besessen. Dabei verliert das Gewissen an Klarheit: Die Versuchung, in allerlei Extreme zu verfallen, ist dann groß. Aber in den Dingen selbst ist nichts Böses. Nur ihr schlechter Gebrauch führt dazu. Der aber ist eine Folge der Unordnung des Geistes. (Maximos der Bekenner).

Die Welt ist überwiegend dem Gewinnstreben und der Neugierde ausgeliefert.

Der Mensch ist sich selbst entfremdet.

Die erstaunliche Oberflächlichkeit seiner rationalen, pragmatischen Philosophie hat das offenkundig gemacht.

Das Gehirn des Menschen droht weniger leistungsfähig zu werden als das einer Elektronik.

Die Menschen haben sich zu Gefangenen ihrer Leidenschaften gemacht. Auch sind sie völlig humorlos geworden und leiden an einem auffälligen Mangel an Spontaneität.

Alle echte Kommunikation ist verhindert. Jeder ist bemüht, den andern zu übervorteilen. Die menschlichen Beziehungen beschränken sich auf Lüge und Haß, wobei sich jeder für selbstgerecht erklärt. Für diese Menschen verringert sich die Freiheit der Wahl beträchtlich. Sie werden zu Sklaven ihrer Verranntheit.

Weil sich das Böse — als Unmaß — von der Freiheit ableitet, kann Gott es nicht vernichten.

Zudem: Wo er in seinem sittlichen Bestreben versagt, zwingt das Böse den Menschen, aus seinen eigenen Fehlern zu lernen. Gott läßt das Unmaß zu, um eine Umkehr zum Guten zu erreichen.

Das Unmaß leitet die Wende zur sittlichen Selbstbesinnung ein.

In einer Welt der Fabriken und der Banken, der Beherrschungsmittel um jeden Preis, ist die Welt nicht mehr organisch geordnet, sondern nur noch organisiert.

Selbst die Sprache, die Worte, sind ihrer natürlichen Bedeutung beraubt. Als eine Reihung von Absurditäten verliert die Zeit ihren eigentlichen Dynamismus.

Gott ist immer gegenwärtig und konkret, keine unbestimmte Illusion. Nur der zündende Gottgedanke ist fähig, Hoffnung auch da zu begründen, wo alles Selbstvertrauen verloren gegangen ist.

In solcher Lage erlebt Gott im Menschen alles Leid, und nimmt es auf sich, um sich über einen Auserwählten zu erlösen, sich und die Welt.

In all jenen, die an ihn glauben und ein seinem Gesetz gemäßes Leben führen, ist die göttliche Natur lebendig. Sie vernehmen den Ruf Gottes als persönlichen Anruf.

Die Ostkirche erlebt den Einbruch Gottes als jeweiliges Karfreitagserlebnis, losgelöst von aller Historizität.

Auch Legenden haben reinigende Kraft.

Das Mysterium des Kreuzes tötet unsere Sterblichkeit!

Die orthodoxe Kirche erstrebt die Öffnung der Herzen zu Gott. Im Gebet erfleht sie, daß Gott die Seele des Menschen erleuchte.

Die eigene Wiedergeburt ist das Erlebnis jedes gotterfüllten Augenblicks.

Resignation ist die bewußte Abdankung des Menschen von der Wirklichkeitsbühne.

Der irrationale Charakter des Leidens und des Todes halten den Schwächling in Schach und führen ihn von Mißerfolg zu Mißerfolg:

Hier ist große Hellsichtigkeit gegenüber jeder Verabsolutierung rationaler Vorstellungen gegenüber den Informationsträgern und gegenüber der Wissenschaft am Platze.

Dem Wissenschaftler sind die Wahrheiten des Glaubens oft nicht zugängig. Alle Religionen und Philosophien sind aber auch der Weg, auf dem der Rechtschaffene Gott sucht und insoweit sind sie gültig.

Orthodoxe und Protestanten sind sich einig über die Notwendigkeit einer permanenten Reform alles Menschlichen, einschließlich der Glaubenslehren. In diesem Punkte unterscheiden sie sich wesentlich von dem römisch-katholischen Gottverständnis.

Die große Tragödie des Christentums besteht darin, daß es sich ganz spiritualisiert und in ein starres Religionssystem verwandelt, also verwissenschaftlicht hat und so die Domäne für Spezialisten geworden ist.

Damit ist denn auch eine Überbetonung von Dogmen und Riten verbunden.

Tradition und Praxis der Kirche belasten uns.

Die Priester sind Beamte mit Pensionsberechtigung geworden.

Die Ursache verdient ihren Namen nur, wenn sie Rechenschaft gibt von der Bestimmtheit ihrer Wirkung!

Das muß auch wieder für die Kirche gelten!

‚Selbst als ich schlief, wachte mein Herz!
Es pochte in der Teilhabe am Leben!'

c) Der Protestantismus.

Protest, wogegen?

Letzten Endes gegen einen festgefahrenen Spiritualismus, gegen einen toten Buchstabenkult, gegen eine kraftlos gewordene Tradition.

Die Angriffsbasis ist vielfältig:
seitens der Geschichtskritik,
seitens der fortschrittlichen Naturwissenschaften,
seitens der Vernunft,
seitens der inneren Wahrhaftigkeit,
gegen die doktrinelle Kirche als verknöcherte Institution,
für soziale Gerechtigkeit,
für ein richtiges Verhältnis zur Umwelt,

als Glaubens- und als Traditionskritik,
als Freiheitsverlangen,
gegen die Trägheit des menschlichen Geistes,
aus dem Selbstverständnis des Menschen,
aus universalistischer Einsicht u.v.a.m.
Bibeltextkritik, Geschichtskritik, und das Streben nach lebensvoller Erneuerung der Glaubensvorstellungen gehen Hand in Hand.
Viele Fragen werden laut:
Wie verträgt sich die historische Wahrheit mit der Bibel?
Die Schöpfungsgeschichte, ein Märchen, wenn auch mit Symbolcharakter.
Das Weihnachtsevangelium, ebenfalls ein Märchen.
Die Bibel, etwas Gewordenes, also auch Vergehendes!
Heilige sind Gottbegeisterte, aber Menschen!
Viele Protestierende kommen zu Wort:
Sie protestieren auch gegeneinander.
Historische Unzuverläßigkeit aller Bibeltexte und aller Tradition.
Der Mensch stellt den Glaubenssätzen sein selbsterworbenes Wissen gegenüber:
Dogmen werden bestenfalls als Reglement anerkannt!
Der Fromme neigt dazu, seinem individuellen Glaubensbekenntnis die alleinige und höchste Autorität zuzuerkennen.
Wen interessiert noch die Geschichte des jüdischen Volkes, sein Kampf um seine Selbstbehauptung?
Ist die ‚Person Jesus' nachweisbar?
War er Jude, Galiläer, Samariter? (Joh. 7, 41; 8, 48)
Wo ist er geboren? in Bethlehem oder in Nazareth?
War er vielleicht ein Nasorener, Angehöriger eines so benannten Mönchsordens?
Wer sind seine Eltern wirklich?
Sind sie nachweisbar? —
Sind alle übernatürlichen Überlieferungen Legenden, Dichtungen?
In seiner ersten Weihnachtspredigt in Wittenberg brachte Luther das Gleichnis zur Jungfrauengeburt: die sich aus sich selbst erneuernde Sonne:
Die neue Sonne als Gottgeburt!

Täglich strahlt sie ihre Liebeskraft aus, opfert sie sich der planetarischen Welt, in ihr alles Leben ermöglichend, erhaltend.
Am Ende des Kalenderjahres ist die Sonne erschöpft, in der Weihnachtsnacht wird sie wiedergeboren, den Opfergang des neu anbrechenden Kalenderjahres wieder aufnehmend.
Auch das Karfreitagserlebnis als Sonnengesetzlichkeit: nach dem Wintertod, Ostern als Frühlingsfeier.
Kosmische Gedanken!
Priorität der Naturreligion vor der spirituellen!
Bedeutet Offenbarung Verzicht auf Kritik?
Ist Offenbarung ein Naturprinzip: Erkenntnis aus angehobenem Denken?
Ist der Messiasgedanke des alten Testaments eine Vorprogrammierung auf die jeweilige Erneuerung des Gottmenschen?
Wenn aber das kybernetische Prinzip einen Naturprozeß darstellt, muß es dann nicht — nach historischen Zeitabläufen — immer wieder zu neuen Gottbotschaften führen? —
Ist der Abendmahlsstreit heute noch sinnvoll?
Warum wird die überspitzte Trinitätslehre beibehalten?
Der Glaube als kybernetische Führungskraft, aber:
Was ist vom Glaubenswunder zu halten?
Sind die biblischen Glaubenswunder glaubwüridg bekundet?
Die heutige Theologie hält die Frage nach dem Wundern für unwesentlich: Sie hätten mit dem Kerngehalt des Religiösen nichts zu tun.
Was die Menschen glauben sollen, ist nicht das Wunder, sondern die Wirksamkeit der Gottgesetze. —
Welche Christusworte könnten historisch echt sein?
Nur Teile der Bergpredigt?
(Viele angebliche Christusworte finden sich auch in anderen Religionslehren!) —
Sind die angeblichen Evangelisten die Überlieferer der Evangelien, ihre Autoren?
Die Texte werden nur bestimmten Evangelisten zugeschrieben, denen, von denen man meint, daß sie zu ihrem Wesen passen.
Eine Bibel gab es nicht, als die ersten Kirchenväter ihr Amt übernahmen. Sie haben die einzelnen Bibelabschnitte erst hergestellt,

die Tradition der Kirche erst begründet: Aus Gemeindeberichten?
Aus Klosterschriften (Kloster Quamrum)?
Aus Eigenfertigungen?
Wo bleibt die Autorität der Tradition? —
'Die Religion als Erziehungsmittel des Menschen:
Was kann vervollkommnet werden? Die Natur des Menschen?
Wenn das Naturgesetz darin besteht, daß der Mensch die ihm zugewiesene Rolle, die selbstgestellte Aufgabe, möglichst gut spielt, heißt das nicht, der Natur das Gesetz der Vernunft vorschreiben?
Wer schreibt wem, was, vor ?
Wechselseitiger Bezug: Die Natur hat den Menschen erschaffen, der Mensch gestaltet die Natur!
Braucht man dann noch die Trennung zwischen Natur- und Gottesgesetz? —
Gottesgesetz als Zukunftsplanung der Natur, auch der des Menschen?
Gottkraft als Ausstrahlung des Universums? —
Soll der Mensch über die Gottlehren lernen, seine Natur anzuheben?
Soll er lernen, sich einer ihn erfassenden Gottkraft zu öffnen?
Wechselseitiger Bezug: Gott hilft dem Menschen, der sich ihm erschließt?
Einbruch Gottes in die Welt des Zeitlichen: identisch mit Universalismus?
Ist Universalismus Naturgesetzlichkeit als Öffnung zum Humanum?
Kommt das Universum, seine Kraft und Gesetzlichkeit, auf uns zu? —
Wo bricht im Sein die Welt des Wertes als Eigendynamismus auf?
In der Spontaneität? Als Wirkung eines Entwurfes, dessen Quelle das Subjekt ist?
Hilft Gott nur, soweit er erkannt, anerkannt, gerufen und über den Glauben in Funktion gesetzt ist? Liegt der letzte Grund des Handelns im Menschen selbst oder außerhalb seiner? Hilft Gott sich selbst?
Ist dann nicht alle Planung eitel?

Offenbart sich universalistisches Planziel als kosmische Information!
Ist das Glaubenswunder selbstüberschreitende Naturfunktion?
Aber:
Wer sich zu weit von der brutalen Wirklichkeit entfernt, wer sich nur tragen läßt, verliert er nicht die Fähigkeit zu gehen?
Müssen wir nicht danach streben, Gott in uns zu erfahren, wenn wir aus seiner Kraft leben wollen? —
Der Heilige Geist soll unsere natürlichen Fähigkeiten erhöhen!
Wir sollen uns heiligen, zu Heiligen machen!
Den Heiligen Geist in uns erschließen!
Wenn die Vernunft nur durch ihre Praktizierung erweitert werden kann, ist dann nicht der Glaube als Mittel, zu einer vertieften Vernunft zu gelangen, naturnotwendig?
Die Glaubenskraft als biologische Funktion! —
Der Protestantismus gibt sich mit dem Appell an die vom Menschen verlangte Frömmigkeit nicht zufrieden:
Der Protestant ringt um seinen Glauben, um seine Glaubenskraft.
Er sucht, die Offenbarungslehre in ein Vernunftsystem zu überführen, das übernatürlich Erscheinende in die Naturbetrachtung einzubeziehen.
Wenn sich Verstand und Glauben respektieren sollen, müssen sie sich gegenseitig abtasten:
Verstand und Glauben müssen eine tragende Brücke zueinander bauen.
Die Menschen sind von Natur wegen Systemdenker. Aber, überall gibt es übergreifende Systeme!
Streben kann nur durch ‚ein Streben hindurch' erkannt werden!
Systeme sind, wie alle Wahrheit, stets anzuheben, offen zu halten!
Schließlich bleiben nur die inneren Beweise gewichtig:
der sittliche Eigenwert des Menschen, seine Verinnerlichungswerte!
Der Protestant ist tolerant: Alle anderen Glaubenslehren haben ihr sittliches Schwergewicht. —
Ihrer Natur nach hatten alle Religionsstifter keinen Hang zum Märtyrertum.

Es waren Menschen, die ihr Volk erziehen, aber auch ihren eigenen Erfolg wollten! —
Alle universalistische Betrachtung führt unvermeidbar in jenseitige Bereiche: Glaubenslehren sind gedankliche Systeme, rufen also auch zur Systemüberwindung auf!
Ihre einzig mögliche Begründung ist ein hohes Maß an sittlicher Selbstpflicht.
J. Leslie Dunstan (Professor für Religionsgeschichte) empfiehlt in ‚Der Protestantismus', Edito Service, S.A.Genf, S 140 ff als Methode zur Findung von Religionswahrheiten die Festsetzung von Normen für die Wahrheit von Tatsachen beschränkt „auf das Sinnlich Wahrnehmbare."[105)]
Wenn es einen Denksinn gibt, können wir dann überhaupt außersinnlich wahrnehmen?
Nehmen wir nicht sinnlich wahr, sowohl, wie etwas ist, als auch, wie es sein soll? Gehört zu jeder Wahrnehmung nicht ihre Vereinbarkeit mit den bereits erschlossenen Wahrheiten? Ist nicht jede Wahrnehmung ein Anpassungsproblem?
Wird Dunstan nicht, genauso wie die Semantiker erfahren, daß das diskursive Denken in Glaubensbereichen nicht weiterführen kann?
Zu welchem Ergebnis sind denn die Semantiker gelangt?
Binsenwahrheiten haben sich als wahr ergeben. Neben klar als unwahr erkannten Fragen verblieb ein nicht unerheblicher Bestand an weder als wahr noch als falsch feststellbaren. —
Ein lebender Organismus kann aus der ihn umgebenden leblosen Natur (unterstellt, daß es sie überhaupt gibt) zwar einen anderen Organismus aufbauen, aber aus sich selbst heraus kann sich das Chaos — entgegen der Meinung von Monod — nicht ‚aufschaukeln'.
Ordnung wird aus relativer Unordnung nur durch ein ordnendes (höheres) Prinzip.
Das ist auch der Sinn einer jeglichen Glaubenslehre. —
Zu Einsteins Relativitätstheorie:
Alles steht in Ordnung und Zuordnung, auch die Relativitäten.
Wer Zugeordnetes anheben kann, kann Ordnung gestalten:

105) s. Verfasser, Der Neue Mensch, S 23 ff.

Die Frage läuft auf eine Subjekt/Objektbeziehung hinaus, auf die Objektsetzung durch ein Subjekt.

Regelkreise können sich aus sich selbst heraus nur anheben, wenn sie darauf vorprogrammiert sind.

Daher ist die Offenbarung als gültiges Prinzip bewiesen: Es handelt sich um eine Setzung aus kybernetischer Führungsgrößenbindung. —

Verwandlung niederorganisierter Materie in höher organisierte, ihre Anhebung durch Führungsgrößenaufschaltung, ist ein Lebensprinzip! (s. auch Wolfgang Stegmüller, Teleolgie, Funktionsanalyse und Selbstregulation, Springer Berlin, 1969, Studienausgabe 4, S. 585 ff):

Der moralische Glaube hat die Kraft einer kybernetischen Führungsgröße. Glaube und Vernunft treten dabei in Wechselbezug. Der Irrationalismus ist dem Teufelskreis der Logik entzogen. Aber: die offenbarte Wahrheit kann nur so lange bestehen, wie sie sich als sittliche Führungsfunktion bewährt.

Im Kult des Abendmahls wird dieser Gedanke durch die Anhebung der Hostie symbolisiert: Auch das Heiligste muß angehoben, ins rechte Licht gerückt werden!

Verstand und Glaubenskraft gehören komplementären Dimensionen an. Jenseits des Bereiches physikalischer, mechanischer, Kausalität öffnet sich das unendliche Gebiet geistenergetischer Wirkmöglichkeiten.

Seine Erfahrung bestimmt allein die Glaubenskraft.

Der moralische Glaube ist das Selbstvertrauen der Natur, die Potenz ihres Leistungsniveaus. —

Die letzten hundert Jahre Weltgeschichte waren Zeugen des Aufstiegs in eine neue Geschichtsära der Menschenwelt.

Sie ist in erster Linie durch die Quantenlehre und durch die Kybernetik identifiziert.

Das Christentum, das dem Menschen die größte Glaubenskraft zugemutet hat, ist dabei, seine historische Ernte einzubringen.

Die Frage, inwieweit das das Ende seiner Wirksamkeit bedeutet, hängt davon ab, ob es ihm gelingt, sich aus sich selbst zu verjüngen. —

Das verlangt eine Lösung von seiner historischen Bezogenheit und den Einzug in eine neubestellte Ideenwelt.
Universalistische Informationsquellen müssen der Menschheit erschlossen werden! Nur damit kann eine Anhebung unserer bisherigen Denksysteme gelingen.
Es muß eine Gottlehre gefunden werden, die neben der Wissenschaft bestehen kann, die ihr neuen Auftrieb verschafft.
Dadurch wird das, was wir bislang als Religion bezeichnet haben, nicht bequemer.
Im Gegenteil: dem Menschen muß weit mehr als Glaubenskraft abverlangt werden als bisher.
Der Mensch muß lernen, die Komplexität seiner Wesenheiten zu beherrschen! —
Die Menschheit muß also irgendwie weiter mit dem Widerspruch zwischen Wissen und Glauben leben.
Das ist die positive Lehre, die uns die Glaubenssysteme der Fernen Ostens vermitteln.
Die Mauern der Zitadelle Gott müssen verstärkt, Gott kann und darf nicht rein rationalistisch erschlossen werden.
Er würde als das die Schöpfung bewegende Prinzip seine Wirkkraft verlieren. —
Der Gedanke an das Licht ist nicht die Quelle des Friedens, sondern der Grund eines unüberwindbaren Aufruhrs! —
Das Streben ins Nirwana Buddhas findet keine Erfüllung: im Gegenteil, es muß als höchstdenkbare Betriebsamkeit fortbestehen.
Es geht um die hinter der Welt der Erscheinungen wirkenden Kräfte, um die Aufhellung ihrer Existenz und um ihren Einsatz für die Menschenwelt. —
Niemals darf die Menschheit ihre Transzendenzbezogenheit leugnen, aber ebensowenig darf sie aus dem Auge verlieren, daß ihre Lebensaufgabe eine konkrete ist.
Das Kernproblem, das sich heute als Versöhnung zwischen dem menschlichen und Gottes Willen darstellt, läuft auf eine Harmonisierung der menschlichen Sehnsüchte mit der universalistischen Ereignishaftigkeit hinaus. —[106)]

106) Offb. Johs, 21, 7.

Der Mensch muß seine Entschließungen, sein Sinnen und Beginnen, auf eine universalistische Dimension anheben.
Das ist die Lehre von der Überwindung der Hemmnisse, die mit der jeweiligen Erscheinungswelt verbunden sind.
Seine Erscheinungswelt soll der Mensch überwinden, sein Horizontdenken erweitern, auf ein Leben abstellen, das über die Grenzen seines individuell eigenen hinausweist. Mit einem Wort: der Mensch soll die christliche Aufforderung, seinen eigenen Tod zu überwinden ernst nehmen. —
Auch, wenn der Christus der Kirche keinerlei historische Faktizität hat, wenn er eine reine Idealgestalt literarischer Phantasie darstellt, bleibt er als sittliche Leitfigur kybernetisch, also biologisch, bedeutsam.
Die Überzeugung der Gläubigen von zwei Jahrtausenden und ihr dadurch ausgelöster Glaubenskampf ist einer fortschreitenden Inkarnation der Idealgestalt Christi gleichbedeutend.
Jesus ist in die Geschichte der Menschheit unauslöschlich eingegangen. —
Auf der einen Seite haben wir es mit der historisch dargestellten Person Jesu zu tun, auf der andern Seite fällt unser Blick auf den transzendenten Christus.
In ihrer Wirkung sind sie nach zwei tausend Jahren geschichtlichem Vollzug gleichbedeutend. —
In diesem Sinne gesehen, ist heute jeder sein eigener Erlöser. Er erreicht seine Erlösung in seiner sittlichen Wiedergeburt.
Sünde ist mangelnde Selbstzucht.
Dabei darf der Mensch allerdings auch das rechte Maß nicht außer Betracht lassen.
Jedem sind seine Grenzen durch das eigene Leistungsvermögen gesetzt. Die Pflicht, sie anzuheben, bleibt bestehen. Aber niemand soll versuchen, Sinnwidriges zu betreiben. —
Die Kybernetik offenbart die Kraft der Prophetie als natürliche Evolution. Die vom Einzelmenschen getroffenen sittlichen Selbstentschließungen lösen auch dann ihre natürliche und historische Wirksamkeit aus, wenn sich der Erfolg im individuellen Lebensbereich nicht zeigt.
Der Mensch muß lernen menschheitlich zu denken:

Die Verbundenheit von Entschluß/Handlung und Folge erweist sich als Grundstruktur des Naturgeschehens.
Entschließe dich nicht nur zum Guten, sondern zum angehobenen Besseren!
Eine sich auf diese Weise stetig ausformende und überformende Selbstgestaltung normt und bemächtigt das Leben aller Kreatur. —
Der Mensch wird in Weltabhängigkeit geboren. Es ist seine Aufgabe, sich eine höhere Erlebensform zu erschließen.
Der Mensch ist sich selbst seine letzte und höchste Vollendung.
Dabei bleibt er ein Winzling im großen Geschehensgang. —
Aber dennoch ist die Menschheitsgeschichte im Rahmen des Naturverlaufes ein System ineinandergreifender wechselseitiger Bezüge des Selbstschöpferischen, wobei Gott das Selbstgewissen dieser auf sich bezogenen Eigenwelt darstellt. —
In dem Maße in dem das Selbstgewissen Gottes zu deinem eigenen Wissen wird, näherst du dich deiner höchstdenkbaren Selbstvollendung!
Das Erwachen des Göttlichen in dir ist also keinesfalls ein Vorgang der Schizophrenie, des Spaltungsbewußtseins.
Es stellt die stärkste Form geistenergetischer Konzentration dar. —
Ziel aller Evolution ist die Herstellung größerer Lebensfülle.
Dennoch bleibt das dualistische Prinzip bestehen:
Was die Liebe nicht vermag, das muß der Ingrimm des Hasses bewirken. Der Haß ist die negative Form der Liebe.
Der Mensch muß wieder lernen, an Wunder zu glauben, an das höchste, das Eigenwunder, an seine höchstmögliche Selbstüberschreitung.
Die mächtige Wahrheit ist schon in der Stunde der Geburt ein gewaltig starkes Kind.
Es fehlt ihr aber meist an der Mutter, die es gebären soll.
Die Menschheitsgeschichte hat ihren Höhepunkt erreicht, wenn sie die Ziele einer Gottlehre als immanent eigene Schicksalsberufung annimmt. —
Mit Predigten aus Bibelstellen ist der moderne Mensch kaum noch erreichbar: Es geht darum, lebensnahe Ziele aufzugreifen.
Priester müssen Sozialhelfer werden.

Um den Einzelmenschen muß sich die Kirche wieder bemühen. Es reicht nicht aus, daß sie allgemein gehaltene Predigten von der Kanzel herab halten läßt.

Es genügt auch nicht, daß sie den Hungernden große Worte bietet. —

Anstatt Kirchenpaläste zu bauen, in Brokat- und Spitzengewändern vor geschmückten Altären zu scharwenzeln, sollte der Priester sein Leben der notleidenden Menschheit weihen.

Den Armen, Kranken und Hungernden sollten die Priester ihr Geld zuwenden, von jeder Prachtentfaltung sollten sie Abstand nehmen. Der Hungerpriester steht Gott näher als der Papst in goldbestickten Gewändern; und es macht den gottgefälligen Priester auch keineswegs aus, daß er hebräisch und lateinisch lesen und singen kann.

Ein kräftiges Volkslied erreicht Gott weit eher als ein Halleluja und ein gloria in excelsis!

Der Gekreuzigte identifizierte sich mit dem neben ihm hängenden Verbrecher!

Überall verkörpert verantwortungsvoll angehobenes Denken das göttliche Prinzip: Das jeweils notwendende Bessere ist der Wert, der den Entfaltungsgang der Natur bestimmt.

Wert ist der objektive Beweggrund der Vernunft, den das Subjekt sich erschließt.

Glaube und Liebe sind sittliche Werte, strukturgestaltend für die Vernunft.

Falsch sind die Theorien, welche die Wertvorstellungen, insbesondere die Moral, als bloßen Überbau hinstellen, der ganz und gar durch das Zusammenspiel der wirtschaftlichen ‚Basiskräfte' bestimmt ist, die die seelischen Strebungen als Verdrängung der Libido zu entlarven suchen.

Der Aufstieg der Seele vollzieht sich nur dadurch, daß der Mensch auf die Stimme seines Gewissens hört. Folgt er ihr redlich, wird er sie von Tag zu Tag lauter und eindeutiger vernehmen.

Ist die seelische Wertung auf diese Weise sein wesentlicher Beweggrund geworden, hat sich der Mensch als vernunftbegabtes Wesen verwirklicht.

Das Daseinsgestaltende ist das Denken der um Verwirklichung ringenden, mit uns werdenden Welt des Lebendigen, geboren aus dem Geiste der Sehnsucht, aus der Vorprogrammierung aller Wesenheiten.

Goethe wollte Grundlegendes über die Werdekraft von den Müttern erfahren und entschloß sich im Faust II zu ihnen hinabzusteigen.

In der Edda wendet sich Odin an die Seherin Völva.

Zum Urweltbrunnen der Urd führt sie ihn.

Seinen Wassern hatte er einstmals eins seiner Augen geopfert.

Im Brunnen sprudelt ein Quell, Urds Born, ein Jungbrunnen.

Wenn sich Odins Götteraugen, einander erblickend, in dem Spiegel des Brunnens wieder begegnen, offenbaren sie ihm in Rückblick, Anblick und Ausblick alle Geheimnisse der Welt, vom Anbeginn bis zum Ende der Zeiten.

Bilder voller Weisheit und Symbolkraft!

Die Weisen aller Welten waren sich klar darüber, daß es außer der verstandesmäßig sich darbietenden noch eine andere Welt gibt, von der wir — nur über die Götter — Kunde haben.

Tief muß man hinuntersteigen, um zu den Müttern zu gelangen, und lange suchen muß man, um den Brunnen der Urd zu finden.

Hat man ihn endlich gefunden, so braucht man immer noch zwei sich vereinigende Götteraugen, um bis auf seinen Grund blicken zu können.

Dann aber erschließen sich die Wunder des Lebens, der Natur.

Was ist Leben, was ist Natur? fragen die Philosophen.

Die Edda offenbart es:

Im Verbund mit dem Universum klar bewußt gesteuertes Eigenerleben.

Erst nach der Wiedervereinigung seiner beiden Augen wurde Odin hellsehend!

8. Zusammenfassende Betrachtung.

Wenn man die großen Weltreligionen und Glaubensweisheiten zusammenhängend betrachtet, die auf den unendlichen Raum verweisende Mystik des Taoismus, die olympische Klarheit des weltzugewandten Konfuzianismus, die charaktergestaltenden Lehren des Schinto, die universalistisch-mystischen Lebenslehren des Hinduismus, den introspektiven Judaismus, den gedanklich weltoffenen Islam, den vieldimensionalen Buddhismus, die heroische Naturmystik der orthodoxen Kirche und den nach Vernunftklarheit strebenden Protestantismus, demgegenüber die römisch-katholische Kirche die Eigenständigkeit eines dogmatisch ausgerichteten abstrakten Spiritualismus betont, so erweist sich, daß alle diese Lehren mehr oder weniger auf das Jenseits des gedanklich Erschlossenen ausgerichtet sind und Schemata für das selbstüberschreitende Denken darstellen.
In erster Linie sprechen sie alle das Gemüt des Menschen an, ermöglichen ihm seelische Selbstbemächtigung.
Alle Weisen der Welt sind sich darüber einig, daß der an der äußersten Peripherie seiner Selbstgestaltung und zugleich der Weltüberwindung kämpfende Mensch auf seine Glaubenskraft angewiesen ist.
Alle diese Lehren nähern sich oder zielen unmittelbar in unerschlossene Lebensdimensionen, die dem verstandesmäßigen Denken mehr oder weniger völlig entzogen sind.
Sie alle bekennen, daß die Entschleierung letzter Wahrheiten stets Aufgabe bleibt.
In dieses sich selbst verschließende Letzte hinein fragen, flehen und ringen die Menschen. Mit ihm versuchen sie sich auf die unterschiedlichste, im Ergebnis aber übereinstimmende, Weise vertraut zu machen.
Die Weite des unendlichen Raumes zwingt sie am Ende zu einfältig, demütiger, aber auch zu heroisch entschlossener Selbstbin-

dung an dieses Letzte, zu dem sie sich in natürlicher Sehnsucht hingezogen fühlen.

Der Mensch ist ein Sprachwesen, sein Denken verläuft nominalistisch. Er ist gezwungen, seine Bewußtseinserlebnisse in Sprache umzusetzen, sich sprachlich mit ihnen auseinander zu setzen.

So folgt er einer natürlichen Regung, wenn er diesem Letzten einen, seinen, Namen gibt.

Die deutsche Sprache hat dafür den Namen Gott gefunden.

Dabei wird es bleiben.

Dem nordischen Menschen liegt starkgeistiges Denken näher als ein spiritualistisches Religionssystem.

Was ist starkgeistiges Denken?

Es ist das Denken aus der Weisheit, kybernetisch gesehen, aus der angehobenen Denkleistung.

In der Liebestat gelingt es stets. Sie ist reiner Gemütsausfluß. Es ist also folgerichtig, wenn das Christentum den Heiland — als Verkörperung der Liebe — zum Gott der Liebe erhebt.

Christliches Denken synchronisiert aus steter Liebesbereitschaft.

Weisheit ist ein Vermögen aus angereicherter Information.

Was ist Information?

Naturwissenschaftlich gesehen ist es Geist, hinüberwirkend von Elektron zu Elektron und in Speicherung genommen.

Charon beschreibt den Vorgang wie folgt:

Zwischen den Spinns von zwei Photonen (Teilchenenergie des Elektrons) findet virtuell Kommunikation statt.

Hat das Elektron A einen Spinn 1, das Elektron B einen Spinn 2, so erhöht sich der Spinn A um 2 aber mit der Maßgabe, daß es den alten Spinn 1 behält. Nach dem wechselseitigen Ausgleich hat A Spinn 1 + Spinn 2, während B Spinn 2 + Spinn 1 hat.

Der Spinnaustausch geschieht, obwohl beide Elektronen fensterlose Monaden (im Sinne von Leibniz) sind.

Der Spinn kann also nicht Materie sein.

Charon folgtert daraus und aus der Art des Spinnzuwachses auf beiden Seiten, daß es sich um Informationsübertragungen handelt, daß also die Elektronen Informationsspeicherer sind.

Unter Menschen findet Informationsausgleich in ähnlicher Weise

statt: Der Eine kann in oder über den Anderen Veränderungen in der Erscheinungswelt erreichen.
Der Spinnausgleich gelingt nur bei übereinstimmender Glaubensausrichtung.
Jesus von Nazareth sagte nach derartigen ,Wundern': Dein Glaube hat Dir geholfen!
Naturwissenschaftliche Erkenntnis und Mystik reichen sich die Hand. Die Dimensionsüberbrückung bewirkt der Glaube, die Energie der Elektronen!
Religion ist Erziehung, Selbsterziehung, zum anhebenden Denken und damit zur Tathandlung aus gesteigertem Leistungsvermögen. (Schelling)
Im Buddhismus — und in den sogenannten Reinigungsreligionen — setzt Informationszuwachs und -verarbeitung zunächst eine Entleerung des wachen Bewußtseins von Überlagerungen und Verdeckungen voraus.
Nach vollzogener Entleerung findet Informationszuwachs aus der elektronischen Vorprogrammierung statt.
Gespeicherte Gedächtniswerte werden aus dem Unbewußten heraufgehoben und individuell verarbeitet.
Auch bei Meister Eckhart wird Erkenntnis allein ,aus der Erfahrung der Abgeschiedenheit' erreicht. Erst sie bewirkt die ,Einsicht'. Die Seele empfindet ,daß etwas ist', weiß aber nicht ,was es ist'. Eckhart: ,Wiewohl es doch ein Unwissen ist und Unerkanntheit, so hat es doch — im Grunde der Seele gefunden und in den individuellen Verstand heraufgeholt — mehr in sich als alles Wissen und Erkennen außerhalb seiner. Vom Wissen soll man kommen in ein Unwissen. Dann wird unser Unwissen mit dem übernatürlichen Wissen geadelt und geziert.'
Nicolaus von Cues sagt dazu: „Wenn alle menschliche Initiative (erkenntnismäßig) versagt, kommt es einzig und allein auf Gottes Initiative an. . . . Gott ist verhüllt und verborgen vor den Augen der Weisen, aber er offenbart sich den Kleinen oder Demütigen, denen er Gnade gibt."
Hüte sich der Mensch, diese Quelle zu verschütten!
Die Abgründe des religiösen oder des Denkens aus der Weisheit bestimmen die Höhe der menschlichen Kultur!

X. Kants (Luthers) Glaubenslehre.

(Zusammenfassender Text eines Vortrages, gehalten vor der Akademie der Kultur in München)

Kants und Luthers vornehmlichstes Anliegen war es, dem Menschen seine sittliche Selbstpflicht als des eigenen Wesens Kern aufzuzeigen. Beide Denker kannten weder das kybernetische Prinzip, noch die Ergebnisse der neueren Physik und der Mikrobiologie und dennoch erweist sich ihr Denkergebnis keinesfalls als zeitentfremdet.

Die Lebensarbeit beider Denker erfaßt die Welt in ihrer Vieldimensionalität. Sie versuchen, ihre Gegenläufigkeiten zu harmonisieren.

Wie bei allen Großen ist bei Luther und bei Kant nicht allein das gesprochene Wort ihre die Welt bis auf den heutigen Tag bewegende Leistung, sondern in erster Linie ihr Lebensvorbild, ihr unerschütterliches Vertrauen in ihre sittliche Selbstverantwortung.

Kant bestimmt die Struktur der Vernunft als höchste gedanklich und glaubensmäßig ausgerichtete energetische Selbstlenkungsfunktion.

Bei Luther vollzieht das Gewissen die Selbststeuerung.

Kant hat seine eigentliche Philosophie nur angekündigt, aber nicht mehr geschrieben. Auf uns überkommen ist nur seine kritische, seine negative Philosophie.

Diese ist — auch nach der ausdrücklichen Absicht Kants — nur ein propädeutisches Werk, eine große Einleitung zu einer positiven, der sogenannten Transzendentallehre.

Kants Kritiken stellen also keine voll abgeschlossene Lehre innerhalb der Grenzen der reinen Vernunft dar.

Luthers Schrift: Religion für die Wenigen ist eine — allerdings weit kleinere — Paralelle dazu.

Der kantische Kritizismus ist aus dem Bedürfnis erwachsen, die Erkenntnisfähigkeit des menschlichen Bewußtseins nachzuprüfen.

Hierbei entdeckte Kant Begrenzungen, die ihm zunächst unübersteigbar erschienen.
Schließlich stellt er auch die Grenze kritisch in Frage.
Das Problem des Überstiegs über die Begrenzung taucht auf und entfaltet sich ihm als der menschlichen Natur gemäß: Das Transzendentale, in seiner ersten Bedeutung als unübersteigbar bestimmt, wird zum Problem des Überschreitens.
Es erweist sich, daß der Mensch auf den naturgegebenen Wunsch, auch den unüberwindbar erscheinenden Horizont auszuweiten, nicht verzichten kann.
Der ein für allemale festliegenden ,logischen' Denkstruktur fehlt die kontemplative, die intuitive, Dimension.
Verstandeslogisches Denken und Ganzheitsschau des Gemüts treten einander gegenüber.
Kant sucht nach einem regulativen Ideal. Wie kann er dem natürlichen Drang zum Überstieg Ausdruck verschaffen?
Es geht darum, die intuitive Dimension in das bestimmende, das sichere, Urteil einzubauen, die Einheit der Person wiederherzustellen.
Es stellt sich Kant die bipolare Spannung zwischen Wissen und Glauben.
Im 3. Abschnitt des Kanons der freien Vernunft behandelt Kant das Thema ,Meinen, Wissen und Glauben'.
Hier enfaltet er seine Glaubenslehre:
Nach Kant gibt es nur eine Religion, aber viele Glaubensbekenntnisse, viele Kulte.
Den Glaubenslehrer Kant zu betrachten, verlangt mehr als das, was gemeinhin mit wissenschaftlicher Betriebsamkeit verbunden ist. Kant spricht hier betont nicht nur als Philosoph sondern von Mensch zu Mensch.
Um es vorweg zu nehmen, es geht Kant um den sittlich erhebenden Gedanken.
Luther wies hierfür das Gewissen als dynamisch regulierende Funktion aus.
Um in Kants Gedankenwelt eindringen zu können, müssen wir uns zunächst zwei Begriffe aneignen, welche die Bewegungsfunktionen in Kants Denken darstellen; Kants Logik und seine Kausalität der

Sittlichkeit. Kants Logik der Sittlichkeit erschließt eine ganz andere Gedankenführung als die rein verstandesmäßige Logik.

Einige Beispiele werden es verdeutlichen:

Der junge Heidegger ging einmal von dem eindrucksvollen Gedanken aus: Im Anfang war die Sorge. Sie löste die Vorsorge aus. Das ist sittliche Logik, sittliche Kausalität setzend, dem Quantensprung vergleichlich.

Wie ganz anders behandeln die Franzosen Monod und Camus diese Frage:

Camus sagt, wenn das Denken im Wechselspiel der Erscheinungen die Wirklichkeit des einen bejahe, gerate es schon in einen ‚lächerlichen Widerspruch des Geistes'. Es behaupte dialektisch im eigenen Anderssein, als Ausdruck von Mannigfaltigkeit, zugleich die totale Einheit eines Ganzen: Das sei absurd. Camus stellt durchaus richtig fest, daß rein rationalistisches Denken in der Zone der Anfänge nicht weiterführe. ‚An dieser Stelle', fährt er fort, ‚laufe die Wissenschaft bereits auf eine Hypothese hinaus.'

Viele irrationale Größen tauchen auf. ‚Er entdeckt die blinde Vernunft.'

Was er übersieht, ist das Gemüt als Korrektiv des Verstandes.

Nach dem Nobelpreisträger Monod stand im Anfang der Zufall. Eine Biolotterie hat das Leben geboren. Es hätte ebensogut auch das Chaos verbleiben können.

Beide verkennen, daß mit der Logik der ratio nur im bereits erschlossenen Lebensbereich operiert werden kann, nicht im Unendlichen, also im Kontinuum nach Leibniz.

Mit andern Worten: den Übergang vom Unendlichen ins Endliche erfaßt nur ein naturgegebenes Selbststeuerungsprinzip, das von einer Führungsgröße, von einer Wertsetzung, ausgeht. Das aber ist die Logik und die Kausalität der Sittlichkeit. Es ist die Sollwelt Kants, die Welt des kategorischen Imperatives der Vernunft, die des Quantensprunges nach Planck.

Kant führt wörtlich aus:

‚Nun bin ich aber verbunden, mich meiner Vernunft zu bedienen, nicht nur, um die Natur, wie ich sie schon kenne, wie sie sich mir mühelos darbietet, zu erschließen, sondern um die große gedankli-

che Einheit, das Wirken der Vernunft in Bezug auf die Natur zu erkennen und mein Handeln danach auszurichten.'
Unter Vernunft versteht Kant das ‚ganze obere Erkenntnisvermögen'. Demgemäß setzt er das Rationale dem Empirischen, auch den Erfahrungswerten aus dem Gemüt, entgegen. Kant bekennt sich dann — im Gegensatz zu dem doktrinellen — zu einem moralischen Glauben, der ihn zwingt, ‚in allen Stücken dem sittlichen Gesetz Folge zu leisten.'
In diesem Sinne spricht er von einer Theologie der Natur und bekennt sich zum „unausweichlichen Glauben an Gott" als einer naturgemäßen universellen Kraft. Für diesen seinen Glauben entwirft Kant ein gedankliches System, eine Zwangsfolge:
„Das Wort Glauben geht auf die Leitung, die mir eine Idee gibt und auf den subjektiven Einfluß auf meine Eigenhandlungen, der mich an der Idee festhält.
Ich bin sicher, daß nichts diesen Glauben wankend machen kann." Er sei seine Lebensmaxime, sein Lebensgrundgesetz, dem er nicht entsagen könne, ohne in seinen eigenen Augen verabscheuungswürdig zu werden.
Niemand werde sich zwar rühmen können, er wisse, daß ein Gott sei. Seine Überzeugung sei eben nicht verstandeslogische sondern moralische Gewißheit.
Das menschliche Gemüt nehme ein natürliches Verlangen, eine Sehnsucht nach dieser sittlichen Vorstellung in sich wahr und offenbare zugleich auch eine insoweit naturgegebene Selbstbindung."
Damit spricht Kant praktisch die Gewissensverankerung des Menschen als erkenntnisbegründendes Prinzip an, identifiziert er sich also mit der Lehre Luthers..
Befestigen und vergrößern solle der Mensch seine Glaubensüberzeugung und,, ihr werdet die Vernunft sehr gelehrig und aufgeklärter finden! Und sorget ihr nicht dafür, daß ihr gute Menschen macht, so werdet ihr auch niemals aufrichtig gläubige Menschen haben!
Verlangt ihr denn, daß eine Erkenntnis, welche alle Menschen angeht, nur von einem Philosophen entdeckt werde?"
In dem, was Menschen unterschiedslos angelegen sein müsse, habe

die Natur ihre Gaben allen in gleicher Weise zugeteilt. Auch die höchste Philosophie könne es hierbei nicht weiterbringen, als die Anleitung, welche der moralische Glaube einem jeden, auch dem gemeinsten Verstande, gebe.

Der Vernunftbegriff von der Art eines Ganzen umgreife alle Mannigfaltigkeiten der möglichen Glaubensvorstellungen. Diese Einheit, worauf sich alle Teile ideell aufeinander und untereinander bezögen, mache die Vollkommenheit der menschlichen Natur aus.

Das Ganze sei gegliedert und nicht gehäuft. Es wachse innerlich, nicht äußerlich, wie ein Leib, dessen Wachstum kein Glied hinzusetze, sondern jedes nur für seine Zwecke stärker und tüchtiger mache.

Jede Idee weise ein Schema auf, entworfen und gegliedert nach bestimmten Absichten. Aus ihr folge, was ihrer architektonischen Anlage und Einheit entspreche, eine Ableitung von einem obersten inneren Zweck, dem der Ganzheit, die es auf diese Weise überhaupt erst ermögliche.

‚Niemand kann eine wissenschaftliche Gedankenfolge ohne eine ihr zugrundeliegende Idee entfalten.'

Aber das Schema entspreche der Idee selten. Diese liege vielmehr wie ein Keim in der Vernunft begründet, gewissermaßen eingewickelt, kaum bei mikroskopischer Betrachtung erkennbar, also verborgen.

Jeder Gedanke müsse daher nicht nach seinem Wortlaut ausgelegt werden, sondern nach der aufzuspürenden Idee, welche man in der natürlichen gedanklichen Einheit, in der Vernunft selbst, gegründet finde.

‚Da wird sich finden, daß ein Urheber und oft noch seine späten Nachfolger um eine Idee herumirrten, die sie selbst nicht haben deutlich machen und daher dem eigentümlichen Inhalt nach nicht haben bestimmen, also präzise ergreifen können.'

Alle Systeme seien verstümmelt, nicht jedes sei in sich abgeschlossen, sondern alle gedanklichen Möglichkeiten seien untereinander wieder zu einem Ganzen zu vereinigen, dessen Glieder sie darstellten.

Das Weltganze sei von einem Harmoniestreben beherrscht.

Er, Kant, erfasse die große Architektonik als ein ‚universalistisches System der Vernunft'.
Einer Idee könne man sich auf mancherlei Wegen nähern, solange, bis es gelinge, daß das Nachbild dem Urbild gleiche.
Deshalb könne man auch keine Glaubenslehre lernen.
Denn, wer habe das Urbild in seinem Besitz?
Man könne nur fragen lernen, immer allerdings mit dem Recht der Vernunft, damit sich nicht eine falsche Fragestellung ergebe.
Es gebe eine große kosmische Einheit, einen Weltbegriff, der alle Systeme umschließe.
Der rechte Philosoph sei nicht ein Vernünftler, sondern ein Gesetzgeber der Vernunft.
Aber es gibt noch einen Lehrer im Ideal, der alle Vernünftler ansetzt, sie als seine Werkzeuge benutzt, um die systematische Einheit aller Standpunkte, als Zweck des Weltganzen, zusammenzufassen:
Der Endzweck aller menschlichen Bestimmungen heiße Moral, angehobene Sittlichkeit. Sie habe Vorrang vor allen anderen Vernunftbewerbungen und -bewegungen. Die Philosophie der Natur gehe auf alles, was ist, die der Sittlichkeit auf das, was dasein soll. Dabei ist aber auch das Sittengesetz Naturgesetz. Denn der Mensch ist ein Glied der Natur, des Universums.
Keine Einzelgesetze gibt Kant, sondern nur ein zusammenfassendes, ein richtungsweisendes ‚Gebot':
„Handle so, daß deine jeweilige Entschlußfolge als sittliches Gesetz gelten kann, daß du die Menschheit sowohl in deiner Person als in derjenigen jedes andern niemals als Mittel, sondern stets als Selbstzweck ansiehst und achtest."
Nichts in der Welt gibt es, was ohne Einschränkung als gut angesehen werden könne, als allein der gute Wille, der Wille zum angehobenen Besseren.
Man soll sich hüten, die Ethik zu dogmatisieren, sich in Vernunftsabstraktionen zu verlieren. Auch eine abweichende Meinung verdiene ihre Beachtung: Die Wahrheit enthüllt sich nur schrittweise und im fortlaufenden Angebot der unendlichen Möglichkeiten.
Der Himmel hat für niemanden eine Vorliebe aber er hilft dem, der sich seinen Gesetzen, den Gesetzen des Universums, unterwirft.

Keinem Heiligen suchen Kant und Luther zu begegnen, sondern dem natürlichen Menschen, dem Menschen in all seiner Unzulänglichkeit. Der Mensch, der Gott, den Himmel, da beläßt, wohin er gehört, um ihn im stillen Wirken, im sittlichen Bereich, zu suchen, der hat — nach Luther und nach Kant — an der Ewigkeit teil.
Beide geißeln den, der die Vernunftbemühung als vollendet ansieht und sich unter Berufung auf den gewohnten Lauf der Dinge ihres Gebrauches überhebt und — etwa auf die dialektische Entwicklung verweisend — nirgends seinen aufstrebenden Weg finde, „obwohl uns doch die Ordnung der Natur, des Universums, in ihren steten Wandlungen und Verwandlungen die Vernunft ihren inneren Zwecken nach stets neu an die Hand gibt." (Kant)
Das ‚Du sollst' verweist auf die Ersetzung des aus der Gewöhnung Hergebrachten durch die sittliche Entschließung, wie sie der jeweilige Augenblick und ein hohes Maß an Selbstlosigkeit zur Selbsterneuerung verlangen.
Im Blick auf die Unendlichkeit des Weltalls offenbart sich Kant als sein Lebensgrundgesetz das Staunen über den gestirnten Himmel über uns und die Ehrfurcht vor dem moralischen Gesetz in uns.
Kant gebraucht ein starkes Wort für sich, falls er seinen Glauben verlieren sollte: Für verabscheuungswürdig erklärt er sich, wenn dies eintreten sollte, ganz zum Tier herabgesunken bezeichnet er einen solchen Menschen.
An ein höchstes sittliches Prinzip glaubt Kant, wobei er die Frage, was man sich unter Gott vorstellt, der intelligiblen — also über den Verstand hinausgehenden — Vernunft überläßt. —
Einer der wichtigsten Begriffe der kantischen Philosophie ist der der Apperzeption. Er spricht das Verhältnis Mensch/Gott und Gott/Mensch an. Nicht nur der Mensch strebt zu Gott, auch das Göttliche greift auf den Menschen hindurch.
Hier liegt der große Unterschied gegenüber Karl Marx und Erich Fromm. Beide betrachten die Entwicklung nur vom Menschen aus. Auch Hegels dialektische Entfaltung vollzieht sich aus der reinen Gegensatzwirkung. Nach Kant jedoch liegt das Schwergewicht nicht beim Menschen. Darum sein Blick zum gestirnten Himmel ‚über sich', zum Kosmischen. Luther und Kant erkennen die Wichtigkeit der menschlichen Glaubens- und der Gottkraft, die bei

Luther über das Gewissen, bei Kant über den Vernunftgrund zum Menschen führt. — Der Mensch braucht einen Gott, an den er glauben kann. Religion ist also nicht nur dazu da, die aufmüpfigen Bürger zum Gehorsam zu erziehen. Gott ist auch für den Menschen da. Denn der Mensch ist sein Geschöpf.

Heute wissen wir, daß im Kosmos alles Geschehen als Information über Elektronen aufgenommen, verarbeitet und gespeichert wird. Die Elektronen sind jene stabilen, unsterblichen, Materieteilchen, aus denen auch unser Körper besteht.

Der französische theoretische Physiker Jean E Charon nennt sie Raumzeit-Geistenergiekörper, kurz auch Äonen.

In jeder Zelle unseres Körpers ist eine Intelligenz gespeichert, die alle Aktivitäten unseres Körpers selbsttätig regelt und richtet. Die Wurzeln dieses Geistkörpers reichen auf alle Vergangenheit unserer Raumzeitwelt zurück. Denn die Elektronen sind so alt, wie unsere Welt.

Sie reichen nicht nur zurück, sondern sie tragen uns auch in alle Zukunft. Ihre Stabilität ist unbegrenzt. Ich verweise auf das Buch: Der Geist der Materie, das 1979 im Zsolnay Verlag Hamburg-Wien erschienen ist.

Der Martin Verlag/Walter Berger, Buxheim/Allgäu bietet ein weiteres, bemerkenswertes Buch, das der Mediziner Dr. Otto Menerich verfaßt hat, mit dem Titel Zeitenwende, (1979) an.

Der Autor vertritt die Auffassung, daß die Welt über die Erschließung der elektronischen Gedächtniswertspeicherung ihre Erfüllung in autonomer Seinsgestaltung findet.

Wie gelangen wir zur Hebung dieses Schatzes, von dem Charon und Menerich sprechen?

Es ist leider nicht so, daß wir nur in die Elektronen, die unsern Körper ausmachen, hineinzuhorchen hätten, um dann allwissend zu sein.

Nach wie vor haben die Götter vor den Erfolg den Schweiß gesetzt, bedarf es also des Schweißes der Edlen, um zu neuen Erkenntnissen zu gelangen. Nur auf dem Wege über den kantischen Bewußtseinsdynamismus aus angehobenem moralischen Glaubenserlebnis ist das Ziel erreichbar.

Gott ist das Leben, das Vermögen der Selbstgestaltung, das der Glaube bewegt.

Aber er muß sowohl die unendliche Vielheit als auch die Einheit in der Vielheit bleiben.

Sobald wir den Gottesbegriff auf eine bestimmte Deutung festlegen, haben wir keinen Gott mehr, sondern ein zurechtgeschnittenes und damit begrenztes, abstraktes, Denkschema.

Gott muß verborgen bleiben. Niemals darf das Suchen nach ihm aufhören. Denn er ist die Quelle allen Lebens und allen Fortschrittes. Gott ist der Vater, der Sohn und auch der Heilige Geist, er ist die Ganzheit, der letztmögliche Gedanke, er ist der Gott des Konfuzius, des Lao-tse, des Schinto, des Hinduismus, des Buddha, des Judaismus, Mohammeds und der Christen, er ist der Gott aller Gottlehren, ob sie es nun für wahr haben wollen oder nicht.

Gott ist die Einheit aller geschichtlichen und aller denkbaren Götter dazu.

Er ist in allen Dingen und in allen Wesen. Er ist der Gott der Gottlosen und der Frommen, und er ist unter jeder Anrede und unter jeder Anschrift erreichbar, kurz: er ist nichts nicht!

Es muß aufgeräumt werden mit dem Gegensatz Gott — Ich — und Natur.

Der Mensch ist Natur, sowohl als Körper, als auch als Geist und als Seele. Er ist eine Funktion der Geistenergie mit dem Vermögen autonomer Selbstbestimmung und -lenkung.

Das Leben ist kein Chaos, wie selbst Nietzsche und Hölderlin meinten.

Beide haben sich infolgedessen auch vergeblich bemüht, dieses vermeintliche Chaos geistig zu erhellen.

Das Leben ist aus sich selbst bewegt, aus seinem eigenen Wissen, aus seiner eigenen Geistkraft.

Keine Funktion des Seins, insbesondere auch des Menschen, steht außerhalb dieser Geistkraft.

Man suche nur nichts Mystisches hinter diesem Urphänomen der allerdings nur im sittlichen Glaubenserlebnis aufsprigenden Selbstautonomie des Menschen: Gott ist das Gewissen der Welt.

Die heutige Kultur ist von einer beispiellosen Inhaltslosigkeit:

Der Mensch der Freudschen Psychoanalyse ist bereits im Nihilismus erstickt.
Seit Freud kennen wir das andere, das festgefahrene Ich, das Ich der herabziehenden Minderwertigkeiten, das Ich der dialektischen Negativitäten.
Die denkmäßig erschlossene eigene Minderwertigkeit soll dem Menschen helfen, sich in der Welt zurecht zu finden.
Auf eine mißliche Schicksalsverknüpfung und auf Kindheitserinnerungen mit dem Erfolg seelischer Irreleitung will Freud die Selbstverantwortung verlagern.
Als Patentrezept zur Behebung seelischer Neurosen als zwielichtige Heilkunst empfiehlt die Psychoanalyse die langzeitige Bindung des Patienten an den Analytiker. Mit der Erkenntnis und dem Zugeständnis seiner eigenen Ausweglosigkeit soll der Patient für dauernd unmündig gemacht, gewissermaßen der geistigen Vormundschaft des Analytikers unterstellt werden.
Was hier dem Einzelpatienten zugemutet wird, das entspricht der Lage, in die unser ganzes Volk manövriert worden ist:
Man redet uns eine psychische Krankheit als mehr oder weniger unüberwindlichen Dauerzustand ein.
Man nimmt uns an die Hand, läßt uns unsere ausweglose Lage zugestehen und erwartet, daß wir uns geduldig in sie fügen.
Man spricht zwar ständig von der Notwendigkeit, die Vergangenheit zu bewältigen, aber man hindert uns mehr daran, das Ziel zu erreichen, als daß man uns hilft.
Alles, was unserer inneren Zerrissenheit dient, wird uns mit besonderem Eifer als Heilmittel empfohlen.
Die Weltpresse schreibt uns die Rezepte aus und unsere eigene Presse schwätzt alles nach und schreit nur noch nach dem Krankenschein.
Die gegenwärtige Weltlage ist auf breiter Front in Verwandlung und Umwandlung begriffen. Neue Denkkategorien drängen überall ins menschliche Bewußtsein. In vielen Köpfen gärt es. Die explosive Ausbreitung mancherlei neuer Lehren macht das deutlich. Es rühren sich aber auch vielerlei bislang verborgene Kraftreserven. Sie werden sich nicht mehr lange unterdrücken lassen. Aus dem Unbewußten steigen sie herauf, aus dem, was CG Jung das

Urwissen, das Archetype, Charon und Menerich das elektronische Wissen von eh bis je nennen, von dem die Kybernetik als Vorprogrammierung zu anhebendem Denken und zur Aufschaltung in eine neue Führungsgrößenqualität spricht.

Zwei verlorene Weltkriege haben das deutsche Volk in Begriffsverwirrung gestürzt. Die Angst sitzt dem deutschen Menschen im Genick. In allen Lebensbereichen wächst die Unsicherheit von Tag zu Tag.

Wer die Vergangenheit bewältigen will, muß in erster Linie um die Wiederherstellung des Selbstbewußtseins, der Ehre und der Selbstachtung der Deutschen bemüht sein.

Es ist richtig, das deutsche Volk ist krank. Ohne aktive eigene Arbeit an sich selbst kann es nicht gesunden.

Mit ermutigenden Worten muß die Behandlung zwar beginnen, aber sie darf sich nicht darauf beschränken. Ein jeder von uns muß sich anstrengen, die falsche Geisteshaltung der Zeit zu überwinden, zu berichtigen: Der Mensch ist nicht nur ein denkendes sondern in erster Linie ein handelndes Wesen.

Hinter aller Krankheit steht unleugbar ein Verlust an sittlicher Kraft, die Unfähigkeit zum selbsterhebendem, zum heilenden Entschluß.

Nachdem sie jetzt pausenlos 30 Jahre lang zur Reue aufgerufen worden sind, bedürfen die deutschen Menschen einer gemeinschaftlichen moralischen Kraftzuführung, wie sie nur aus einem allseits erhebenden volklichen Erlebnis zu gewinnen ist.

Die Sucht, in der ziellosen Veränderung um jeden Preis das Heil zu suchen, führt nur zu weiteren psychischen Zwängen, am Ende zu der soviel beschworenen ausweglosen Neurose:

Viele seelische Sperren gilt es zu überwinden! —

Jeder Selbstbesinnung folgt eine Erneuerung der Persönlichkeit, des ganzen Menschen.

Statt uns in Klassenhaß zu zerfleischen, sollten wir uns die Hände reichen, alle bedrückenden Lebensumstände beseitigen, allen Parteihader vergessen und uns gemeinsam bemühen, uns wieder eine freundliche Umwelt zu schaffen!

Neue Bande der Freundschaft und der Kameradschaft gilt es zu knüpfen, überall das versöhnende Wort zu finden und auch auszusprechen!

Die gesamte Atmosphäre, in der wir leben, muß bereinigt werden!

Wer sich in dieser Weise einer Gemeinschaft verbunden weiß, hat keine eigenen Schwierigkeiten mehr und ist auch stark genug, die des Bruders tragen zu helfen.

In der bedingungslosen Bereitschaft zu jedem Opfer erlangt ein Volk seine Kraft wieder, und zwar in seinem zentralen Heiligtum: in seiner Vaterlandsliebe.

Letzte Sicherheit aber findet jeder Mensch nur in einem sittlich geläuterten Glauben, in einer unauflöslichen Selbstbindung in Gott.

Das ist es, was Kant und Luther uns mit ihrer Lehre der Selbstüberschreitung, der Selbsterneuerung aus moralischer Glaubensgewißheit verkünden.

Möge dieser Glaube im deutschen Volk wieder Lebenskraft gewinnen!

Nimm Dich der Wahrheit an, wo immer Du dazu in der Lage bist und laß Dich ihretwegen notfalls verachten, hassen und schmähen!

Die letzte Wahrheit ist — für Immanuel Kant — Gott. Dieser, sein Gott, ist aber nicht nur Abschluß, Scheitelpunkt des Wissens, sondern Glaubensinhalt, eine unversiegbare kosmische, universale, Kraftquelle.

Es ist die Eigenart des Menschen, sich selbst niemals genug zu sein. Deshalb strebt er beständig danach, seine Grenzen zu überschreiten, wagt er sich ins Schöpferische!

Hier begegnet er seinem Gott! Hier wird Gott ihm zum Ereignis, zur Konkretion.

Nur eine Vereinigung im Absoluten zeitigt unvergängliche Bindungen.

Möge das Absolute auch für immer das Land unserer Sehnsucht bleiben, schon aus der Zielbindung erwächst dem Menschen geistenergetische Struktur, schafft er sich einen sein ganzes Wesen und seine Werke ausrichtenden Führungswert.

Indem Gott mich mir schenkt, entreißt er mich mir, wird aus innerer Spannung Selbstüberschreitung. So öffnet sich der Mensch die Welt der Werte auf ein höchstes Ziel hin. Nach diesem Ideal bemessen sich alle auszumünzenden Einzelwerte, die des Gemütes und die des Verstandes.

Daß der menschliche Geist metaphysische Untersuchungen einmal ganz aufgeben werde, ist — nach Kant — ebensowenig zu erwarten, als daß wir, um nicht immer unreine Luft zu atmen, das Atemholen einmal ganz einstellen würden. Kant spricht in diesem Sinne von der antreibenden Kraft des selbstgesetzten Zielpunktes aller Denk- und Glaubenshandlungen, aller Eigenleistungen der Vernunft.

Verbrennt man seine Schiffe, bricht die Brücken hinter sich ab, dann zwingt man sich, bis zum Ende zu kämpfen!

Männliche, tragische Schönheit des Endgültigen, offenbart eine solche Glaubenslehre! Nur wenige scheinen sie heute noch zu vernehmen, obwohl sie gerade in unsere Zeitlichkeit einen Hauch des Ewigen hineinträgt!

Sorgen wir dafür, daß sich die letzte große Tragik des westischen Menschen zu unsern und zu unserer Kinder Lebzeiten noch nicht vollzieht! Auch wenn es die Kraft eines Demiurgen kosten sollte!

Denn wir haben die Zusicherung Kants:

Du kannst, weil Du sollst!

XI. Zu-fall — Hinzu-fall — Zuordnung.

(Zusammenfassender Text eines Vortrages, gehalten vor dem . . . . Orden in Nürnberg.)

Alle bisherigen Philosopheme, die in dem kosmischen Geschehen einen gerichteten Prozeß sehen, seien unrichtig, behauptet Jaques Monod in seinem 1970 erschienen Werk

Zufall und Notwendigkeit.

Die erste Bildung eines Kettenmoleküls von Proteinen und Nukleinen sei ein Zufallstreffer in der Biolotterie.

Sein Buch war ein Treffer, sogar ein Volltreffer, auf dem Büchermarkt nämlich.

Anspruch und Leistung des Werkes stehen jedoch in seltsamen Widerspruch zueinander, meint Wolfgang Stegmüller dazu.[108] Nach Monod ist die Entstehung von Leben auf unserem Planeten ein Betriebsunfall der Natur, der sich nach astronomischer Unwahrscheinlichkeit vollzogen hat.

Korrekt hätte Monod allerdings nur schließen dürfen, daß die Entwicklung so, wie sie sich vollzogen und mit den Folgen, die sie gezeitigt hat, sich höchstwahrscheinlich nirgendwo in der Welt wiederholen wird. (Stegmüller)

Die herrschende Meinung folgert, daß nicht anzunehmen ist, daß es außer auf unserer Erde irgendwo im Weltenraum Menschen gibt.

Die Bildung von Leben irgendwelcher Art ist damit allerdings nicht ausgeschlossen: Andere Chemismen können einen Lebensstoff ebenso gut aufbauen, möglicherweise mit einem anderen Code.

Am Schlusse seines Werkes entfaltet Monod seine Ethik: Er nennt sie existentialistisch. Praktisch läuft sie auf eine marxistische hinaus. (Monod war eine Zeitlang militanter Kommunist.)

Was Monod mit dem Titelbegriff ‚Notwendigkeit' hat sagen wol-

108) Stegmüller, Hauptströmungen der Gegenwartsphilosophie, II, 407.

len, bleibt unklar. Modallogik kennt er offenbar nicht. Auch fehlt ihm eine nähere Kenntnis der kybernetischen Gesetzlichkeit.
Die Philosopheme, auf die Monod sich zur Stützung seiner These beruft, widerlegen ihn eher, als daß sie ihn bestätigen.[109)]
Manfred Eigen und Hans Kuhn haben Monods These naturwissenschaftlich präziser aufgegriffen. Sie sind übereinstimmend zu einem gegenteiligen Standpunkt gelangt.
Sie gehen unterschiedliche Wege:
Eigen bezeichnet seinen Weg als Selbstorganisation in der Teilchenwelt. Kuhn stellt ein Denkmodell auf.
Der zweite Hauptsatz der Wärmelehre, der Entropiesatz, wird beiden zur ersten Hürde:
Eigen zeigt, daß negative Entropiesprünge, also die Setzung von Ordnung, nur die biologische Kehrseite des Entropiesatzes bedeutet.
Die von der Automatisierungstechnik bekannte Lochkarte dient Eigen als Hilfsmittel. Molekularbiologisch entsprechen ihr die Nukleinsäuresequenzen. Auf ihnen ist der genetische Code verzeichnet.
Die den Plan ausführenden Roboter sind die Proteine. Sie leisten ihre Arbeit als Enzyme und als Katalysatoren. Sie steuern den Verfahrensgang.
Die nachfolgende Darstellung ist eine Wiedergabe in grober Zeichnung:
Alle Teilchen befinden sich in Bewegung. Sie geht im wesentlichen vom Erdmagnetismus aus. Charon folgert sie aus elektrostatischer Wechselwirkung zwischen zwei geladenen Elektronen. Auch kosmische Strahlung und der Mond[110)] können Bewegung erregen. Die Teilchen haben ihren eigenen Spinn, den sie kommunikativ mit der Außenwelt jeweils um die Einheit einer Planckschen Konstante steigern.
Schon Elektronen haben individuellen Charakter. Sie unterscheiden sich nach Wellenlänge und nach Schwingungsfrequenz. (Spinn) Viele andere Unterscheidungsmerkmale werden wirksam.

109) Verfasser, Der Antimonod, Europäischer Verlag Wien, 1974.
110) Normalerweise bremst der Mond die Erdbewegung ab.

Elektronen sind vieldimensional. Das Elektron ist ein Mikro-Universum von Strahlungseinheiten (Photonen, deren Masse gleich Null) und Informationen gehalten.
Jedes Elektron verfügt über eine elektromagnetische schwarze Strahlung von sehr hoher Temperatur (einigen Milliarden Grad!)
Da das Mikro-Universum nach außen geschlossen ist, kann diese Strahlung den Körper des Elektrons nicht verlassen. Auch die Photonen des Elektrons sind individuell ausgestaltet. Ihre Energiestufen bewegen sich zwischen Null und Unendlich.
Jedes Elektron hat die Fähigkeit, unter den Photonen seines Raumes das passende auszuwählen, um es virtuell (elektrostatisch) gegen ein äußeres auszutauschen und sich dadurch in der gewünschten Richtung fortzubewegen. So kann es auch ein bestimmtes äußeres Photon so ‚steuern', daß dieses die beabsichtigte Wirkung nämlich eine bestimmte chemische Reaktion, auslöst.
Bei jeder Zustandsänderung geht der weniger wahrscheinliche in den wahrscheinlicheren über.
Der Entropiesatz gilt nur für geschlossene Systeme. Planeten sind systemoffen.
Es wächst also Ordnung (und nicht Unordnung) an. Gesteuerte Photonen versorgen sich mit chemischen Substanzen, die sie aufspalten. Damit frei werdende Energien speisen den Umwandlungsvorgang. Sobald sie einem Lebewesen ähnlich geworden sind, ernähren sich die Teilchenkonnexitäten. Sie entziehen ihrer Umgebung Ordnung und bauen damit ihr eigenes Ordnungsniveau auf und aus. Die für eine anhebende Wende im Prozeßgang erforderliche schwarze Strahlung tritt überall auf, sobald im Raum bestimmte Temperaturen herrschen. Elektronen bilden Membrane und erhöhen ihre Eigentemperaturen im geschlossenen Raum. Das betreffende Elektron muß strukturell das Einfangen hoher Temperaturen ermöglichen. (Raummembran)
Alle Teilchen einer Reihe weisen bereits die Fähigkeit auf, sich im Rahmen ihrer Eigenstruktur selbstinduzierend zu vermehren. Dabei entwickeln sie sich unabhängig voneinander, also unterschiedlich. Die einen sterben nach verhältnismäßig kurzer Zeit ab, die energiereicheren erneuern sich, bauen sich auf und aus. Es entstehen Sequenzsysteme. Sie drängen auf Einengung ihrer Struktur

hin, harmonisieren sich. Mit anderen Worten: sie entwickeln Leitbildeigenschaft, dienen als kybernetische Führungsgröße.
Es beginnt die Phase der Polymerisation (der Anreicherung).
Mit der Eigenvermehrung steigert sich die Wahrscheinlichkeit der korrekten Reproduktion, das Lernen von Beispiel zu Beispiel.
Dabei fließt die Energie der absterbenden Teilchen den sich selbst erneuernden zu, kommt ihnen zu gute. Lebenstaugliche und weniger taugliche Teilkonnexitäten spalten sich immer wieder voneinander ab. Eigen nennt diesen Vorgang *das Segegrationsprinzip.* Es ähnelt dem Ausmendeln.
Bei jeder Reproduktion vollzieht sich also Selektion. Der Mittelwert der Teilchen stellt die Information für die jeweils nachfolgende Reproduktion.
Bei entsprechender Wiederholung des Prozeßganges ergibt sich eine fortlaufende Anhebung der Information (des Mittelwertes).
Die energiereicheren Teilchen heben die Sequenz an.
Kybernetisch gesehen handelt es sich um eine zielgerechte Führungsgrößenaufschaltung.
Mit jeder Verlängerung des Verfahrensgangs nimmt aber auch die Ungenauigkeit in der Reproduktion zu! Es bildet sich also eine Gegenläufigkeit.
Katalysatoren sorgen dafür, daß immer noch ein Anhebungsfaktor wirksam bleibt.
Proteine, Teilchen mit tertiärer (dreidimensionaler) Struktur wirken als Katalysatoren.[111)]
Mehrdimensionale Strahlungswirkungen anderer Art kommen hinzu, z.B. Strahlungsstöße im magnetischen Feld, Wirbelfunktionen, plötzlich auftretendes Temperaturgefälle u. dgl.
Jedes Glied vermehrt sich um seinen unmittelbaren Nachfolger.
Zusammenschlüsse von Proteinen zu katalytischen Kreisen erleichtern und beschleunigen den Geschehensgang.[112)]
Sie werden erst nach einer gewissen Stabilisierung wirksam.

111) Die Katalysewirkung beruht auf Dimensionsunterschieden. Das dimensionshöhere Element löst die Wirkung aus.
112) Die Kreisbildung ist eine Folge der stärkeren Aufladung der Teilchen im Knotenpunkt der Spirale. Er wird zum Atomkern. Die Spirale schließt sich als Hülle.

Das Gefälle der parasitären Unordnung wird laufend durch ordnende Prinzipien (Katalysatoren, Enzyme) überwunden.

Zur Reproduktion der Proteinkreise bedarf es polyfunktionaler Enzyme (mehrdimensionaler Enzyme).

Es bilden sich kybernetisch wirksame Hyperzyklen. Sie entfernen Parasiten und führen zur Bildung höherwertiger Mutanten.

Um sie fortlaufend zu Kreisen zusammenzuschließen ist ein Übersetzungsmechanismus erforderlich.

Der genetische Code ist auf unserm Planeten für sämtliche Lebewesen einheitlich. Das beweist, daß alle Lebewesen von einem oder von wenigen Urexemplaren abstammen. Dadurch ist auch die Organismusbildung erleichtert. Ein Hyperzyklus besteht aus dem äußern und dem inneren Kreis, aus Teilchengliedern und aus Informationsträgern. Im Hyperzyklus herrscht Arbeitsteilung: zwischen Legislativer und Executiver, zwischen Spezialisierung und Reiheninformation, zwischen allen Proteinketten, wobei die Spezies mit dem höheren Selektionswert und mit dem neuen, verbesserten, Reproduktionsverfahren nach kybernetischem Prinzip dominiert. Mutationswerte kommen immer reicher und wirksamer zur Geltung.

Die kombinierten Kreise bilden sodann eine Schutzhülle, eine Membran, die sie nach außen abschirmt. Dadurch werden die vorteilhaften Mutationen erneut besser geschützt.

Am Ende dieser Phase stehen Gebilde, die man als Vorstufen der Lebewesen ansehen kann.

Auch sehr Unwahrscheinliches ereignet sich, wenn eine entsprechend lange Ereigniskette abspult.

Für die Entwicklung der ersten Zelle bis zum Menschen waren zwei Milliarden Jahre nötig.

Nach unserem heutigen Wissenstand war eine unentbehrliche Voraussetzung für die Entstehung von Leben auf unserm Planeten das Vorhandensein elektromagnetischer Felder. Sie allein gewährleisten das Zusammenspiel der Mikroteilchen im Sinne physikalischer Gesetzmäßigkeit und gemäß dem dargestellten Modellverlauf.

Nur das fortlaufende Ausselektieren von Parasiten (Störfaktoren) und das Ausmendeln von vorteilhaften Mutationen ermöglicht den Sprung in die jeweils höhere Ordnung.

Die derzeit herrschende Meinung, daß Menschen außerhalb unseres Planeten im Universum nicht existieren können, kann aber nicht als gesicherte Erkenntnis gelten.

Zwar sind exakt gleiche Ablaufsreihen unter exakt gleichen Umweltbedingungen ausgeschlossen. Da aber alle diese Prozesse, was weder Eigen noch Kuhn klar herausgestellt haben, auf dem Wesen der Elektronen und der in ihnen wirkenden Photonen beruhen, kann Leben auch auf anderer als Kohlenwasserstoffbasis entstehen.

Bei der Bestandssicherung von Komplexionen spielen Verinnerlichungswerte, d.h. Gedächtniswertspeicherungen der Elektronen, die entscheidende Rolle: Sie bilden selbstinduzierend fortlaufend Informationsfunktionen aus und führen auf diese Weise Führungsgrößenanhebungen herbei, selektieren selbsttätig Störfaktoren, schließen Rückbildungen (Rückkoppelungen) aus und erreichen Stabilitäten. Vielerlei Strahleneinwirkungen im elektrostatischen Wechselspiel der Photonen ergeben die Leitwerte. Primär-Sekundärstrahlungen, Mond- und Sonneneinflüsse und schließlich kosmische Strahlungen (unterschiedlichster Art) unterhalten und regulieren das Makrogeschehen in kybernetischer Entfaltung im geophysikalischen Raum. **Mit einem Wort: die Welt ist nicht nur zwei- drei- und vier-, sondern unendlich dimensional, wobei die höheren Dimensionen jeweils das kybernetische Prinzip gewährleisten.**

Das Gleiche gilt für die sonstigen kosmischen Energien und Kräfte, sowie für die Weltraumkörperzustände und -reaktionen. Ein wichtiges Beispiel dafür ist die Plasmasubstanz, die weitgehende physikalische Wirkungen (z.B. Synchronisationen) auslöst und Ambivalenzpunkte (Wendepunkte) im Prozeßgeschehen herbeiführt.

Alle Kräfte, die ein fertiger Kleinorganismus (klein im Verhältnis zum Kosmos) in sich birgt, zum Beispiel die Heilkraft, stehen auch dem Kosmos als größter Konnexität zur Verfügung. Die Eigenkraft des Kosmos als Selbststeuerungswert darf also nicht übersehen werden: Gott hilft sich immer selbst! Er bedarf des Zufalls nicht! Eigen und Kuhn übersehen das.

Die Chemiker haben inzwischen eine Reihe von organischen Verbindungen hergestellt, deren Moleküle da, wo nach unsern Verhältnissen (auf der Erde) Kohlenstoffatome als Wirkelemente gegeben, Siliziumatome vorhanden sind.
Neben diesen Siliziumlebensformen sind auch solche aus Fluorkohlenstoff möglich. Bei ihnen nimmt Schwefel die Funktion des Wassers ein. Auch Stickstofformen mit flüssigem Ammoniak sind denkbar.
Das Urteil, daß es menschenähnliche Wesen nur auf unserer Erde gibt, ist voreilig.
Die Natur leistet sich keine Leerläufe.
Die kybernetische Welt ist eine dynamische, eine Welt, die sich stetig verändert, mit Zielen und Verläufen, mit Gleichheiten und Neuheiten, die unversehens werden. An jedem Morgen ist die Welt nicht mehr ganz dieselbe.
Hans Kuhns Theorie geht von der Existenz von energiereichen Nukleotiden aus, wie sie schon bei Anbeginn der Erdzeit vorhanden waren oder entstanden sind, aus Asymmetrien im Elektronenbereich, in der Verteilung von Ladungen, die zu elektronischer Bewegung, zu Molekülbildungen, zu größeren Molekülen und besonderen Zuständen der Materie geführt, unter Einfluß von Strahlungen und Temperaturgefällen weitere Zusammenschließungen ermöglicht haben und kybernetisch zu Strukturausbildungen gelangt sind. Spinn und Systemschwingungen stellen dabei dynamische Gleichgewichtslagen her. Als nächste Stufe nimmt das Molekül Austauschbeziehungen (Anpassung und Abwehr) zur Umwelt auf. Es bidlet sich ein erstes System.
Als Antriebskraft dient Kuhn nicht allein das erdmagnetische Außen- oder Innen-Feld, sondern die periodische Fluktuation, Gasentladungen der Erde, Tages- und Nacht-, Ebbe und Flut- sowie Sommer- und Winterrhythmus. Die entscheidenden Wechselbezüge im Elektronen- insbesondere im Photonenbereich hat er übersehen. Die Nukleotiden reichern sich an. Es entstehen Zuckermoleküle. Die zunächst divergierende Entwicklung schlägt in Konvergenz um, nämlich sobald ein Molekül entsteht, in dem ein Zuckerteilchen durch eine d-Ribose ersetzt wird.
Ein solches Molekül dient als Matrize für eine Doppelhelix. Es bil-

den sich räumlich ineinanderpassende Aggregate mit Tertiärstruktur (Dreidimensionalität).
Zur Ausbildung eines genetischen Codes kommt es erst, wenn die Fehlerwahrscheinlichkeit beim Phasenübergang nicht größer ist als 1/1000.
Monomere übernehmen die Informationsfunktion. Sind sie in genügender Zahl vorhanden, ist die Stabilität des Systems gesichert. Im einzelnen wird auf Stegmüller a.a.O. verwiesen.
Beide Verfahren (nach Eigen und nach Kuhn) arbeiten bis zum Eintritt von Konvergenzen in hohem Maße mit den geplanten Ablauf begünstigenden Zufälligkeiten. Insoweit bestätigen Eigen und Kuhn die These von Monod. Im entscheidenden Punkt widerlegen sie aber seine Meinung: Der Zufall, der zur Bildung von Leben geführt haben soll, ist — entgegen Monod — wenn auch in abgeänderter Form, wiederholbar.
Die philosophisch (demgemäß natürlich auch naturwissenschaftlich) interessante Frage ist die des Faktors Zufall. Immer wieder weist Stegmüller darauf hin, daß das, was für den Einzelfall höchst unwahrscheinlich ist, bei hinreichend langer Wirkzeit zwangsläufig, also notwendig wird.
Damit wird aber aus dem Begriff Zufall (an den sich auch Stegmüller noch gebunden erblickt) im Kausalnexuswege Zuordnung, Anpassung.
Der Begriff Zufall ist doch nur ein Leerwort.
Als erstes Glied des Lebendigen verwendet bereits das Elektron eine besondere chemische Struktur, den asymmetrischen Kohlenstoff zur natürlichen Veränderung der Topologie des Raumes.
An dieser Stelle zeigt sich denn auch ein entscheidender Gedankenfehler Monods:
Er meint, daß bei Beginn der Erdzeit Gesetzlosigkeit geherrscht hat, die gesetzliche Ordnung also erst mit der ersten, nach seiner Auffassung zufälligen, Bildung von Aminosäuren beginnt.[113)]
Im Gegensatz dazu gehen Kuhn (und wohl auch Eigen) von dem

113) Mindestens war die Erde von Anfang an kosmischer Gesetzmäßigkeit unterworfen. Die Kybernetik ist doch nichts Anderes als die Abhängigkeit des niederen vom höheren System! Kybernetik galt also von Anfang an.

Vorhandensein von Aminosäuren, jedenfalls von den Voraussetzungen zu ihrer Entstehung, aus.
Selbstverständlich war die Erde bereits bei ihrem Beginn an einen gesetzlichen Zwangsverlauf gebunden. Das beweist die Innenstruktur der Elektronen und ihr den ganzen Chemismus bewirkendes Verhalten.
Von Anbeginn an bestand planetarische (sonnengesetzliche) Systemgesetzlichkeit. Hinzu kamen kosmische universelle Gesetzmäßigkeiten, die sich im Elektronenbereich, im Magnetfeld der Erde und insbesondere in Bezug auf den Erdmantel ausgewirkt haben. Auch stand die Erde alsbald unter dem Einfluß mindestens eines, wenn nicht zweier Monde (die sie vielleicht aus sich selbst gekalbt hat).
Da der Erde der erst später entstandene Van-Allen-Schutzgürtel gefehlt hat, war sie der ungehinderten Sonneneinstrahlung ausgesetzt, konnte also die Elektronen ‚aufheizen'.
Auch die kosmische Strahlung hat sich in der ersten Erdzeit mit Sicherheit weit mehr ausgewirkt als es heute der Fall ist. (s. hierzu Kertz, Einführung in die Geophysik, Bd II)
Alles Denken, schon das elektronische, beruht auf Informationswertspeicherung. Unser Denken ist ein Naturprozeß, d.h. wir denken in elektronischer, planetarischer, sonnengesetzlicher, galaktischer und universeller Gebundenheit.
Die höhere Dimension hält die niedere stets in Abhängigkeit, verkörpert also das kybernetische Prinzip. Das gilt als grundlegendes Denkgesetz. Es ist die Struktur der Logik und der Kausalität. Mit diskontinuierlichem Denken ist das Problem des kosmischen Kontinuums (Leibniz) nicht zu lösen. Unsere ‚Geisteswissenschaftler' sowohl als auch die ‚Naturwissenschaftler' verkennen z.T. noch die Vieldimensionalität des Kosmos und das damit verbundene Selbststeuerungsprinzip.
Es bedeutet einen einschneidenden Umschwung in der gesamten Denkweise der Natur- und der Geisteswissenschaften.
Der Kosmos erweist sich als eine ganzheitliche Führungsqualität.[114)]

114) Es handelt sich um ein angenähertes perpetuum mobile, dessen Wirkdauer zeitlich dem Gesetz der großen Zahl entspricht.

Das Kontinuum ist eine stufenförmig ausgebaute Welt unter dem atomaren und über den empirisch erschlossenen Kosmos hinaus, als Ganzheit nach beiden Seiten in Selbststeuerung verlaufend. Es ist also eine — wenn auch in der letztdenkbaren Zeitkategorie — relative Dauerwelt, eine Welt, die zwischen der Explosions- und der Implosionsphase im freiheitlichen, vieldimensionalen, Selbstvollzug steht, die letzten Endes durch die transzendentale Funktionale (die kosmische Übergangsenergie, die den Phasenschritt vermittelt) ausgerichtet wird, also stets streng gesetzlich abläuft.[115)]
Das selbstgesetzlich ausgerichtete Kontinuum bestimmt und richtet dabei alle Einzelsysteme auf individuelle Vollendung aus.
Erst dieser Gedanke macht die — insbesondere von Weizsäcker — beobachtete Ambivalenz aller Denkprozesse erklärbar.
Unaufhörlich vollziehen sich blitzartig Zustandsbildungen und Verwandlungen und zwar im Zusammenwirken vieldimensionaler Arten mehr oder weniger subtiler Elemente, die sich in stetem Wandel manifestieren und wieder auslöschen, zur Zeit ihrer Systemgeltung kybernetisch ausrichten. Alle Systemwirkung läuft am Ende auf Synchronisierungen hinaus. Elektronische Informationsspeicherung, die elektromagnetische schwarze Strahlung, sind die Ambivalenzpunkte in der Mikrowelt. In der diskontinuierlichen Makrowelt wandelt sich Energie als Folge von aus dem Kontinuum herüberwirkenden Impulsen zu fortlaufend wechselnden Konkretisierungen.
Dabei ist auch die Energie individuell ausgestaltet. (nämlich gekennzeichnet durch Wellenlänge und Schwingungsfrequenz).
Das gilt in entsprechender Weise für die Teilbereiche zwischen Welle und Korpuskel.
Wegen seiner Vieldimensionalität ist dieser Prozeß im einzelnen schwer verfolgbar.
Kuhn hat also recht, wenn er von einem Modelldenken unter Zugrundelegung der bestehenden Gesetzlichkeiten ausgeht. Auch Eigen wird über ein Modelldenken nicht weit hinauskommen, womit

115) wobei sie plateaumäßig Eigengesetzlichkeiten entfaltet und vielen Schwankungen unterworfen ist, aber auch immer wieder systembildend Selbstgesetzlichkeit setzt.

nicht ausgeschlossen sein soll, daß ihm der Aufbau einer Zelle gelingt.
Es sind eben nicht alle biologischen Vorgänge gleichzeitig analysierbar.
Entgegen der Meinung von Heisenberg ist aber eine Ursache-Wirkungsverknüpfung unterhalb des atomaren Wirkgeschehens, also im Quantenbereich, nicht ausgeschlossen. Sie geht allerdings von einem Quasisubjektbereich, nämlich von elektronisch/kybernetischer Steuerung aus. Wegen der Unendlichkeitsdimension der kosmischen Wirkbereiche bleibt vieles unerkennbar, nur dem Prinzip nach erklärbar. Das rechtfertigt die Unbestimmmbarkeitsrelation.
Immer wieder treten unvorhersehbar gewesene Selbstinduzierungen aus Informationsanhebungen und sonstige Umweltveränderungen ein.
Schon bei den Griechen beherrscht die Göttin Psyche auch den ‚blinden Zufall'. Wenn sie sich auch um die Gebete der Gläubigen im einzelnen nicht kümmert, so gewährt sie ihre Gunst doch ihren Lieblingen, also denen, die sich ihrem Denksystem einfügen.
Auch die Trismegisten, die Jünger des Götterboten Hermes, widersetzten sich den zerstörerischen Kräften. Sie hatten erkannt, daß der Mensch stärker ist als sein Schicksal.[116)]
Der Hinduismus lehrt: Am Anfang war das Gesetz. Auf ihm beruht alle Wahrheit. Yama, der Totengott, zwingt und lenkt das Weltgeschehen! Mit andern Worten: Es gilt Kybernetik.
Die gleiche Kraft symbolisiert Rama, der Gott, der sich als Held verkörpert und allen Helden seine Kraft verleiht, die Unbilden des Lebens zu überwinden.
Götter und Helden symbolisieren also das kybernetische Prinzip.
Der Ramagedanke begegnet dem Naturwissenschaftler im Plasmaprinzip, aus dessen Wirkkraft sich höchste Elektronenverdichtung ergibt (mit der Folge, daß sich elektrische Neutralität bildet).
Sind die Schwarzen Löcher im Kosmos von Plasmamassen beherrscht?

116) Sie nahmen damit eine kybernetische Führungsgrößenaufschaltung vor, bestimmten im Sinne von Kant Naturgesetzlichkeit. Pessimisten und Schwarzseher können viel von ihnen lernen!

Sind sie der elektromagnetischen Schwarstrahlung im Elektron gleich?
Auch zu Zeiten, in denen keine Kernwaffenversuche laufen (dann natürlich erst recht), ist die Erde (sie reicht bis zum Ende der Erdatmosphäre, bis etwa 500 km Höhe) ständig bewegt. In ihre magnetischen Felder werden Sonnenwinde und kosmische Strahlungen (gesiebt) eingeschleppt und teils bis zur Erdoberfläche transportiert. Ein großer Energiestrom gelangt so täglich auf unsern Planeten und richtet hier alles Leben aus. Selbst der Mond tut es zu seinem Teil.
Weder Eigen noch Kuhn brauchten in Wahrheit den Zufall. Es genügte der Einblick in das Selbststeuerungsgeschehen der Mikrowelt der Elektronen und lange Zeiträume, um das entstehen zu sehen, was sie erstrebten.
Die Evolution ist praktisch ein kybernetischer Vorgang, wobei die höhere Entwicklungsstufe der angereicherten Information die schwächere ausrichtet (und zwar durch die fortlaufende Bildung von sich im Reduplikationsverfahren steigernden Mittelwerten).
Schon die Dimension des erkennbaren irdischen Lebens reicht von unterhalb des Atomaren über die Riesentangen (Braunalgen) zu den tonnenschweren Bartenwalen. Weit darüber hinaus geht das kosmische Leben (Geschehen) und alles läuft ab nach sich fortlaufend selbst überhöhenden Gesetzlichkeiten.
In diesem Zusammenhang von Zufall zu sprechen ist sowohl philosophisch als auch naturwissenschaftlich nicht statthaft.
Das gilt vor allem für Monods Werk, das von vorneherein darauf abzielte, den Mitmenschen handfeste Information in weltanschaulicher Aufmachung zu geben.
Selbst der Stein vom Dach auf den Kopf des vorbeigehenden Passanten fällt nicht zufällig: Der Passant hatte sich entschlossen, die häuserbewehrte Straße zu passieren. Er kannte und billigte ihr Betriebsrisiko. Daß er im Einzelfall darüber nicht nachgedacht hat, ist belanglos.
Der Zufall beherrscht nur die Zeitgeister.
Die Welt ist viel-, sie ist unendlich dimensional: Das ist das Ergebnis dieser Betrachtung.
Überall hat sie dennoch ihre mehr oder weniger konstante Gesetzmäßigkeit, wie sie sich im diskontinuierlichen Bereich erweist.

XII. Die Aufgabenbewältigung der Zeit.

Die Ursache dafür, daß die Welt ständigen Schwankungen unterworfen ist, liegt darin, daß der Kosmos ein spontaner Geschehensablauf informationsgelenkter Selbststeuerung ist.
Kybernetisch gesehen fließen täglich Neuinformationen hinzu, setzen Folgezwang und begründen Anspruch auf zeit- und umständegerechtes Verhalten. Stetig also ergänzen und verändern sich die soeben konsolidierten Systeme infolge von Anpassungsnotwendigkeiten.
Nachdem Alexander von Humboldt die Welt bereist hatte, faßte er seine Eindrücke unter dem Titel „Kosmos, Entwurf einer physischen Weltbeschreibung" zusammen. Er verstand den Kosmos als eine natürliche, körperlich-seelische Einheit.[117)]
Es ging ihm darum, den „Geist der Natur" darzustellen, wie er „unter der Decke der Erscheinungen" verhüllt ist.
Überall durchdringt uns ein dumpfes Ahnen von der inneren Gesetzmäßigkeit der Natur.
Humboldt spricht von der Einheit in der Mannigfaltigkeit, gestaltet als jeweilige Individualität durch die Ordnung „des gestaltlos Freien".
Das Freie, gestaltlos ist es noch: Leben empfängt es also erst, indem es individuellen Charakter annimmt, seine Ausrichtung als ein Einzelnes festlegt, sich formt.[118)]
Alle Formen des Werdens und des Gewordenen erwachsen aus dem geheimnisvollen Geschehensvorgang der Gestaltung, des Gestaltannehmens, der Selbstorganisation und des Selbstvollzuges. Geistenergetische Bewegung leitet in sinnlicher Anschauung über zu Erkenntnissen. Diese durchdringen alle Bildungsstufen der Na-

117) Alexander von Humboldt, Kosmos, Entwurf einer physischen Weltbeschreibung, Cottasche Originalausgabe.
118) Nur der Knecht lehnt sich gegen ‚die Herrschaft auf'. Der Freie unterwirft sich selbstgesetzter Autorität.

tur, insbesondere des Menschen. Ein gemeinsames Band umschließt die Allheit.
Es ist stets ein gewagtes Unternehmen, den Zauber des Ganzen einer Zergliederung zu unterwerfen, getrennt zu betrachten, was in Wahrheit zusammen gehört und erst dadurch sein Wesen offenbart. Der großartige Charakter des Mannigfaltigen tritt spontan vor unsere Seele und erregt in ihr eine Fülle von Gefühlen und Ideen, setzt damit zugleich kybernetische Information.
Die Kraft einer solchen über das Gemüt errungenen Herrschaft ist recht eigentlich an die Einheit des Empfundenen, des ,,gedanklich noch nicht Entfalteten" geknüpft.[119)]
Die gesetzmäßige Ordnung des Kosmos, aller Weltenräume und -systeme zeigt sich dem Menschen wie abgespiegelt. Fast unbewußt schmilzt sie zusammen mit der Vorstellung des Menschen, wie er sie, inneren Anklängen folgend, als ein großes Wunderland in seiner naturgemäßen Vorprogrammierung, in seinem Gemüt, aufbaut. Die Erscheinungswelt ist auch nicht nur der Abglanz der wirklichen. Denn das Innere kann sich vom Äußeren nicht losreißen.
Schon bei den wenig zivilisierten Völkern wirkt die ,,schaffende Phantasie" unaufhaltsam auf die Menschen ein und vermittelt ihnen eine ,,symbolisierende Ahnung des Bedeutsamen im Ganzen",verschafft ihnen ein durchaus verläßliches Weltbild.
Die ganze Götterwelt, alle Religionen, sind systematisierter Symbolismus, für alle Kulturen und Zeiten informationsträchtig.
Schwer tut sich der Mensch, die Einheit in der Vielheit zu erkennen. Allzuschnell ist er geneigt, sich anstatt an der Fülle des Gesetzmäßigen an der Ausnahmeregelung im Einzelfall zu orientieren. Denn die Sonderung des Spezifizierten springt ins Auge.
Wenngleich ihm die Kybernetik als solche noch unbekannt war, hat Alexander von Humboldt den Weltzusammenhang klar in der Weise eines kybernetischen Systems erkannt.
Den weiten Horizont des Gemütes grenzte er von dem engeren des Verstandes ab.
Die richtungsweisenden Triebe des Eros und des Neikos erschienen ihm nicht gegensätzlich, sondern als Phasen der Gesamtheitsge-

119) a.a.O., S 8.

staltung: Der Lebenstrieb wird ihm zur Explosion, der Todestrieb zur Implosion, die Ambivalenz zum Umschlag im physiologischen System. So beschreibt er die Vorgänge, ohne die Vokabel zu kennen.

Auflösende Zerstrahlung und aufbauende Verdichtung der Materie lösen sich nach seinem Weltbild ab.

Ein Harmoniestreben erfaßt alle Triebe und bewirkt individuelle Gestaltung. Adhäsion und Kohäsion richten jede eben entstehende Materie von vorneherein auf Anpassungszwang aus.

Mit der Bereitschaft zur Führungsgrößenaufschaltung wächst jedem Organismus tatsächlich sein Freiheitsraum zu, und umgekehrt büßt er ihn ein.

Mit großer Freiheit bewegen sich im Weltenraum die Sonnen. Sie zwingen ihre Planeten in die Gefolgschaft. Diese wiederum fangen sich ihre Monde ein (oder sie gebären sie aus sich heraus) und halten sie in ihrem Bann.

Jedes Schwimmen gegen den Strom wird abgefangen. (Beispiele: die Sonnenwinde und die kosmische Strahlung).

Pecca fortiter[120)] ruft die Natur jedem Lebewesen zu und eröffnet ihm seinen individuellen Glücksraum.

Wo uns das Glück erstrahlt, da löst es uns aus dem Gleichmaß des Tages heraus, eröffnet es uns Freiheit.

Die Münze, mit der wir uns den Glücksfall erkaufen, bestimmt das sittliche Gesetz, die immer wieder notwendige Anpassung.

Wer sich zu sittlich anhebender Eigenhandlung nicht entschließt, wer sich treiben läßt, der büßt am Ende Freiheitsraum ein.

Im Ganzen also bleibt die Freund/Feind Gegenüberstellung bestehen. Das Glück, am göttlichen Schaffen teilzuhaben, ist nur dem sittlich Starken zugängig. Er empfängt es als Geschenk seiner Freiheit.

Starke Menschen lassen eine große Sache wachsen und reifen. Von guten Geistern umgeben, bewegen sie sich im Schimmer eines sich über sie ausbreitenden Glanzes.

Selbst in der Gewißheit des eigenen Unterganges ist ihr Leben Gnadenzeit.

120) Sündige mutig!

Was also zeichnet den Menschen aus? Hat er eine Seele? Was ist damit? Läßt sie sich nachweisen und wie wirkt sie?
1842 stellte Julius Robert Mayer die Theorie auf, daß etwas Ewigkeitswert habe, nämlich die Energie. Wohl wandele sie ihre Form, verschwinden aber könne sie nicht.
Nachdem wir von der Verbindung der Energie mit Informationswertspeicherungen in der Mikro- und in der Makrowelt Kenntnis erlangt haben, ist eine kritische Betrachtung der Energiefrage nötig.
Um — jedenfalls theoretisch — nicht alles ins Nichts, ins Nihil, versinken zu lassen, muß die Natur entweder eine Überschußenergie — des Positiven oder des Negativen — setzen oder einen kosmischen Automatismus unterhalten, der die Auslöschung der Gegenkräfte verhindert.
In der jeweiligen Polarisierung entgegengesetzter Kräfte, also in ihrer Bändigung zwischen zwei Widerständen, könnte ein solcher Automatismus gefunden sein. Alles Leben fließt zwischen gegenläufig ausgerichteten Polen. Was aber ist das Gestaltende: die Gegenläufigkeit? Die Energie der Pole? Die informatorische Selbstlenkung? Entellechie als ein vieldimensionales Prinzip?
Gott — d.h. die Schöpfung — ringt in allen Individualitäten mit sich selbst: Was einst als Saldo ausgeworfen werden wird, vermag zwar kein Sterblicher zu ergründen, wird aber im jeweiligen Lebensprozeß vorprogrammiert. Die Frage läuft zunächst darauf hinaus, ob die Quantität der Materie das alleinige Maß der sich im Raum bewegenden Kräfte ist oder ob nicht zugleich, der Masse proportional, eine harmonisierende Kraft die unerwünschte Auslöschung der Gegenkräfte verhindert.
Bei der ersten Materiebildung übernehmen die Kräfte der Kohäsion und der Adhäsion die schon im Elektronenbereich herrschende kybernetische Steuerungsfunktion. Sie bestimmen das im Kosmos herrschende Individualitätsprinzip.
Dabei beruht die Polspannung darauf, daß sich die negativen und die positiven Ladungseinheiten kräftegleich gegenübertreten und auf diese Weise den Stromfluß von Pol zu Pol bewirken. Die Pole sind (die zweiten) Ambivalenzpunkte der Spannung. (Die ersten gehen vom elektrostatischen Spinnausgleich der Photonen aus.)

Die entgegengesetzten Kräfte halten sich zwischen ihnen gefangen und harmonisieren sich im Stromfluß.
Was ist nun Seele? Gibt es sie überhaupt? Ist sie polarisierte Geistenergie? Ist sie das kybernetische System als Komplexität? Ist sie vorprogrammierte und selbstinduzierte Information?
Wie verhält sich das magnetische Feld zum polarisierten, zum elektrischen?
H.J.Campbell schrieb 1973 im Scherz Verlag sein Buch vom „Irrtum der Seele", das weite Verbreitung erfuhr.
Er geht von zwei fundamentalen Irrtümern aus:

1) ein auf Emotionen beruhendes System sei verstandesmäßig nicht zu beherrschen,
2) nur der Mensch könne „seinen Geist" steuern, nur er sei zur Selbstbeobachtung in der Lage.

Meine Ausführungen in III und IV dieser Schrift widerlegen die Auffassung zu 1), die nachfolgenden Überlegungen die Auffassung zu 2).
Campbell meint, der „nur glaubensmäßig ausgerichtete" Mensch gelange am Ende notwendig zu einem richtungslosen Untermenschentum. Ein derartiges Urteil hebt sich von selbst auf: Auch Campbells Auffassung, nur der Mensch könne sich selbststeuernd vollziehen, beruht auf einer erstaunlichen Unkenntnis und auf einem auffälligen Mangel an Denkkraft.
Tatsächlich ergänzen sich Verstand und Gemüt und kontrollieren sich wechselseitig. Ebenso wie Verstandesirrtümer nur verstandesmäßig, also logisch, berichtigt werden können, ist auch die Emotionsgeladenheit nur aus besserer emotionaler Einsicht aufzufangen. Das ist ein längst bekanntes Prinzip der Psychoanalyse.
Alle Systeme bringen nach Alexander von Humboldt oft mehr Einheit in die Darstellung als Erkenntniswert.[121)]
Man kann die Natur auch nicht einfach dem Bereich des Geistigen entgegensetzen, als wäre das Geistige nicht Natur. Es ist doch Bestandteil der Erscheinungswelt, also von der Gesamtheit Natur umfaßt.
Das Geistige und das Gemüt wirken, sich wechselseitig beeinflußend, als Gesamtsteuerungsfunktion.

121) a.a.O., S 46.

Ist das, was wir Seele nennen, nun die Komplexion Steuerungswert im Menschen? Vieles spricht dafür. Jedenfalls ist sie Geistenergie. Nach Newtons Gravitationsgesetz wird der Steuerungseffekt von der Masse bewirkt. Danach müßten sich die Doppelsterne vereinen. Die Massenanziehung allein wird es nicht zuwege bringen, daß sie sich in ihren Bahnen halten.

Das Adhäsions- Kohäsionsprinzip wird hinzukommen müssen, um einen Steuerungswert zu bilden.

Ist jedes Lenkprinzip eine seelische Funktion?

Die Geschichte hat uns die gescheiterten Versuche aufbewahrt, die Welt als selbständige Vielheit physischer Erscheinungen zu begreifen. Immer ging es darum, die jeweils zusammenfassende höhere Einheit in der Vielheit zu erkennen.

Es geziemt dem fortschreitenden Geist auch nicht, jeden auf Induktion und Analogie gegründeten Versuch, tiefer in die Verquickungen der Naturerscheinungen einzudringen, von vorneherein als bodenlose Hypothese zu verwerfen, bald die ratio und hernach die Intuition zu verspotten: Als bleibender Aufschlußwert wirkt, was die Natur uns täglich vor Augen führt, was sie als große Idee des Kosmos vor unsern Sinnen entfaltet.

Es ist jedenfalls ein alles umfassendes Prinzip, das sich dem Menschen als sittliches Entfaltungsgeschehen darbietet und das die Seele bewegt.

Wenn wir Deutsche unser gegenwärtiges geschichtliches Dasein betrachten, zwingt sich uns die Frage auf, können die vielen, zur Zeit durchweg niederziehenden Zustände und Bewegungen wieder in positives Sein umgelenkt werden? Haben wir noch die dazu erforderliche Seelenkraft?

Was entspricht bei uns der hohen Auffassung des französischen Volkes von der Grandeur (de la patrie)?

Was entspricht der Haltung des Briten wright or wrong my contry?

Spricht sich nicht in beiden Aussprüchen eine seelische Haltung aus?

Haben wir Deutsche eine ähnliche oder haben wir unmündigen Schwätzern und Emanzipanzen schon ganz das Wort überlassen? Sind wir seelisch stumpf geworden?

Überlassen die deutschen Menschen ihre Kinder der ideologischen Selbstverstümmelung?[122)]
Alle Weltreiche der Geschichte beruhten auf bewährter Sittenstrenge der herrschenden Völker. Ihre großen Männer waren von tief empfundener Vaterlandsliebe erfüllt.
Schon der Grieche Strabo sagte: „Der Mensch, die menschliche Seele, ist vieles Lichtes, vieler Geistkraft bedürftig."
Fehlt es dem deutschen Menschen heutiger Zeit an Geistkraft? An Seele, an Licht?
Hat er im Laufe seiner wechselvollen Geschichte nicht immer wieder bewiesen, daß und wie bevorzugt er zu seelischen Hochleistungen in der Lage ist?
Waren nicht viele unter den großen Europäern Deutsche?
Wird der von uns allen geförderte Sozialstaat zum Ausbeutungsobjekt einer ständig wachsenden Anzahl neurotischer Kranker, Fauler und Aggressiver?
Wird der Unterschied zwischen Verbrechern und terroristischen Weltverbesserern immer fließender?
Wann werden die Deutschen begreifen, daß sie das für ihre Kinder Notwendige nicht schuldig bleiben dürfen?
Wann werden wir alle Übertreibungen und Widersprüchlichkeiten in unserm Sozial- und Bildungswesen einer längst fälligen Korrektur unterziehen?
Wird uns die politische Angst noch weiter in Schweigen und Untätigkeit gefangen halten?
Christa Meves und Heinz-Dietrich Ortlieb haben diese Fragen unverblümt gestellt und sie haben auch die Berechtigung dieser Fragestellung begründet.[123)]
Die gegenwärtige Krise der Menschheit ist zu ihrem Teil eine kosmische, auf jeden Fall eine planetarische.
Alle Rohstofflager sind der Erschöpfung nahe. Der homo öconomicus ist immer mehr darauf angewiesen, den Weg des größeren Risikos zu gehen. Warnend erheben die Ökologen den Zeigefinger. Die Übereifrigen wollen das Kind mit dem Bade ausschütten und

122) IX, 3a Wieviel kraftvoller erweist sich der Schinto!
123) Christa Meves ,Heinz Dietrich Ortlieb, Macht Gleichheit glücklich? Herderbücherei, Band 682.

verlangen, daß die Ansprüche des Menschen auf einen Urzustand zurückgeführt werden.
Wie anders entschied sich ein römischer Staatsmann als er den protestierenden Witwen der gefallenen Seeleute zurief: „Navigare necesse est, vivere non!“
(Schiffahrt ist notwendig, das Leben des Einzelnen nicht!)
Schon die alten Ägypter hatten erkannt, daß Weltraumereignisse das Signal für auf der Erde aufkommende Naturkatastrophen darstellen können.
Die große Ordnung der Natur ist auf ein Zusammenwirken aller Welten abgestellt.
Die Überlebenschance des Erdmenschen ist nur kosmisch zu sichern. Drohen der Erde nicht schon heute viele Gefahren?
Der natürliche Glaubensinhalt aller Kreatur ist es, sowohl an ihre Existenz als auch an ihre Ewigkeit in Gott zu glauben. Das aber ist das ständige Geschäft der Seele!
Letzten Endes ist sie das psychische Stabilität bewirkende Prinzip.
Nur die Kraft der Seele kann die unsere Existenz in Frage stellenden Gefahren überwinden!
Weit sind die Sterne entfernt: Doch zwischen ihnen und uns liegen keine Ewigkeiten!
Im Mikrokosmos herrschen vom Atomkern zur Elektronenhülle vergleichbare Entfernungen! Und doch gibt es eine Funktionsgemeinschaft Atomverband!
Nach den Sternen zu greifen verlangt viel Kraft, vor allem aber die Ausweitung der Seele auf einen kosmischen Horizont. Weiter entfernt als alle Sterne scheint dem heutigen Menschen seine Seele zu sein.
Und doch soll sie seinen Tod überdauern!
Steht doch nur ein Menschenleben dazwischen!
Wenn der Atomkern seine Hüllen sprengt, wird Energie in gewaltigem Ausmaß frei.
Wieviel mehr Energie befreit der Mensch mit seiner Auflösung, wie sie sich übrigens täglich vollzieht, und wie er ihr ebensooft entgegenwirkt.
Den Horizont der Seele bestimmt allein der Glaube. Glaubensziele aber sind niemals identisch mit Verstandeszielen.

Dennoch sucht der Mensch zu verstehen, was seiner Glaubensüberzeugung entspricht.
Man kann sich allerdings auch nicht beliebige Glaubensziele setzen! Das hält der Mensch nicht durch!
Nur, was seiner bestimmungsgerechten Glaubensüberzeugung gleichkommt, das drängt ins Bewußtsein und läßt sich dann nicht mehr beiseiteschieben:
Auch eine räsonierende ratio kann es nicht ersticken!
Der moralische Glaube ist eine Naturkraft, die dem Verstand seine Abfolge vorschreibt.
Es taucht die Frage auf: Kann sich der Mensch ganz von der ratio lösen, sich allein dem Glauben überlassen?
Muß Gott nicht auch stets mitgedacht und in einer angemessenen Sprache dargestellt werden?
Paul Schulz hat das Problem aufgeworfen aber nicht hinreichend gelöst: Im rationalen Verstehensbereich gibt es — außer vielen Leerworten — reine Denkfiguren und Denkbehelfe. Die Rationalität im Motor der Glaubensvorstellung ergibt aber einen Kolbenfresser: Es kann keine zeitgerechte Logik der offenen Theologie geben.[124)]
Das ‚Untersuchungsprojekt Gott' liegt außerhalb aller historischen Zeit, auch außerhalb der Menschenwelt.
Der mit ihm korrespondierende Glaube muß überzeitlich und außerräumlich ausgerichtet sein.
Er ist dem geschichtlichen Denkdruck nicht zugängig.
Denn dieser ist auf die totale Rationalisierung des Menschentages beschränkt.
Was unsere Existenz trägt, ist auch nicht das Wissen, sondern die Gewißheit, die Glaubensfestigkeit.
Ein Brückenschlag zwischen Naturwissenschaft und Glaubensvorstellung kann nur über die Plancke Geisteskraft (Geistenergie) gelingen.
Mit seiner Transzendentallehre hat Kant die Tür zum nachwachsenden Verstehen geöffnet. Vom rein Begrifflichen her gesehen, mag sie der ratio als leere Konstruktion erscheinen.
Erst im Vitalbereich gewinnt sie an Bedeutung.

124) Paul Schulz, Gott als mathematische Formel, Rowohlt 1977.

Die Selbstüberschreitung aus moralischer Glaubensüberzeugung ist eine subjektive Energieleistung.
Im Persönlichkeitsbereich, aus dem Subjektiven, wächst der vieldimensionale Mensch.[125)]
Es ist unrichtig, wenn Paul Schulz ausführt, im modernen Weltbild lasse sich eine personhafte Kausalität Gott nirgends verifizieren. Als Realität gebe es sie nicht. Das ist objektives Denken, den Bereich des Selbstüberschreitens nicht erfassend.
Gott ist denknotwendig nichts nicht, also ist er auch als Persönlichkeit, als Gottvater, in frommer Innigkeit erreichbar. Es eröffnet sich auf allen Wegen echte Kommunikation mit dem Göttlichen.
Der Mensch stößt sich auch garnicht an ‚unmöglich erscheinenden Denkformen'. Es ist doch nur die Trägheit des Herzens, die ihn daran hindert, den Weg zu Gott zu finden!
Jede Beschreibung ist schon eine Begrenzung.
Bis ins Vorfeld des Unendlichen tastet sich die Denkbewegung vor. Was die Menschen Bewußtsein nennen, ist aber in erster Linie Selbstbewußtsein, Identifikation der Einheit von ratio und Gefühl. Stets bleibt der Mensch in seiner Begrenztheit gefangen. Er kann also auch nur ein gebrochenes Bewußtsein haben. Letzte Klarheiten sind ihm verwehrt.
Aber der Mensch steht auch ebenso unwandelbar im Gefordertsein, konfrontiert mit der Aufforderung zum großen Entschluß, zur befreienden Tat.
Hier wird die Ambivalenz alles Geschehens deutlich:
Objektiviert erfährt er die Welt als naturgesetzlich ihn bindend; im Subjektbereich erlebt er sie als Mitstreiter Gottes, schöpferisch.
An einer einzigen Stelle ist die Grenze zum Unendlichen überschreitbar: in der Anhebung des eigenen sittlichen Leistungsvermögens.
Statt: Kirche nach vorn (Paul Schulz) sollte der Ruf nach gestärkter Geistkraft erschallen.[126)]

125) Müller-Ramelsloh, Lichtinseln im Weltengrund, 1979, S 52 ff.
126) Denn die Kirche ist doch nur eine Institution!

Da gibt es viele Dinge, bei denen man mutig anfangen kann und muß:
Warum immer nur die hetzen, hinter denen doch schon alle Hunde her sind?
Tretet der Meute der Anklagenden entgegen!
Die Entrüstung ist weit schlimmer als die Schuld!
Religion soll nicht Verhältnisse ändern, sondern den Sinn!
Fontanes Douglas zeigt das Problem auf!
Überall gilt es, alte Vorurteile abzubauen!
Der Marxsche Klassengegensatz ist keine Devise von Ewigkeitswert!
Marx hat die Überwindung des Klassengegensatzes auch nicht nur als Kampfparole ausgesprochen!
Er bemühte sich ebensosehr zu überzeugen, den Gegner für sich zu gewinnen, ihn also nicht nur totzuschlagen.
Dem deutschen Menschen fehlt derzeit alles Gemeinschaftsbewußtsein. Nur in einem echten Organismus lassen sich unüberwindbar erscheinende Hindernisse beseitigen.
Wenn Camus und Sartre meinen, erst der Selbstmord mache frei, so müßte dies auch für den Selbstmord des ganzen Volkes gelten. Auch ein begeisterter Marxist wird damit aber kaum einverstanden sein!
Selbstmord ist Kapitulation vor dem Schicksal, keinesfalls Eigenbefreiung. Mit dem Selbstmord gibt der Mensch nicht aus freiem Entschluß auf, sondern aus dem Unvermögen, sich über sich selbst zu erheben.
Der Mensch der ratio ist selbstkritisch bis zum Selbstzweifel, bis zur vollen Verzweiflung!
Irgendwie aber steht jeder Nichtangekränkelte doch noch im Glauben, zumindest an die eigene Gerechtigkeit, die Selbstgerechtigkeit.
Der Zeitgeist läßt sich zu allerhand Infamie mißbrauchen, zur Lüge, zur Brutalität, zum Schergendienst, zu Sartres Aktionismus und zum Terrorismus.[127)]
Die ratio und die Pluralismen (jeglicher Art und Färbung) haben den Blick für die Möglichkeit der Selbstüberschreitung verbaut.

127) Walter Schulz, Philosophie i.d.veränd. Welt, 1972, S 830 ff

Statt schöpferischer Anhebung des Gedankens und des eigenen Wesens spricht man von Emanzipationen, statt Freiheit von Ideologiekritik, und wie die den Sinn verkehrenden Fremdwörter alle heißen.

Gott erscheint dem Zeitgeist als hoffnungsloser Untertan einer Welt entgegengesetzter und gegeneinander wirkender Prinzipien (Dialektik).

Die große Wunderwaffe Dialektik ist auch wieder ein so bequemes Fremdwort, hinter dem man die eigene Denkfaulheit verborgen halten kann. Die Dialektik kann Geistenergie bestenfalls von Extrem zu Extrem bewegen. Mehr kann sie nicht.

Die kleine Enklave Materie im Unendlichkeitsbereich soll alles Geschehen beherrschen, mit Hilfe der Dialektik siegreich durch jedes Ziel tragen! Tatsächlich kann sie im Komplexbereich der Mikrowelt des Elektrons nur mitwirken.

Und was eigentlich ist denn die Materie, doch nichts anderes als das Endliche in seiner Begrenztheit. Erst die Cäsur Zeit gestaltet sie. Durch Schwarze Löcher wird sie aus dem Universum wieder abgezogen, verschwindet sie aus unserer Welt.

Sicher: sie ist ein Baustein der Erscheinungswelt.

Aber zu einem Gebäude braucht man doch mehr als die Bausteine!

Dazu gebraucht man zunächst Raumzeit und dann einen Bauplan. Man wird also den, ach so sehr verketzerten, Geist bemühen müssen. Selbst die extremen Entwürfe kann nur der Geist liefern, Verstand und das Gemüt des Architekten. Für einen vernünftig abgestimmten Bauplan sind ein Kenner, ein Könner und ein Bauherr nötig. Und dann werden viele Handwerker ihre Kunst beweisen und viele Arbeiter maßgerechte Arbeit — im Schweiße der Nasen — leisten müssen. Auch insoweit ist die Dialektik zu nichts nutz.

Und wenn dann nach vielerlei Bemühungen der Bau steht, kann die Dialektik immer noch nichts mit ihm anfangen: dann muß der Mensch ihn beziehen, um in ihm und über ihn sein Tagwerk zu verrichten!

Worin liegt denn nun eigentlich der Anteil der Dialektik am ganzen Geschehen:

In einem Begriff, in einer Abstraktion, in einem völlig Unbegreifbaren, nicht einmal in einer sinnlichen Anschauung Wahrnehmbaren!

Und das soll das geschichtsgestaltende Element sein, jedenfalls nach Walter Schulz![128)]

Die Materie ist ein in sich selbst zurücklaufender Energiewirbel. Aber dieser ist auch kernschaffend, im dynamischen Bereich Polspannung setzend. Es handelt sich also um ein Verfügbarmachen von Leistungsvermögen.

Wie im Elektron kommt die Bewegung nur kommunikativ zustande, nach einer Abstimmung, also planvoll. Schon die sich als Materie verselbständigende Energie stattet sich sogleich mit Steuerungsorganen aus (mit der Kohäsion und oder mit der Adhäsion). Zu bestimmten Stoffen fühlt sie sich hingezogen, von andern setzt sie sich ab. Die Frage, wie sich Materie zu Materie verhält, ist also eine Frage des informationsgerichteten Feldes.

Materie gestaltet sich selbststeuernd und anpassungsfähig. Sie ordnet sich einem Ganzen zu. Erst damit begründet sie Stabilität. Weitere individuelle Ausgestaltung erfährt sie durch die Lagerung der Protonen und der Neutronen. Eine Elektronenhülle schirmt sie schließlich vor der Außenwelt ab.

Nun erst ist ein Atomverband — vorläufig — fertig. Endgültig kann mit ihm noch allerhand geschehen: Er kann seine Teilchenzahl verändern, indem er zusätzliche Teilchen in sich aufnimmt oder auch verliert. Wird der Gesamtverband dadurch gesprengt, wird Energie wieder frei.

Schon ein ‚simpler Atomverband' ist also mit Selbststeuerungsvermögen ausgestattet.

Jedes Atomsystem hat seine Führungsgröße, einen Automatismus, der seiner Stabilität, also seiner Selbstsicherung, dient, und der — wie gezeigt — aus komplexen Größen besteht.

Was sich nicht selbststeuernd behaupten kann, verliert seine Stabilität (erlangt sie nicht einmal) und verfällt der Rückentwicklung. Hier zeigt sich entropischer Geschehensverlauf.

Auch die Stabilität begründende Macht ist nur ein Ausfluß der Führungsgröße.

Nietzsches Vorstellung vom Willen zur Macht stimmt mit dem na-

128) Walter Schulz, a.a.O., S 841 ff.

turgesetzlichen Geschehen nur insoweit überein, als die Eigenmacht des Systems seine Stabilität im Rahmen des Endlichkeitsprinzips sichert. Ein komplexer Entfaltungsgang hat seine eigene Logik, sein besonderes Richtungsgefälle. Die Führungsgrößen, die zu seiner Bildung ursächlich sind, können Stabilität nicht ein für allemale begründen. Immer wieder ist eine Anpassung an die in steter Bewegung befindliche Umwelt erforderlich. Das verlangt ständig weitere geistenergetische Anhebung der Komplexion. Wird sie nicht geleistet, sinkt das System ab. Das Absinken ist eine dialektische Folge.

Die anhebende Information bewirkt eine neue Ordnung, unter Ablösung der alten. Bei der Bestandssicherung der Komplexionen spielen die Verinnerlichungswerte stets die entscheidende Rolle. Sie nehmen Information auf, verarbeiten sie, führen Führungsgrößenanhebung herbei oder schalten auf Rückbildung, Aufgabe der Stabilität, ab. Die Dialektik liefert immer nur eine Widerspiegelung des Abspulganges, stellt also keinen eigendynamischen zielanhebenden Beitrag für das Verlaufsgeschehen.

Gesteigerte Eigenmacht, Stabilität, kann zu weiteren Komplexionen nur führen, wenn sich die zur Komplexionsbildung herangezogenen Wesenheiten zugunsten der Neubildung integrieren lassen. (s. die Modelle von Eigen und von Kuhn XI).

Überall aber ist die Dialektik nur eine Negativfunktion im abschaltenden System. Überall ist es nicht die Materie, die den Entfaltungsgang bestimmt, sondern sind es Lernkräfte, Komplexitäten. Für jedes Selbststeuerungssystem ist das Wissen um die Bedürfnisse, die zur Erhaltung der eigenen Stabilität erfüllt sein müssen, existenznotwendig. Letzten Endes geht es dabei um den jeweiligen Aufbau der strukturerhaltenden bzw. strukturanhebenden Führungsgröße, also um eine unmittelbare Aufgabenstellung von vordringlicher Bedeutung.

Dabei entscheidet die jeweilige Eigenstruktur, wer sich wem anzugleichen hat.

Auch hierin tritt ein allgemeines Naturgesetz zu Tage, das für das Gemeinschaftsleben der Menschen von außerordentlicher Wichtigkeit ist, nämlich das Erkennen und Anerkennen einer Rangfolge der jeweiligen Setzungen.

Zwischen den möglichen muß die bestgeeignete gesucht und gewählt werden. Das ist eine typische Subjektleistung.
Nur wenn die Volksangehörigen, die Träger einer Kultur, bereit sind, sich in den Dienst der notwendigen Aufgabenbewältigung zu stellen, kann es dem Kulturträger gelingen, eine stabile Entwicklung zu sichern. Nur ein Volk mit zukunftsbezogener Eigensetzung hat eine begründete Lebenserwartung.
Was er in seinem eigenen Ich nicht bereits vorgeformt vorfindet, vermag der Mensch weder zu erkennen noch zu bewirken. Er muß oft lange in sich hineinhorchen, um es ins Bewußtsein herauf zu ziehen. Letztes mystisches Erleben verweigert sich schließlich jedem sprachlichen Ausdruck. Es kann nur im Glauben geortet werden: Jedes Volk muß es immer wieder auf sich nehmen, sich diejenige Glaubensüberzeugung zu verschaffen, die es zur Bewältigung seiner jeweiligen Aufgabe nötig hat. Aufgabenstellung und Glauben gehören zusammen, verselbständigt haben sie nur Abstraktwert. Die ratio mag eine solche Betrachtungsweise ablehnen, nämlich, weil sie die Naturfunktion der aus dem Glaubensbereich gewonnenen Gemütswerte nicht erkennt.
Daran liegt es denn auch, daß der Durchschnittsmensch, der Mensch mit dem sogenannten vernünftigen Menschenverstand, eine naturgegebene Abneigung gegen alle Vorstellungen aus dem Bereich der Transzendenz — der Weise des Selbstüberschreitenden — hat. Alles tragische Gegeneinander in der Menschenwelt hat hier seine Ursache. (Sie wissen nicht, was sie tun!)
Allein der Glaubensbereich eröffnet Unendlichkeitsdimension. Goethe symbolisiert diesen Gedanken im Faust II, mit dem Dammbau ins Meer, im Ringen mit dem Unendlichen Endliches zu erschließen.
Im Quantenbereich sind Drehgeschwindigkeit, Drehimpuls und Quantengeschwindigkeit verschiedene Größen.
Die Individualität der Materie liegt im Drehimpuls der Teilchen begründet. Erst die kommunikativ erreichte Steigerung des Spinns (Drehimpuls der Teilchen) führt zu einem Mehr an Information und damit zu anhebender Potenz (im Sinne Schellings).[129)]

129) Charon a.a.O., S 160.

Rhythmus ist der stiltragende Faktor sowohl in der Materie als auch im Geistenergiebereich. Das zu erkennen, ist außerordentlich wichtig!

In allen Lebensformen bestimmt er sowohl die Gestalt als auch deren anpassungsgerechtes Verhalten.

Der Verstand ist die auf einen Punkt, auf eine Frage, auf eine Problemstellung beschränkte Geistenergiebewegung. Der Glaube ist ionisierte Geistenergie, universalistisch ausgerichtetes, Wandel bewirkendes, Leistungsvermögen emotionalbewegter Rhythmus.

Nur der moralische Glaube verschafft dem Tätigen bei der Ruderführung des eigenen Steuersystems die sichere Hand, befreit von aller Existenzangst.

Was wir unserer Angst entgegensetzen, nennen wir Werte, moralische Werte. Werte bewegen und können Gegenbewegungen auslösen.

Die Philosophie hat die Unendlichkeit der Fragestellung aufzuschlüsseln und ihre Wertrangfolge zu bestimmen.

Nur auf diese Weise kann die Überwindung der Existenzangst gelingen, Seelenkraft erlangt werden.

„Seid überzeugt, daß das Geheimnis des Glücks die Freiheit, das Geheimnis der Freiheit aber der Mut ist" (Pericles)

Die Ethik stellt die Ordnung der Wertvorstellungen des Menschen dar. Nach ihr bestimmt sich, ob und inwieweit sich der Mensch sittlich verhält, und ob er sein Selbststeuerungssystem funktionsgerecht ausbaut.

Den Marxisten ist paradoxerweise die ratio der Höchstwert. Ihre Gesellschaft ist seelenblind. Sie leugnet alle Ethik und hält das Prinzip der Dialektik für eine alles regulierende Gesetzlichkeit.

Zwar haben alle Werte ihren Wert, aber sie haben ihn nur im Rahmen einer jeweiligen Perspektivenschau.

Letztenendes ist alle Wertung subjektiv.

Politiker, die umerziehen wollen, können Dauererfolge nur haben, wenn und insoweit sie sittlich aufgeschaltete Führungsgrößen, das, was wir Seelenkraft nennen, ausstrahlen.

Für alle Propheten und großen Lehrer eines Volkes besteht die Erfolgschance auch nur solange, bis sie die nach Information Hun-

gernden gesättigt haben und sie nun auffordern, das ihnen vermittelte Weltbild zu leben.
Sobald er angehobene Leistungen verlangt, wird der Prophet leicht zum Opfer seiner Lehre.
Er muß also von vorneherein darauf bedacht sein, ihren Wirkungsraum abzusichern.
Ein Prophet muß Ziele setzen und Krafteinsatz fordern, andernfalls wird er zum falschen Propheten.
Die Einladung des Ideals gleicht zunächst einem Flüstern. Nur den redlich Aufhorchenden vermag sie aus der Ruhe der Beharrung aufzuschrecken. Folgt er der Stimme, wird sie von Tag zu Tag vernehmbarer!
Das Abendland steht vor der größten Aufgabe seiner historischen Existenz. Es kann seine Überlebenschance (seine Stabilität) nur durch eine gigantische Aufgabenbewältigung sichern.
Um sie zu meistern, bedarf der abendländische Mensch einer ungewöhnlichen Steigerung seiner Leistungskraft.
Zur Übernahme einer großen Aufgabe gehört der unbeirrbare Glaube, sie lösen zu können.
Europa muß den Weltenraum erobern.
Nur die freiwillige Übernahme einer größten Aufgabe kann zu seiner Integrierung führen.
Das ist zunächst ein philosophisches, astronomisch-kosmisches, sodann ein wissenschaftlich-technisches Problem.
Eine nähere Untersuchung unseres Planeten wird die Schwierigkeit der Aufgabe beleuchten, vielleicht aber auch einen Ansatzpunkt für ihre Lösung aufzeigen.

XIII. Die Erde, ein Selbststeuerungswesen.

Der Plan, den Weltenraum zu erschließen, läßt sich nur verwirklichen, wenn der Mensch die Erde, ihre Möglichkeiten und ihre Beschränkungen, ihre notwendigen Grenzen aber auch ihren Gestaltungsfreiraum kennt:
Unternehmen wir Leichtes, als wäre es schwer und Schweres, als wäre es leicht, auf das uns Leichtfertigkeit nicht sorglos und Zaghaftigkeit nicht mutlos mache!
Als Columbus aufbrach, um die Kugelgestalt der Erde zu beweisen, läutete er eine neue Zeit ein.
Viele hat er auf den Plan gerufen, und sie waren da; unvermittelt meldeten sie sich, die Namenlosen, aus der Anonymität Kommenden, dem Reichtum der Erde Entsprossenen.
Luther entdeckte die unendliche Dimension des durch das Gewissen befreiten Glaubens. Er versöhnte Glauben und Wissen für seine Zeit.
Das führt gradenwegs auf Planck, der die Quantenwelt erschloß.
Jeder Tat geht ein großer Entschluß voraus: Er erst bestimmt den Willen!
Der große Entschluß ist die heilige Stunde der Menschheit.
Bis ins Herz der Gottheit reicht die Spannweite des Bewußtseins!
(Rudolf Otto, Das Heilige)
Aber der Mut zum großen Projekt, die Kraft zum befreienden Entschluß fehlt den Mittelmäßigen.
Ihre Klugheit reicht nur dazu, die große Unsicherheit, den Mangel an jeglicher Sicherheit, für das geplante Außergewöhnliche anzuprangern.
Klug ist der große Intellektuelle, nicht weise. Es fehlt ihm die Kraft des Herzens.
Gott macht die Tiere, der Mensch macht sich selbst, sagt der Spötter Lichtenberg.
Wo ist Sicherheit zu finden: Nur in dir selbst!

Mag auch das Auge des Nachtvogels die Sonne nicht erblicken, der Adler schaut sie.
Halte deine Fenster sauber, und sie werden auch dir klare Sicht ermöglichen!
Es gibt viele, vielzuviele Vielwisser!
Aber: was wissen sie schon?
Das Wichtigste, das wissen sie nicht!
Ihr eigenes Problem, das ureigene des Menschen, das können sie nicht meistern!
Wenn sie den Mund auftun, merkt man es schon: sie leiden an Zahnschmerzen, an simplen Eigenproblemen!
Das intellektuelle Problem ist die Unsicherheit des Herzens!
Dumm nennen die Menschen immer das, was sie nicht verstehen, auch nicht verstehen wollen, weil sie sich nicht dafür begeistern können.
Entrüstet lehnen sie es ab, weil sie seelisch kraftlos sind![130)]
,,Die Epigonen der Hannibalkämpfer sind korrekt aber matt. Was man mit jugendlichem Mangel an Einsicht in die Schwierigkeit des Beginnens, in das Maß des eigenen Talents, aber auch mit Lust und Liebe zum Werk aus der großen Unbekümmertheit des Jünglings einst aufgegriffen hatte, das konnte man nicht weiterführen, als die dumpfe Schwüle der heraufziehenden revolutionären Gewitter die Luft zu erfüllen begann!"
(Theodor Mommsen, Römische Geschichte)
,Unmöglich steht nicht in meinem Wörterbuch', sagte Bonaparte.
Er allerdings hielt nicht genug auf Sauberkeit seiner Fenster!
Dennoch schlug er eine Welt, seine Zeit, in den Bann!
Nichts ist unentbehrlich für den Geist der Geschichte, auch der sich selbst Verkennende, der blindwütige Eiferer hat seine Bedeutung!
Er ist ein Vorläufer des Gestalters!
Was alles große Beginnen einleitet, ist die Begeisterung für das Vorhaben!

130) Hier steckt das Problem jeder Jugenderziehung! Der Lernstoff und das vielfältige Wissen allein macht es nicht! Bestellt das Herz des Kinders! Die Mutter, die ihm die Hände faltet zum ersten stotternden Gebet, leistet insoweit mehr als der große Professor!

Machen wir uns mit dem Wesen unseres Planeten bekannt!
Wie verhält sich die Erde?
Verhält sie sich überhaupt?
Ja! Sie ist ein Selbststeuerungswesen eigener Art!
Ein Dynamo mit dem Vermögen der Selbstaufladung (wie der Mensch !).
Sie geschieht durch Reibungswärme. Der Erdkern rotiert etwas langsamer als der Erdmantel.
Aus dem Erdkern, dem Erdmantel und aus der Erdkruste besteht die Erde.
Im Innern herrschen hohe Temperaturen. Noch im oberen Mantelteil bestehen Temperaturen von ca. 2500° und Drucke von 130 kbar.
Die Grenze unseres Planeten deckt sich nicht mit derjenigen des Erdkörpers. Die Atmosphäre, die von der Erde festgehalten wird — etwa bis zur Höhe von 500 Km — muß hinzu gerechnet werden. Erst von dieser Höhe an können neutrale Luftmoleküle, deren thermische Geschwindigkeit größer als die normale Fluchtgeschwindigkeit (von 11 Km/sec) ist, aus dem Magnetfeld der Erde entweichen, werden also nicht mitrotiert.[131)]
Die Erde hat ein magnetisches Innen- und ein solches Außenfeld. Vom ersten Tage ihrer Existenz an vollziehen sich fortlaufend chemisch-physikalische Prozesse — und zwar atomare, planetare, solare und kosmische — in, auf und über der Erde.
Sinnliche Erfahrungen über die Wirkung von Magnetisierungen fehlen dem Menschen weitestgehend.
Nur Wenigen gelingt es, bewußt animalische Magnetwirkungen aufzufangen (zu erfühlen) und gelenkt auszustrahlen. Es sind die sogenannten Magnetopaten.
Die Erde verhält sich mit und in Bezug auf Magnetfeldwirkungen. Viele parapsychologische Erscheinungen sind auf elektromagnetische Beeinflussung zurückzuführen.
Unsere wissenschaftlichen Kenntnisse stammen insoweit von Beobachtungen her, die mit Hilfe von eigens dafür konstruierten Instrumenten gemacht worden sind.

131) vom Erdmagnetismus nicht zurückgehalten.

Das Verhalten des inneren und des äußeren Magnetfeldes der Erde bestimmt ihren Entwicklungsprozeß.
Das gilt für alle Planeten, ihre Monde und für alle gleichartigen Sterne des Universums.
Mit ihren eigenen Magnetfeldern wirken ihrerseits Sonne, Mond und die übrigen Planeten, ja sogar (elektronisch-) kosmische Strahlungskräfte aus der Tiefe des Weltenraumes, auf die Magnetfelder der Erde ein. Die Beeinflussung ist eine wechselseitige. Die Magnetfelder der Erde stellen in ihrer wechselseitigen Beeinflussung und durch andere Weltenkörper ein großes kybernetisches Weltallsystem dar.
Das, was Newton als Gravitationskraft anspricht ist also in Wahrheit das Ergebnis sich wechselseitig ausrichtender Selbststeuerungskörper.
So hat die Venus z.B. ihre rückläufige Eigenrotation durch die Erde erhalten, die sie elektromagnetisch bremst. Auch das Elastizitätsprinzip ist eine elektromagnetische Erscheinung.
Immer dort, wo im Weltenraum Materie aus elektrisch geladenen Teilchen, aus Jonen und Elektronen, besteht (ein im Kosmos häufiges aber nicht durchgängiges Phänomen) ist die Feldausrichtung andern Bewegungsgrößen gegenüber ausgezeichnet.
Ist das Magnetfeld stark genug, zwingt es den Teilchen seine Richtung auf.
Man spricht in der Geophysik deshalb von einer Jono- und von einer Magnetosphäre.
C.F. Gaus entwickelte ein Verfahren, das es ermöglicht, mit Hilfe einer Kugelfunktion das an der Erdoberfläche gemessene Magnetfeld zu zerlegen in einen Anteil, dessen Quellen außen (über der Erdoberfläche) und einen solchen, dessen Quellen im Erdinnern liegen.
Zum Innenfeld gehört die sogenannte Polwanderung. Auf ihr beruht die bekannte Nadelabweichung beim Kompaß. Sie ist von der Eigenschaft und der Beschaffenheit der Tiefenglieder der Erde abhängig.
Man spricht insoweit von der Säkularvariation.
Kosmische Strahlungen und die Erdmagnetfelder korrespondieren laufend miteinander.

Zwischen den Weltkörpern besteht also ein Kommunikationszusammenhang.
Mit allen Erdbeben sind Energiefreisetzungen verbunden. Sie werden von der Magnetosphäre der Erde harmonisiert.
Alle Strahlung im Erdinnern verläuft teils stetig, teils auch sprunghaft.
Beim Durchgang von Strahlung durch den Erdkörper beobachtet man eine Strahlungskrümmung. Es handelt sich um die Reflexionswirkung des Erdkerns.
Die Erde ist ein Ellipsoid.
Die Abweichungen von der Kugelgestalt wirken sich auf die Laufzeitkurve der Wellenbewegungen aus.
Das Verhältnis, die Abhängigkeit, von Wellenlänge und Wellengeschwindigkeit, heißt Dispersion.
Jedes schwingende System kann von einer periodisch wirkenden Kraft zu Veränderungen angeregt werden. Das gilt besonders für das Meer und für die Luftmassen.
Man unterscheidet Primärwellen, Sekundärwellen, konvex gekrümmte und Wechselwellen.
Eigenschwingungen von Wellenbereichen, z.B. die Erdbebenwellen, lösen Kovarianzen, Phasenverschiebungen, aus. Es können sich auch Aufspaltungen eines Wellenbereiches durch Stoßwellen ergeben.
Auf jeden Punkt der Erdoberfläche wirkt außer der Polkraft eine Zentrifugalbescheinigung als Folge der Eigenrotation der Erde. Als Tangentialkraft hat sie einzelne Teilchen der Erde zum Äquator hin verschoben. Es entstand der Äquatorwulst (als Abweichung von der Kugelgestalt).
Zur Aufrechterhaltung der Massenverteilung müssen Erdkruste und -mantel durch starke innere Spannungen zusammengehalten werden.
Durch die Dynamowirkung des Erdkörpers werden diese Spannungen harmonisiert.
Wegen ihrer großen Energie- und Impulswerte ist die Erdrotation nicht leicht zu stören.[132)]

132) Auch von Atombomben nicht. Auf längere Zeit gleichmäßig wirkende Kräfte sind gefährlich.

Rotationsschwankungen bewirken bei einer Verlangsamung eine Verlängerung des Tages und umgekehrt.
Eine vermehrte oder verminderte Sonneneinstrahlung ist die Folge.
Bei der Rotationsgeschwindigkeit der Erde spielen Gezeiten, Meeresströmungen, Grundwasserverschiebungen größeren Ausmaßes, Stürme, Luftmassenverlagerungen u.a.m. eine Rolle. Daran liegt es, daß die Gezeiten nicht gleichförmig verlaufen.
Auch ein Unterschied in der Anziehung durch ein Gestirn auf die verschiedenen Punkte der Erde wirkt sich aus.
Alle diese Wirkkräfte bedeuten kybernetische Information, sowohl für die Erde als auch für die beteiligten Weltkörper. Alles, was im Voraufgegangenen in Bezug auf die Aufnahme und Verarbeitung von Information gesagt worden ist, gilt hier entsprechend.
In jedem Falle lösen alle Wirkkräfte automatisch auch Harmonisierungszwänge aus.
Aus dieser Überlegung entwickelte Laplace (1794 - 1827) das Kausalitätsprinzip (in seiner Himmelsmechanik), wie folgt: ,,Ein Geist, der für einen angenommenen Augenblick alle Kräfte kennt, welche die Natur beleben, sowie die gegenseitige Lage aller Wesenheiten, aus denen sie besteht, müßte, wenn er umfassend genug gebildet wäre, um alle diese Daten der mathematischen Analyse unterwerfen zu können, in einer einzigen Formel (der sogenannten Weltformel) die Bewegung der größten Himmelskörper und des leichtesten Atoms begreifen; nichts wäre ungewiß für ihn und Zukunft, wie Vergangenheit, lägen seinem Auge offen dar."
Als Napoleon ihn hierauf ansprach und erwähnte, der Name Gottes komme in seiner ‚Mechanique Céleste' nicht vor, soll Laplace erwidert haben: ‚Sire, ich bedurfte dieser Hypothese nicht!"
Das ist eine elegante Simplifizierung. Laplace übersah das Auswahlprinzip des Unendlichen und die mit jedem Leben automatisch verbundenen neugeschaffenen nicht im voraus berechenbaren Möglichkeiten sowie die freiheitliche Reaktion der jeweiligen Lebensträger auf sie.
Laplace hat eine brillante aber im Ergebnis unzureichende Denkfigur geschaffen. In seiner Weltformel fehlt die Unendlichkeitsva-

riable, sowohl für die supra kosmische als auch für die auf die Minimalwelt wirkende.

Eben das Schicksal erleiden alle rein rationalen Weltlösungen. Berechnungen solcher Art sind immer nur innerhalb der kantischen Kategorien, darüber hinaus nur in den Grenzbereichen des Selbstüberschreitens möglich.

Nimmt man in einer Weltformel irrationale Integrationsfaktoren mit auf, so entziehen sie ihr, wenn sie den Rahmen der Rechnung mit komplexen Zahlen verläßt, die Bestimmtheit, also den Berechnungscharakter.

Das soll nicht ausschließen, weiterhin nach rationalen Lösungen zu suchen. Man muß sich nur darüber klar sein, was man bestenfalls erreichen kann, nämlich nichts anderes als zeitphasen- (plateau-) und mehr oder weniger umweltgerechte Lösungen.

Meine These bedeutet also keinesfalls eine Absage an die Mathematik, an die Technik und an die Philosophie. Die Natur hält eine Fülle von Fallstricken bereit, um Amateuren, zu denen sowohl alle reinen Rationalisten als auch alle rein Gemütsbetonten gehören, zu Fall zu bringen. —

Es gibt noch keine eindeutige theoretische Erklärung für die Ursache des magnetischen Innenfeldes der Erde.[133)]

Das Verhältnis der Erdschichten zueinander, insbesondere ihres Temperaturgefälles, ihrer Materieeigenschaften, ihrer elektronischen Kommunikation, ihrer solaren und ihrer kosmischen Abhängigkeiten dürfte insoweit bestimmend gewesen und auch noch jetzt maßgebend sein. Auch der Mond spielt dabei eine komplizierte Rolle. Magnethaltige Gesteine (mit sogenannten eingefrorenen Magnetfeldern) und Kernprozesse werden die Hauptursachen sein.

Als idealisiertes Erdkörpermodell denkt man sich einen Stabmagneten mit nahe zusammengerückten Polen, einen Dipol. (In der Natur treten immer zwei Pole mit entgegengesetztem Vorzeichen zusammen auf).

Die Magnetisierung eines Körpers und seine Massendichte korrespondieren miteinander.

Mit der zunehmenden Dichte des Erdkörpers, also mit der Verrin-

133) s. XII.

gerung seiner Elastizität, hat sich die Temperatur im Erdinnern erhöht.
Die geomagnetische Breite ist für alle Vorgänge wichtig, die vom Magnetfeld abhängen, z.B. f. das Polarlicht und den Einfall kosmischer Strahlung. Jeder Teil der Erdoberfläche ist also individuell ausgestaltet.
Die Quellen des magnetischen Permanentfeldes haben Sitz im Erdinnern.[134)]
Seit 1835 — als die erste verläßliche Berechnung von Gaus vorlag — hat sich die Achsenrichtung des erdinneren Dipolfeldes (im Verhältnis zum Restfeld) um etwa 6 % verändert. Wenn diese Veränderung (also praktisch die Feldverkleinerung) konstant bliebe, würde das innere Erdmagnetfeld in etwa 2000 Jahren verschwunden sein. Hierüber gibt es keine langfristigen Beobachtungen. Als verläßliche Informationsquelle kann diese Tatsache also noch nicht gewertet werden.
Mond, Mars und Venus haben kein dem äußeren Erdfeld vergleichbares Magnetfeld. Das des Jupiter ist 10^5 mal stärker als das der Erde. Wahrscheinlich haben auch zwei seiner Monde, (Jo und Ganymed) eigene Magnetfelder.
Das Magnetfeld der Erde ist weder eine allgemeine noch eine kosmisch-einzigartige Erscheinung.
Leben — in unserem Sinne — kann sich jedenfalls nur entfalten, wenn und wo es ein entsprechendes Magnetfeld gibt. Die Jupitermonde kämen dafür in Frage.
Man nimmt an, daß im Erdkern, an der Grenze zum Erdmantel, elektrische Ströme fließen, die das magnetische Erdfeld aufbauen. Sie werden, wie bereits gesagt, z.T. auf Kernreaktionen zurückgeführt. Damit würde der Erdkern einem Gleichstromgenerator mit Selbsterregung entsprechen, dessen Magnetfeld vom Generatorstrom gespeist wird. (Dynamoelektrisches Prinzip von Siemens). An die Stelle des drehenden Ankers treten Konvektionsströmungen im Erdkern. Materiebeweglichkeit und elektrische Leitfähigkeit sind dort genügend groß.

134) Auch hier erweist sich das Prinzip der Individualität als durchgängiges und bestätigt damit die Vieldimensionalität aller Erscheinung.

Die Konvektionsströmungen können auch durch einen immer noch bestehenden Sedimentationsprozeß, bei dem schweres Material absinkt und leichtes aufsteigt, in Gang gehalten werden.
Untersuchungen nach der Kalium-Argonmethode haben ergeben, daß das Magnetfeld innerhalb der letzten 4 Millionen Jahre vier Feldumkehrungen mit einer dazwischengeschobenen kurzzeitigen Unterbrechung gehabt hat.
In Bezug auf die Lebensentfaltung auf der Erde haben diese Feldumkehrungen sicherlich jeweils eine erhebliche Bedeutung gehabt. (In spätestens 2000 Jahren könnte es soweit sein).
Die genaue Innentemperatur der Erde kennen wir nicht.
Man nimmt an, daß sie nicht höher als 10 000° C ist (während die schwarze Strahlung im Innern des Elektrons einige Milliarden Grade beträgt). Unbekannt ist, ob sich die Erde im Verlauf ihrer Geschichte abgekühlt hat.
Aus dem Innern der Erde strömen erhebliche Wärmemengen aus, weit mehr als die jährlich durch Erdbeben freigesetzte Energie.
Auf der Erdoberfläche ist die von der Sonne eingestrahlte Wärmemenge mehrere 1000 mal größer als die aus dem Erdinnern kommende.
Es wird aber auch eine Wärmemenge von der Erde in den Weltenraum wieder abgestrahlt, die der von der Sonne eingestrahlten entspricht, sodaß für die Stabilität des Wärmehaushaltes auf der Erde letztlich die aus dem Innern der Erde kommende Wärme für das Erdleben entscheidend ist. Das Abpumpen der inneren Erdwärme ist also nicht unbedenklich und muß in Grenzen bleiben.
Säkularer Temperaturabstieg auf der Erdoberfläche ist mit Eiszeiten verbunden: Sie haben ihre Ursache im Temperaturabfall im Erdinnern (der mit dem Schrumpfen d. Magnetfeldes verbunden ist).
Nimmt man eine Ursprungs- (Anfangs-) Wärme des Erdkerns an, könnte diese wegen ihrer langsamen Verbreitung noch garnicht durch den Erdmantel an die Erdoberfläche gelangt sein.
Es sind aber auch folgende Möglichkeiten gegeben:
a) Die Erde entstand durch langsame Anlagerung von Materie, war also ursprünglich kalt und fest. Mitaufgenommene radioaktive Substanz ergab eine allmähliche Erwärmung auf den jetzigen Stand.

b) Die Erde war zunächst kalt und fest, erhitzte sich durch radioaktive Substanzen über den Schmelzpunkt hinaus, kühlte sich sodann ab und verfestigte sich wieder.
c) Die Erdwärme kann sich durch Kohlendioxydgase erhöht haben (übrigens auch noch jederzeit erhöhen, was zum Einschmelzen der Eiskappe an den Polen und zur erheblichen Erhöhung des Meeresspiegels führt).
Vorgänge, die von Kräften des Erdkerns ausgehen, nennt man endogen, durch äußere Kräfte veranlaßte, exogen.
Wie das Magnetfeld der Erde zeitlich nicht konstant ist, so rechnet man auch nicht mit einer konstanten Leitfähikgeit der Erde. Tone gehören zu den besten Leitern.[135)]
Die Dichte der Materie steigt bis zum Erdmittelpunkt.
Während die kontinentale Erdkruste etwa 33 Km dick ist, beträgt die ozeanische nur wenige Kilometer.
Magnetische Variationen am Erdboden weisen auf elektrische Ströme in der Oberen Atmosphäre (mehr als 50 Km Höhe) hin.
In den unteren Schichten ist die Luft gleichmäßig verteilt und durchmischt, in den oberen ist sie entmischt, ionisiert und dissoziiert. (Kreislaufgestörte sollten nicht fliegen).
In den Schichten zwischen 20 und 40 Km Höhe bildet sich unter der Einwirkung der solaren Ultraviolettstrahlung Ozon (O_3)
Es absorbiert die Ultraviolettstrahlung.
Die Dynamik der unteren Atmosphäre wird durch Eruptionen solaren Ursprungs — kybernetisch — gesteuert. Sie wirken luftkissenbildend, also wie Kompressoren.
In der Heterosphäre — von 200 Km Höhe an — fungieren dem Erdmagnetfeld entweichende Teilchen als interplanetare Wirkkräfte, teils Kommunikation vermittelnd, teils kybernetisch steuernd.
Umgekehrt können in der Exosphäre der Erde — zwischen 500 und 600 Km Höhe — interplanetare Wirkkräfte (Teilchen) eingefangen werden. Auf ionisierte Teilchen, die sich in höheren Lagen bewegen, wirkt das Erdmagnetfeld als ablenkende Funktion.
Bis zu 70 Km Höhe ist die Ionisierung noch gering.

135) Tonerdebäder oder Packungen sind also für Kreislaufgestörte und für Wundheilungen bedeutsam. Auch nervöse Sehstörungen können damit behoben werden.

In darüber liegenden Höhen folgen die Ionen dem Neutralgas, die Bewegung der Elektronen wird behindert. Dadurch entstehen elektrische Felder, die sogenannte Dynamoschicht.
Diese rufen viele erdmagnetische Variationen hervor.
Sie gestalten das Bewegungsbett unseres Planeten.
Oberhalb 130 Km ist die Dichte des Neutralgases abgesunken.
Die Intensität der ionisierenden Strahlung ist in den oberen Höhenlagen am stärksten.
Weil die Luft aus verschiedenen Gasen besteht, entstehen auch fortlaufend verschiedene Ionisationsschichten.
Variationen der Luftdichte hängen wesentlich von der Sonne ab.
Es gibt aber auch geomagnetische Störungen des Dichteverhältnisses.
Die Sonnenaktivität bewirkt 27 tägige (Steuerungs-) Perioden.
In der oberen Atmosphäre ist eine halbjährliche Dichtevariation erkennbar.
Dichtemaximen treten im Frühjahr und im Herbst auf.
Schließlich hat man noch eine regelmäßige Dichtevariation von 11 Jahren festgestellt. Sie entspricht dem Sonnenfleckenzyklus.
Die häufigsten Gase in 70 bis 500 Km Höhe sind Sauerstoff und Stickstoff. (O und N_2O_2)
Gase, die mehr oder weniger ionisiert sind, nennt man Plasma. Sie verhalten sich anders als neutrale Gase.
Man spricht vom Plasma als dem vierten Aggregatzustand der Materie.
Stöße zwischen den Einzelteilchen wirken sich auf die Radiowellen aus.
Die Bewegung geladener Teilchen entspricht einem Schraubengang. (einer gerichteten Spirale). Das gilt auch für die Konvektionsströmungen im Erdinnern.
Im Verlauf der Gyration (Achsendrehung) werden die positiven Ladungen jeweils beschleunigt, wenn sie in Feldrichtung laufen.
Bei den Elektronen sind Umlaufssinn und Beschleunigung entgegengesetzt. Darauf beruht die Segregation.
Randbedingungen, wie die Natur sie immer bietet (Unendlichkeitsdimension), machen viele Vorgänge weit verwickelter.

In Erdnähe nimmt die Feldstärke zu.[135a)]
Durch die entgegengesetzte Bewegung der Teilchen wird die Geschwindigkeit aber immer wieder abgebremst.

Die entgegen der Erdfeldrichtung magnetisierten Teilchen kommen nur für Perioden zur Ruhe. Sie bilden eine Neutralgaszone. Es handelt sich um einen reflexionsartigen Vorgang. Man spricht von einem magnetischen Spiegel.

Der Vorgang findet seine Entsprechung bei dem Übergang von der Explosion in die Implosion. Danach findet dieser Wechsel auch in Teilbereichen statt. In ihm könnte sich also ein allgemeines Gesetz des Universums ausdrücken, nämlich die Bewegung auf den Ambivalenzpunkt zu.

Im ionisierten Medium treten größere als Lichtgeschwindigkeiten auf. (Die Lichtgeschwindigkeit ist also nur sehr bedingt als Normengröße verwendbar).

Für die Ausbreitung der Energie ist nicht die Teilchenphasen- sondern die geringere der Gruppengeschwindigkeit maßgebend: Philosophisch gesehen heißt das, daß die Energie der Gruppe stets geringer ist als die des ausgezeichneten Individuums. (Das Heiligenproblem hat also reale Bedeutung).

Das energiereichere Teilchen ist der Geschwindigkeitsbeschleuniger für eine zusammenfassende Feldbewegung.

Den Stromfluß im Ganzen stellt die Gruppe dar. Das bedeutet nicht, daß Geschwindigkeit von der Phasengeschwindigkeit des — oder der — Teilchendynamik unabhängig ist.

Die Teilchendynamik stellt für die Gruppe motorische Antriebskräfte frei. Die kleinen Welten bewegen die großen.

Jede Welle kann durch entsprechende Stöße in zwei zirkular polarisierte Wellen mit entgegengesetztem Umlaufssinn zerlegt werden. Auf diesem Prinzip beruht auch die Kernspaltung.

Diejenige Welle, welche die Gyrationsrichtung verstärkt, ist dabei die außerordentliche Komponente.

Sie bestimmt die weitere Ausgestaltung des magnetischen Feldes. Anders liegen die Verhältnisse nur am magnetischen Äquator.

135a) Kreislaufgestörte könnten in Bergwerken (Minen) Erleichterung finden.

Dort verläuft die Gyrationslinie ost/westlich.

Teilchenstöße bestimmen die Driftrichtung des Feldes.[136)]

Bei ruhender Materie entwickeln sich Diffusionen und zwar verbunden mit einem Zerfall des Magnetfeldes und dem Abdrängen (Entweichen) geladener Energieteilchen.

Bei Gasen spielt in entsprechender Anwendung dieses Prinzips der Wirbelvektor eine Rolle.

Eine wichtige Eigenschaft des aus Ionen und Elektronen bestehenden Plasmas ist seine Tendenz, elektrische Neutralität herzustellen, einen Ausgleich der Ladungen zu bewirken und die Felder zu richten: Philosophisch gesehen bedeutet das eine Synchronisation im Elementarteilchengeschehen.

Die natürlichen Plasmen mit höchster Elektronenverdichtung, wie sie nur im Innern der Sterne — auch der Sonne — vorkommen, sind geophysikalisch und philosophisch besonders interessant:

Sind die ‚Schwarzen Löcher' massierte Plasmenbereiche?
(Plasmenähnliche Zusammenballungen ?)

Im interzellaren Raum herrscht niedrige Elektronenkonzentration vor.

Dichte Ionosphären sind kybernetische Führungsschichten. — Es gibt eine große Mannigfaltigkeit von Wellentypen.
Auch hier beweist die Natur ihre prinzipielle Individualstruktur.

Interessant in diesem Zusammenhang sind Szintillationen, das Aufblitzen von Lichterscheinungen beim Zusammenprall von Partikelwolken mit fluoriszierenden Materieteilchen, (die von Radiosternen ausgehen). Sind sie informativen Fühlungstastern vergleichlich?

Jedenfalls ist das erdmagnetische Außenfeld ein örtlich und zeitlich sich fortlaufend veränderndes Vektorfeld.
Zu jeder äußeren Variation gibt es einen elektromagnetisch induzierten Anteil auf das erdmagnetische Innenfeld.

136) Buddhistische Mönche sollen in der Lage sein, durch Konzentrationsübungen das eigene Magnetfeld zu verändern, die normale Schwerkraftwirkung durch magnetische Stoßwirkungen aufzuheben.

Das ist ein weiterer Beweis für die große kosmische Kommunikationsgemeinschaft.
(s. Verfasser: Der Neue Mensch, S 27 ff.)
In Bezug auf die Teilchenbewegung unterscheidet man Variationen und Pulsationen, mit ruhigem und mit gestörtem Zeitplan.
Variationen sind für die ganze Erdoberfläche ziemlich gleichzeitig und gleichartig.
Ruhige Perioden sind Zeiten regelmäßiger Schwingungen.
Es gibt neben den schon angesprochenen Sonnenzyklen auch periodische Mondzeiten.
Bei Sonneneruptionen beobachtet man kurzzeitige Verstärkungen im magnetischen Feld (magnetische Stürme).
Sie äußern sich auch z.T. als solare Partikelwolken.
Diese lösen magnetosphärische Ringströme aus.
Alle diese Strömungen gelangen mit Lichtgeschwindigkeit, also in 8 Minuten, von der Sonne zur Erde.
Das Harmoniestreben bleibt auf Einzelsysteme beschränkt, läuft auf Herstellung systemgerechten Verhaltens im Feld (Synchronisation) hinaus.
Es ist fraglich, ob in der oberen Atmosphäre noch ein Gleichgewichtsstreben besteht, wenn überhaupt, dann jedenfalls nur in bestimmten Zuständen, z.B. in rotierenden Molekülen.
Längs des magnetischen Äquators fließt ein stark gebündelter elektrischer Strom, das sogenannte Elektrojet. Die Mittagswerte sind dabei am höchsten.
Im erdmagnetischen Außenfeld sind die Wellenamplituden in der Ionosphäre tags groß, nachts klein.
Magnetische Störungen der Felder sind nicht die Folge von Wellen- sondern von Partikelstrahlungen.
Wenn sich eine Plasmawolke, von der Sonne kommend, dem Erdmagnetfeld nähert, induziert sie an der Stirnfläche elektrodynamische Stürme, die sogenannten Sonnenwinde.
Damit sinkt die Horizontalintensität des Erdmagnetfeldes ab.
Bevor sie wieder ansteigt, ist meist schon eine weitere Störung eingetreten.
Es entstehen Ringströme. Sie führten zur Entdeckung des Van-

Allen-Gürtels, der die Erde vor kosmischer Einströmung absichert.

Der Van-Allen-Gürtel besteht aus niederenergetischen Teilchen, die stärker ionisierte absorbieren (ein typischer Selbststeuerungsvorgang!)

Pulsationen durch einfallende Elektronenteilchen dauern täglich vom Sonnenaufgang bis zu den frühen Nachmittagsstunden.

In größeren Höhen (der sogenannten F_2 Schicht: 200 bis 1000 Km Höhenlage) findet fortlaufend ein größerer Transport ionisierter Materie statt. Man könnte daran denken, daß sie die Aufgabe hat, die Erde vor gefährlichen Zusammenstößen (oder vor einfallender Materie) zu schützen.

Ähnliches beobachtet man in Bezug auf Elektronenansammlungen: Wenn in großen Höhen entgegengesetzte Bewegungen stattfinden, absorbieren die unteren Elektronenschichten Störungen, die oberen reflektieren einfallende Teilchen. Die Elektronen zeigen überall gerichtetes Eigenverhalten.

Beim Studium der kosmischen Strahlung entdeckte man 1932 das Positron, 1937 die μ Mesonen, 1946 die π Mesonen und 1948 die Hyperonen.

Die Herkunft der kosmischen Strahlung ist noch unbekannt. Vermutlich hängt sie mit der Bildung der Supernovae zusammen, also wenn die weißen Zwerge Materie abstoßen.

Auch Wechselwirkungen mit galaktischer Materie und galaktischen Magnetfeldern werden angenommen.[137)]

Die kosmische Strahlung wirkt besonders über den Meeren.

Die Primärstrahlung besteht durchweg aus Protonen und schweren Ionen.

Die Energie der Teilchen ist bei der kosmischen Strahlung weitaus höher.

In Erdbodennähe wird die Primärstrahlung vollkommen absorbiert. Man beobachtet aber Sekundärstrahlungen.

Die kosmische Strahlung löst in der oberen Erdatmosphäre Kernprozesse aus. Diese setzen Sekundärstrahlungen frei. Man könnte daran denken, über die kosmische Strahlung in geeigneten Satelli-

137) Kommunikationen finden also auch innerhalb der Galaxie statt.

ten — also in großer Höhe — Kernprozesse auszulösen und die gewonnene Energie gespeichert auf die Erde zu transportieren. (in Batterien)

Die bei der Kernspaltung auftretenden Sekundärteilchen sind instabil.

An jedem sphärischen Ort gibt es für bewegte Teilchen bestimmter Energien erlaubte und verbotene Richtungsbereiche. Unkontrollierte Protoneneruptionen stellen für die Weltraumfahrt wegen ihrer erhöhten Strahlungsbelastung eine Gefahr dar.

Es hat den Anschein, als ob die kosmische Strahlung aus bestimmter Richtung des Fixsternhimmels kommt. Vielleicht hängt das mit der Achsendrehung der Erde zusammen.

Offenbar ist die kosmische Strahlung aber auch irgendwie mit der Sonnenfleckenverteilung verknüpft. —

Die Sonnenaktivität spiegelt sich wieder im Auftreten von Polarlicht, bei der Veränderung des erdmagnetischen Feldes, wie auch bei kosmischer Strahlung.

In großen Höhen wirkt sich die Sonnenaktivität am meisten aus.

Die bisherige Theorie, daß im Sonnenkern Wasserstoff zu Helium verschmolzen wird, scheint sich nicht zu bestätigen.[138] Die freigesetzte Energie wird in den interplanetaren Raum abgestrahlt und zwar über die Wasserstoffkonvektionszone, die Photosphäre und die Chromosphäre der Sonne.

Das meiste Sonnenlicht entstammt der Photosphäre.

Die Chromosphäre ist ein Wald von Lichtzungen. Aus ihr bezieht die Erde die thermische Radiostrahlung.

Über der Chromosphäre liegt als Strahlenkranz die Korona.

Sie ist eine heiße Gasatmosphäre und wird durch Stoßwellen der Wasserstoffkonvektionssphäre aufgeheizt.

Gleichzeitig wirkt sie als Filter für die solare Radiostrahlung, die sie absorbiert. Sie ist aber auch die Quelle für die solare Röntgenstrahlung.

Zwei aufeinanderfolgende Sonnenfleckenmaxima variieren zwischen 7 und 17 Jahren.

Flecken gibt es nur innerhalb zweier schmaler Zonen.

138) Man vermutet jetzt, daß die Sonne über ein schwarzes Loch einen revolvierenden Prozeß durchführt, aus dem sie neue Energie gewinnt.

Magnetfelder auf der Sonnenoberfläche werden als die Ursache für diese Flecken angesehen. Sie behindern die Bewegung der ionisierten Materie und damit den Wärmeausgleich. Es kommt auf diese Weise zu Abkühlungen um etwa 1000° C. Die kühleren Stellen sind die Flecken. Vielleicht hängen sie mit dem Schwarzen Loch, das jetzt auf der Sonne vermutet wird, zusammen.
Alle Fleckengebiete sind von Fackeln umgeben. Sie liegen in einer höheren Sonnenschicht.
Hellere und dunklere Materieansammlungen sind die Protuberanzen und die Filamente.
Magnetfelder bestimmen ihre Bahnen.
Chromosphärische Eruptionen sind plötzlich sich entwickelnde Aufhellungen des von der Eruption ausgehenden Lichts (Lichtbündelungen, Laserstrahlen).
Sie sind so stark, wie die gesamte Sonnenstrahlung. Sie entsprechen insoweit der Schwarzstrahlung im Mikrobereich des Elektrons.
Während der parallellaufenden Sonnenfleckenperiode ist die Helligkeit der Strahlung durchweg doppelt so groß.
Bei Strahlungsausbrüchen beträgt die Strahlung das 10^5 fache der normalen Stärke.
Es gibt entsprechende Ausbrüche bei den Röntgenstrahlen.
Ein großer Energiestrom gelangt auf diese Weise täglich auf die Erde. Die Sonne ist deren wichtigster Energiespender. —
Die Partikelstrahlung hat keinen Bezug zu den Sonnenflecken.
Sie führt von der Sonne kommende sogenannte — eingefrorene — Magnetfelder mit sich.
Im interplanetaren Raum geschieht die Verteilung der Teilchen und der Felder spiralenförmig, nach dem Prinzip des Rasensprengers.
Galaktische Partikelstrahlungen werden in den oberen Schichten der Erdatmosphäre in den interplanetaren Raum gelenkt.
Es handelt sich wiederum um eine klare kybernetische Wirkung.
Die von den solaren Winden eingeschleppten magnetischen Felder werden zum Teil auf die Erde transportiert und üben hier die bereits geschilderten Variationswirkungen aus.
Die Dichte der eingeschleppten Felder liegt erheblich unter der Be-

wegungsenergie der solaren Winde. Immerhin haben die einzelnen Teilchen eine sehr große Energie. Sie dürften häufig zu Gewitterbildungen, vielleicht auch zu Erdstößen führen.

Die Dichte der kosmischen Strahlung ist gegenüber dem interplanetaren Magnetfeld gering.

Gasstoßwellen, wie sie die Korona aufheizen, können in den interplanetaren Raum gelangen. Vor Hindernissen, z.B. an den Planeten und an deren Monden bilden sie stehende Wellen. — Solare Winde stoßen auf das Magnetofeld der Erde und bilden einen Stau. Von hier aus werden sie in den interplanetaren Raum abgelenkt.

Die Magnetosphäre — die Begrenzung der Erdmagnetsphäre — ist nach der Sonnenseite geschlossen, eine Art Stromlinienkörper. Sie wirkt wie eine Raummembran.

Auf der der Sonne abgewandten Seite wird sie zum Schweif.

Auch zu Zeiten, in denen keine Kernwaffenversuche laufen, ist die Erdoberfläche nicht ruhig.

Es herrscht ständig eine durch natürliche und durch künstliche Quellen verursachte Unruhe.

Sie bestimmt das Schicksal des Menschen und seiner Schöpfungen. Auch der Mond tut es zu seinem Teil:

Zunächst verringert er den Rotationsimpuls der Erde. Da die Erde schneller rotiert als der Mond auf seiner Bahn umläuft, bremst er die Erde ab.

Der Mond wendet der Erde stets die gleiche Oberfläche zu. Er hat also keine Eigenrotation.

Daß er sie nicht hat, ist ursächlich dafür, daß auf ihm kein Eigenleben möglich ist.

Früher wird der Mond eine Eigenrotation gehabt haben.

Will man ihn zu einer Erdkolonie umgestalten, müßte man ihm erneut eine solche vermitteln.

Damit kann er sich zum Eigendynamo entwickeln.

Atomkräfte, die ihm seitens des Erdmenschen zugeführt werden, könnten eine Eigenumdrehung des Mondes bewirken. Es könnte

auch eine Erwärmung des Mondkerns in Erwägung gezogen werden. Es könnten Kernreaktionen ausgelöst werden.[138a)]
Würde der Mond eine Eigenumdrehung aufnehmen, würde das für die Erde eine Beschleunigung ihrer Umdrehung bedeuten. Der Tag würde also kürzer, die Sonneneinstrahlung geringer werden. Alle Wachstumsvorgänge würden sich verlangsamen. Es könnten sich Eiszeiten bilden.
Eine schnellere Erdumdrehung würde aber auch auf die Venus nicht ohne Einfluß sein. Auch sie würde in schnellere Umdrehung geraten, weil ja die Bremswirkung der Erde auf die Venus entfallen oder verringert werden würde. Für die Venus könnte sich dies vorteilhaft auswirken. Ihre Oberfläche würde abkühlen. Sie könnte für Erdmenschen bewohnbar werden.
Über ein Mondprojekt würde man unter Umständen die Venus gewinnen.
Alle Eingriffe des Menschen in Bezug auf den Mond dürfen nur unter Beachtung größter Vorsicht geschehen.
Andererseits ist damit zu rechnen, daß das Magnetfeld der Erde eines Tages erlischt. Dann würde die Erde das Schicksal des Mondes teilen. Ihre Bremswirkung auf die Venus würde sich erheblich verstärken. Die Venus würde möglicherweise — wegen der verstärkten Sonneneinstrahlung — zum Feuerball werden. Das könnte wiederum eine Wärmeabstrahlung auch für die Erde ergeben.
Vor 1 1/2 bis 2 Milliarden Jahren ist der Mond der Erde noch sehr nahe gewesen. Seine Bremsfunktion muß sehr viel wirksamer gewesen sein. Der Sonnentag der Erde war also viel länger. Es war eine Zeit, in der sich Wüsten und Steppen auf der Erde bildeten. Vielleicht stammen die Kohlen- und Öllagerstätten aus dieser Zeit.
Die Gezeitenreibung zwischen Planet und Satellit ist stets größer als zwischen Planet und Sonne.
Der Gezeiteneffekt der Sonne beträgt etwa 20 % des lunaren. Der Grund dafür liegt in der jeweils größeren Planetennähe des Satelliten.
Als der Mond der Erde sehr viel näher war, muß die Gezeitenwir-

138a) Wegen der Abwesenheit von Luft grenzen heiße, sonnenertwärmte, Gebiete unmittelbar an solche mit fast Weltraumkälte. Eine thermoelektrische Nutzung wird also wirtschaftlich sein.

kung entsprechend größer gewesen sein. Springfluten größtem Ausmaßes, wie sie die Bibel anläßlich der Verfolgung der Juden durch die Ägypter beschreibt, wären unter ähnlichen Bedingungen denkbar.

Es hat Erdzeiten mit für uns unvorstellbar großen Naturkatastrophen gegeben. Sie liegen aber sehr lange zurück.

Innerhalb unseres Sonnen/Planetensystems könnte sich Leben, vergleichbar dem Erdenleben, mit einiger Wahrscheinlichkeit auf dem Mars, auf dem Jupiter und in der Schattenzone des Merkur gebildet haben.

Die Hauptforderung für das Bestehen von Leben auf anderen Planeten gleich unserm Menschenleben läuft darauf hinaus, daß der Planet Wasser in flüssigem Zustand (also weder als Wasserdampf noch in gefrorenem Zustand) haben muß. Andernfalls kann es sich nur um unserm Leben mehr oder weniger ähnliche Formen handeln.

Das Gebiet, innerhalb dessen ein Stern Leben tragen könnte, nennt man die Ökusphäre.

Der Mars steht annähernd am äußeren Rande der Ökusphäre, während sich die Erde etwa in deren Mitte befindet.

Nun haben die Chemiker eine Reihe von organischen Verbindungen hergestellt, deren Moleküle anstatt Kohlenstoffatomen Siliziumatome haben. Neben Siliziumlebensformen erscheinen auch solche auf der Grundlage von Fluorkohlenstoffen, bei denen flüssiger Schwefel die Stelle des Wassers einnehmen würde, und auf der Grundlage von Stickstoffen, mit flüssigem Ammoniak, an Stelle des Wassers, möglich.

Der Jupiter muß Wasser haben. Tief in seiner Atmosphäre könnten Zimmertemperaturen herrschen.

Wenn unter seiner sehr dichten Wolkendecke höhere Temperaturen bestehen, könnten auf ihm Wasser- oder Ammoniakseen vorhanden sein.

Wenn die Bedingung zur Erzeugung eines Treibhauseffektes günstig sind, könnten sich unter seiner Wolkendecke mit der Zeit auch Temperaturen aufbauen, die über dem Gefrierpunkt liegen.

Man meint, jetzt festgestellt zu haben, daß auf dem Mars Leben in unserm Sinne nicht existiert.

Die Wahrscheinlichkeit spricht dafür, daß auch außerhalb unseres Sonnen/Planetensystems Zivilisationen vorhanden sind. Dafür in Frage kommen die etwa 16 Lichtjahre entfernten Sternensysteme des Alpha Centauri, des Sirius und des Atairs.
Unsere Milchstraße hat schätzungsweise 30 Milliarden Sterne. Etwa 18 Milliarden davon sind sonnenähnlich. Geht man davon aus, daß hiervon etwa 10 % Planeten haben, könnten immerhin noch 180 Millionen Systeme mit Zivilisationen bestehen.
Auch Sterne sind nicht ewig. Neben den jüngeren hellscheinenden, blauweißen Sternen, wie der Sirius, gibt es gelbweiße Sterne, wie unsere Sonne, die noch kräftig strahlen aber doch schon altern. Noch älter sind die orangefarbenen Sterne, während die tiefroten bereits ein Alter erreicht haben, daß sie kaum noch scheinen. Ihnen folgt die letzte Klasse der Sterne, die überhaupt nicht mehr leuchten.
Die Menschheit sollte das Bemühen, sich den Weltenraum zur Sicherung ihrer Zukunft zu erschließen, als lebensnotwendiges erkennen. Wie es uns gelungen ist, in die Mikrowelt vorzudringen, wird es auch gelingen, die Makrowelt zu erobern.
Die obigen Ausführungen erweisen jedenfalls, daß der Erdmensch in der Lage ist, seinen Einfluß in der interplanetaren Sphäre geltend zu machen.
Mehr kann an dieser Stelle nicht dargelegt werden. Es ist Sache der Spezialisten, konkrete Vorschläge zu erarbeiten. Es ist doch weit sinnvoller, sich diesen Aufgaben zuzuwenden, als erneut, in mehr oder weniger verkleideter Form, imperialistische Unternehmungen zu starten und die Gefahr neuer Kriege heraufzubeschwören.
Angesichts der atomaren Bedrohung der Welt sollte mein Vorschlag alle Gutwilligen begeistern.

XIV. Die Vieldimensionalität der Erscheinungswelt.

Auf dem Gedanken von Nicolaus von Cues, daß es im unendlichen All keinen ausgezeichneten Punkt gebe[139], baut Einstein seine Relativitätstheorie auf.
Er geht davon aus, daß sich alles in Bewegung befindet, und daß die Ortszeitbestimmung von dem jeweiligen Stand der sich ständig verändernden Bezugspunkte abhängt.[140]
Die Ortszeit folgt — in ihrer Ermittlung — also der Inbeziehungsetzung der Punkte, die man als ausgezeichnete bestimmt (für die man ein Bezugsverhältnis ermitteln will).
Die Wirklichkeit ist danach gedoppelt, einmal als unsere Vorstellungswelt und einmal als matritzial bestimmte. Einstein läßt das philosophische Problem der Bewegung, insbesondere die Frage nach deren Ursprung, auf sich beruhen. Er geht, wie Demokrit, davon aus, daß Bewegung existiert.
Nun herrscht im Kosmos gerichtete Bewegung vielerlei Art (relative aber auch völlig richtfreie, vagabundierende Bewegung).
Es gibt mancherlei Bezugsgrößen, die hier eine Rolle spielen, z.B. Bewegungsbeschleuniger und Bremswirkungen. (s. XIII)
Alle Systeme sind voneinander isoliert, etwa durch Membrane, durch Zonen geringer elektrischer und elektromagnetischer Felder. Daneben gibt es strahlenschwache und strahlenintensive Zonen, Stoßzonen, Wirbelzonen (Explosionsherde), schwarze Löcher (Implosionszonen) u.v.a.m.
Entgegen der Meinung von Nicolaus von Cues sind diese Punkte ausgezeichnet (wenn auch in anderem Sinne, als es ihm vorschwebte).

139) Womit er der geozentrischen Auffassung, daß die Erde der Mittelpunkt des Alls ist, entgegentreten wollte.
140) Sollte sich nach Auslaufen der Explosionsphase eine Ambivalenzzone zur Implosion hin ergeben, würde am Ende zwar auch wieder überall Bewegung, für eine Übergangszeit könnte sie aber angenähert O sein.

Die Elektronen der Mikrowelt haben mehr oder weniger konstante Eigenkräfte.

Als Allbeweger erweisen sich die Explosionen und die Implosionen. Sie könnten sich galaxienweise, sie könnten sich auch universell ablösen.

Mehr oder weniger bewegungslose Zwischenphasen sind dem Nirwana der Buddhisten vergleichlich.

Es sind also raumzeitliche Veränderungen in den Bewegungen — die sich von der Ex- oder der Implosion ausgehend auf alle Weltenkörper und deren Teile und Teilchen erstrecken — in Rechnung zu stellen.

Denkbar ist auch, daß die Bewegung in Feldern, in denen sich Neusterne bilden, andersartig sind; auch in den Feldern der Schwarzsterne und im Zusammenhang mit den schwarzen Löchern sind andersdimensionierte Bewegungen wahrscheinlich.

Alle Bewegungsentfaltung ist raumzeitlich bedingt, verläuft phasenhaft (über Ambivalenzortungen, Wendepunkte, Wendezonen), also dimensionsweise.

Es könnten so vielfache Dimensionsbereiche bestehen, daß die Herüber- und Hinüberwirkungen unüberstehbar bleiben.

Geht man davon aus, daß das All — wie das Elektron der Mikrowelt — geistenergetisch gerichtet ist, daß also kybernetische Kommunikation zwischen allen kosmischen Körpern besteht, so werden alle informativen Erscheinungen kommunikativ auch für den Menschen vernehmlich und zwar in voller Breite.

Die Zustände in den verschiedenen kosmischen Zonen könnten gleichartig (konsonant) und ungleichartig (dissonant), in Reihenbildung und turbulent ablaufen, individuell und gruppenweise ausgestaltet sein.

Daß die Welt eine Schwankungserscheinung ist, hindert nicht, daß in kosmischen Bereichen gleichlaufende Entwicklungen mit mehr oder weniger konstanter Gesetzlichkeit feststellbar sind.

Für die philosophische Erfassung dieser Erscheinungsbilder ergibt sich jedenfalls, daß es dementsprechend auch Denkdimensionen verschiedenster Art und Ausgestaltung gibt, und daß allen diesen Dimensionen besondere Denkkategorien entsprechen. Sie bestim-

men die Denkstruktur, insbesondere das, was Kant als existente Vernunftsstruktur anspricht.
Die Strukturierung wird sich phasen- und wellenmäßig vollziehen, in Primär- und in Sekundärwellen, in Wellenballungen und in sich überschneidenden und sich auslöschenden Wellenzonen. Von der Feldkraft der individuellen Zone wird es abhängen, welches Feld das andere bestimmt, beeinflußt, verändert, verstärkt, ablenkt, steuert oder auslöscht.
Die Vieldimensionalität der Erscheinungswelt deckt sich im Humanbereich mit dem Identitätsproblem. Zunächst ist sie eine Erscheinung der methodischen Reihung, ein Ordnungsgefüge.
Sie ist eine Reihung in der Vorstellung des Raumes, der Zeit, der Energie und der Bezüge.
Bewußtseinsmäßig bewältigt wird das Problem vorwiegend als Induktion, als Verrechnung von Beobachtungen.
Alle Dimensionen treten denkerisch in Erscheinung.[141)]
Als Raumdimension erweisen sich Höhe/Tiefe und Breite des Raumkörpers und des Körpers im Raum.
Hinzutritt die Einsteinsche Relativität, das jeweilige Bezugsverhältnis von Raumkörpern und von Körpern im Raum und in der Zeit.
Es gibt nicht nur Oberflächen- sondern auch Innenraumbezüge: das Verhalten der Mikro-, der Innenwelt des Elektrons, die Entfernung von der Innenoberfläche eines Körpers zu seinem Kern, die Entfernung von Kernen untereinander, die Stärke der Neutronenschicht (en), die Entfernung der Elektronen vom Kern (von den Kernen), die Membrangestaltung der verschiedenen Schichten, die Bewegungsverhältnisse in den verschiedenen Schichten und im Verhältnis der Schichten untereinander, die Molekularanordnung, das Zellgefüge, der als Zellgefüge zusammengefaßten Organe, ihr Bezugsverhältnis zu andern Organismen, die Gesamtleitung der Komplexionen, die Ausbildung von Führungsgrößen, ihr hierarchisches Verhältnis, die zusätzliche Speicherung von Bewußtseins- (Gedächtnis-) und Funktionswerten, Umprogrammierungen, Programmauf- und abschaltungen u.v.a.m.

141) Im Erkenntnisprozeß hat auch das kleinste Elektron unseres Organismus ein Wort mitzureden!

In derselben Weise gibt es Zeitdimensionen der verschiedensten Art: Vergangenheit, Gegenwart und Zukunft, Vorrangigkeit, Gleichzeitigkeit, zeitlich nacheinander sich Vollziehendes, kleinste, kleine, große und größte Zeiten, Phasen, Plateaus, Explosionen, Implosionen, zeitlich entgegengesetzt und synchronisierte, sich verstärkende, sich schneidende, sich auslöschende Abläufe, Rhythmen in einer Zeit (Schwingungsfrequenz und Wellenlänge), Quantensprünge, Turbulenzen, kontinuierliche, diskontinuierliche Zeitläufe, Systemzeiten, fremdbestimmte, strukturbestimmte, strukturstörende Zeitabläufe, vorwärts- und rückwärtslaufende Entwicklungen (stabilitätsbildende und rückkoppelnde Bewegungsabläufe in der Zeit, zeitpunktartige und zeitphasenartige Erscheinungen, determinierte Zeitmodelle und indeterminierte, prinzipiengebundene und freie Abläufe, kooperierende, evolutive, dialektische, auf Wechselwirkung abgestellte, kumulativ verlaufende, interrupte Zeiten u.v.a.m.

Alle diese Zeitläufe stehen miteinander in irgendwelchen Bezugsverhältnissen (Relationen) oder sie sind reine Phasen- (plateau-) und Schwankungserscheinungen.

Energiedimensionen erweisen sich als energetisch starke und als schwache, als polarisierte und als vagabundierende Energien, als Energien mit mehr oder weniger durchschlagender Wirkung, als Polspannung oder als Feldenergie, als organisierte Energien mit eigenen Bezugsverhältnissen in Materie- Molekular- und in Zellbindung (Selbstbindung und Selbstausrichtung), als Führungsgrößen in Komplexionen, weitere Komplexionen bildend und auflösend, als negative und als posivite Energien, als Gleich- und als Wechselstrom, als Energien der Mikro- und der Makrowelt, als planetarische, sonnengesetzliche und galaktische und schließlich als freie kosmische Energien u.v.a.m.

Auch Relationen weisen die unterschiedlichsten Eigenschaften aus: Es gibt anziehende, also sich abstimmende, und abstoßende, sich distanzierende Bezugsverhältnisse (Gravitationen), völlig freie, beliebige Bezugsverhältnisse, beschränkte und unbeschränkte Mengen der Variationen, systematisch variierte, synchron gestimmte, paradoxe Beziehungen, Ambivalenzen (Wendepunkte), logisch kausale, sittlich kausale, programmierte, nur der Möglichkeit nach wirkende Bezugsverhältnisse, natürliche und abstrakte Beziehungen, schematische und spontane Beziehungen, modale Bezugsverhältnisse, primäre, Sekundärreaktionen, Anhebungen in neue Dimensionsbereiche, Perspektivenbetrachtungen, physiologische-psychologische Betrachtungen, neurologische Untersuchungen und Mentalerfahrungen, rationale, wertende, liebevolle, sachliche Betrachtungsweisen, feindliche, kritische, gläubige, optimistische, pessimistische Auffassungen, Personendimensionen, Objektdimensionen, Bedingungszusammenhänge, theoretische und praktische Gesichtspunkte, Einzelwertungen, Gesamtbetrachtungen, Innen- und Außenperspektiven, Typenordnungen, substituierbare und ausschließende Typen, Betrachtungen als Hang, Neigung, Gewohnheit, Gebräuche, Sitten, Aufschaltungen, Abschaltungen, Auflösungen (Revolutionen), Unbewußtes, Unterbewußtes, Bewußtes und Überbewußtes, Automatisches, Selbstbewegendes, Fremdbewegtes, statistisch Bewegtes (Erscheinungsbilder) u.v.a.m.

Identitäten der Betrachtung ergeben sich durch

das Mittel der Betrachtung (Fernrohr pp.)
die Zeit der Betrachtung
den Raum der Betrachtung
die Relation der Betrachtung
die Dimension der Betrachtung
die Umstände der Betrachtung
der Wertung
der Sprache
des Tones
der Beschreibung
der Beleuchtung
der Entfernung
im Einzelnen
im Gesamtbild u.v.a.m.

Jedes Einzelne existiert nur in einer — seiner — Welt (Dimension). Niemals besteht es allein sondern in einer Zuordnung, in einem Wirkkreis.

Es kann in einem anderen ein Gegenstück aber auch seine Ergänzung finden.

Aber auch insoweit wird der Charakter des Individuellen erhalten bleiben.
Sowohl die Gegensätze als auch die Komplementäre haben den Charakter der Einmaligkeit.
Gleichheiten sind nur angenäherte Identitäten.
Die Zuordnung zum Ganzen geht über das Einzelne.
Im objektiven Raum existieren nur Gleichheiten, nicht Identitäten.
Sie setzen die Bezugspunkte der Wirkkreise.
Ohne Orientierung im objektiven Raum wissen wir rational nichts über das Verhältnis des Hiesigen und des Dortigen zum Ganzen.
Der Objektive Raum ist eine Abstraktion, wenn auch eine für den menschlichen Verstand notwendige.
Dimension heißt Dimensionierung als Einzelnes.
Dimensionierung ist stets Festlegung von Perspektivenpunkten eines Bezugssystems.
Jede Identifizierung ist ein dynamischer Wert. Denn eigentlich gibt es nichts Identisches (als Einzelnes).
Indem man das Signal beschreibt, verwandelt es sich in der Beschreibung.
Alle Identifikation (der Einzelnen) ist also im Grunde überzogen.
Das Einzelne ist immer ein Funktionsbezug zu Ganzheiten und zu Dimensionen.Auch sie sind Individualitäten.
Wir kennen das Ganze nicht: Es ist eine Ablaufsfolge von Ereignissen, die niemals mit sich selbst identisch sind. In der Betrachtung ist es eine Abstraktion, ein abgehobenes Allgemeines, ein Durchschnittswert.
Wir arbeiten mit Koordinationsystemen in einem fiktiven Raum. Es ist ein Raum relativer Zugeordnetheiten. Fiktiv ist das ganze System, auch der Nullpunkt, der die Koordinaten trennt.
Unser Begreifen ist stets perspektivisch, standpunktbedingt.
Ortsveränderungen sind stets mögliche, außerhalb der Welt des Mechanischen sogar notwendige, Zeitveränderungen, in jedem Fall notwendige Differenzen.
Für eine Rakete in eine fremde Galaxie ist die Ortsbestimmung für die Abgangs- und für die Empfangsberechnung nur in Bezug auf galaktische Mittelwerte möglich. Was ist hierbei hinter der Höhe, der Breite, der Tiefe, der Relation? Immer nur die Galaxie. Die

Heisenbergsche Unbestimmtheitsrelation gilt auch im kosmischen Makrobereich.

Bei allen Dimensionsunterschieden ist nur eine Mittelpunktsanpeilung möglich.

Alle Bezugsverhältnisse sind formalisierte Aussagenlogik.

In ihr bedeuten Existenz und Konkretion das Gleiche.

Nur im normalen Wahrnehmungsbereich, also im Newtonschen Raum lassen sich Identitätsaussagen machen, allerdings auch nur, soweit sortierende Prädikate verfügbar sind. Aber: Es gibt unendlich viele Wahrnehmungssituationen. Identifikationen sind nur innerhalb von Zuordnungsverhältnissen möglich.

Außerhalb von Zuordnungen gibt es keine rationalen Orientierungen.

Stufenfolgen der Entwicklung gewährleisten noch einigermaßen sichere Bezugspunkte.

Die faktische Grenze ziehen hierbei die Lebens- und die mit ihnen verbundenen Erkenntnisräume. Alle Erkenntnisräume liegen zwischen gedachten Grenzziehungen.

Die Zeit frißt die Zeit, sie steht unter dem Einfluß des Zeitflusses.

Zeiteinheiten sind diskontinuierliche Wirklichkeiten, Ereigniseinheiten.

Auch sie liegen zwischen gedachten Grenzen, die Dimensionsbereiche darstellen.

Mit zunehmender Geschwindigkeit schrumpft die Zeit.

Semantische Analysen können nicht dazu beitragen, das Rätsel der Individuation zu lösen.

Alle Semantik bleibt diskursiv.

Individuierungen sind nur als Grenzerlebnisse zum Kontinuum erklärbar. Sie laufen auf Selbstwertausstattung hinaus.

Das Problem der Individuation ist also vielfach dimensional.

Dieter Henrich meint in ‚Identität, Probleme und Grenzen', (Wilhelm Fink Verlag 1979) das Identitätsproblem könnte aber unabweisbare Fragestellungen zulassen, wie sie ‚etwa' Hegel mit seiner Logik eröffnet habe:

Das ist ein Spiel mit Worten, wie Hegels Dialektik ein solches ist. (s. III) Hegels dritte dialektische Stufe, die anhebende Synthese, ist

nur mit gesteigertem Energieeinsatz als Synchronisation erreichbar.
Das Entstehen von Materie aus wallender Energie kann einen gewissen Aufschluß vermitteln:
Energiewirbel verdichten sich als Spirale. Diese setzt ihre konzentrische Bewegung bis zum abivalenten Sprung in die Kernbildung fort. Kern und Außenschicht polarisieren sich. Die Neutronen verhindern die Kerneinschmelzung.
Die Polarisierung geschieht spontan (sprungweise) als Adhäsion und als Kohäsion der ionisierten Schichten.
Das Prinzip der Individuation ist Materie als zeitbegrenzte Selbstdimensionierung und -polarisierung von nach Wellenlänge und gesteigerter Schwingungsfrequenz — als Informationszufluß — angehobener Setzung.
Der Individuationsprozeß kann also nur im angehobenen oder abfallenden Stufengang gelingen. Alle Wirkeinheiten sind geistenergetische Durchdringungen und Gestaltungen.
Durch Atomzuordnung bilden sich in gleicher Weise Moleküle und Zellen. Auch hierbei ist stets eine Informationsvermehrung erforderlich.
Sobald eine Zelle ihre Stabilität erreicht hat, ist der weitere Aufbau einer Komplexion ein kybernetisches Problem. (s. Ziff. XI)
Der Informationszufluß bewirkt zellverbandliches Bewußtsein aus notwendiger Arbeitsteilung.
Das alles vollzieht sich in selbstreferentieller Zuschreibung, Anpassung und Aufgabenstellung.
In gleicher Weise bilden sich im selbsterkenntnismäßigen Bewußtseinsraum individuelle Erlebenskreise, Erlebnisdimensionen.
Die Identität einer Person setzt ihr zeit- und umständegebundenes Selbstverhältnis zum Zellverband, zu ihren menschlichen Gemeinschaften (Familie und Volk) zur Nation, zur Sozialität, zum Humanum, zum Kosmos und schließlich zum Universum voraus.
Selbstverhältnisse sind die Grundlage für Selbstverständnisse.
Kein Bezugsverhältnis ist dabei entbehrlich.
In diesen Gesamtorganismus eingebettet ist das, was wir als Person ansprechen, erkennen und erleben.
Der Kampf aller gegen alle führt dabei zur Bildung von Stabilität,

kann aber auch ihre Selbstauflösung als Rückkopplung zur Folge haben.

Der Gedanke Person, ihre geistenergetische Einheit, erfordert als stabile selbstbestimmende Funktion innerhalb eines arbeitsteiligen Zellverbandes (als individuelle Führungsgröße) ein „unbeirrbares Selbstverständnis".

Die Person grenzt sich von der Elektronik dadurch ab, daß sie von Anfang an selbstbestimmend ist, also auch ihre erste Eigenprogrammierung im Rahmen eines sich organisch aufbauenden Selbstverhältnisses darstellt, daß sie also nicht im Wege der Fremdprogrammierung wirksam wird, und daß sie sich energetisch aus eigener Kraft bewegt und fortlaufend mehr oder weniger selbstbestimmend entfaltet.

Die Person ist Objekt und Subjekt zugleich. Die Gesamtfunktion aller Wesen ist jedoch notwendig Subjekt, allerdings mit der Maßgabe, daß sie sich auch als Objekt setzen kann.

Objekte sind Einzelne ohne ein entsprechendes Selbstverständnis, ohne selbstverpflichtende Unterstellung unter einer Führungsgröße.

Eine Person spricht sich viele ihrer Zustände und Orientierungen zu. Eine Elektronik ist insoweit beschränkt. Sie kann zwar auch zu einer Führungsgrößenaufschaltung gelangen, dies jedoch nur nach Maßgabe ihrer ersten Ausstattung.

Eine Person kann leidend werden und bestimmte Absichten verfolgen. Dadurch erkennt sie sich als Person.

Verliert die Person ihre eigene zellverbandliche Führungsqualität oder setzt sie diese bewußt außer Funktion, kann sie sich dem Bewußtseinsmechanismus einer anderen Person öffnen. Dies kann mit dem Ziel geschehen, sich das Bewußtsein anderer zu erschließen (Gedankenlesen) aber auch, um sich auf andere Einfluß zu verschaffen, auf andere Bewußtseinsbereiche bestimmend zu wirken. (Hypnose)

Auf diese Weise können auch vagabundierende Energiequanten dem Bewußtsein erschlossen werden.

Theoretisch kann es sich dabei um Energiequanten abgeschiedener Personen handeln.

Sie ermöglichen unter Umständen Bewußtseinsaktivierungen aus abgeschlossener Erlebniswelt.
Plumpe Fehlinformationen, wie sie mit vagabundierenden Energiequanten stets verbunden sind, sind dabei niemals auszuschließen.
Im Einzelfall kann über besondere Vorkommnisse auch zutreffende Information erfolgen.
Wir erleben derartige Bewußtseinsaktivierungen tagtäglich als Spontaneingebungen des Un- und des Unterbewußten. Alle Phantasiebegabung hat hier ihren Ursprung. Ihre objektiven Bewußtseinsphänomene sind der Traum und das Märchenreich der Völker.
Auch instinktive, spontan sich ereignende Aggressionsneigungen und Depressionen (z.B. bei Mondsüchtigen) gehören hierher.
Alle lebenden Personen haben ihren eigenen Dimensionsbereich, aus dem ihnen ständig neue Erkenntnis zufließt.
Wandernde Energiequanten treten in der Mikrowelt des Elektrons aus Strukturzusammenhang als Informationszuwachs in Erscheinung.
Zwischen den Photonen des Elektronenraumes und denen der Außenwelt tritt ein Austausch der Spinnzustände ein. Ein Photon des Außenraumes stellt seinen Impuls, seine Energie und den Spinn einem Photon des Innenraumes zur Verfügung. Der Gesamtspinn des Photons nimmt zu. Die Informationsspeicherung ist vermehrt.
Das Elektron, das den Impuls und die Energie eines Photons zusätzlich in sich aufgenommen hat, kommt in Bewegung.
Die Anhebung der zusätzlichen Information kann nur bei gleichzeitiger Führungsgrößenanhebung im Gesamtsystem vor sich gehen.
Nicht jede kommunikativ gewonnene Gedächtniswertspeicherung führt zum Erkenntnisvorgang. Die Aktivierung eingelagerter Speicherwerte ist ein Prozeß der (sittlichen) Selbstgestaltung, eine kybernetische Ereignisabfolge.
Medial besonders begabte Menschen, meist Nervenschwache, können Informationsspeicherungen und kommunikative Erlebnisse auch anderweit, also nicht erkenntnismäßig, aktivieren.
Spiritistische Experimente und Selbstillusionierungen jeglicher Art

gehören hierher. Sie können zum Wegfall der Eigenbestimmung führen und Dauerschäden hervorrufen. (Verlust der Dimensionsanpassung).
Auf der gleichen Erscheinung beruhen Massenpsychosen und Massenhysterie.
Selbst die Hypnose ist ein nicht ungefährliches Experiment, und sie kann leicht zu Ausfällen im Selbstverständnis führen.
Anders liegen die Dinge bei Sehern, Menschen mit hoher sittlicher Eigenkraft. Sie verfügen über selbsterschlossene Dimensionsbereiche hinweg.
Alle anderen, insbesondere die parapsychologischen Erscheinungen, sind in der Regel irgendwie mit Krankheitsbildern, jedenfalls Abweichungen vom Normalverhalten der Medien, verbunden und sollten nicht mutwillig experimentiert werden.
Die Natur zeigt diese Zustände auf und regt zu Überlegungen an.

Falsche Meinungen, wie sie sich in intellektuellen Kreisen leicht bilden und festsetzen können, führen häufig zu Fehlinformationen ganzer Bevölkerungskreise, unter Umständen eines ganzen Volkes, und können nur mit der Setzung klarer Selbstverständnisse bekämpft werden.

Falsche Ideologien, unverantwortliche Umerziehungsversuche der Nachrichtenmedien, allzuhäufige Kriminalfilme, die stets zu einer irgendwie gearteten Heroisierung von Verbrechertypen führen, aufpeitschende Sexorgien jeglicher Art u.v.a. mehr erzeugen falsche Leitbilder und werden insbesondere der Jugend leicht zum Verhängnis.

Der Dimensionsbereich der Mikrowelt, sowie des Abartigen und des Intellektuellen schlägt überall kommunikativ durch in den Dimensionsbereich der Makrowelt und umgekehrt.

Vermittelnd taucht dabei die Frage des Ich nach dem Du und nach dem Es auf. In gleicher Weise erscheinen modellgestaltend die Phänomene der Wandlung und der Verwandlung, steht vor uns das große Thema der Wiedergeburt.
Die Makrowelt, wie ist sie entstanden?
Mancherlei Modelle sind bereits aufgezeigt worden!
Charons Modell:

In dem Zeitpunkt Null befand sich das Universum im ausgeglichenen, im statischen Zustand.
Aus ihm wurde die Phase der Erwartung.
Mit schwarzer Strahlung war der Raum erfüllt.
Einige meinen, bei einer Temperatur von etwa sechzigtausend Grad, andere argumentieren, die Temperatur müsse weit höher gewesen sein, um zur Bildung des ersten Elektronenpaares zu gelangen. Darum geht es nämlich.
Die Erzeugung eines Teilchenpaares, bestehend aus einem Elektron und einem Positron, einem negativ und einem positiv geladenen Teilchen, erfordert den geringsten Energieeinsatz. Mit diesen beiden ersten Elektronen, entstanden aus der Photonenschwarzstrahlung, sind die ersten Träger des Geistes ‚unserer Welt' auf dem Plan erschienen.
Von sehr heißer Strahlung ist der Elektronenraum erfüllt.
Nur sie kann dem Elektron seine physikalischen Eigenschaften verschaffen.
Als eine weitere Eigenschaft verfügt der Elektronenraum über wachsende Negentropie (negative Entropie = ordnungsbildende Fähigkeit), also geistenergetische Potenz.
Starke und schwache elektromagnetische Wirkfelder treten in Wechselbezug.
Der Elektronenraum entspricht der Monade nach Leibniz, er ist geschlossen, fensterlos.
Dennoch entsteht Kommunikation mit der Außenwelt.
Die Photonen des Elektrons tauschen ihren masselosen, überall durchschlagenden Spinn mit Photonen von außen aus. Das Elektron nimmt damit Information auf und reichert seine Energie (elektrostatisch) an.
Es geht in Bewegung über und sucht geeignete Betätigung. Das Abenteuer der großen Welt nimmt seinen Verlauf: das Zusammenspiel von angleichenden Ordnungen beginnt.
Sogleich nach der Geburt der ersten beiden Elektronen setzt auch die Expansion des Universums (des Elektrons) ein.
Immer neue Materieteile entstehen.
Das folgt aus dem Energiesatz: Mit der Ausdehnung des Elektrons wird Energie verbraucht. Sie setzt sich um in Materie. Es kommt

zur Bildung von Neutronen. Wie die experimentelle Erfahrung lehrt, verwandelt sich das Neutron schon nach kürzester Lebensdauer in ein Proton R^+ (ein Neutron verbunden mit einem Positron), ein Elektron e^- und in ein Antineutrino v^-. In der Folge werden immer mehr negative Elektronen ‚geboren'. Sie haben geistenergetische Eigenschaften. Noch ist es nur geistige Potenz, also informationsleere Qualität, jedenfalls mehr oder weniger. Es wird nämlich von Anfang an Gedächtniswertspeicherung für jeden Vorgang vorgenommen.
Erinnerungsvermögen, Geistenergiepotenz, wächst an.
Die positiv geladenen Elektronen werden vom ersten Augenblick dieses Werdens an von den Neutronen eingefangen. Es entsteht Polarität: die Neutronen umschließen die positiv geladenen Elektronen, die Protonen.
Ein positives Elektron (Positron) verbindet sich unter dem Einfluß der elektromagnetischen Wechselwirkung, wie sie mit der Polarisierung verbunden ist, mit einem Neutron. Damit ist das erste Wasserstoffatom erzeugt.
Mit der Materie des Neutrons verfügt es über eine Energiereserve, die den weiteren Ausbau der materiellen Welt ermöglicht.
Tatsächlich handelt es sich dabei um eine gewaltige Energiemenge wie die Kernverschmelzungsreaktionen von Wasserstoffatomen erweisen.
Der materieerfüllte fortlaufend expandierende Raum des Universums ist inzwischen in starke Bewegung geraten. An den Aktionsorten verläuft sie spiralartig. Die in Polspannung befindlichen Materieteilchen verdichten sich fortlaufend. Damit steigen die Innentemperaturen des Atoms. Die ersten Sterne werden gezündet und in ihren Brennöfen, mit Temperaturen von mehreren Millionen Graden, entstehen Heliumatome und werden auch andere Materiegestaltungen „ausgebacken".
Von der ersten Stunde der Materiegeburt an vermehrt sich der Bestand der geistenergetisch reagierenden Elektronen. In steter Wirkung und Wechselwirkung aus Bewegung, Hitze und Drucken sowie aus kommunikativ ausgelöstem Informations- und Stoffausbau, entsteht das, was wir als die Menschenwelt erleben.
Man kann die erste Entstehung eines Elektronenpaares auch als

Schöpfung eines Gottsubjektes verstehen, also als „Eingriff von einem Außerhalb" des Universums.
Um eine Schöpfung ex nihilo handelt es sich dabei allerdings nicht. Denn im Punkt vor Null war die statisch geordnete Photonenmasse (als schwarze Strahlung) schon vorhanden.
Es bestand alsbald auch schon ein Ordnungsprinzip, das Geistenergiepotential des entgegengesetzt geladenen Elektronenpaares. Schon der erste Schöpfungsvorgang ist also ein führungsgrößenanhebender: aus der statischen Ordnung erwuchs im Spiel der gegenläufig geladenen Elektronen — unter Beitritt von Neutronen — die polarisierte Welt der Bewegungsgrößen. Die Neutronen fungieren dabei als materiebildende Zwischenschicht.
Es ist auch noch ein anders gearteter Schöpfungsgang denkbar: die Bildung unserer Welt aus einer größeren, anderen, etwa nach dem Schema der Zellteilung.
Nach Überschreiten des Ambivalenzpunktes (Wendepunktes) im Aufbau beginnt das Endstadium eines Sternes. Sein Explosionsgeschehen schlägt in ein Kontraktionsgeschehen um. Seine Materie schrumpft zusammen und verdichtet sich. Wenn sein Radius einen bestimmten Grenzwert unterschritten hat, wird das elektromagnetische Außenfeld (plötzlich) so stark, daß die Sternmasse gleichsam die Raumzeitfesselung durchbricht, um in einer neugestalteten Phase mit entgegengesetzten Eigenschaften wiederzuerstehen. Es bildet sich ein schwarzes Loch, negative Materie.
Es ist nun denkbar, daß sich der neugebildete Körper negativer Materie aus ‚unserer Welt', also aus unserm Universum entfernt und eine eigene Raumwelt begründet.
Ebenso denkbar ist es aber auch, daß sich universal oder galaxienweise negative Materie bildet, um galaxienweise Polarisierungen mit uns noch unbekannten Auf- und Ausbauprozessen einzuleiten oder um — unter allmählichem Zusammenschluß — den Umschlag aus der explosiven Bewegung in die kontraktive Phase auszulösen.
Mit dem Entstehen des ersten gegenläufig geladenen Elektronenpaares erweist sich eine überraschende Parallele zu der bildhaften Mythengestaltung aller Schöpfungsgeschichten mit Adam und Eva, mit Yin und Yang, mit Ymir und Surtur u.v.a., Ausdrucks-

formen, emporgehoben aus der Vorprogrammierung denkender Elektronen als Erinnerung an ein aus komplementären Einheiten gewordenes, geistenergetisches, Urgeschehen.

Aber, es bleibt dabei, was ich schon unter I ausgeführt habe: Unser Denken ist notwendig diskursiv. Alles Denken in Anfängen erfordert ein Herausheben aus der Dimension des Kontinuums, also Übergangsgestaltung. Mit dem Hilfsmittel der Logik und als objektives Geschehen ist es nicht erschließbar.

Gegenüber allem isoliert Subjektiven bewahren die Intellektuellen Skepsis.

Das Kennzeichen des Subjektiven ist die sittlich anhebende Leistung, das kybernetische Prinzip.

Denkdimensionen sind Wertdimensionen.

Unsere derzeitigen Dimensionsstrukturen sind massenbestimmt, mittelwertmäßig ausgerichtet.

Zu Zeiten einer Hochkultur gestalten die Dichter und Denker den Denkhorizont eines Volkes.

Der wissenschaftliche Erfolgsdenker hat sie verdrängt.

Der geniale Dichter sitzt, wie zu Spitzwegs Zeiten, unter einem Regenschirm in einer primitiven Dachkammer, während Ideologiekolporteure und gemachte Bestseller, Darsteller platter Probleme der Selbstreferenz, den Buchmarkt beherrschen.

Die systematische Selbstdemontage aller Starkgeistigkeit wird sehr zum Schaden der Kultur des Weißen Mannes überall vorrangig gefördert.

Die alles beherrschende energieleere Dialektik hat völlige Bedeutungsgleichheit aller Wertvorstellungen, der negativen, wie auch der positiven, herbeigeführt.

Die Selbstreferenz des Kulturmenschen darf aber nicht leer sein: Sie muß auf Lern- und auf Leistungsbedingungen zurückgreifen können. Zur Zeit beschränkt sie sich überwiegend auf Sprachklischees. Seit Hegel herrscht die Dialektik anstelle der Moral.

Das hat auch Nietzsche nicht ändern können. Sein Ruf nach dem Starkgeistigen ging im bombastischen Brallton der modernen Musik — angefangen mit Wagner, Meyerbeer, Berlioz, Offenbach, Debussy u.a. — unter:

Heutzutage ist Selbsterfahrung von der Selbstauslegung her in starkem Maße behindert.

Das Zeitalter der Kybernetik hat erst im technischen Bereich begonnen. Der moderne Mensch kennt sich nur noch in den Negativitäten aus. Im Abbau aller positiven Wertvorstellungen haben wir den Gipfel der Selbstentfremdung erreicht.

Mit vielen Theorien hat man versucht, Erfahrungsdimensionen aufzudecken. Sie sollten dem Personenbegriff vorausgehen.

Die gewiß instruktive gesellschaftliche Erfahrung lenkte aber ganz auf den homo oeconomicus ab, den Mann, der mit der materiellen Risikoberechnung umzugehen gewohnt ist, der nach Gewinn strebt, und auf den andern der seinen angemessenen Anteil an der Gewinnquote verlangt.

Die uns Menschen am ersten verfügbare Quelle der Selbstreferenz, die Selbsterfahrung, ist dabei verstopft.

Der Mensch hat Distanz zu den eigenen Individuationsbedingungen gesetzt.

Mit überbetonter Sozialität geht ein rationaler Akosmismus Hand in Hand.

Die ,totale Entgrenzung der Vernunft', d.h. die Überbetonung der ratio, kann nur zum Verlust der Einheit der Person führen.

Wo der Mensch die Eigenobjektivierung betreibt, verzichtet er auf seine Subjektqualität. Damit sinkt er ab zum Sozialprodukt seiner Zeit.

Die Sprache, die Nachwachsendes und Anhebendes ins Bewußtsein heben soll, läßt nur noch plattes Slogandenken zu.

Der unbewußte Lernbereich schrumpft zusammen.

Man sieht es am Schulnachwuchs: die Leistungen der Schulkinder fallen immer mehr ab.

Als Selbsterfahrung von unten ergibt sich fortlaufend ein Optimum an abschaltenden Erkenntnischancen. Die Kulturbilanz wird negativ.

Die phänomenale Welt ist eine von uns — dem Menschen — in die Gestaltung vermittelte. Das zu gestaltende Material haben wir nicht geschaffen. Aber für den Formungsprozeß sind wir in hohem Maße verantwortlich.

Hier gibt es keine für uns ein für allemale ‚fertige' Welt. Hier sind wir die Weltbaumeister.
Ordnungsgefüge in die Vieldimensionalität des Lebens zu bringen, ist unsere Aufgabe.
Wenn diese Vieldimensionalität auch in erster Linie Faktenmächtigkeit setzt, so umgreift sie doch gerade dadurch auch alle Naturbereiche, vor allem die Denkweise des Menschen. Seine Denkkraft ist eine Funktion der Naturgestaltung. Diese Feststellung bedeutet keine Wiederbelebung des Idealismus, bei dem auch das kraftlos Gedachte seine Identifikation erfuhr.
Die Erschließung der geistenergetischen Dimension ist der Zentralpunkt aller Weltbeziehungen des Menschen und zwar als die Erfahrung des Universums mit allen seinen Bezugssystemen und Ordnungsgefügen. Es ist die Welt der Eigensteuerung aus selbstgesetzten, immer wieder aufzuschaltenden, Führungsgrößen für die mannigfachen Dimensionsbereiche.[142)]
Das ist auch für die Naturwissenschaft im engeren Sinne ein höchstbedeutsames Prinzip. Seine Anwendung wird in allen Disziplinen Möglichkeiten der Lebensgestaltung eröffnen, z.B. auch gänzlich neue therapeutische Erkenntnisse vermitteln. Inwieweit die verschiedenartigen Dimensionen der Modallogik zugängig sind (zu der sie an sich gehören) hängt davon ab, ob und wie sie diskursiv erschließbar sind. Das gilt schon nur beschränkt für die Glaubenskraft und erst recht für den aus ihr sich öffnenden Bereich, der bislang als Wundersphäre angesprochen worden ist.
Heisenbergs Subjektwelt ist eine solche Welt der durch den Glauben erschlossenen Wirkquanten; sie ist ohne Glaubenskraft nicht zu bewegen. Denn sie führt in Bereiche, die ohne Aktivierung der Verinnerlichungswerte des Menschen erkenntnismäßig unzugängig sind.
Der Mensch muß sich seines Denksinns vergewissern. Er muß sich die Fähigkeiten der ihn aufbauenden Elektronen aneignen, vor allem die Kommunikationskraft. Ohne bewußte Kommunikation mit dem Universum kann Philosophie nicht mehr erfolgreich betrieben werden.

142) Es gibt einen Denksinn! s. Verfasser ‚Der neue Mensch' S 23 f

Mit der Modallogik ist diese Welt nur insoweit erfaßbar, als es sich um Modalitäten der Raumzeit, der Welt Newtons, handelt.
Schon in den Quantendimensionen sind alle Bewegungen nur noch statistisch zu orten.
Kant unterscheidet introspektiv zwischen Strukturwandlungen (im Materiebereich) und regulativem Ideal.
Zum Messenkönnen gehört stets eine ordnende Vorstellung, ein Einfall besonderer Art.
Ins Auge zu fassen ist dabei der jeweilige Vorgang der Konkretion des bewirkten Ereignisses.
Im Glaubensbereich sinkt die Tätigkeit des Verstandes dahin ab, daß der Glaube widerspruchsfrei sein muß.
Es muß ein rechter Glaube sein.
Der Glaube als Wirkkraft, als Energiepotential, entzieht sich der verstandesmäßigen und damit auch der modallogischen Analyse.
Hier ist die Sittlichkeit, das was Kant Idealität nennt, das allein ordnende Prinzip.
In diesem Bereich herrscht überwiegend die Intuition.
Schon bei Galileis Formulierung der Fallgesetzlichkeit handelt es sich nicht mehr um einen rein verstandeslogischen Vorgang. Das Herausfinden des naturwissenschaftlichen Experiments war der Statuierung einer neuen Denkdimension gleichbedeutend.
Der Schlußakt, die Verifizierung der Naturaussage als fallgesetzliche Einkleidung, war eine Folge seiner grundlegenden Intuition. Aus ihr floß die neue Standortbestimmung des Denkens. Erst nachdem die spontane Intuition die Grenzschwelle des sinnlichen Anschauungsraumes übersprungen hatte, konnte logisches Schließen im Sinne von Aristoteles nachfolgen.
Galilei hatte sein neues Weltbild aus einer kraftvolleren Glaubensvorstellung als sie seine Zeitgenossen beseelte erschlossen. Ihm gelang für seine neuen Erkenntnisse die Identifikation zwischen seinem Glauben und seinem Verstand.
Dasselbe gilt für Kopernikus, für Keppler und für Luther. Der verstandesmäßigen Beherrschung der jeweils neuen Weltformel ging immer die glaubensmäßige vorauf. Und diese glaubensmäßige Bewegtheit war im tieferen Grunde auch nicht nur ein Glaubenserlebnis, sondern der Drang zur Aktion, eine Triebgestaltung, ein reiner

Geistenergievorgang, eine Selbstregistrierung angehobener elektronischer Gedächtniswertspeicherung.
Die Glaubenskraft hat also eine transzendierende, hinüberleitende, ins Bewußtsein hebende, Funktion.
Dabei bewirkt sie impulsgebend eine dimensionsüberbrückende Polspannung des Bewußtseins zum Unbewußten hin.
Was das Subjekt daraus macht, ist ausschließlich seine Sache. Denn das Triebhafte ist nicht individualisiert Bewußtes. Es ist das nichtindividualisierte Kosmische, das triebhaft (elektronisch, planetarisch, sonnengesetzlich oder galaktisch) Geordnete, das ins individualisierte Organbewußtsein des Menschen hinüberwirkt.
Hier zeigt sich die Schicksalsbindung des Menschen:
Die nicht organisch geformte Energie ist zwar irrational aber die in ihr herrschenden Triebe wirken dennoch herüber auf den rational ausgestalteten, mit Eigensteuerung ausgerüsteten, Organismus. Das Elektron eröffnet dem Bewußtsein ein kosmisches Bezugssystem. Natur- und Denkgesetzlichkeit fließen ineinander.
In der „Materie" wirkt die planetarische, die sonnengesetzliche (geophysikalische), galaktische Kraft unmittelbar.
Im Menschen wird sie über die das Unbewußte erschließende Glaubenskraft in die verstandesmäßige Dimension übertragen. Bewußtsein wird von der kosmischen Wirklichkeit erzwungen.
Es zeigt sich die Nahtstelle zwischen Naturgesetzlichkeit und Geistfreiheit:
Letzten Endes ist sie eine sehr bedingte: Soweit sich die geistige Entwicklung nicht abstrakt, sondern nach der Naturgesetzlichkeit ausrichtet, besteht Gestaltungsfreiheit. Was den Naturgesetzen zuwiderläuft, kann auch im sogenannten geistfreien Raum Störungen auslösen, auf Dauer aber nicht Geltung behalten. Es kann sich nur als Behinderung im Evolutionsgang erweisen. Das Entscheidende aber ist, daß die elementaren Triebkräfte nur eine allgemeine kosmische Ausrichtung haben, es daher der Subjektgestaltung vorbehalten ist, sie in Objektivität zu überführen. Das ist ein Aktionsvorgang. Dennoch ist der Sartresche Aktionismus etwas wesentlich Anderes.[143)] Die Übersetzung der Elementarkräfte in den Individuationsprozeß verläuft streng nach naturgesetzlichen Prin-

143) s. Schulz. Phil.d.veränderten Welt, S 830 ff

zipien; im Individuum Mensch heißt das nach sittlicher Gesetzlichkeit.

Der rein sinnliche Bereich beschränkt sich in gewisserweise auf den körperlichen Funktionalismus. Und dennoch wird das, was im Glaubensbereich aufstrahlt, auch sinnlich, triebmäßig, erfaßt. Die Glaubenskraft des Menschen ist also auch eine sinnliche Funktion und keine Abstraktion. Der Begriff einer ‚nicht sinnlichen Anschauung' ist in sich widersprüchlich. Der gesamte geistenergetische Bereich ist sinnlich zugeordnet, wobei die Überbrückung von Bewußtseinsdimensionen ein besonderes Problem darstellt.

Das geistenergetische Denken ist aber auch zugleich ein geschichtliches: Denn das Triebhafte dringt aus der Kraft des kosmisch Planetarischen fortlaufend auf den Menschen ein.

Die Evolution ist mit dem ersten Elektronenpaar geboren.

Der Kosmos ruft. Er ladet ein und in dem Maße, in dem sich der Mensch entschließt, seiner Einladung Folge zu leisten, drängen die planetarischen Triebkräfte über die Belebung von Glaubensenergien in den Bewußtseinsraum: Der Kosmos liefert über die von ihm ausgelöste Glaubenskraft die Geräte und die Gedanken, die wir brauchen, um seiner Einladung zu folgen.

Am Anfang einer großen Entdeckung steht das kraftbewußte Handeln: Wäre Kolumbus nicht aufgebrochen, den Weg nach Indien über den Westen zu suchen, Amerika wäre noch heute nicht entdeckt worden. Handeln ist Dimensionsöffnung. Mit anderen Worten: Wir müssen uns zu kosmischem Handeln entschließen. In dem selben Augenblick wird uns auch die Kommunikation mit dem Kosmos gelingen.

Kolumbus entdeckte Amerika, der Mensch des 20. Jahrhunderts wird viel größere Räume, nämlich kosmische Denkdimensionen und damit auch den Kosmos erobern.

Dabei wird die kosmische Tat (dem Reiseantritt Kolumbus vergleichlich) das neue Zeitalter einleiten.

Die Auffassung des französischen Physikers Charon, daß der menschliche Geist über die geistbegabten Elementarteilchen unseres Körpers ‚Mitwisser' des Universums ist, trifft aber nur bedingt zu. Richtig ist, daß im ganzen Körper und in jedem Menschen alle kosmischen Gedächtniswerte gespeichert sind. Diese Speicherung kann verstandesmäßig aber erst abgehoben, also in Lernwerte umgesetzt werden, sobald sie aus der unvordenklichen Verdrängung befreit ist.

Noch nicht individualisierte Geistenergie der Elementarteilchen muß über die Glaubensfunktion des Menschen erst zum Bewußtsein erhoben werden. Es muß also eine Transformation stattfinden. Erst aus der Aktivierung des Elektronenwissens erwächst geistenergetisch-organismische (menschliche) Steuerungskraft und nur diese führt zu Bewußtheiten. Die vor dieser Stufe wirksamen Energien sind rein planetarisch/kosmisch also nicht human/individualisiert ausgerichtet. Um sich Bewußtsein zu erschließen, braucht der Mensch die aus dem reinen Energiezustand ins Bewußtsein überführende Glaubenskraft. Sie ist gewissermaßen der Transformator planetarisch/kosmischer Energien in den Verstandesbereich. Dieser Prozeß verläuft übrigens umgekehrt kommunikativ genau so über das Wissen in den Materiebereich.

Das spontane geschichtlich-aktionistische Denken geht über die kulturgeschichtlichen Systeme hinweg. Es ist weiter als das reine Systemdenken. In gleicher Weise geht das planetarisch/kosmische Denken über das geschichtlich-aktionistische hinaus.

Es besteht zunächst eine Doppelnatur des Verstandes und des intuitiven Denkens, sodann eine Doppelnatur zwischen dem Geschichtsdenken des Humanum und der planetarisch/kosmischen Kybernetik. Während der Transformator des ersteren das Gemüt ist, transformiert im letzteren die Glaubenskraft elektronische Gedächtniswertspeicherungen ins Bewußtsein.

Über den wuchshaften Grund des Verstandesbewußtseins erhebt sich das Gemüt, über beide wiederum das rein Triebhafte, das als Energieerfahrung aktiviert, über die Glaubenskraft mobilisiert und vom Bewußtsein human-individualisiert wird.

Diese konkrete Ausgestaltung kann nur durch ein Subjekt geschehen. Es kann — das ist die Konsequenz dieser Auffassung — weder aus der planetarisch/kosmischen noch aus der Elementarteilchenzone unmittelbar Bewußtsein heraufgehoben werden, weil alles Bewußte notwendig individuell ausgestaltet, also Menschheitsbewußtsein ist. Es muß aus dem Elementarteilchenraum erst in die arbeitsteilige Komplexität Mensch (oder Organismus) heraufgehoben werden. Das geschieht über einen triebgedrängten Glaubenskraftakt, der einen sittlichen Entschluß zum angehobenen Gedanken befördert. Der Glaubensakt vermittelt also die sinnliche, das heißt die individuelle, Anschauung. Aus ihm folgt die unendliche Vielfalt des Gedankenbereiches: Derselbe Trieb, der den Philosophen anfeuert (unter Neuronenbeschuß hält), gebiert beim Erfinder die neue Idee und beim Seher die Natur — Offenbarung. Was sich als Bewußtseinsinhalt ergibt, hängt ausschließlich von der Führungsgröße im Selbststeuerungssystem des Einzelmenschen ab. Die planetarisch/kosmischen Triebe der Elementarteilchen müssen also immer erst vermenschlicht werden.[144)]

Heraufgehoben werden sie letzten Endes aber auch aus der Energie, die das Universum bewegt. Es denkt also in uns das Universum und zwar auf dem Weg über unsere Subjektivität.

Es gibt zwei Möglichkeiten, Wissen aus den kleinen Welten (den Elementarteilchen) ins Bewußtsein zu heben: einmal durch die Glaubenskraft und zum andern durch das entschlossene Handeln, die Inangriffnahme eines großen Projektes (was ja immer voraussetzt, daß man an seine Verwirklichung glaubt).

Es ist ein wissenschaftlicher Aberglaube, erkenntnismäßige Fortschritte aus der bloßen Betätigung unserer Verstandesfunktionen zu erwarten. Fortschritte setzen vielmehr den Ausbau eines Instrumentariums voraus, das eine Erweiterung unseres Bewußtseins ermöglicht.

Dieses Instrumentarium liegt im Bereiche der Erfahrung, die stets irgendwie triebaktiviert ist, entweder als Glaubenserfahrung, also als gültiges Urteil aus der Glaubenskraft, oder als Harmonieeinströmung in der Form der höchstdenkbaren Erlebnisfähigkeit, der Selbstheiligung.

Niemals aber läßt sich Erkenntnisvermögen (Verstehen) formalisieren, verwissenschaftlichen. Formalisiertes Erkenntnisstreben

144) s. Jean E Charon, Der Geist der Materie, Paul Zsolnay Verlag, Wien-Hamburg, 1979, der von einer unmittelbaren Wirkung der Elementarteilchen (Elektronen) ausgeht. Der Denkprozeß kann entscheidend nur über den subjektiven Raum wachsen. Im objektiven Raum bewirkt die Logik nur eine Fehlerberichtigung.

löst Systemdenken aus und unterbricht damit das Nachfließen des Bewußtwerdens, hält im Teufelskreis des Systems gefangen und verhindert den Kulturfortschritt.
Wenn hier von einem Instrumentarium zur Bewußtseinserschließung die Rede ist, so ist das nur so zu verstehen, daß die Kraftquelle eines lebendigen Erkenntnisflusses erschlossen werden muß. Diese aber kann nur im dynamischen Bereich gefunden werden, niemals im formalisierten. Eine bewußte Steuerung des Erkenntnisfortschrittes ist nur über den Einsatz sittlicher Leistungen möglich, seien es Glaubensleistungen, die Bezwingung großer Projekte oder die Überwindung klaffender Gegensätzlichkeiten im anhebenden, friedensstiftenden, schönheitsgestaltenden Entschluß und in einer nachfolgenden zielgerechten willentlichen Bewältigung.
Eine Zeit, die dem heroischen Denken abgeneigt ist, überläßt sich voll und ganz dem Systemdenken, das in seiner letzten Konsequenz stets in die Negativität, also die Auflösung, führt.[145)]
Nur ein zielgerechtes Streben in die angehobene Dimension öffnet die allein aus ihr fließenden Quellen erneuernden Lebenszuflusses. Der angehobene Gedanke, die neue Lebensformel, löst eine zwangsläufige Geschehensfolge aus. Sie entwickelt sich selbststeigernd nach Maßgabe des Fallgesetzes in potentieller Reihe.
Denn jeder angehobene Gedanke stellt eine Energieleistung dar, die sich nach der Regel $E = M.c^2$ entfaltet. Es geht also darum, größere Höhen in der Erkenntnis des Allgemeinen, des denkerischen Selbstverständnisses, zu erschließen, neue Denkdimensionen zu öffnen, kraftvolle Denkakte zu vollziehen. Die Menschen sollen sie erfahren, sich mit ihnen identifizieren, sie zu ihrem eigenen Lebensgrundgesetz erheben.
Als höchste Blüte, seiner Kultur stellte der griechische Mensch die Frage nach der Identität, nach dem von allem Wandel der Zeit zeitlosen Sein. Der zur Konkretion neigende griechische Geist fand als die Antwort: Es sind die Elemente, das Atom, die Idee, der logos und der eros (als Gegenkraft des neikos).
Die der griechischen nachfolgende christliche Kultur verweigerte

145) Es klärt bestenfalls den reinen Negativitätenablauf, also kybernetische Rückbildungen.

sich der Konkretion und verwies auf das Jenseits, auf einen in der nackten Begriffswelt lebenden Gott.
In dem Opfergang des Gottsohnes symbolisierte sie ihr Weltbild. Symbolisierungen sind zugleich genetische Codierungen, erste Konkretion.
Wenn das Christentum auf eine andere Welt hin codiert ist, so heißt das, daß es die historisch gegebene verändern, nach seiner Betonung des Sittengesetzes also anheben wollte.
Der kämpferische Drang der Germanen hat die veränderte Fragestellung geboren; die Sehnsucht nach der Schönheit, das griechische Ideal, wich dem Bewußtsein der Kraft, der Tat.[146)]
Luther formte das Christentum um in die Religion aus dem Gewissen.
Er befreite es aus den Fesseln des alles Leben tötenden Dogmas.
Er wandte sich dem Leben, dem Diesseits, wieder zu und betonte die Glaubenskraft als Naturprinzip.
(Das Lied von der festen Burg des Glaubens)
Das zeitlos unabhängige sich selbst identische Sein ist ihm das Leben, das er aus der Kraft des sittlichen Glaubens über den irdischen Tod hinaus verteidigt und über sich selbst erhebt.
Seine Epigonen allerdings blieben wieder am Bibelwortkult hängen. Nur die großen Philosophen des Deutschen Idealismus entwickelten — in einsamen Geistgefilden — weiter, was der Wittenberger Mönch aufgebrochen hatte.
Es begann das Industriezeitalter und mit ihm das Problem des Masse-Menschen, des Riesen mit dem Spatzengehirn. Mit ihm ergrünte die Spielwiese des nackten Affen.
Weil sich in der Geschichtlichkeit polare Strömungen geltend machen, erklärten sie die Frage nach der Identität für falsch gestellt und erhoben den Widerspruch im Denken, die Dialektik, zum Prinzip des Fortschritts, ohne zu erkennen, daß dies nur ein Rückschritt sein konnte. (Schopenhauer hat es richtig erkannt.)
Hegel zauberte aus dem a der Dinge das Anti a und hoffte, daß sich aus These und Gegenthese die Synthese zum b ergeben werde, wobei er aber die Diskursivität der Betrachtungsebene aus dem Auge verlor. Praktisch muß sich diese Logik zu einer Abfolge in

146) Goethe, Faust I: Im Anfang war (der Sinn, die Kraft) die Tat!

die Negativitäten entfalten. Karl Marx übernahm die dialektische Betrachtung, verzichtete ganz auf die Stufe der Synthese und begnügte sich, Frivolität als Philosophie anpreisend, mit dem Gang der Negativitäten. Über eine Totalität sollte die Logik in die Ambivalenz, in die große Wende, geraten. Daß auch diese nur eine Alterierung in der Ebene der Negativitäten bedeuten kann, sah er oder wollte er nicht sehen.
Erich Fromm verbesserte ihn und führte das anhebende Prinzip begrifflich wieder ein, ohne die motorische Kraft für das Erreichen der angehobenen Dimension aufzuzeigen. Er meinte, das gelinge dem Humanum aus sich heraus. Auch er verblieb also im Abstraktraum des Diskontinuierlichen. Die Folgen sind ungeheuer:
Das aus allen Fesseln befreite Denken reißt die Menschheit wie ein Sturzbach in den Abgrund. „Der intellektuelle Verderb von Generationen und Kulturen ist die Folge.“[147)]
Hegels Dialektik hat nicht nur das ganze Abendland sondern fast die ganze Menschheit in den Strudel der Negativitäten hinabgestoßen. Eine Flutwelle aufrauschender Kräfte schwemmte alle sittliche Bindung davon. Der Mensch ist Freiwild geworden: dem Höllenhund sind alle Ketten gelöst. Er wird den nackten Affen vor sich her hetzen!
Die Hegelsche Dialektik ist eine Lehre der kybernetischen Rückkopplung. Marx hat die Dialektik bewußt als politische Angriffswaffe geschaffen und die Katheterkönige haben ihm blind Gefolgschaft gelobt. Sie schwätzen allen Unsinn nach. (s. Walter Schulz, Philosophie in der veränderten Welt.)
Solange die Dialektik als anerkanntes wissenschaftliches Prinzip für den logischen Aufbau des Weltganzen gilt, ist es den Einsichtigen erschwert, die bereits rasante Verfallsentwicklung aufzuhalten.
Die Dialektik als Höchstwert läuft auf eine negative Codierung aller humanen genetischen Entwicklung hinaus.
Es gilt daher, den sicheren Boden der gültigen Identitätsanschauung wiederherzustellen.

147) Ausspruch von Schopenhauer, der Hegel u.v.a. einen erbärmlichen Patron, einen geistigen Kaliban, einen Kopfverdreher, einen sinnlosen Gallimathias, einen philosophischen Hanswurst, einen Zusammenschmierer sinnloser, rasender Wortgeflechte, wie man sie nur in Tollhäusern hört, nannte.

In dieser Hinsicht hat Jean E Charon sich mit seinem Werk ‚Der Geist der Materie' größte Verdienste erworben. Er hat den Blick auf die sich selbst identischen Elementarteilchen als Träger des universalistischen Wissens wieder geöffnet.
Die griechische und die lutherische Fragestellung schließen sich zu einem Ganzen zusammen: Das Sein erfüllt sich in seiner planetarischen, seiner kosmischen, Folge über die Elementarteilchen, die das zeitlose Wissen von eh bis je aufgespeichert verwahren.
Es ist auch eine jenseitige Welt, eine Welt, die sich nicht ohne weiteres dem menschlichen Bewußtsein öffnet, die sich nur dem sittlichen Glauben erschließt, die nur auf diese Weise in menschliche Erkenntnisbereiche transformiert werden kann.
Wieder kommt es auf das rechte Fragen-Können an. Es gilt eine neue Dimension des Denkens zu erschließen.
In den Fragen des Erkennens wieder ganz der eigene Herr zu sein, sein eigenes Selbstverständnis, seine Identität und zugleich seine Verwurzelung in der Konkretion des Seienden zu bejahen, ist die vordringliche Aufgabe.
In den triebgeformten Tiefenschichten des Bewußtseins verdichten sich die Erlebnisse der unzähligen Einzelindividuen, die den Menschen ausmachen. Durch Einstrahlung von Außen her werden sie aktiviert, im Wege der Kommunikation mit der Umwelt und in der Selbstversenkung heraufgehoben in das eigene Ich.
Über seine Identität als Komplexion von Elementarteilchen der Mikrowelt gelangt der Mensch an das Wissen und das Vermögen des Kosmos. Das ist es, was Charon richtig erkannt hat.
Damit ist allerdings die Frage, wie der Mensch dieses Wissen in sich bewußt machen kann, noch nicht gelöst.
Auf unmittelbarem Wege über die Ratio ist es nicht möglich.
Der Mensch müßte allwissend sein, wenn sich die Heraufhebung des elektronischen Wissens automatisch, von selbst, vollzöge.
Was im Wahrnehmungsbereich intentional vorgezeichnet ist, wird nur aus Glaubenspotenz zur Realität. Im Bereiche des Glaubens herrscht das Sittengesetz als Naturgesetz: Das Ich erfährt sich zwar aus seinen Verinnerlichungswerten, also aus seiner elementaren Vorprogrammierung. Aber erst im geistenergetischen Wahrnehmungsgang kann sie nutzbar werden.

Die Krone des geschichtlichen Könnens liegt in der neu gewonnenen Verstehensbildung.

Der antike Mensch konnte seine Bewußtseinshöhe noch aus der fast unbehinderten Entfaltung des ihm angeborenen Vermögens bestimmen: Die geschichtliche Entwicklung, insbesondere die unaufhörliche Bearbeitung durch allerlei meinungsbildende Medien, hat diese Freiheit erheblich eingeengt. Der Massemensch gelangt nur noch ausnahmsweise zur Selbstfindung. Das ist die erschreckende Tragödie der Menschheit!

Das gegenseitige Verstehen kann nur größer werden, wenn die geistigen Quellen eines geschichtlichen Lebenszusammenhanges wieder vielgestaltiger fließen und, wenn sich die gegenwärtige Menschheit in kraftvollem Entschluß einem sittlichen Glauben öffnet.

Die Macht der Meinungsbeeinflussung hat es einer kleinen Weltminderheit ermöglicht, ihren negativen Geist als dialektische Zwangsfolge vorherrschend zu machen, und die Entfaltung der positiven Kräfte der abendländischen Kultur zu lähmen.

Das gilt insbesondere für den deutschen Menschen, dessen Selbstbewußtsein nach dem verlorenen zweiten Weltkrieg schwer angeschlagen ist.

Das Recht des Stärkeren ist ein geschichtliches Prinzip. Soweit sich die Menschen nicht wieder aufraffen, sich selbst zu erlösen, geraten sie in völlige Unfreiheit, also in Knechtschaft.

Dann aber ist der westische Kulturverfall — als dialektischer Ablauf der Negativitäten — unabwendbar.

Der Problemkreis der Bewegung, der Zeit, des Raumes und der Kausalität — die altbekannten Kategorien Kants — eröffnen den Blick auf universalistische Dimensionen.

Alle diese Fragen hängen mehr oder weniger mit der Frage nach dem Anfang zusammen.

Alles Denken in Anfängen aber ist mit dem diskursiven Vorstellungen des Verstandes nicht zu bewältigen.

Anstelle der alten Fragen, war Bewegung schon immer? (Demokrit), war der Zufall der Beweger? (Epikur), bedarf jedes Bewegte eines Bewegers? (Aristoteles), ist Gott der erste Beweger? (Thomas v. Aquin), erklärt das von Heraklit angenommene Werden die Tatsache der Bewegung? Können wir alle diese Fragen auf sich beruhren lassen? (Einstein) und uns damit begnügen, nur die Beziehungsgrößen der bewegten Dinge zu einander ins Auge zu fassen? drängt sich jetzt eine andere Fragestellung auf: Wird und wie wird der Mensch mit der ungeheuren Kraft der Negativitäten fertig?

Der Michelsonsche Versuch brachte die neue Fragestellung in Bezug auf die Lichteigenschaft auf. Ist das Licht, etwa als Photonengas, sein eigener Träger, sein Selbsterzeugen?

Geht man von dem sogenannten Urknall aus, so gelangt man zu der Feststellung, daß die Beschleunigung mit der Entfernung der Explosionswolke vom Explosionsherd zunimmt. Dann bewegt sich auch das Licht von einer bestimmten Zone an schneller. Folgt man dem Denkmodell, daß der expandierende Raum schließlich wieder in die Kontraktion zurückstrebt (und zwar als Durchbruch durch die Raumzeit nach dem Prinzip des schwarzen Loches), dann wird das Problem der Bewegung zonenweise noch schwieriger, die Beobachtung der Rotverschieung im Spektrum in der Auslegung in jedem Fall fragwürdiger.

Die nur auf die Bewegung abgestellte Fragestellung lautet: Woher nimmt das Universum die die Explosion auffangende, in die Konkretion zurückführende Kraft. Gelöst werden kann die Frage nur aus dem Urvermögen der Elektronen.[148)]

Rätselhaft ist auch immer noch das Zeitproblem: ist sie mit den Dingen geschaffen? (Augustinus), ist sie nur eine Form der Anschauung? (des Denkens, der Empfindung: Kant), ist sie ein Strom, in welchem die Dinge dahinfließen? (Newton), ist sie ein kosmischer Wirkeffekt? (z.B. bei der Materiegestaltung aus Energieballung) und zugleich eine kybernetische Führungsfunktion?

Wenn wir Zeit messen, beobachten wir nur die Wirkung auf bestimmte Dinge, aus denen die Meßgeräte stammen: die Quarze, das Cäsium ermüden aber. Die Zeit erweist sich als ein bestimmter Rhythmus in der Erscheinungswelt. Daraus folgt — da die Welt eine Schwankungserscheinung ist — daß es ein absolutes Zeitmaß nicht geben kann. Auch die Zeit wird zur Schwankungserscheinung, das heißt die Zeitfunktion verändert ihr Wesen. Wenn sie ei-

148) Sie sind auf eine Wende in die Kontraktion programmiert.

ne Phaseneigenschaft des Elektrons ist (Verfasser), ist sie auch rückläufig vorprogrammiert, was sich bei den schwarzen Löchern erweist. Sind alle diese Erscheinungen: Bewegung, Zeit und Raum (damit natürlich auch die Kausalität) abhängig von der Urexplosion, vom Zunehmen der Beschleunigung und dem Verschwinden der Materie in die Weiten des Raumes, so kommt man mit dem Energieerhaltungssatz ins Gedränge. Ist der Urknall eine große Kernexplosion, die in erheblichem Umfang chemische und physikalische Wandlungen (Materiegestaltung, Energiefreisetzungen), auslöst? Sind die auseinandersprengenden Teilchen auf Implosion vorprogrammiert? Liegt ein revolvierender Prozeß vor? oder ist dieser Urknall ein einmaliger? Vollzieht er sich (etwa wie beim Uran) in Teilquanten?
Für diesen Fall verändert sich die physikalische Betrachtungsweise in allen Punkten wesentlich.
Müßte nicht alles, was angefangen hat, — geistenergetisch vorprogrammiert — auch enden?
Es taucht die Frage nach der Zündkraft auf. Ist die Urmaterie eine Zeitbombe? Hat sie einen Zeitzünder? eine Uhr? also ist Zeit doch materieimmanent? Als Vorprogrammierung?
Was ist Wirkraum mit Ambivalenzbindung? Eine zurücklaufende Spirale? Also ein kybernetisches System? Eine Doppelspirale mit entgegengesetzter Spulrichtung?
Nach der Steady State-Theorie kommt jedem Punkt im All sein eigener Wirkraum von 13 Milliarden Lichtjahren Weltraumradius zu. Die Zahl der Galaxien in ihm wird mit 100 Millionen angenommen. Bei einer Masse eines einzelnen Sternes zwischen 10^{33} und 10^{35} Gr und bei einer Sternendichte je Galaxie mit 10 — 200 Milliardendichte läßt sich errechnen, wieviel Atome eine Galaxie im Schnitt enthält. Denkt man sich den Stoff gleichmäßig verteilt, wie etwa ein Gas, ergibt sich auf den Rauminhalt eines Würfels pro cm^3 noch nicht ein Atom. Entsprechend ist die Energiedichte mit etwa 3° über dem absoluten Nullpunkt errechnet.
Stoff- und Energiedichte ragen im Durchschnitt also nur geringfügig über die absolute Leere hinaus (wobei nicht feststeht, ob es sie gibt).
Auf den einzelnen Stern bezogen sieht das Bild natürlich ganz an-

ders aus. Sterne mit großer Stoffdichte, die weißen Zwerge (der Begleiter des Sirus z.B.), haben eine Materie von einem Gewicht, sodaß auch kleinste Mengen in einem festen Gebäude nicht untergebracht werden könnten. Es würde unter dem Gewicht zusammenbrechen. Vergeblich versuchte Thor die Katze des Utgard Loki zu heben![148a]

In entsprechender Weise ist eine massive Konzentration von Energie für den einzelnen Stern festzustellen.

Wenn auch der Stoff ein System dialektischer Gegensätze darstellt, folgt seine energetische Ordnung doch dem kybernetischen Prinzip.

Einsteins Raumordnung entspricht der Matritzenmathematik. Er stellt Tensorgleichungen in Realition und gelangt auf diese Weise zu einer geometrischen Stoffverteilung. Seine Tensoren sind reine Setzungen, Konstruktionen. Sein System nähert sich der kantischen Auffassung des Raumes als Form der Anschauung. Es ist ein abstrakter Meßraum.

Im Gegensatz dazu bestimmen Aristoteles und Thomas von Aquin Raum und Stoff als eine Einheit. Diese Auffassung entspricht dem kybernetischen Weltbild, nach dem Stoff, Energie und Raum im führungsgrößenmäßig ausgerichteten Prozeß stehen, der ein über Ambivalenzstationen verlaufendes Kontinuum darstellt.

Im Rahmen dieses Prozesses bilden sich über Polarisationen und Systemanhebungen fortlaufend ranghöhere Mächtigkeiten, erwachsen immer wieder neue Dimensionen.

Aber das Elektronenprinzip mit geistenergetischer Eigenausrichtung bleibt bestehen, damit auch die kybernetisch ethische Ausrichtung.

148a) Edda.

XV. Das Wissen der Äonen.

Die Geistesfürsten vom Adel der Äonen, mit ihren wichtigsten Parolen lasse ich sie vorbeidefilieren:
Der erste abendländische Philosoph, der reiche Handelsmann Thales aus Milet, hatte die Sonnenfinsternis vom 28. 5. 585 v. Chr. vorausberechnet.
Er behauptet, das Wasser sei der Ursprung allen Lebens.
Es besteht aus Wasserstoff und Sauerstoff. Ersterer hat als Elementarteilchen das Elektron und das Proton.
In der chemischen Elementenreihe hat er die Ordnungszahl 1. Es ist das einfachste Element.
In einer Zeit, in der die Kraft des mythischen Denkens zu verblassen beginnt, sucht Thales zu bewahren, wovon der Mythos wußte. Er beantwortet die Frage nach dem Ursprung nach seiner Einsicht.
Ist es nicht auffällig, daß Thales als Urstoff nun gerade auf den Wasserstoff verfiel? Auf das Elementarteilchen, auf dem sich die ganze Kohlenwasserstoff-, also die organische Chemie, aufbaut? Diese Überlegung könnte Charons Theorie vom Elektronengeist als Stimme der Äonen stützen.
Auch sein großer Schüler Anaximander hat die Stimme der Äonen deutlich vernommen. Nach ihm ist der Ursprung aller Dinge das zeitlich/räumlich Unbegrenzte (das apeiron). Es hat die Eigenschaften des ersten Elektrons (im System Charons). Anaximander meint, weil das Beharrende das Ankommende (Entstehende) behindere, gebe es den Rhythmus Sterben und Geborenwerden. Noch zwei weiterer Philosophen aus dem 6. Jahrhundert v.Chr. ist zu gedenken, Parmenides und Heraklit.
Parmenides aus Elea schrieb das Lehrgedicht ‚Die Geschichte des Wissenden'. Von der Göttin Dike, also aus göttlichem Munde, hatte er sein Wissen. Er setzte der Wahrheit die Erfahrung als Sonderung aus dem täglichen Erleben entgegen und erklärte so den

Streit der Meinungen. Aber es gäbe in jedem Streit eine höhere Einheit, aus der die Meinungen geläutert worden seien.
Hegel hat sich Heraklit aus Ephesos, dem Philosophen des Werdens, verschrieben.
Heraklit nennt seinen Äon ‚Logos' und meint, dieser lebe in seltsamer Verschüttetheit, sei aber das Unbegrenzbare. Dennoch dürfte die Welt in ihrer Widersprüchlichkeit nicht einfach übersprungen werden. Denn sie sei die Wirklichkeit, in der wir leben.
Heraklit kennt auch den Ambivalenzpunkt in der Erscheinungswelt schon und weiß, daß die Gegenwelten immer wieder ineinander umschlagen.
Aus allem wird eins und aus einem wird alles.
Mit Sokrates, Platon, Aristoteles, Epikur und Zenon treten die Großen des fünften und vierten Jahrhunderts v. Chr. vor uns.
Sokrates (469 - 399) erklärt, daß ihm alle Gewißheit aus seiner inneren Stimme werde. Er nennt sein Äon das Daimonion.
Wenn die Welt schon so verfallen ist, daß sich die Gerechtigkeit nicht mehr behaupten kann, muß man die Lebenssicherheit durch entschlossenes Handeln wiederherstellen. Mannhaft lehnt er die sich ihm bietende Flucht ab und nimmt die Vollstreckung des Todesurteils auf sich.
Platon (427 - 347) entdeckt als Urbilder die Ideen in seiner Seele.
„Das Urwirkliche ist aller Vergänglichkeit enthoben. Von Zeit zu Zeit erblickt die Seele das wahre Sein. Es wird ihr offenbar. Von dieser Schau her bleibt dem Menschen zeitlebens die Sehnsucht. Sie reißt ihn immer wieder hinauf zur Anschauung der Urbilder."
Platon erkennt die Wichtigkeit des anhebenden Denkens.
Auch Aristoteles (384 - 322), Platons Schüler, hat ein Ohr für die Einflüsterungen der Äonen:
Er spricht von den Gestirngeistern und prägt den Begriff der Entelechien: in sich selbst trägt jedes Lebewesen sie als Ausrichtung auf die Naturzwecke und -ziele. Jedes Lebewesen hat aus ihnen einen Drang zur Vervollkommnung.
„Diese Ethik wird herrschen, solange es um die Menschen noch richtig steht", er sich noch seinem Äon verpflichtet weiß und hält.
„Nur feste Bindung an den Logos (Äon) hindert den Menschen daran, daß er sich selbst zerstört."

Für Epikur aus Samos (um 300) ist die Lust Ursprung und Ziel eines glückseligen Lebens, nicht allerdings als grobsinnliches Vergnügen, sondern das feinere ,,Entzücken des Geistes". Übermächtig'sind nicht die überall sich zeigenden Naturkräfte, sondern die ,,unsichtbaren Urteilchen, unendlich an der Zahl, verschieden nach Größe und Bedeutung". Sie verbinden sich — auch im Menschen — miteinander und sie trennen sich auch wieder. Sie schwirren im Raume umher und erschaffen die sich wandelnde und verwandelnde Dingwelt. ,,Die Seele des Menschen bezieht ihre Ausrichtung von ihnen."
Zenon aus Kition (um 300), der Begründer der Stoa, lehrt, ,,wer die Natur in sich selbst verwirklicht, der lebt in Übereinstimmung mit dem Kosmos. Gott ist selbst in den Abwässern, den Spulwürmern und den Verbrechern. Was die Liebe nicht vermag, muß die Inbrunst des Hasses und der Verworfenheit zu Wege bringen. Die Höhe eines Zeitalters erkennt man daran, ob es sich zur Liebe oder zum Haß bekennt."
Er betont die Treuepflicht gegenüber der inneren Stimme als höchstes Pflichtgesetz.
Bei Jesus von Nazareth bestimmt überall der anhebende Gedanke das Sittengesetz: Ihr habt gehört, daß gesagt ist — — ich aber sage euch — — liebet eure Feinde, tut wohl denen, die euch verachten, u.s.w.
Wir machen einen Sprung ins dritte Jahrhundert n. Chr. und stoßen auf Plotin (205 - 270).
Er lehrte ,die Gesichte des Entrückten': Das Viele könnte nicht sein, wenn das Eine nicht wäre, von dem her es geworden ist. Das Eine ist alles in allem, also nicht selbständig Seiendes.
Das Viele hat Mangel an dem Einen, Allumfassenden.
Das Eine bestimmt den Weg der Weltwerdung. In der letzten (vierten) Stufe ,der Welt' erlischt das Wissen vom Einen, nicht aber die Abhängigkeit aus ihm. Aber im Blick auf das Eine findet die Welt und die Menschheit den Weg zurück.
354 - 430 lebte Aurelius Augustinus. Er betrachtete den Menschen nicht mehr, wie die Griechen, als Glied des Kosmos. Ihm ging es nur um die Menschen. Er war Humanist.
Die denkende Aneignung der Wahrheit trägt die Gewißheit auch

nicht mehr in sich selbst, wie bei den Griechen, sondern nur noch von Gnaden des Glaubens.
Augustinus ist ganz durch die Religion ‚geprägt'.
Er ist Systemdenker, Systemgefangener.
Die Geschichte der Menschheit ist ihm ein ungeheurer Streit zwischen dem Reich der Welt (dem Teufel) und dem Gottesreich.
Für Amseln von Canterbury (11. Jahrhundert) wird der Glaube zur Wahrnehmungsfunktion der Erkenntnis.
ratio und Glaube (Gemüt) vermählen sich im Denken und erst vereint gelangen sie zur rechten Wahrnehmung (zur Einsicht).
Von Canterbury führt die Entwicklung zu Thomas von Aquin (13. Jahrhundert): Im Ganzen der Welt findet ein unablässiges Streben vom Möglichen zum Wirklichen statt. Zwischen Gott und dem Menschen ist ein so weiter Abstand, daß das Endliche überhöht werden muß, um die Entfernung zu überbrücken.
Nur über den Glauben erfahren wir — in schwachen Umrissen — etwas vom Wesen Gottes.
Für Meister Eckhart (ebenfalls aus dem 13. Jahrhundert) ist das leichter: Alle Kreaturen sprechen die Sprache Gottes. Sie alle sind bestrebt, Gottes Gedanken zu verwirklichen. Sie hören sein Rufen, wieder zurückzukehren, woraus sie geflossen sind.
Dem Menschen wächst sein Denken aus sinnlicher Erfahrung.
Nach Nicolaus von Cues (1401 als Sohn eines Moselfischers geboren) trägt Gott die Welt ‚eingefaltet in sich'.
Wenn, wann und wo alle menschliche Initiative versagt, kommt sie von Gott als Einbruch und Zugriff in und auf die Welt.
Im 17. Jahrhundert schreibt Descartes seine Philosophie des dubitare und des cogitare.
Er greift der Kybernetik vor: In seinem Innern findet der Mensch die Idee eines höchst vollkommenen Wesens (vorprogrammiert).
Sie kann ihm nur von einem höchst vollkommen anderen eingepflanzt sein. So gelangt der Mensch zur Selbstgewißheit, bewegt sich dabei allerdings stets in bedrohlicher Nähe des Zweifels, der sich zuletzt auch gegen das Göttliche wendet. Der Mensch läuft Gefahr, alle metaphysische Gewißheit zu zerstören.
Zur gleichen Zeit schreibt auch Pascal seine Gedanken nieder: „Menschsein heißt, im Widerspruch leben." Letztlich steht hinter

allem die Angst des Alleinseins (Monod). Der Mensch fühlt seine Abhängigkeit als Verlassenheit. „Erkennet, was für ein Paradoxon ihr für euch selber seid. Nur eine Botschaft von Gott kann das Rätsel Mensch lösen.“ Allerdings ist dem Menschen von seiner ersten, ursprünglichen, Natur „eine Ahnung“ verblieben.
Der Mensch ist aus seiner Ordnung herausgefallen. Nur der Glaube kann ihn wieder emporheben: Das Herz hat seine Vernunftgründe, die der Verstand nicht erkennt.
Im 17. Jahrhundert (1632) wird auch Spinoza geboren.
„Was sind Welt und Mensch, wenn im eigentlichen Sinne nur Gott ist“, fragt er, und er antwortet: „Die Welt ist nichts als eine Weise, wie Gott selber existiert. Gott ist die inwendige Ursache für alles Gewordene und Werdende.“
Gottfried Wilhelm Freiherr v. Leibniz (1646 - 1716) überwindet alle Zweifel seines Jahrhunderts mit seiner großartigen Monadenlehre, wie sie noch heute, ins Kybernetische übersetzt, volle Gültigkeit hat:
Zunächst führt er die Begriffe Kraft und Kontinuum in die philosophische Überlegung ein.
Er spricht von der Vorstellungskraft im Sinne eines Denksinns (s. Verfasser, Der Neue Mensch, 1977)
Das Kontinuum ist eine ins Unendliche verlaufende Welt, sowohl im Makro- wie im Mikrobereich.
Jeder Organismus hat sein Kraftzentrum (sein Mytochondrion). Aus diesem lenkt und organisiert er sich im Rahmen seiner geistig/körperlichen Einheit.
Es gibt nicht zwei Dinge, die einander identisch sind: Das Universum ist vom Prinzip des Individualismus durchwaltet.
Mit geistiger Vorstellung (Gedächtniswertspeicherung vergleichlich — Zusatz des Verfassers —) erfüllte Kraftpunkte sind das Wirkliche. Monaden nennt Leibniz sie (nach monas (gr.) = Einheit).
Die Monaden sind gestuft nach mehr oder weniger deutlicher Vorstellungskraft. Im Organismus gibt es eine Zentralmonade, die alle anderen ausrichtet.
Gott ist die Urmonade.
Alles, was aus einer Monade geschieht, entwickelt sich aus sich

selbst (wie beim Elektron nach Charon). Die Monaden sind fensterlos, selbständig. In jeder einzelnen ist alle Welt präsent. Sie sind mit einer immerwährenden Bespiegelung des Unendlichen ausgestattet und beziehen fortlaufend weitere Information.
Sie sind beladen mit Vergangenheit (Gedächtniswerten von eh bis je) und mit Zukunft (mit omnipotenter Ausrichtungs- und Wirkfähigkeit).
Jeder Monade ist vom Ursprung her ein inneres Gesetz beigegeben, das ihren Vervollkommnungsprozeß — auch auf die Dauer gesehen — gewährleistet. Sie sind anpassungsfähig und mit Harmoniesierungsvermögen ausgerüstet. Schon in der Zentralmonade des ersten Menschen ist im Plan angelegt, wie sich alle Nachkömmlinge zu verhalten haben. Die Klammer, die alles monadologische Denken zusammenhält, ist der Gottgeist, der in jeder Monade wirksam ist.
Die Welt verläuft nach dem Prinzip einer praestabilisierten Harmonie. Gott ist das Bezugsverhältnis aller monadologischen Angleichungen. Fortlaufend produziert er eine unendliche Fülle von Blickpunkten, deren jede eine Monade gleicher Ausrichtung darstellt. So bestellt Gott die Vielfalt des Schauens und richtet die Welt immer wieder auf neue Vervollkommnungsmöglichkeiten aus. Mit der ratio ist die Monadenwelt nicht erschließbar.
Hegel nannte sie einen metaphysischen Roman.
Selbst dem großen Spötter Voltaire (1694 - 1778) ist ein Gottesgedanke innewohnend: „In deinem Herzen hat ein Allerhöchster dir die natürliche Religion eingeprägt. In deinem Gefühl (also nicht im Verstand) wurzelt der Gottgedanke.“ Es ist daher auch müßig, aus der ratio über ihn zu ‚vernünfteln‘.
‚Woran liegt es‘, fragt Voltaire, ‚daß die Menschen so selten Vernunft annehmen und daß sich soviel Sinnlos = Erscheinendes ereignet? Ist das Leid notwendig? Alles in und alles um uns ist rätselhaft. Nur das Philosophieren ist es wert, daß man Mut aufbringt!‘
Der ‚unglückliche Gefühlsmensch Rousseau‘ (1670 - 1741), wie ihn seine Zeitgenossen nannten, war der Mann der Eingebung des Augenblicks. Er enthüllte die Hohlheit des Zeitalters der Aufklärung und gab dem Gefühl den Vorrang vor dem Verstand.
„Das lenkende Prinzip, das Ursprüngliche, ist dem Menschen das

Gefühl.“ Die Wahrheit liegt primär in der Spontaneität, in der Erleuchtung, „in der Gewißheit des Herzens“. Die sittlichen Regeln, „die Grundlage der Ethik, finde ich in der Tiefe meines Herzens“. Die letzte Instanz trägt keinen rationalen Charakter. Alles verkommt unter den Händen des Verstandesdenkers. Der Verstand ist eine Hure. Das Gute sieht der Mensch, er liebt es sogar, und dennoch handelt er böse. Das Böse ist das Handeln aus Kraftlosigkeit, aus Bequemlichkeit. Der Abstieg ist gefälliger als der beschwerliche Aufstieg.

„Einen jugendlichen Zögling soll man von den bösen Einflüssen der Gesellschaft fernhalten. Erst durch die Vergesellschaftung ist das Böse hervorgerufen.“ Die Gesellschaft ist das in der Verantwortung stehende Subjekt.

Die Knechtschaft beginnt zwar mit der Schaffung des Eigentums, aber jeder strebt nach Eigentum und nach Sicherheit. Man muß eine gegenseitige Garantie des Eigentums schaffen. Jeder muß ein Stück Freiheit zugunsten des andern opfern.

„Freiheit ist Gehorsam gegenüber dem selbstbestimmten Gesetz.“

Der 1711 in Schottland geborene David Hume war ein Skeptiker. Er bekämpft alle Spekulation über übersinnliche Dinge und betont die Urteilskraft aus der Erfahrung. (Auf dieser Auffassung baut Kant seine Kritik der reinen Vernunft auf.)

Hume verwirft alle abstrakten Rationalismen, auch das konzeptive Denken. (dagegen der Wiener Meurer s. Lit. Vz). Nur, was die Sinne registrieren, hat erkenntnismäßigen Rang.

Das Ich ist ein Miteinander von Empfindungen, eine gesammelte Verarbeitung verschiedener Bewußtseinseindrücke zur komplexen Wahrnehmung.

Die Sicherheit im alltäglichen Erleben ist auch keine Frage der Kausalität. Sie gibt es garnicht. Es gibt nur statistisches Erfahrungsgut. Alles folgt aus einem rein subjektiven Prinzip. Hume nennt es Glauben.

Er gibt dem Glauben also eine ganz neue Inhaltsbedeutung. Der Glaube ist das gewohnte Bild, der Schluß aus der gewohnten Bilderfolge, der Erwartungshorizont.

Damit schrumpft die objektive Welt (der Aufklärung) zusammen. (Heisenbergs subjektive Welt wird bedeutungsvoller).

Das Schicksalsschiff des Menschen ist nicht unbedingt seetüchtig, sogar ziemlich leck. Dennoch muß man kühn mit ihm in See stechen, es unternehmen, auf ihm die ganze Welt zu umschiffen! (Man hat ja kein anderes!)
Imanuel Kant (1724 - 1804) meint, wenn wir darauf verzichten, über das Endliche hinauszufragen, versinkt die Welt in Barbarei und Chaos.
Wir sind zum Fragen verurteilt!
Wenn der Mensch ernstlich wissen will, wie er sich zu verhalten hat, so tritt ihm sogleich ein unbedingtes Gebot entgegen: der kategorische Imperativ der Vernunft. Nur er hindert den Menschen konsequent daran, nach Willkür und nach Laune zu verfahren.
Inmitten des bedingten Daseins steht also ein unbedingtes: „Du sollst!" Indem er dies Unbedingte annimmt, gewinnt der Mensch Freiheit, baut er sich seine Freiheiten aus.
Die Unsterblichkeit der Seele und das Dasein Gottes sind notwendige Forderungen der sittlichen Existenz.
Daß der Mensch metaphysische Untersuchungen einmal ganz unterläßt, also das Ende der Philosophie, ist ebensowenig zu erwarten, als er unterläßt, zu atmen, um nicht immer unreine Luft zu schöpfen!
Johann Gottlieb Fichte (1762 - 1814) hält alle Realität für einen wunderbaren Traum.
Die Empfindungen (das Gemüt) sind das ‚sich stets meldende Ding an sich'. Der Trieb, mit dem Unvergänglichen vereinigt zu werden, ist die innigste Wurzel des Daseins. Das Ich ist eine Erfindung, geschaffen vom Verstand, dem leeren Bildner von Nichts zu Nichts.
Der Mensch ist ein Zwiespalt zwischen Absolutheit und Endlichkeit.
Was der Mensch ist, stellt ihn als Dasein und als Gottgedanken dar.
Gott allein ist, außer ihm bestehen nur Bilder.
Friedrich Wilhelm v. Schelling (1775 - 1854) ist der Schöpfer der Identitätslehre, der Auffassung von der Identität des Idealen und des Realen, des Gedankens und der Wirklichkeit.
Damit kommt er dem Wesen des Charonschen Elektrons nahe.

Schelling ist das Göttliche nicht der Gott der Christenlehre, der Jenseitige. Er beruft sich auf den Nazarener: Ich bin der Weg, die Wahrheit und das Leben!

Das höchste Naturprodukt ist der menschliche Geist. Was in ihm angelegt ist, drängt in die Wirklichkeit und zwar im Wege über die Versöhnung der Gegensätze, über das anhebende Denken. Schelling greift also ebenfalls der Kybernetik vor.

Die Natur ist der verborgene Gott (das Charonsche Elektron).

Es gibt auch das Irrationale, einen vernunftlosen Drang, ein Leben der Widerwärtigkeit und der Angst. Es ist das vegetierende Leben, das Kraftlose.

Der Mensch ist der Schmerzensweg Gottes.

Was unserer ratio erscheint, ist das auf sich selbst gestellte, das todgeweihte, Leben.

Über den Menschen vollzieht sich die Rückkehr Gottes zu sich selbst, die vollendete Versöhnung aller Gegenwelten.

Sie stetig anzustreben, ist die Aufgabe der Ethik.

Wer ganz zu sich selbst kommen will, muß alles hingeben, um alles zu gewinnen. Noch vom letzten Ufer muß er scheiden.

Gottes Ruf verhallt fast ungehört in Raum und Zeit!

Die Kirche zelebriert nur den Leichnam Gottes.

Georg Wilhelm Friedrich Hegels (1770 - 1831) Dialektik ist nach Schopenhauer der klappernde Rhythmus zwischen Thesis, Antithesis und Synthesis. Damit will Hegel die verlorene Einheit des Menschen wiederherstellen. Es gelingt ihm aber nur eine starre Systembindung. Hegel meint, die Dialektik sei ein Strukturelement des Denkens. Er hält sie sogar für das strukturformende Element. Darin irrt er allerdings. Denn es handelt sich ja nur um ein Bild des Negativitätenverlaufs. Es ist unzutreffend, wenn Hegel sagt, die Dialektik ‚durchherrsche die Wirklichkeit in liebenden Beziehungen'. Die liebenden Beziehungen sind das bewegende Element und die dialektische Bewegung spiegelt das Kurvenbild der Entfaltung nur.

Weil Hegel die Dinge auf den Kopf stellt, kommt er auch zu dem Ausspruch ‚Gott ist tot. Er hat sich in eine Vielzahl von Leben zerstreut'. Das ist ein peinlicher Gedankenfehler: Gott, das Prinzip

des Unendlichen kann sich ohne Schaden für seinen Bestand fortlaufend aufteilen.
Es ist auch fehlerhaft, wenn Hegel von einem Absoluten Geist ‚als Weltgeist' spricht.
Gott ist auch über die Welt hinaus. Und allein er ist absolut!
Auch das ist ein klarer Gedankenfehler. Viele Gedankenfehler unterlaufen ihm: In der dritten Stufe der Dialektik, der Synthese, findet — entgegen Hegels Meinung — nur Bewegung im gedanklichen Raum statt.
Was Hegel in Analyse und Synthese gefunden hat, überträgt er zu unrecht auf seinen Gottbegriff, z.B. der Ausspruch: Gott ist nicht ein für allemal vollendet, er ist sich selbst Geschichte.
Gott ist immer vollendet, was nicht ausschließt, daß er sich immerfort in weiteren Vollendungen bewegt.
Es ist ein leeres Wortspiel, wenn Hegel argumentiert: Das In-sichselbst träumt und gelangt so — also träumend — in die Stufe des Auf-sich-Nehmens, des Sich-Entäußerns.
Es soll die Stufe einer Selbstentfremdung Gottes gekennzeichnet werden. Damit werde die Natur für Gott zur Anschauung. Jetzt vollziehe sich die Umkehr: Selbstbewußtsein wachse im Menschen. So gelange er wieder zur Gotterkenntnis. Das ist Wortgeklapper.
Arthur Schopenhauer (1788 - 1860), der Ethiker des Mitleids, hat Hegel ziemlich mitleidslos beschimpft. Er hat dabei übers Ziel geschossen: Denn Hegel ist der Philosoph der Negativitäten. Sie stellen eine ungeheure Kraft dar. Hätte Schopenhauer das erkannt, dann hätte er Hegel wirksam bekämpfen können.
Nicht wie bei Hegel der Geist, sondern Drang und Wille tragen nach Schopenhauer das Leben. Diese Formulierung hätte man bei Hegel erwartet. Drang und Wille drücken das negative Prinzip mehr aus als Geist.
Schopenhauer hätte sein System folgerichtig besser die Welt als Vorstellung und Wille und nicht umgekehrt als Wille und Vorstellung betiteln sollen. Denn der Wille will ja nur.
Selbst im System Schopenhauers treibt er sich am Ende in die eigene Selbstvernichtung.
Und statt von Vorstellung hätte Schopenhauer besser, wie Leibniz, von der Vorstellungskraft sprechen sollen. Denn die Vorstellung

vermittelt ja nur eine Bilderfolge. Die Vorstellungskraft dagegen ist eine Führungsgrößenqualität.
Richtig beschreibt Schopenhauer die Meditation: der Meditierende blickt in ein klares ewiges Weltenauge. Dabei fällt sein Blick — nach Schopenhauer — auf die Ideen als die Urbilder des Seins.
Ich frage hamburgisch: Und was hats genutzt?
Ganz anders beschreibt Hermann Cohen (1842 -1918) das Gebet, das im Gegensatz zur Meditation die aktive Kontemplation darstellt. Das Gebet hat Saugwirkung.
Es weckt die gestaltenden Kräfte.
Auf derselben Linie liegt es, wenn Schopenhauer resignierend feststellt, Freiheit habe der Mensch nur in Bezug auf die Verneinung!
Eine solche Freiheit nutzt ihm wenig!
Nach Schopenhauer erlangt der asketische Mensch seinen inneren Frieden. Hier würde ich mit dem Bayern sagen, ‚er hat sein Ruh!' aber nicht mehr!
Schopenhauers Mensch sehnt sich begreiflicherweise nach dem Erlöschen. Sein Lebensgang war erfolglos.
Ganz anders sieht Sören Kierkegaard (1813 - 1855) die Welt: Er ist von einer ganz ungewöhnlichen Selbstbezogenheit erfüllt. Ob etwas Wahrheit für den Menschen werden kann, hängt davon ab, ob er es als seine Wahrheit ergreifen kann. (Das ist die umgekehrte Subjektivität Heisenbergs). Kierkegaard meint, Hegel habe den Menschen in seiner Existenznot vergessen. Das ist richtig gesehen. Aber, was Kierkegaard aus der Schicksalsunterwerfung folgert, nämlich die Krankheit zum Tode, ist nur ein Teilkomplex des Lebens. Es läßt sich zwar nicht leugnen, daß der Mensch schließlich dem Tode verfällt (Zenon kontert, weil er den nachfolgenden Geschlechtern sonst den Platz wegnimmt). Kierkegaard meint, trotzdem solle er — der Mensch — es wagen, er selbst zu sein. Mit der Forderung, der Einzelne im Angesicht Gottes zu werden, tritt Kierkegaard dem Christentum entgegen: zusehr eine Sache der Vielen sei es geworden.
Wenn uns der Tod nicht ständig auf der Ferse sitzt, erlahmt alles Leben!
In den letzten Jahrhunderten vor der Zeitrechnung, als die Welt der heutigen in vielerlei Hinsicht verzweifelt ähnlich aussah, ero-

berten die Hermesjünger die Herzen vieler Gepeinigter, weil sie dem Schicksal, dem Leid, die Kraft der Überwindung entgegensetzten.

Kierkegaard findet nur Vorwürfe für die Zeit:

Alle übergroße Reflektiertheit (damit meint er Hegel) führe notwendig zur Selbstzerstörung. Das ist ein zutreffender Vorwurf, auch der weitere: ,,Alle rufen überall nach mehr Verstand, anstatt nach Glaube, Liebe, Hoffnung! Die Sucht nach unaufhörlicher Reflexion bedeute öde Nivellierung und bringt in tödliche Gefahr!"

Der Mensch werde zum Publikum, zum Sozialprodukt seiner Zeit! Die Frage nach Gott sei nur noch eine Frage nach dem Taufschein! ,,Legt die Lunte an das bestehende Christentum", fordert Kierkegaard: ,,Ich bin der Spion im Dienste des Höchsten!"

Das ist aber wohl mehr Literatentum als echter Philosophengeist.

Kritisch seinem Gott gegenüber steht auch Ludwig Feuerbach (1804 - 1872)! ,,Der Mensch denkt sich einen mithelfenden Gott. Die Wurzel alles Gottglaubens ist der Egoismus des Menschen. Die Selbstverantwortung ist der Wendepunkt der Weltgeschichte." Die ratio neige allzusehr dazu, über die eigentliche Natur des Menschen hinweg zu spekulieren. Sinnlichkeit sei das Wesen des Menschen. Auch das Geistige sei ein Sinnwesen. (s. der Verfasser, Der Neue Mensch, S. 23 ff).

Karl Marx (1818 - 1883) dreht Hegel und Feuerbach um: Nicht der absolute Geist — oder der selbstverantwortliche Mensch — ist das Subjekt der Geschichte, sondern die Dialektik gestaltet alles, sie ist das Gegenstück zur Selbstreflexion, Selbstbewegung der Materie. Ihr sei alles untertan, der gesellschaftliche Prozeß, der gesellschaftliche Mensch, der Mensch als Freiheit in der Selbstgestaltung, der Mensch als Arbeitender und der Arbeitsprozeß im Ganzen.

Die Arbeit sei zur Ware geworden. Nur der Unternehmer habe den rechten Genuß davon. Zur Zwangsarbeit sei sie herabgesunken. Der Arbeitende habe die Freiheit der Selbstgestaltung eingebüßt. Schließlich sei er selbst Ware geworden. Der Proletarier sei der sich selbst abhandengekommene, der selbstentfremdete Mensch.

Auf dem Höhepunkt dieser Entwicklung beginne jedoch der Umschlag, die Bewegung zur aufhebenden Entmenschung.
Aufgabe dieser Umwälzung sei es, den Arbeiter wieder zum Menschen zu machen, die Selbstentfremdung aufzuheben und das wahre Reich der Freiheit herzustellen.
Das aber setze die Aufhebung des Privateigentums voraus. Denn mit seiner Einführung habe die Verknechtung des Menschen begonnen.
Auch Friedrich Nietzsche (1844 - 1900) drängt die Menschheit zu Entschließungen. Auch er geht überwiegend vom Menschen aus. Er erlebt die Zeit als inneren Zerfall aller Werte. Der Glaube an sie, das verehrende Herz, sei zerbrochen.
Jeder Glaube sei notwendig falsch. Denn es sei nichts mit der Wahrheit, nichts mit der Moral, ganz zu schweigen von der Religion.
‚Gott ist tot. Wir alle sind seine Mörder.'
Aber die Menschen brauchen Gott: also müssen sie selbst zu Göttern werden. Sie müssen sich selbst zu Göttern erheben, einen höheren Geschichtsverlauf setzen.
Nietzsche spielt auf die Souveränität des Menschen als autonomes Wesen an.
Der gegenwärtige Nihilismus sei nichts Endgültiges, sondern Durchgang, Übergang zum Übermenschen, zur großen Entscheidung. Der Instinkt des Schaffenden soll uns über die große Unschuld zu neuen Werten und Bewertungen geleiten.
Die Wertordnung des Lebens müsse zum Grundwert der Ethik werden. Die Lust des Werdens werde den Übermenschen gestalten. Leben sei Schaffen und Zerstören, Letzteres, um neu schaffen zu können.
Ein sich selbst befreiter Starkgeist stehe mit freudigem Selbstvertrauen im Kosmos und werde ihn erobern.
Tiefster Ausdruck seiner selbst ist die Liebe zum eigenen Schicksal, amor fati. Der Starkgeistige bejahe sein Schicksal und leide nicht an ihm.
Karl Jaspers, 1888 geboren, ist, wie Kierkegaard Existenzialist. Er ist der Philosoph des fruchtbaren Scheiterns und erlebt den Menschen in Grenzsituationen. Erfahrung, Kampf, Leiden und Schuld

haben ihn gebeugt. Die Suche nach sich selbst ist ihm zum Bewußtsein der Ausweglosigkeit geworden. Angst, aus der kein Rückweg ins Leben zu führen scheint, hat ihn gepackt. Dennoch bejaht er das Unbegreifliche seines Lebens, sagt ja zu Leid und Tod.
Der Sprung aus der Verzweiflung wird ihm zum Eintritt in die Freiheit, zur Erlangung des Selbstseins.
Die höchste Aufgabe der Philosophie ist für Jaspers das Denken, das den Aufschwung in die Transzendenz ermöglicht, ein Kreisen um die Transzendenz, um den Selbstüberstieg in die angehobene Lebensform.
Durch Nachdenken wird Gott immer fragwürdiger. Nur im Glauben gelingt es, in den Gottesbereich zu gelangen.
Ein jeder kann nur ergreifen, was er der Möglichkeit nach schon ist. Das ist die Schranke der möglichen Selbstentfaltung. Es geht Jaspers um das Überschreiten in Lebensbereiche, in denen die Transzendenz zum Leuchten gelangt, die Sicht auf neue Lebensdimensionen frei wird. Wenige werden soweit gelangen.
Martin Heidegger (geboren 1889) spricht dem Gedanken Wirkkraft, die Kraft der Selbstverwandlung zu. Er erfaßt den Menschen, wie er aus Möglichkeiten lebt, auf die hin er sich selbst entwirft. Dabei hat jeder seine Welt.
Die Welterweiterung nennt Heidegger ‚den Einbruch in das Ganze'.
Existieren heißt ‚hinausstehen aus sich selbst'.
In-der-Welt-sein heißt, sein, was ‚man' ist.
In der dem ‚Man' ausgelieferten Welt herrscht die Angst. Über unser Gewissen erreicht uns der Ruf aus dem ‚Unheimlichen' des Daseins: Der Mensch entschließe sich, Einzelner zu werden. Das Seiende, die Grundstruktur der Menschenwelt, ist die Zeit. Zukunft läßt der Mensch auf sich zukommen. Sich selbst schafft er als das ‚Vorweg in der Zeit', als das ‚Schon-Sein'.
Dabei denkt er Zukunft nicht vom Menschen, sondern vom Sein her, vollzieht er eine Kehre des Denkens.
Der Mensch ist kein autonomes Wesen. Er existiert nur im Zusammenhang vom Sein her. Diesem ist er untertan; von ihm hängt er ab.
Man darf das Sein nicht als gegenständlich denken: Der Mensch

muß dem Sein zur Sprache verhelfen, das Sagen vom Sein laut werden lassen, sodaß die Nacht der Gottesferne ins Licht der Gegenwart gehoben wird.
In der Nähe vom Sein fällt die Entscheidung. Ob dann die Götter neu beginnen können, steht nicht zur Entscheidung des Menschen, sondern des Seins.
Nach Bertrand Russell (1872 - 1969), dem großen Skeptiker, stehen wir am Gestade eines großen Ozeans (der Begebenheiten) und schreien in die leere Nacht hinaus.
Sein Interesse galt dem logischen Denkvermögen, der Logik. „Gibt es überhaupt eine Erkenntnis, die unumstößlich gewiß ist, sodaß kein vernünftiger Mensch sie anzweifeln kann?“ fragt er. Wer Philosoph werden will, darf sich nicht vor Absurditäten fürchten.
Unsere Träume sprechen dafür, daß die gegenständliche, im Wachen erlebte, Welt wahr ist. Das ist ihm mehr oder weniger unumstößlich.
Was ist das die Sinnesdaten hervorrufende Wirkliche? Wir wissen es nicht.
Der Baum? Wir wissen es nicht, wie er beschaffen ist.
Die Zeit? Gibt es sie überhaupt?
Die ganze Welt der Armut, des Leids, der Verlassenheit, sie bedrückt ihn.
Er ist um den Fortbestand des Menschen, der Menschheit, besorgt.
Unser Zeitalter ist düster: Aber vielleicht werden gerade unsere Ängste zum Quell einer hervorsprudelnden Weisheit. „Eine bessere Zeit kann wirklich werden, wenn es die Menschen nur ernstlich wollen! Das Notwendigste, was die Menschen zu ihrem Glück gebrauchen, ist Einsicht, eine vernünftige Selbstplanung.“
Auch Ludwig Wittgenstein (1889 geboren) ist ein Skeptiker. Nach seiner Meinung sind die meisten Fragen, die die Philosophie aufwirft, unsinnig. Sie soll das Denkbare vom Undenkbaren abgrenzen.
Das Leben ist etwas Mystisches. Die Lösung seiner Rätsel liegt außerhalb von Raum und Zeit.
Das Subjekt gehört nicht zur Welt. Es ist etwas tief Geheimnisvolles, Grenze im Bereich des Existierenden.

Gott offenbart sich auch nicht in der Welt. Er bleibt in der Verborgenheit.
Das, wovon wir abhängen, können wir Gott nennen: Dann wäre Gott unser Schicksal.
Der Mensch ist ein Sprachwesen. In der Sprache herrscht Mehrdeutigkeit, wie im Leben.
Es gibt keine absolute Eindeutigkeit und Einfachheit. Alles hängt von allem ab und mit allem zusammen.
Deshalb sind alle Bildtheorien falsch. Es gibt keine in der Zeit bestimmenden Urbilder. Alles bespiegelt sich in Relationen.
Es gibt viele Sprachwelten und alle Sprachspiele sind Luftspiele.
Die traditionelle Philosophie hat ausgespielt. Sie sollte verschwinden.
Im Februar 1930 begann José Ortega Y Gasset seine Vorlesungen in Madrid mit der Frage: Was ist Philosophie? ,Wenn unser Leben darin besteht zu entscheiden, was wir sein werden, so ist damit gesagt, daß in der eigentlichen Wurzel unserer Existenz eine Zeitbestimmung steckt: das Künftige. Ein Zusammenstoß mit dem Künftigen ist das Lebens. Es ist eine Tätigkeit, die sich vorausentwirft. Nicht das Bewußtsein, das Subjekt, ist die Realität, sondern unser Leben, das Leben jedes einzelnen. In dem Augenblick, in dem ich mein Ich entdecke, werde ich auch dessen gewahr, der mit mir lebt, den anderen, der mit mir teilnimmt am gegliederten Ganzen. Ich selber gebe mir Rechenschaft nicht nur von mir und dem andern, sondern auch von mir in der und als die Welt.
Die alten Ägypter glaubten, daß über den Verstorbenen im Jenseits ein Gerichtsverfahren stattfinden und daß dabei sein Herz gewogen werde. Um die Jenseitsmächte zu täuschen, mußte der Totengräber das Herz des Verstorbenen aus Fleisch und Blut durch einen Skarabäus aus Bronze oder durch einen schwarzen Stein ersetzen. Jedoch: es läßt sich auf keine Weise der Wirklichkeit des Lebens entkommen!
Im Oktober 1944 schrieb unter den schwersten Detonationen von Minen und Bomben Nicolai Hartmann seine wohl bedeutendste Schrift vom Teleologischen Denken. ,,Darin ändern sich die Menschen mit den Zeitaltern nur wenig: sie wählen sich ihr Weltbild nicht nach der Vernunft, sondern nach ihren Sehnsüchten und ih-

ren Wünschen. Der Kausalnexus ist zwar auf eine Wirkung angelegt. Aber er ist stets offen. Er ist gleichgülitg gegen das Ergebnis, stets durch neue Wirkkräfte überformbar. Es gibt keine obere Grenze der Formbindung."

Das ist die Freiheit im positiven Verstande: Die reale Welt ist eben doch erfüllt von vielem Wertvollen. Das Resultat jedes Kausalverlaufes ist die Wertantwort des unverbildeten Bewußtseins.

Viele Edelinge des Geistadels habe ich vorüberdefilieren lassen. Soweit sie im Vortext bereits zu Wort gekommen waren, habe ich sie an der Parade nicht teilnehmen lassen.

Die Alten sprachen aus der Urkraft, die Jüngeren überwiegend aus dem Intellekt.

XVI. Ethik

Für die Ordnung sittlicher Wertvorstellungen entwirft der Verstand Sittengesetze, steuert er Gesetzeszwang auslösende Überlegungen bei und erschließt er neue Denk- und Lebensdimensionen. Die Rangfolge der Werte wechselt in geschichtlicher Zeit.

Neue Wertorientierungen werden nötig, um einen Ausgleich entstandener Gegenläufigkeiten zu gewährleisten, um neue Führungsgrößen herauszustellen.

Ethik ist Zukunftserschließung, Zielsetzung, im Verhältnis Mensch zu Mensch gefordertes Verhalten.

Ethik ist eine Disziplin der Philosophie.

Von der Religion unterscheidet sie sich dadurch, daß diese auf die Transzendenz, das Verhältnis Mensch zu Gott, abgestellt ist. Irgendwie grenzt aber auch die Philosophie an die Transzendenz: Sie sucht das Selbstüberschreitende, das in die Transzendenz Führende zu erfassen und zu gestalten.

Die Religion hat dagegen die Aufgabe, Herüberwirkungen aus der Transzendenz auf den Menschen aufzuspüren.

Alle Philosophie beginnt unabänderlich mit einem Kopfsprung aus der universalistischen und kosmsichen Dimensionalität in die Menschenwelt. Einstein fand als neue Denkdimension die relativierte Raumzeit, Planck das atomare Wirkungsquantum.

In der Quantenphysik beobachtet man durchweg kybernetische Gesetzlichkeit.

Insoweit ist die Quantendimension auch für die Ethik wichtig.

Einsteins Theorie ist eine gedankliche Konstruktion. Aber auch die Relativitätstheorie ist für die ethische Orientierung nicht bedeutungslos.

In Dimensionen, die der Verstand nicht mehr zu durchleuchten vermag, wirkt informativ allein noch der Glaube.

Deshalb ist die Religion der Vernunft, wenn man Vernunft und ratio gleichstellt, ein Unding.

Fast man den Vernunftbegriff weiter, bezieht vieldimensionales Denken, z.B. auch aus den Gemütsbereichen ein, so wird Kants Theorie von der Selbstüberschreitung durch den moralischen Glauben (Kanon Meinen-Glauben-Wissen in seiner Kritik der Vernunft) bedeutungsvoll.
Besonders für den Bereich der Ethik gilt, daß sich Verstand und Gemüt wechselseitig korrigieren und ausrichten.
Die marxistische Philosophie meint, daß Ethik durch die Dialektik ersetzt werde.
Tatsächlich führt die dialektische Bewegung nur in die Negation, d.h. zu einem abschaltenden Prozeßverlauf.
Gedankliche Anhebung bewirkt allein das sittliche Prinzip.
Insofern ist Erich Fromms sittlich anhebendes Denken, seine humanistische Ethik, ein Gewinn.[148b)]
Soweit er von einer ‚humanistischen Religion' spricht, werden seine Überlegungen allerdings problematisch.
Erich Fromm übersieht die Dimensionsunterschiede zwischen Ethik und Religion. Gott ist unendlich dimensional. Er ist nur im Glauben und in sittlicher Selbstbindung erreichbar.
Wenn Erich Fromm sagt: ‚Der Mensch kann nicht aufhören zu träumen' zeigt er die Nahtstelle gegenüber der Transzendenz auf. Der Mensch strebt ja nicht nur in die Transzendenz, sondern diese kommt auch auf ihn zu.
Wie will Erich Fromm das über eine humanistische Religion erreichen? Gott will gerufen sein!
Das ist nicht nur eine bigotte Redeweise. Das Streben nach transzendierender gedanklicher Anhebung und nach aktiver Kommunikation aus der Transzendenz stehen in einem Wechselverhältnis.
Eine humanistische Religion ist viel zu lau. Alle großen Religionen rufen auf zum Gebet, zum Gottesdienst, der den Menschen in seinem tiefsten Inneren erfaßt.
Das ist nicht nur eine kultische Frage: Es geht um die Mobilisierung seelischer Kräfte, um die Gewinnung echter Frömmigkeit, um das Gotterlebnis im Menschen zur Erweiterung der Vernunft.
Der Schluß, daß es einer separaten Religion nicht mehr bedarf, schüttet den Brunnen echter Gottinitiative zu.

148b) Rainer Funk, Mut zum Menschen, DVA 1978.

Eine nur von der humanistischen Religion getragene Menschheit wird verflachen, an Leistungsvermögen einbüßen.
Es kann auch keine Rede davon sein, daß die Menschheit die religiösen Grundsätze bereits in sich aufgenommen habe (Fromms Behauptung). Ein Blick in die Tageszeitung belehrt vom Gegenteil. Raub, Plünderung und Mord gehören zum alltäglich Ereignishaften. Die zur Selbstzerstörung und zum Terrorismus neigende Menschheit zeigt ihren dialektisch negativen Entfaltungsgang in aller Eindeutigkeit auf.

Die Dimension Gott ist die wichtigste Quelle des geistigen Dynamismus. Als Liebestat gelingt jedermann das anhebende Denken, ohne daß er einer besonderen Schulung bedarf. Denn die Liebe hat ihren Ursprung im Gemüt und nicht im berechnenden Verstand. Dasselbe gilt für den echten Glauben.
Nur ein frommes Volk ist vor einer Kulturabflachung gefeit.
Es ist deshalb auch die Aufgabe der Ethik auf Gottesfurcht, Glaubenskraft, Ehrfurcht und Nächstenliebe hinzuwirken.
Wie das Weltbild des wissenschaftlich gebildeten Menschen ein kybernetisches, mit naiver Frömmigkeit verbundenes ist, muß dem einfachen Menschen ein echter Gottglaube erhalten bleiben. Denn jede Dimension hat ihre eigene Gesetzlichkeit.
Sie ist darauf abgestellt, die innere Ordnung des Systems aufrechtzuerhalten, das System vor Verfall zu schützen.
Dabei stehen Objekte in Determination, Subjekte jedoch im freiheitlichen Selbstvollzug.
Subjekte können sich natürlich auch als Objekt — nämlich für bestimmte Bereiche — setzen, indem sie sich an gewisse Spielregeln binden.
Niemals ist die Objektivierung aber eine totale. Immer bleibt der Mensch im letzten Grunde freiheitlich selbstbestimmend.
Im Menschen sind zwei Prinzipien wirksam:
Er kann sich dem Strom der Negativitäten überlassen oder er kann schöpferisch sein. Jede Liebestat ist kreativ.
Die uns bekannte Welt steht in einem ständigen Wechselverhältnis zwischen Selbststeuerung und Programmiertwerden.
Die soeben gewordene Materie ist bereits mit Lenkkräften ausge-

stattet: Bestimmte Partikel haben das Bestreben nach Vereinigung, andere stoßen sich ab. (Kohäsions- und Adhäsionsstreben)
Ihre innere Stabilität erlangt die Materie durch den Polspannungsbestand zwischen Kern und Hülle.
Die Neutronenschicht verhindert die Kerneinschmelzung.
Das Prinzip der Harmonisierung aller Bezugspunkte eines Systems ergibt das Gestaltproblem. Gestaltung und Stabilität bedingen einander.
Die Zeit schafft die Begrenzung, setzt die Gegenpole und sichert damit auch die Stabilität. Materie und Zeit werden zur Einheit.
Man unterscheidet zwischen der Umlaufsgeschwindigkeit der Teile um den Kern und dem Eigenspinn der Teile, ihre Umdrehung um die eigene Achse.
Einige Teilchen sind links, andere rechtsdrehend. Die Drehmomente von Teilchen und vom Atom regeln den Informationsausgleich. Hierauf beruhen das Prinzip der Katalyse und auch das der Induktion, zwei wesentliche Lenkungsprinzipien in der Ambivalenzstation.[149)]
Spiralförmige Energiewirbel führen zu Verdichtungen im (Spiral-)Kern. Wenn eine bestimmte Dichte erreicht ist, setzt die freiwerdende Energie Polspannung bei gleichzeitiger Kernbildung und Elektronenformierung als Hülle.
Damit ist Materie geschaffen. Die Neutronen sind dabei materiegestaltendem Kern und Hülle sind entgegengesetzt ionisiert. Die Atomgesetzlichkeit ist begründet.
Die Welt ist eine Schwankungserscheinung.
Immer wieder werden neue Gesetzlichkeiten ausgelöst und bestehende umgeformt werden.
Im Bereich des Humanums vollzieht sich neben bewußter Selbstsetzung, unbewußte, chiffremäßig bestimmte.
Hinter allen Lebensformen steht immer wieder ein Programmierer (der höheren Dimension).
Das kann auf einen letzten Programmierer als Weltenschöpfer hinauslaufen.
Aber: Unendlichkeitsdimensionen kann der Mensch nicht erschlie-

149) Beides sind Informationsfunktionen.

ßen. Alles humane Denken ist diskursiv, anfangs- und endpunktmäßig bestimmt.

Die Frage nach Gott zielt zwar in eine Unendlichkeitsdimension, sie bleibt aber als letztdenkbare Führungsgröße kulturentscheidend. Die normative Grundlage der Ethik ist der von uns überschaubare Selbstlenkungs- und Selbstprogrammierungsbereich.

Soweit die Programmierung — für uns passiv — aus von uns noch nicht erschlossenen Dimensionsbereichen erfolgt, handelt es sich weitestgehend um ein Glaubensproblem.

Der Mensch kann sich nur noch in inniger Gottversenkung öffnen, vervollkommnen. Dabei ist er auf seine Glaubenskraft angewiesen.

Die Glaubenskraft ist wie die Denkkraft ein natürliches Sinnesorgan des Menschen.[149a)] Beide Fähigkeiten sind die höchsten Naturveranlagungen im Humanbereich. (s. auch Schelling, Philosophie der Mythologie, 6. Vorlesung)

Die glaubensmäßige Erschließung der Denkkraft geschieht vornehmlich im Gebet. (Hermann Cohen)

Der Betende steht in der Wahrhaftigkeit. Diese ist die höchste Grundgesetzlichkeit im geistenergetischen Erkenntnisbereich. (Schelling, a.a.O.)

Das Gebet ist die Öffnung zu Gott, die Bereitschaft, sich aus der Wirkzone der universalen Dimension von Einstrahlungen aus einem nur noch ahnungsmäßig, im Glauben, erschließbaren Wahrnehmungsbereich ‚informieren' zu lassen.

Die auf diese Weise auf uns ausgelöste sittliche Gesetzlichkeit ist eine universale Funktion.

Alle Einzeltugenden sind Komplementaritäten, im ständigen Wechselspiel aufeinander einwirkend, um die Harmonie des Lebens zu erhalten, wiederherzustellen, wo sie verloren gegangen ist. Gott wirkt dabei wie der Friede der Welt, als harmoniegestaltendes Prinzip.

Das Gebet ist die einzige Bewußtseinsstufe, die ganz auf die Transzendenz abgestellt ist.

Das Gebet synchronisiert die Bewußtseinsebene der kosmischen Dimension mit der Elektronenwelt (der Welt der Äonen).

149a) s. auch der Verfasser: Der Neue Mensch, Bläschke Verlag, 1972, S 23 ff.

Es ist zweckgerichtet: sein Zweck ist Funktionsangleichung. Das wahrhafte Gebet schließt bewußtseinsmäßige Störfunktionen, soweit menschenmöglich, aus.
Das wird zwar auch durch die Meditation erreicht. Sie aber ist passiv.
Das Gebet dagegen ist aktive Anpassung an Dimensionsbereiche, die dem Bewußtsein normalerweise verschlossen sind.
Information, die der Mensch aufnimmt, setzt er in Beziehung zu der bereits gespeicherten, zu ‚seiner Vernunft'. Dabei ist langfristige Speicherung Bindung an die Vernunft, Vernunfterweiterung.
Hermann Cohen meint, ‚weil die Vernunft das religiöse Erleben durchwalte, religiöses Bewußtwerden sich also sogleich in Vernunft umforme, sei der Gedanke an das Wunder, also das credo quia absurdum est, abzulehnen.'
Echte Wundererlebnisse sind jedoch als Umschlagstationen aus der Einwirkung ranghöherer Dimensionen auf die menschliche denkbar.
Die Übergänge sind fließend: Was heute noch absurd erscheint, braucht es morgen nicht mehr zu sein.
Echte Wunder sind vernünftig.
Es ist also falsch, die Welt der Wunder als absurdes Funktionsmodell zu verwerfen.
Die Logik öffnet diese Bereiche niemals, sondern nur eine Denkweise, welche auf Anpassung abgestellt ist.
Über die Ambivalenzbereiche betreibt die natürliche Wirkkraft (nach Giordano Bruno) Evolution.
Auch das Gebet ist evolutionserschließend, Evolution anbahnend.
Aus dieser Perspektive ist es berechtigt, wenn die judaistischen — also auch die christlichen — Religionen von einem alles durchdringenden sowohl intimen als auch intensiven Verhältnis zu einer Gottperson, zu einem persönlich vorgestellten Gott, ausgehen.
Der kühlere Verstand des nordischen Menschen neigt mehr dazu, Distanz zu Gott zu bewahren und ihn im gedanklichen Respektsraum zu belassen.
Die Frage des Mensch/Gottverhältnisses ist aber eine individuelle.
Gott ist auf allen Wegen erreichbar.
Eine andere Frage ist es allerdings, ob nicht das Prinzip des Mo-

notheismus (wie die Juden es verstanden wissen wollen) eine Überfolgerung, mithin eine mit dem Wesen Gottes unvereinbare Beschränkung bedeutet.

Hermann Cohen bestreitet das zwar, aber in seinen letzten Kapiteln (seiner Religion der Vernunft aus den Quellen des Judentums), insbesondere in dem allerletzten, nähert er sich sehr einem universalistischen Gott, der im Prinzip nichts anderes ist als ein auf die Vieldimensionalität erweiterter Pantheismus: wenn der Gottgeist auch im ‚Menschentier' (also im Zoon Mensch) lebt, wo bleibt da der Monotheismus, der doch von einem Bezugsverhältnis besonderer Art zu der jüdischen Glaubensgemeinschaft ausgeht!

Gott ist nicht ungerecht!

Stellt man sich Gott nicht unendlich vor, beschränkt man ihn auf einige Dimensionen (z.B. auf das Volk der Juden), dann leugnet man die eigene Gottthese!

Wenn man Gott als unendliches Wesen anerkennt, ist es widersprüchlich anzunehmen, Gott betrachte ein einziges Volk als sein auserwähltes. (Der Standpunkt des Judaismus).

Den Vertrag des einzigen Gottes mit ‚seinem auserwählten Volk' kann es also nicht geben.

Es liegt eine subjektive Betrachtungsweise vor.

Soweit sie positive Wirkungen auslöst, ein besonders inniges Verhältnis der Juden zu Gott bedeutet, ist sie sittlich gerechtfertigt.

Soweit sich diese Auffassung gegen den nichtjüdischen Menschen richtet, braucht sie ihn nicht zu beunruhigen, weil sie einer Illusion gleichkommt.

Wo sie aggressive Frontstellungen gegen die gesamte nichtjüdische Menschheit auslöst, ist sie eine bedenkliche Ideologie, übrigens ein Pendant zu dem von den Juden bekämpften Herrenmenschentum des nordischen Menschen.

Das Gleiche gilt natürlich auch für den Weltherrschaftsanspruch des Judaismus.

Er ist mit dem Endziel aller Religion, dem Weltfrieden, unvereinbar.

Hier liegt der Bruch, der durch das ganze Werk Hermann Cohens geht.

Auch die Selbsterwähltheit zum Leid ‚als stellvertretende Befreiungsaktion gegenüber der nicht monotheistischen Menschheit' ist in sich widersprüchlich und kann den Alleingang der Monotheisten mit Gott nicht rechtfertigen.

Ein Gott, der sich unter Ablehnung der übrigen Menschheit nur mit einem Volk verbindet, ist ein sich selbst beschränkender, eine menschlich zurechtgestutzte Miniaturausgabe.

Jedes Volk hat seine Aufgabe, und es muß deshalb auch seinen Fortbestand in der Völkergemeinschaft bewahren.

Die Einheit Mensch ist praktisch nur in der Philosophie und in der Gotterkenntnis begründet.

Gott aber ist die Einheit des Sittengesetzes, wobei der Gott der Strafe auch der der Vergebung ist.

Wenn auch jede Teilung des Sittlichen widersprüchlich ist, bedeutet Gottes Schöpfung dennoch steten Neuanfang, sittliche Erneuerung zur Schaffung größerer Vollkommenheit.

Wenn das — unfertige — Subjekt seine eigene Vollkommenheit anstrebt, geschieht es aus Liebe zu sich selbst.

Gott und Mensch stehen hier in unauflöslicher Einheit.

Der Mensch ordnet sich ihm zu, indem er sich ‚heiligt', sich vorbehaltlos Gott hingibt.

Der Heilige Geist ist auf den Menschen überkommener, also Menschengeist.

Indem sich der Mensch in Gott heiligt, wird er frei von Selbst- und von Fremdbehinderungen (sündenfrei).

Ist der Mensch auch noch so sehr erniedrigt, er bleibt in der Gnade Gottes!

Die Folge jeder Selbstheiligung ist sittlicher Rigorismus, Eigenverpflichtung auf ‚das Heilige'.

Wer sich bedingungslos Gott unterwirft, ist in ihm auferstanden.

Das gilt für jede sich geschichtlich idealisierende Nation, auch für die deutsche!

Im Gebet ihrer Frommen heiligt sie sich und empfängt sie die Gnade Gottes.

In seinen Frommen stellt sich ein geschlagenes, ein sittlich selbstbehindertes, Volk immer wieder her, überwindet es Vergangenheit und setzt Zukunft, erneuert es seinen geschichtlichen Eigenwert.

Die Geschichte eines Volkes wird von seinen ethischen Werten bestimmt.
Der Fromme vertritt dabei das isolierte ‚Ich der Nation'. Er trägt das Leben seines Volkes. Mit seinen Gebeten tötet er das Lebensbehindernde, das Böse.
Ein Volk der Frommen kann nicht sterben: Aus der Gnade Gottesempfängt es immer wieder seine Unversehrtheit.
Die Transzendenz deckt sich nicht mit der Sinnlichkeit des Raumes.
Im Reiche des Friedens herrscht Unsterblichkeit. Es widerspricht aller Vorstellung des Frommen, die Identität seines Menschseins zu verlieren.
Die Seele ist eine geschichtliche Potenz, ein gewachsenes Leistungsvermögen; als solche hat sie induviduellen Charakter.
Ihr Energiebereich ist das Gottvertrauen.
Jede Selbsterneuerung eines Volkes geschieht aus seiner geschichtlichen Kraft: Seine Heroen bewahren sie und heben sie immer wieder herauf.
Tugend ist Wissen und Kraft aus seelischer Erfahrung.
Kraftvolle Frömmigkeit ist die höchste ethische Tugend.
Jeder Mangel an Wahrhaftigkeit muß insbesondere der Religion sehr zu Schaden werden.
Unsterblichkeit ist ein Problem des sittlichen Individuums.
Seine Geistenergie kehrt zu ihrem Ursprung, in ihren Urzustand, zurück. Es ist die Heimkehr zu ihrer unendlichen Aufgabe in Gott.
Damit ist der Mensch der Beschränkung auf sein Einzeldasein enthoben.
Unsterblichkeit ist sittliche Selbstsetzung.
In seiner prozeßhaften Entfaltung, im geschichtlichen Raum, gipfelt der Allheitswert der sittlichen Person als höchstmögliche Entfaltung der Lebensfunktion.
Ihr Ziel ist steter Aufschwung zwischen Ambivalenzphasen, Umkehrstationen, Wendepunkten des Geschehens.
Das Prinzip der Selbstvervollkommnung, die ständige sittliche Selbsterneuerung, verträgt sich aber nicht mit einer ewigen Verbannung in Höllenbereiche. Der endgültige Verlust der sittlichen Würde ist — als logische Übersteigerung — undenkbar.

Alle Völker der Welt sind auch Bürger einer kommenden, jedenfalls dazu berufen.
Auf den Autoritätswert einer geschichtlichen Ereignisfolge allein kann Wahrhaftigkeit nicht begründet werden.
Damit wäre die Vernunft geleugnet.
Selbst die Liebe ist als Pflicht unwahr: Nur aus unmittelbar angehobener Kraft erblüht sie immer wieder von Neuem.
Was ist Geist, dem das Herz fehlt!
Nur die Wahrhaftigkeit hat dauernden Geltungswert.
In ihr vollzieht sich immer wieder die Versöhnung mit Gott.
Friede ist der Idealcharakter der geschichtlichen Welt und Gott ist die Kraft, die die Sehnsucht des Herzens immer wieder zum befreienden Entschluß reifen läßt.
Der Mensch sehnt sich nach Frieden: Friedenstiftende Handlungen lösen natürliche Rührung in ihm aus.
Das Wahrzeichen des Friedens ist die Freude, die echte Herzensfreude.
Humor hat nur der Friedfertige: Humor löst Befreiung von Verkrampfung aus. Humor ist friedenstiftend.
Wer den Frieden liebt, kann den Tod nicht fürchten. Tod ist Abschluß aber nicht Ende. Über ihm ist der Friede.
Alle Ziele der Handlung sind rational, nicht jedoch die Wertungen des Gemüts.
Das Gute, dessen Unterlassung böse wäre, muß getan werden!
Bei seiner Arbiet findet der Mensch freundliche Mächte in den Dingen. Sie vermitteln ihm einen Widerschein seiner eigenen Würde.
Die dem Gemüt entwachsende Kraft des Sittlichen hat ihre eigene Begründungsweise: Sie braucht nicht verstandesmäßig ausgerichtet zu sein. (Der Chinese betreibt Ahnenkult, der Eskimo läßt die Alten ins Eis gehen.)
Von den Kathederphilosophen ist niemals eine grundlegende Erneuerung der Ethik zu erwarten: Sie erschöpfen sich in Logizismen, in Operationalismen und in semantischen Überlegungen, überall in Berechenbarkeiten und in Objektivitätsbetrachtungen.
Ziel der Ethik ist die Ertüchtigung des Menschen. Ethik ist stets auf Anhebung des Gedankens ausgerichtet.

Hierin gleicht sie der Religion, deren Betätigungsfeld aber vornehmlich in transzendenten Glaubensbereichen liegt.
Sittliche Entschlüsse sind unrückführbar, schaffen Irreversibilität.
Ethik und Religion dienen dem Leben. Um ihrer selbst willen sind sie wertlos.
Das Universum ist eine große Lebenseinheit. — Jedes Glied bedingt das andere. Alle Wesen und Welten wurzeln in einem sich und das Ganze bewegenden Selbst.
Die Natur des sittlichen Menschen ist allumfassend.
Die Vernunft vervielfältigt unablässig ihre Blickwinkel.
(Das Sittengesetz beruht auf Anerkennung der Gliedhaftigkeit des Individuums.)
Immer steht der Mensch in einer Konfliktslage zwischen Herz und Verstand.
Das einzig Absolute ist der gute Wille, der Wille zum Guten, zum anzuhebenden Besseren. Aber der Entschluß, ihn freizusetzen, muß vorausgehen!
Die Pflicht, einem andern nicht anzutun, was man nicht möchte, daß es einem selbst zugefügt werde, wird stets zu den höchsten Grundsätzen der Ethik gehören.
Daraus folgt aber auch, daß man dem andern zuzugestehen hat, worauf man selbst Anspruch erhebt.
Das ist zugleich ein wichtiger Rechtsgrundsatz des Völkerrechts.
Der letzte Beweggrund aller Eigenhandlungen ist das Wohlergehen aller: In ihm gipfeln alle völkerrechtlichen Einzelgesetze.
Der Nächste ist dabei stets in Dir. Aber er ist nicht der Fernste!
Schaffe Ordnung in der eigenen Familie, bekenne Dich zu Deinem Volk und zu Deinem Land: Dann wirst Du stets das richtige Verhältnis zu den Menschen haben.
Der Mensch ist ein Abglanz des Weltalls, am Rhythmus seiner Wandlungen teilnehmend.
Wenn eine Weltraumrakete beim Start nur um ein tausendstel Zentimeter vom richtigen Kurs abweicht, ergibt das schon nach verhältnismäßig kurzer Zeit einen Unterschied vieler Meilen vom gesetzten Ziel. Das gilt entsprechend für die sittliche Entschließung des Menschen.
Die geschichtliche Ereignisabfolge geht dem menschlichen Ver-

stand in der Regel weit voraus: Erahnt der Weise ihre Zielrichtung, ist es seine Aufgabe, sich und die Seinen, sein Volk, der veränderten Weltlage anzupassen. Notfalls muß er auf Gegenkurs hinwirken.

Ruft aufrechte Männer an die Macht, damit sie die unrechten zur Gradheit zurückführen.

Pilatus ließ Christus kreuzigen, weil die Mächtigen der Zeit es verlangten!

Einen Menschen umbringen, vorgeblich um die Welt zu retten, bedeutet nicht, für das Heil der Menschheit zu handeln.

Wohl aber ist es die Tat eines Weisen, sich selbst zu opfern, wenn dadurch die Rettung höchster Werte, der Seinen oder seines Volkes, erreicht werden kann.

Ein Mörder ist, wer einen andern opfert!

Kein Richter kann verlangen, was er selbst nicht geleistet hätte!

Wer den Engel spielt, wird leicht zur Bestie!

Bei der Erziehung der Jugend sei die Geschichte des eigenen Volkes höchstes Anliegen.

In Zeiten des Unglücks entarten viele. Trostbringend und aufrichtend ist dann nur noch der anhebende Gedanke.

Die Zeit frißt die Zeit: Aber immer wieder gibt es einen neuen Frühling!

Von Angst gepeinigt, flieht der Mensch. Doch mit ihm bringt sich auch das Unheil in Sicherheit: Es haust in ihm!

Auch das Volk der Äonen ist Lastenträger!

Von allen Mitteln zur Besserung der Menschen und ihrer Verhältnisse sind diejenigen die besten, die mit dem geringsten Lärm, ohne großes Aufsehen durchsetzbar sind.

Die menschliche Natur neigt zum Guten und sie sucht auch danach.

Die heutigen Taten werden kommenden Geschlechtern zum Vorbild.

Das Weltgeschick bezwingt, wer seine Zuflucht im Glauben an eine beständige Erneuerung des Lebens findet und danach handelt.

Der Kluge ist gläubig.

Agnostizismus geht ganz von selbst in Skepsis über, führt letzten

Endes zum Atheismus, zur Verzweiflung, zur Kurzschlußtat: es handelt sich um einen dialektischen Entfaltungsgang.
Ziel allen Lebens ist das Glück, aber ein Glück der Vernunft!
In Bezug auf das Universum ist der Mensch ein Winzling.
Doch: auch über ihn lenkt Gott die Welt!
Wer zu wenig über Gott nachdenkt, verweigert sich dem Leben!
Das Jenseits ist das, was außerhalb unseres erschlossenen Bewußtseins liegt: Strebe ins Jenseits!
Wandlung und Verwandlung ist das Schicksal der Welt: Ihr Ziel ist die jeweils bessere Vervollkommnung.
Aber: deswegen ist das bis heute Erreichte nicht mangelhaft!
Gott schafft nur Vollkommenes!
Die Welt ist eine Schwankungserscheinung und der Mensch stets unfertig. Wäre er eine abgeschlossene Schöpfung, so wäre er nicht besserungsfähig.
Der Berg ist das Symbol der sittlichen Erhebung: Bergsteiger sind Heroen!
Wer der Weisheit auf der Spur ist, liebt die Menschen: Sie sind ein Teil seiner selbst; und nur über seinen Nächsten kann sich der Mensch vervollkommnen.
Ziehe die Unwissenden den Eingebildeten vor!
Innigkeit und Tiefe des Sichverständigens wird schwieriger, je mehr sich das ‚Wir der Egoismen' erweitert.
Seine Herkunft aus dem ‚unfertigen Menschen' hindert das Denken, in sich selbst Befriedigung zu finden!
Da sich das Problem seiner Relativität täglich erneuert, muß es, als dialektische Entsprechung, auch das Absolute im Menschen geben!
Das Volk der Äonen bedeutet beides: die Leiblichkeit und die Geistigkeit des Menschen, mitsamt dem, was daraus folgt!
Das Universum ist ein mit Energie, Bewußtsein und stetig aufzuschaltender Zielrichtung ausgestatteter, einheitlicher Körper.
Dieselbe Kraft, welche Welten bewegt, wirkt auch im kleinsten Sandkorn.
Jedes Ding wird zu dem ihm ähnlichen hingezogen. Jede Gestalt bildet sich nach der gleichartigen aus, wobei dennoch immer eine individuelle herauskommt. Denn jedes Individuelle hat seine Zwecke.

Alle Dinge, die gleicher Art sind, kommunizieren miteinander (Kant).
Über die Hand und über den Geist des Menschen wendet Gott der Welt seine Wohltaten zu!
Die Sünde ist ein Problem des rechten Maßes: Sie hält den Kraftlosen gefangen, und sie ist ein geschäftlicher Anlaß für den Pfaffen.
Gott hat dem Menschen die Entschlußfreiheit gelassen:
Es ist die Aufgabe des Menschen, sich immer wieder neu zu entscheiden.
Eine Kausalfolge ist niemals unendlich: Schon im nächsten Augenblick schaltet sich die Eigenhandlung eines andern ein und setzt damit eine neue Ablauffolge, wobei ‚der andere' auch die andere Systemkraft ist.
Gott ist nun einmal nicht dafür, Zustände zu verewigen!
Du sollst! Und nur die Tugend ist dein Lohn!
Doch Tugend ist auch ein Gottesgeschenk!
So ist der Mensch Erschaffener und schaffendes Prinzip zugleich!
Mächtig im Glauben zu werden, erschließt Zukunft!
Aber: Im Glauben zu verharren ist schwer!
Niemand schäme sich darum: Verharren heißt immerfort Widerstand überwinden!
Wer sich Gott nähern will, suche ihn im eigenen Herzen!
Ständig belebt die Geistenergie Gottes die Welt!
Sich zum Gottbewußtsein in seiner eigenen Seele emporzuheben, bedeutet, einen großen Sieg errungen zu haben!
Alles benachbarte Leben feiert diesen Sieg mit.
Alle Türen öffnen sich! Alle Widerstände von gestern weichen!
Die Rolle eines Vermittlers zwischen Himmel und Erde ist überflüßig: auf deine eigene Leistung kommt es an!
Wenn du Armut und Machtlosigkeit auf dich zukommen siehst, begrüße sie: Sie sind die Begleiter der Rechtschaffenen.
Auf Federfüßen kommt alles Große in die Welt.
Die Narren machen sich mit Donnergetöse verständlich!
Wo die Unwissenden die Meister sind, gibt es keine Ordnung!
In jedes Menschen Gemüt begegnen sich Götter und Geister:
Gastgeber von beiden ist der Mensch!
Auch Propheten sind Menschen!

Die Moral ist ein Gegenseitigkeitswert: Sie ist auch zwischen dir und mir unteilbar!

Wer den Menschen den Himmel vorenthält, wird ihn selbst auch niemals betreten können.

Der Vater lebt in seinem Sohn weiter, der Weise in seinem Jünger, der Patriot in seinem Volk.

So erfüllt sich der Mensch in seinem wechselhaften Rollenschicksal!

Wo es einen Anfang gegeben hat, da nimmt es auch ein Ende!

Nur die Kraft der Sittlichkeit ist unbegrenzt. Sie bringt alle Ordnungen in ihre Ziele!

Hoffnungslosigkeit ist Mangel an Kraft!

Ein besiegtes Volk entschließe sich zum Sieg — über sich selbst! —

Der Mensch ist im Weltall, was der Fisch im Wasser ist: er bewegt das flüssige Element nur im kleinen Umkreis!

Darüber hinaus bleibt alles unberührt.

Aber: viele Fische bevölkern das Meer und das Meer ist eine Komplexität.

Wie das Wasser dazu bestimmt ist, von oben nach unten zu fließen, so ist der Mensch zum Guttun gefordert.

Die Tat hat stets den Vorrang vor der Idee: denn die Tat ist vieldimensional. Sie hat Auslöserwirkung!

Je mehr sich die Furcht verrennt, desto mehr schlägt sie um in Haß, Verachtung, Verbitterung und Lebensüberdruß!

Jeder Gefahr gegenüber sind verborgene Kräfte einsatzbereit:

Die guten Zwerge warten nur auf ihre Stunde!

Es ist noch immer wie im Märchen: Viele hilfreiche Zwerge kehren die Not!

Es macht ihnen Freude, in der Stille zu schaffen!

Dem Einsamen ist das Bewußtsein, einer Gemeinschaft zuzugehören, kraftspendend!

Die wiedergefundene innere Sicherheit gewährleistet einen durchgreifenden Heilerfolg gegenüber allem Leid.

Sie trägt weit mehr zur Gesundung bei als alle Kuren und Medizinen!

Entdecke den Menschen die Kraft der Gemeinschaft und sie werden zu geordneten Verhältnissen zurückkehren! —

Die Teufel leben in wilden Rudeln. Man verjagt sie am besten, indem man ihnen den Leitteufel abschießt. —
Unversöhnlichkeit schafft mehr Probleme als sie löst!
Die Menschen sprechen von der Willensfreiheit: sie sollten von der Freiheit zum anhebenden Entschluß reden!
Jeder rechte Entschluß setzt die zur Tatausführung erforderlichen Mittel frei! —
Menschen, deren Glaube gestört ist, sind um den Sinn ihres Lebens betrogen!
Der Glaube ist die Quelle unversieglicher Lebenskraft!
Frei ist nicht schon, wer nicht unfrei ist, sondern nur, wer sich selbst bestimmt!
Wenn Angst dich anspringt, überwinde sie im Vertrauen darauf, daß du ein Glied im großen Lebensvollzug bist.
Vernunft und Begierde, die beiden Weisen des Glücks, teilen sich mit dem Leid das Leben des Heiligen und auch des Verdammten!
Wer vertraut, ist nicht mehr ganz passiv: er hat sich die rechte Haltung verschafft!
Wenn man sich entschlossen hat, einen Weg zu gehen, gewahrt man auch die Alleebäume an den Seiten!
Sie spenden Schutz und Schatten! —
Alles besteht zu seinen Teilen aus Materie und aus Geist: auch dein Blut!
Wer unnütz Blut vergießt, setzt Energien frei, die sich gegen ihn wenden werden!
Pflichtbewußtsein und Gehorsam sind hohe Tugenden: ein junger Mensch muß sie erlernen, damit er sich als Erwachsener daran halten kann!
Wer in der Jugend die Tugenden nicht erlernt, der wird im Alter Liebe und Treue vermissen!
Das Herz reagiert auf alles, was die eigene Gefühlswertspeicherung anspricht.
Ein Mann, der sich bedingungslos seinem Schicksal unterwirt, erschließt sich — Zukunft!
Wenn es dir nicht gelingt, sie anzuheben, lebe mit deinen Widersprüchen!
Die Zeit beseitigt die bestehenden Gegenläufigkeiten!

Allerdings werden andere dafür wirksam!
Nicht die Widersprüche als solche bewirken den Lebensprozeß, sondern die Geistenergie, welche sie bändigt!
Wer sich der Dialektik verspricht, handelt wie ein Narr, der sich eine Fahrkarte kauft und meint, daß er das Fahrzeug nun nicht mehr nötig habe.
Die Fahrkarte ist nicht die Reise! —
Sisyphos muß den Fels immer wieder den Berg hinauf wälzen, wohl wissend, daß er zurückrollen wird.
Dennoch handelt er nicht sinnlos: Jedesmal gewinnt er an Kraft! Einmal wird er den Stein auf dem Berg festhalten können!
Wache darüber, daß du rechtzeitig allen gibst, was ihnen zusteht! Freude zieht bei dir ein, wenn Auflehnung, Leidenschaft und falsche Wünsche ausgezogen sind!
Wenn du keinen geeigneten Gesprächspartner zur Stelle hast, befrage dein Gewissen: Es wird dir antworten!
Frage immer wieder, bis du eine einleuchtende Antwort erhalten hast: Der Weg der Vernunft ist oft sehr verschüttet!
Dann hat auch das Gewissen es schwer, richtig zu beraten. —
Geduld macht die Tage länger, läßt aus einem kleinen Busch einen starken Baum werden! —
Wende deine Blicke der Sonne zu: Handle in Übereinstimmung mit ihrer Gesetzlichkeit. Sie ist der erklärte Wille Gottes! —
Wertvoller als alle kodifizierte Moral ist die Stimme deines Herzens.
Denn dein Herz verfügt über Liebeskraft! —
Gegen dich selber sei hart, gegen andere gütig und großmütig. —
Eine innige Verbindung mit der Natur und Ehrfurcht vor ihrer Schönheit und Tiefgründigkeit verschaffen dir die wertvollsten Eingebungen.
Die Natur dankt dir, indem sie sich mitteilsam dir öffnet. —
Die größten Kostbarkeiten gibt der Herrgott umsonst:
Licht, Luft und Wasser!
Und er Mensch verdirbt sie sich!
Wozu haben die Menschen eigentlich Ohren? Sie hören ja nicht!
Wozu haben sie Augen? Sie sehen ja nichts!
Wozu haben sie den Gefühlssinn? Sie sind doch so gefühllos!

Wozu haben sie den Kraftsinn? Sie nutzen ihre Kraft nicht!
Warum sprechen die Menschen so wenig miteinander: reden sie doch soviel!
Wozu haben die Menschen die Hand? Halten sie sie doch krampfartig verschlossen ! —
So wohltönend ist die Musik und so lärmend der Mensch! —
Es heißt die Armut mit der povertée vertreiben wollen, wenn man zur normativen Grundlage der Ethik die Bedürfnisse der Gesellschaft erhebt!
Die Bedürfnisse von Kindern und von Narren sind niemals zu befriedigen!
Gemeinschaften haben naturgemäße Bedürfnisse! —
Alle Ethik ist stets imperativ!
Eine für den satten Bürger zurechtgeschneiderte Moral ergibt ein Teufelskostüm. —
Abgeschlossenes Wissen in weiterführendes zu verwandeln, bedeutet nicht die Einbettung des Denkprozesses in das jeweils herrschende System.
Nur Aufhebung des Ideologiezwanges und Anhebung seiner Denkgrundlagen schaffen Freiheit! —
In uns ist die Ewigkeit mit ihren Weiten von Vergangenheit, mit ihren vielfachen Gegenwartsforderungen und mit der Entfaltungsfreiheit für eine bestgelingende Zukunft!
Der Weg in die Zukunft geht über die in unserm Gedächtnis gespeicherten Verinnerlichungswerte und über deren stete Anhebung. Alles sittliche, also nicht nur rein begriffliche, Denken ist ein Schöpfungsvorgang. —
Wenn das Denken in der Wahrheit verlaufen, also Erfolg auslösen soll, muß es den naturgesetzlichen Regeln folgen.
Denn alles gestaltende Denken ist ein Naturprozeß. —
Der Mensch der ratio ist parteiisch: Die ratio ist ungebunden, auch gegenüber der Vernunft.
Intellektuelle sind bindungslose Menschen!
Sie neigen stets dazu, den Negativitäten freien Lauf zu lassen, sie sogar noch zu fördern!
Das ist nämlich in allen Fällen der bequemere Weg. Ablehnen ist leichter als zusprechen!

Den Intellektuellen gelingt die Analyse der Negativitäten weit besser als synthetisches und anhebendes Denken.

Es schwimmt sich leicht im Strom der Negativitäten, jedenfalls zunächst.

Gerechtigkeit ist stets anhebendes — schweres — Denken!
Ein guter Richter weiß und beherzigt es!

Die Dialektik ist das Ufergestade im Zeitenstrom der Negativitäten.

Der seiner selbst bewußte Geist Hegels war negativ. Denn er leugnete seine Bindung in Gott. Er verkannte das anhebende Prinzip.
Dem ‚Nur-Intellektuellen' droht völlige Verarmung an Geistenergie: In der irrigen Meinung, sie zu haben, ringt er nicht mehr um sie. Er hat sich dem Folgezwang einer Ideologie verpflichtet und hat sein ganzes Denken logischen Bezugsbereichen ausgeliefert.
Er steht auch nicht mehr im Wahrnehmungsbereich der Wahrhaftigkeit. Darauf, daß er vom Zeitgeist beherrscht wird, ist er sogar noch stolz: Was bei ihm sittliche Trägheit ist, nennt er Lebenszugewandtheit!
Spotten ihrer selbst und wissen nicht wie! —
Der Zeitgeist ist eine systemgebundene Entwicklungsphase.
Schon die Kraft des Satzes vom Anfang bestimmt den Fortgang einer jeden Gedankenfolge.
Verstand folgert, Geistenergie schließt auf und hebt an.
Alle Materie ist ein in sich zurücklaufender Energiewirbel.
Hat sich der Mensch soeben entschlossen, ist er asuch sogleich wieder gefordert:

Wenn er nicht soviel Entschlußkraft aufbringen kann, wie er nötig hat, um folgerichtig schöpferisch zu sein, erklärt er sich für überfordert, verlangt er eine Pause, Zeit zur inneren Stabilisierung.
Währenddessen läuft ein entgegengesetzter Prozeß in ihm ab:
Negativitäten ergreifen ihn und machen ihn schicksalsunterworfen.

Jeden Augenblick aber kann sich der Mensch wieder aufraffen, Handlungsfreiheit zur Selbstbestimmung zurückgewinnen, indem er sich aus den Nagativitäten löst und selbstsetzend sittlich angehobenen Folgezwang bestimmt.

Es ist also die ethische Frage, das moralische Gesetz, das das Dasein immer wieder erneuert. —

Was sich nicht selbst bestimmt, hat keine Stabilität, sinkt ab, löst sich im Wege der Rückkopplung auf. —

Jedes Selbststeuerungssystem hat seine eigene Führungsgröße: es ist die Bindung an einen höheren Organismus, an eine angehobene Lebensform.

Auch sie ist ständigen Außenangriffen ausgesetzt, muß sich den Umwelterfordernissen anpassen. —

Der in Gott ruhende Mensch hat seinen nicht abzulösenden Höchstwert.

Er nimmt an der Ereignisfolge im großen Schöpfungsgang aktiv teil.

Jedes Selbststeuerungssystem hat dennoch auch seinen Ambivalenzpunkt, erfährt seine Abschaltung.[150)]

Da-sein heißt In-Der-Welt-Sein!

Für diese unsere Welt sind wir voll verantwortlich.

Überall müssen wir dem Entropieverhalten der Materie, der Abstrahlung der Ordnung, entgegenwirken, höhere Gesetzlichkeit erschließen Negentropie setzen!

Der Mensch ist von einem Ewigkeitsanspruch getragen.

Die Erscheinungs- und die wahre Welt sind koexistent.

Beide sind in ihren Wandlungen und Verwandlungen ewig und unendlich.

Der Mensch ist ein Funktionswert des Universums.

Real ist nur die Menschheit.

Der Mensch ist eine Zeitfunktion der Menschheit.

In der Mitte jeder Kultur steht die Gottfrage:

die Frage nach dem Allerheiligsten, dem sich der Mensch in gläubigem Vertrauen zuwendet, das ihn erfaßt und dem er sich öffnet.

Der Mensch ist von Geistenergie getragen und erfüllt. —

Energien unterscheiden sich durch ihre Schwingungsfrequenz, ihre Wellenlänge und ihre Durchdringungsfunktion (ihre Dimension).

Auch sie haben ihre Individualität:

Energien können ihrer Struktur nach umgeschaltet, umgeformt,

150) nämlich, wenn es von den stets wirksamen Negativitäten erfaßt wird.

werden. Sie können — als ionisiertge Energien — auch umgepolt werden. — Pole sind Ambivalenzpunkte.
Die Menschen ersticken den Weckruf Gottes im Markt- und im Politgeschrei.
Leicht läßt sich der Mensch niederziehen. Die Negativitäten haben eine ungeheure Macht!
Schwer tut er sich in der Anhebung der ihn tragenden Leistungsbereitschaft.
Gott ist das Gewissen der Welt: Das Gewissen flüstert.
Der überlaute Sirenenklang der Negativitäten nötigte schon Odysseus, seinen Gefolgsleuten die Ohren — zu verkleben.
Von Zeit zu Zeit weist die Gottheit dem Menschen eine schicksalsbestimmende Rolle zu. Er wird zum Rollenträger der Menschheitsgeschichte.
Prophetie ist Vorprogrammierung von Lebensabläufen, Setzung von naturgemäßen Ereignisfolgen.
Die modernen Menschen haben das Wissen um das Prophetische verloren. Sie haben sich ganz den Negativitäten zugewandt.
Logiker sind niemals Propheten!
Aus ihrem Unvermögen zur Prophetie behaupten die Kirchen, die Prophetenzeit sei abgelaufen. —
Größere Zeitabschnitte brauchen ihre Heilande.
Sie aber werden durch Seher gerufen, durch Seher und durch Rufer, durch die großen Liebenden.
Im Bereich des Humanums reicht das Vermögen geistenergetischer Selbstgestaltung bis in die Ambivalenz, den kausalen Umschwung der jeweiligen Ereignisabfolge.
Positiver Umschwung vollzieht sich, wenn ein Geiststarker eine neue Zeit einläutet.
Dann bestimmt nicht mehr die ratio sondern allein der Glaube, das Selbstvertrauen des in Gott Gebundenen, den neuen Lebensprozeß.
Der Glaube überwindet die Angst der Leere und füllt sie aus mit dem Wunder der versprochenen Leistung!
Die ganze Schöpfung hilft ihm dabei.
Das Wunder ist geistenergetisches Bewirken:
Der Starkgeistige löst kosmogonische Kausalitäten aus.

Weil die Menschen zu schwach im Glauben sind, sind sie der Angst und ihren Krampferzeugnissen ausgeliefert .
Blutgier und Terror sind Produkte der Angst!
Auch der Aktionismus von J.P. Sartre ist ein Angsterzeugnis.
Nur über der Traumwelt schwebt noch ein Schimmer göttlichen Glanzes!
Eine Ganzheit ist mehr als die Summe ihrer Potenzen.
Die kosmische Ganzheit ist nicht auslotbar.
Irgendwie ist jeder vom Glauben getragen, glaubt jemand an ihn.
Glauben kann man nur, was man liebend und mit aller Kraft ersehnt, erstrebt.
Auch einen Gedanken kann man lieben. Denn der gestaltende Gedanke ist Geistenergie. Er ist vom Wesen Gottes.
Darum ist er auch eine Wirklichkeit. —
Gott ist die Energie einer unendlichen Glaubensfolge.
Jeder fromme Betrachter setzt sie mit Gültigkeit für sich, für seine Lebensgestaltung.
Damit fangt der Mensch eigentlich erst richtig an zu glauben.
Ein derartiger Glaube ist keine Gedankenspielerei: er ist harte, immer wieder aufzunehmende Arbeit!
Nur allmählich gelingt es, Sperren zu beseitigen, eine neue Ereignisabfolge zu sichern.
Der Starkgeistige reißt andere mit in seine Ereignishaftigkeit!
Er schafft sich eine Gemeinschaft der Gleichgerichteten!
Aus ihr fließt ihm zusätzliches Leistungsvermögen zu.
So bemächtigt sich der Gläubige!
Auch der Tod ist ein geistenergetisches Phänomen:
Mit jedem Neugeborenen erschließt sich die Menschheit originale Möglichkeiten.
Am Ende wächst eine Glaubensgemeinschaft in Konkretion.
Der Einzelne verliert dabei seine Bestandhaftigkeit. —
Geistenergie ist als lebensgestaltende Macht einem Jeden zugängig.
Eifer, Rechtschaffenheit, Glaubenskraft, Selbstbindung und Selbstheiligung in Gott sind die unentbehrlichen Voraussetzungen für eine anhebende Schöpferleistung. —
Der Weg des Gläubigen geht über viele zweifelnde Fragen an Gott:
Denn der Mensch ist ein Sprachwesen und seine innigste Verbin-

dung mit dem Göttlichen kann er nur im Sprachbereich erwerben. Gott ist dabei sein Gesprächspartner.
Sicher ist Gott keine menschlich zu denkende Person.
Aber: wen ich anspreche, den habe ich unmittelbar vor mir.
In jedem Augenblick begegnet der Mensch der Gottkraft und aus dieser Begegnung erwächst ihm das Vermögen, sich über sich selbst zu erheben. —
In dem Maße, in dem der Mensch gottentfremdet ist, ist er auch sich selbst entfremdet.
Immer geht es um die Frage, ob der Mensch noch in der Lage ist, hinter den vielen Rollen, die der Tag ihm zuweist, seine Selbstheit zu bejahen, sich zu behaupten.
Auch das Sonnensystem läuft nicht im ewigen Gleichklang ab: Zur Kommunikation mit der Ganzheit des Universums brauchen die Menschen ein hohes Maß von immer wieder zu erneuerndem Anpassungsvermögen. —
Wenn er sich in seinem Streben nicht mehr selbst verwirklichen kann, ist der Mensch selbstentfremdet.
Täglich steht er im Wagnis: Ohne weitestgehende Selbstentäußerung, ohne große Eigenopfer, ist der Mensch nicht entwicklungsfähig.
Die Sinnfrage des Lebens hängt daran, ob der Mensch angenommen wird, vom andern und von sich selbst. —
Keine Politik kann Menschenliebe in die Herzen der Staatsbürger pflanzen.
Mit objektivem, wertfreiem, Denken ist hier wenig zu gewinnen! Die menschliche Gesellschaft setzt sich aus miteinander konkurrierenden Leistungsgemeinschaften zusammen. In ihnen gibt es unaufhebbare Grenzen der Selbstentfremdung: Die Natur hat sie gesetzt. Niemals ist die soziale Frage ganz lösbar. Solange Menschen miteinander im Lebenskampf stehen, taucht sie immer wieder in neuer Gestalt und Form auf.
Es ist stärkend, sich verstanden zu wissen. Dadurch wird auch die physische Leistungskraft erhöht.
Aber Paradieserwartungen und -versprechungen sind unerfüllbar. Nur von einer hohen sittlichen Warte kann das Leben jeweils gemeistert werden. —

Immer jedoch muß die Lebensplanung auf Zukunftserschließung angelegt sein.
Wegen der Vieldimensionalität des Lebens können die gesetzten Planziele zwar niemals voll erreicht werden, dennoch ist eine jeweilige Zielbestimmung notwendig.
Verstand und Gemüt korrigieren sich in einem ausgewogenen System gegenseitig.
Seelische Unterkühlungen führen dabei ebenso zu Selbstentfremdungen wie rationale Überzogenheiten und mangelnde Bereitschaft zur Selbsterfüllung.
Ein jeder sei ernstlich darum bemüht, seine Lebensmitte zu finden.
Nur durch ein folgerichtiges Selbstverhalten wird das gesetzte Planziel als höchstmöglicher Näherungswert erreicht.
Der Mensch ist transzendenter Natur, und es entspricht seinem Wesen, daß er sich zu seiner Transzendenz bekennt. —
Mit dem Verlangen nach immer mehr ratio gelangt man folgerichtig dazu, die Vernunft aus dem Auge zu verlieren.
Irgendwo stoßen die Menschen unabweisbar auf den Ambivalenzpunkt, der das neue Bezugssystem in Erscheinung treten läßt. —
Die Menschen leiden alle Zeit an einem Mangel lebensnotwendiger Information:
Allein aus den Metabereichen des täglichen Lebens ist sie beziehbar.
Die modernen Philosophen beschränken sich zu unrecht auf einen Minimalkanon sittlicher Normen. (Walter Schulz a.a.O.)
Unvermindert lastet die Kraft der Negativitäten auf der Menschenwelt. Das Selbe muß auch für die positiven Geistenergien gelten.
Dabei muß strikt beachtet werden:
Wer nicht die Kraft hat, hart zu strafen, ist des Gesetzes nimmer würdig!
Nicht darum geht es, die Verhältnisse des Menschen zu ändern, sondern allein darum, daß sich die Menschen ändern, indem sie mehr von sich selbst verlangen als vom andern.
Überall in der Natur ringt Gott mit sich selbst, auch in deiner Brust!
Das ist das größte Geheimnis allen Lebens!
Freiheit hat, wer frei ist!

In dem Maße, in dem du zum Dienen bereit bist, kannst du auch herrschen!
Die Menschen wissen zwar, was gut und was böse ist.
Aber sie bemühen sich, dieses Wissen mit intellektuellen Sprüchen zu verdecken.
Gott hat seine Plage mit uns: Täglich muß er es mit uns wieder aufnehmen, auch mit dem verworfensten Letzten.
Denn wir alle sind Glieder der Einheit Mensch.
Keiner erreicht sein Ziel ohne den andern!
Das sollten alle Diktatoren und alle Systemdenker beherzigen!

XVII. Literaturverzeichnis.

Brantl, George,	Der Katholizismus, Edito Service S.A. Genf, 1973
Bloch, Ernst,	Prinzip Hoffnung, 1967
Campbell, H.J.,	Der Irrtum der Seele, 1973
Cassirer, Ernst,	Philosophie der symbolischen Formen, 1972
Cavin, Albert,	Der Konfuzianismus, Edito Service S.A. Genf, 1973
Charon, Jean E.,	Der Geist der Materie, Paul Zsolmay, Wien, 1979
Cohen, Hermann,	Religion der Vernunft aus den Quellen des Judentums, 1978
Drever, J.,	Kurzwörterbuch der Psychologie, 1968
Driesch, Hans,	Biologische Probleme höherer Ordnung 1941.
Dunstan, J. Leslie,	Der Protestantismus, Edito Service S.A. Genf, 1973
Finance, de, Joseph,	Herder 1968, Grundlegung der Ethik.
Funk, Rainer,	Mut zum Menschen, Erich Fromms Denken und Werk 1978
Gard, Richard A.,	Der Buddhismus, Edito Service S.A. Genf, 1972
Goethe Wolfang,	von Faust I und II
Hartmann Nicolai,	Teleologisches Denken, 1944
Heisenberg, Werner,	Physik und Philosophie, 1972
dto	Wandlungen in den Grundlagen der Naturwissenschaft, 1973
Henrich, Dieter,	Identität, Probleme u. Grenzen, W. Fink Verlag 1979 Herderbücherei Band 682

Hertzberg, Arthur,	Der Judaismus, Edito Service S.A. Genf, 1973
Hegel, GWF,	Phänomenologie des Geistes
Humboldt, v. A.	Kosmos, Entwurf einer physischen Weltbeschreibung, Cotta, 1844
Jordan, Pascal,	Schöpfung und Geheimnis, 1970
Kant, Immanuel,	Kritik der Vernunft.
Klages, Ludwig,	Der Geist als Widersacher der Seele, 1917
Kertz, Walter,	Einführung in die Geophysik, 1971
Leibniz, G. W.Frhr.v.	Sämtl. Schriften, Akademie Verlag Bln, 1964
Lewin, Karl,	Feldtheorie der Sozialwissenschaften, 1963
Lukacs, Georg,	Ontologie Marx, 1972
Lukacs, Georg,	Ontologie Arbeit, 1973
Marcel Gabriel,	Journal Metaphysik 1914 - 1917
Meurer, Joseph,	Metaphysik und Naturwissenschaft, 1976
Mennerich, Otto,	Zeitwende, 1979
Meves, Christa,	Macht Gleichheit glücklich? 1978
Mommsen, Theodor,	Römische Geschichte
Monod, Jaques,	Zufall und Notwendigkeit, 1970/71
Müller-Ramelsloh, O.	Der Neue Mensch, Bläschke 1971
Müller-Ramelsloh, O.	Lichtinseln im Weltengrund, Bläschke 1979
Oppermann, Willi,	Zur Revolution des Denkens, II, 1958
Ortlieb, Heinz D.,	Herder Band 682
Otto, Rudolf,	Das Heilige, München 1963
Parsegian, V.L.,	Kybernetik und moderne Welt, Herder, Freiburg, 1979
Popper, Karl R.,	mannheimer forum, 75/76
Portmann, Adolf,	Neue Wege der Biologie, 1963
Renou, Louis,	Der Hinduismus, Edito Service S.A. Genf, 1972
Rochedieu, Edmond,	Der Schintoismus, Edito Service S.A. Genf, 1973
Rochedieu, Edmond,	Von der Antike bis zum Mittelalter, Edito Service S.A. Genf, 1972

Rohracker, H.,	Einführung in die Psychologie, 1965
Sartorius, Bernard,	Die Orthodoxe Kirche, Edito Service S.A. Genf, 1973
Schelling, K.F.A.,	Münchner Jubiläumsausgabe, Band 6
Schubert, v.G.H.,	Die Geschichte der Seele, 1839
Schulz, Paul,	Ist Gott eine mathematische Formel, 1977
Schulz, Walter,	Philosophie in der veränderten Welt, 1972
Sellart, Wilfried,	Theoretical Explanation, Philosophie of Science, Band 2
Stegmüller, Wolfg.,	Das ABC der modernen Logik und Semantik, 1969
Steinbuch, Karl,	Kurskorrektor, Deutscher Taschenbuchverlag, 1974
Williams, John Alden,	Der Islam, Edito Service S.A. Genf, 1973

Inhalt: